现代服务管理系列丛书

"第四届中国会展经济研究优秀成果奖"二等奖

会展服务管理

许传宏　编　著

内 容 简 介

会展服务管理是现代服务业发展中必不可少的新兴领域，在会展产业链中处于核心位置，它决定着整个会展工作的成败。

本书内容包括绪论、会展项目策划服务管理、会展服务营销管理、参展商服务管理、会展现场服务管理、会展物流服务管理、会展设计搭建服务管理、会展接待服务管理、会展商务服务管理、会展安保清洁服务管理、会展场馆经营服务管理、会展财务管理、会展客户关系管理、会展服务质量与品牌形象管理、会展危机管理、会展服务管理中的信息技术。本书在编写过程中吸收了国内外会展相关理论研究的新成果，紧扣现代服务管理系列丛书理论性、系统性、实践性、创新性的要求，特色鲜明。

本书既可作为会展、旅游、广告、工商管理、公共管理等相关学科专业的教材使用，也可作为会展从业人员培训用书。

图书在版编目(CIP)数据

会展服务管理/许传宏编著. —北京：北京大学出版社，2010.2
(现代服务管理系列丛书)
ISBN 978-7-301-16661-1

Ⅰ. 会… Ⅱ. 许… Ⅲ. 展览会—商业服务—管理—教材 Ⅳ. G245

中国版本图书馆 CIP 数据核字(2010)第 017522 号

书　　　名：	会展服务管理
著作责任者：	许传宏　编著
总　策　划：	第六事业部
执 行 策 划：	林章波　李　虎
责 任 编 辑：	李　虎
标 准 书 号：	ISBN 978-7-301-16661-1/F·2423
出　版　者：	北京大学出版社
地　　　址：	北京市海淀区成府路 205 号　100871
网　　　址：	http://www.pup.cn　http://www.pup6.com
电　　　话：	邮购部 62752015　发行部 62750672　编辑部 62750667　出版部 62754962
电 子 邮 箱：	pup_6@163.com
印　刷　者：	涿州市星河印刷有限公司
发　行　者：	北京大学出版社
经　销　者：	新华书店
	787 毫米×1092 毫米　16 开本　22 印张　508 千字
	2010 年 2 月第 1 版　2017 年 7 月第 4 次印刷
定　　价：	36.00 元

未经许可，不得以任何方式复制或抄袭本书之部分或全部内容。
版权所有　侵权必究　　举报电话：010-62752024
　　　　　　　　　　　　电子邮箱：fd@pup.pku.edu.cn

《现代服务管理系列丛书》编委会

总 主 编：马　勇　湖北大学
编　　委：俞　华　商务部国际贸易经济合作研究院
　　　　　田　里　云南大学
　　　　　梁文慧　澳门科技大学
　　　　　魏　卫　华南理工大学
　　　　　熊元斌　武汉大学
　　　　　刘　纯　上海大学
　　　　　徐　虹　南开大学
　　　　　刘静艳　中山大学
　　　　　高　峻　上海师范大学
　　　　　李志飞　北京大学/湖北大学
　　　　　黄其新　江汉大学
　　　　　郑耀星　福建师范大学
　　　　　李　昕　大连大学
　　　　　周　明　湖北大学
　　　　　许传宏　上海工程技术大学
　　　　　于干千　云南财经大学
　　　　　董观志　暨南大学
　　　　　王　浩　广东药学院
　　　　　刘名俭　湖北大学
　　　　　周　娟　宁波大学
　　　　　谢　苏　武汉职业技术学院
　　　　　陈雪均　重庆交通大学
　　　　　周　霄　武汉工业学院

《现代服务管理系列丛书》总前言

第二次世界大战以后,西方发达国家相继进入后工业化发展阶段,现代服务业在国民经济中的地位日益重要。时至今日,现代服务业已经成为许多西方发达国家的核心产业。从20世纪60年代开始,一些西方学者开始把学术研究的眼光转向"服务"这一新的领域。1990年,首届服务管理国际学术会议在法国召开,这次会议第一次明确提出了服务管理的学科概念。其后,经过来自市场营销、生产运营、人力资源管理等不同学科的学者们的努力,服务管理作为一门新兴的管理分支学科的地位逐步得到确立。目前,对服务管理的研究逐步从发达国家向发展中国家拓展,服务管理的理论体系日渐成熟,这门新学科对世界经济发展所起的推动作用也越来越显著。

我国现代服务业发展的历史较短,总体水平还有待提高,相关的理论研究也落后于实践的发展,因此尚不能很好地满足我国国民经济发展和现代服务业管理人才培养的需要。当前,我国党和政府已将大力发展现代服务业作为国家发展战略,现代服务业管理人才培养和理论研究的紧迫性日益凸显。为此,在湖北大学中国服务管理研究中心主任马勇教授的精心策划下,由北京大学出版社牵头组织了一批长期从事服务管理理论和教学研究的著名专家教授和学科带头人共同编写了这套能够适应中国现代服务业发展需要的系列丛书。马勇教授是我国现代服务业管理学科的开拓者之一,教育部工商管理学科教学指导委员会委员,教育部授予的国家级精品课程和国家级教学团队获得者兼首席教授,博士生导师。

本套丛书的宗旨是,立足现代服务业发展和相关从业人员的现实需要,强调理论与实践的有机结合,从"服务管理基础理论"和"服务行业应用指导"两个层面切入进行编写,力求涵盖服务管理研究和应用的主要领域,希望以此推进中国服务管理理论发展和学科体系建设,并有助于提高我国现代服务业从业人员的专业素养。

在编写本套丛书的过程中,我们力求系统完整和准确地介绍服务管理方面的基本理论和专业知识,并体现资料全、观点新和体系完整的特色,尽可能地把当前国内外现代服务业发展的前沿理论和热点、焦点问题收纳进来。北京大学出版社还特别邀请了全国服务管理领域的知名专家和教授对丛书进行了严格的审定,借此机会对支持和参与本套丛书编写、审读工作的专家学者表示由衷的感谢。

本套丛书既可以作为高等院校相关专业的教材和参考书使用,也可以作为现代服务业相关行业部门和企业的培训教材使用。

欢迎全国高等院校相关专业的师生和现代服务业相关行业人士选用本套丛书,并请提出宝贵意见,以利于本套丛书的修订和完善。

丛书编委会
2009年9月

前　言

会展服务管理是现代服务业发展中必不可少的新兴领域，需要学界与业界的共同关注。现代经济是服务经济，服务经济呼唤现代服务业的管理人才，而现代会展业的管理人才就必须学会会展服务管理的原理和方法。

会展服务管理在会展产业链中处于核心重要位置，它决定着整个会展工作的成败。在会展专业人才的培养中，会展服务管理是一门核心的主干课程。

本书在编写过程中吸收了国内外会展相关理论研究的新成果，紧扣课堂教学以及行业发展实际，特色鲜明。

本书具有以下4个特点。

一是实用性，突出论述会展服务管理的步骤、流程及实用方法。

二是系统性，全面系统地阐述会展服务管理的理论与概念，把握精要，便于掌握记忆。

三是创新性，本书提出了许多创新观点，这是进行会展服务管理实践所必须关注的。有些观点为首次提出，具有一定的前瞻性。

四是易读性，本书在编写形式上大量使用图表，简明扼要，便于领会学习。

本书的基本结构为：在每章开篇突出知识要点，提出所要解决的问题；然后通过理论讲述及最新的典型案例展示，突出重点，完成小结；最后设计了与实际相结合的复习思考题，方便学生考察知识掌握程度。

本书在2012年4月荣获中国会展经济研究会颁发的"第四届中国会展经济研究优秀成果奖"二等奖。本书既可作为会展、旅游、广告、工商管理、公共管理等相关学科专业的教材使用，也可作为会展从业人员培训用书。

由于会展是一个新兴的产业，会展服务管理的诸多方面内容仍处于实践和探索阶段，因此，本书难免会存在一些不足、不妥甚至不当之处，恳请各位读者批评指正，以便今后能不断地进行补充完善。

许传宏

目　　录

第 1 章　绪论 ... 1
1.1　会展服务的概念 ... 1
1.1.1　关于服务 ... 1
1.1.2　现代服务业 ... 2
1.1.3　会展服务 ... 4
1.2　会展服务的类别 ... 6
1.2.1　从展会服务的对象上分类 ... 7
1.2.2　从展会服务的功能、内容上分类 ... 8
1.3　会展服务管理的体系与内容 ... 9
1.3.1　会展服务管理的体系 ... 9
1.3.2　会展服务管理的内容 ... 19
1.3.3　会展服务管理的原则 ... 20
本章小结 ... 26
复习思考题 ... 26

第 2 章　会展项目策划服务管理 ... 27
2.1　会展项目策划的组织设置 ... 27
2.1.1　会展企业的组织结构 ... 27
2.1.2　会展企业的部门设置 ... 30
2.1.3　会展策划部门的绩效考核 ... 34
2.2　会展项目策划的流程管理 ... 37
2.3　会展项目策划的立项报批 ... 41
2.3.1　会展项目立项可行性论证报告 ... 41
2.3.2　会展项目的报批与管理 ... 43
本章小结 ... 52
复习思考题 ... 52

第 3 章　会展服务营销管理 ... 54
3.1　会展服务营销的内容 ... 54
3.1.1　会展服务营销的主体 ... 54
3.1.2　会展产品和服务营销的内涵 ... 56
3.1.3　会展服务的主要销售形式 ... 58
3.2　会展服务营销的渠道与模式 ... 59
3.2.1　会展服务营销的要素 ... 59
3.2.2　会展服务营销的渠道 ... 60
3.2.3　会展服务营销的模式 ... 62
3.3　招展招商服务与管理 ... 68
3.3.1　招展的概念 ... 68
3.3.2　招展方案的制定与管理 ... 68
3.3.3　招展艺术与技术 ... 70
3.3.4　招商服务与管理 ... 72
本章小结 ... 77
复习思考题 ... 78

第 4 章　参展商服务管理 ... 80
4.1　参展目标管理与展前宣传服务 ... 80
4.1.1　参展的目标管理与选择 ... 80
4.1.2　企业参展程序与管理 ... 85
4.1.3　企业参展宣传工作 ... 85
4.2　展前客户沟通服务 ... 87
4.2.1　展前客户沟通 ... 87
4.2.2　展前客户沟通的类型 ... 88
4.3　参展选择与实施管理 ... 89
4.3.1　参展选择的相关因素 ... 89
4.3.2　参展选择应避免的问题 ... 91
4.3.3　参展商的工作进程及展台工作管理 ... 91
本章小结 ... 102
复习思考题 ... 102

第 5 章　会展现场服务管理 ... 104
5.1　会展现场管理的分类 ... 104
5.1.1　会议现场管理的基本内容 ... 105
5.1.2　展览现场管理的基本内容 ... 105

5.1.3 节事活动现场管理的
　　　　　基本内容 106
　5.2 会展开幕的服务管理 107
　　　5.2.1 展会开幕仪式的现场布置 107
　　　5.2.2 展会开幕仪式的组织管理 109
　5.3 展会现场工作与管理 110
　　　5.3.1 会议现场服务工作与管理 110
　　　5.3.2 展览现场的服务
　　　　　工作与管理 113
　　　5.3.3 节事活动的现场服务
　　　　　管理与实施 122
　本章小结 127
　复习思考题 127

第6章 会展物流服务管理 129

　6.1 会展物流服务管理概述 129
　　　6.1.1 会展物流的基本概念 129
　　　6.1.2 会展物流的特征 133
　　　6.1.3 会展物流服务 133
　6.2 会展物流服务的流程与要求 134
　　　6.2.1 会展物流服务的流程 134
　　　6.2.2 会展物流服务的要求 136
　6.3 会展物流管理的环节与原则 138
　　　6.3.1 会展物流管理的主要环节 138
　　　6.3.2 会展物流管理的原则 142
　本章小结 146
　复习思考题 146

第7章 会展设计搭建服务管理 147

　7.1 会展设计搭建服务概述 147
　　　7.1.1 会展设计的概念 147
　　　7.1.2 展位设计的类型与
　　　　　展台搭建 148
　7.2 会展设计的流程与管理 152
　　　7.2.1 会展设计工作的几个阶段 152
　　　7.2.2 会展设计的基本流程 153
　　　7.2.3 会展设计的管理要求 155
　7.3 展场搭建的操作与管理 156
　　　7.3.1 展台搭建的操作与要求 156

　　　7.3.2 特装展位的搭建与布展 158
　　　7.3.3 布展施工的相关规定 158
　本章小结 161
　复习思考题 162

第8章 会展接待服务管理 164

　8.1 会展接待服务概述 164
　　　8.1.1 会展接待服务的
　　　　　概念与特性 164
　　　8.1.2 会展接待服务工作的原则 165
　　　8.1.3 对会展接待服务人员的
　　　　　素质要求 167
　8.2 会展接待服务中的时间管理 168
　　　8.2.1 会展时间管理的概念 168
　　　8.2.2 会展接待准备阶段的
　　　　　时间管理 169
　　　8.2.3 会展整体与接待服务
　　　　　过程中的时间管理 172
　8.3 会展接待服务的礼仪规范与管理 177
　　　8.3.1 常见的会展接待服务礼仪 177
　　　8.3.2 会议接待服务礼仪的
　　　　　基本规范 180
　　　8.3.3 展览接待服务礼仪的
　　　　　基本规范 182
　　　8.3.4 会展接待服务的礼仪
　　　　　管理要点 184
　本章小结 188
　复习思考题 188

第9章 会展商务服务管理 191

　9.1 会展商务中心与服务规范 191
　　　9.1.1 会展商务服务的概念 191
　　　9.1.2 会展商务服务的项目分组 193
　　　9.1.3 会展商务服务的规范 194
　9.2 会展电子商务服务与管理 196
　　　9.2.1 会展电子商务服务的
　　　　　概念与种类 196
　　　9.2.2 会展电子商务服务的
　　　　　具体内容 196

9.2.3 会展电子商务服务的
　　　　 管理 198
9.3 会展商务旅游服务与管理 199
　　9.3.1 会展商务旅游服务 199
　　9.3.2 会展商务旅游服务的
　　　　 主要环节 201
　　9.3.3 会展商务旅游服务的
　　　　 过程管理 203
本章小结 210
复习思考题 210

第 10 章　会展安保清洁服务管理 212

10.1 会展安保清洁服务概述 212
　　10.1.1 会展安保服务概述 212
　　10.1.2 对会展安保服务人员的
　　　　　一般要求 213
　　10.1.3 会展清洁服务的概念 214
10.2 会展安保清洁人员安排与
　　　工作流程 215
　　10.2.1 会展安保清洁人员安排 ... 215
　　10.2.2 会展场馆安保工作程序 ... 216
　　10.2.3 会展清洁的工作流程 218
10.3 会展安保清洁服务规范与管理 219
　　10.3.1 会展安保人员的服务规范 ... 219
　　10.3.2 会展清洁服务管理 221
　　10.3.3 会展安保服务管理 222
本章小结 226
复习思考题 227

第 11 章　会展场馆经营服务管理 230

11.1 会展场馆经营服务概述 230
　　11.1.1 会展场馆的概念 230
　　11.1.2 会展场馆的经营服务目标 ... 231
　　11.1.3 会展场馆的设施、
　　　　　设备管理 232
11.2 会展场馆的运营管理模式 237
　　11.2.1 政府投资，委托或授权
　　　　　经营管理模式 237
　　11.2.2 提高效益，"民营公助"的
　　　　　管理模式 238

　　11.2.3 协调发展，发挥行业
　　　　　协会作用的管理模式 238
　　11.2.4 借助外力，合资合作
　　　　　管理模式 238
　　11.2.5 拓展空间，场馆经营与
　　　　　自办展结合的模式 239
11.3 会展场馆的服务创新与
　　　标准化管理 240
　　11.3.1 会展场馆经营的服务创新 ... 240
　　11.3.2 会展场馆的标准化管理 ... 241
本章小结 245
复习思考题 245

第 12 章　会展财务管理 247

12.1 会展财务管理概述 247
　　12.1.1 会展财务管理的内涵 247
　　12.1.2 会展财务管理的指标与
　　　　　分析 248
　　12.1.3 会展财务部门的绩效考核 ... 249
12.2 会展财务预算管理 251
　　12.2.1 制定会展预算的过程 251
　　12.2.2 会展组织者预算 253
　　12.2.3 参展商预算 255
12.3 会展的资金筹措与成本控制 257
　　12.3.1 会展的资金筹集 257
　　12.3.2 会展的成本控制 262
本章小结 267
复习思考题 268

第 13 章　会展客户关系管理 270

13.1 会展客户关系管理概述 270
　　13.1.1 会展客户的概念 270
　　13.1.2 会展客户关系管理的作用 ... 272
　　13.1.3 会展客户关系管理的
　　　　　技术支持 272
13.2 会展客户关系管理的内容 274
　　13.2.1 建立客户信息数据库 274
　　13.2.2 客户关系的建立与维护 ... 275
　　13.2.3 与客户交流信息 275

13.3 会展客户关系管理的策略 276
 13.3.1 留住老客户 276
 13.3.2 开发新客户 277
 13.3.3 建立会展信息反馈机制 278
 13.3.4 会展客户跟踪服务管理 279
本章小结 283
复习思考题 283

第 14 章 会展服务质量与品牌形象管理 285

14.1 会展服务质量管理概述 285
 14.1.1 关于服务质量 285
 14.1.2 服务质量体系 286
 14.1.3 会展服务质量管理的基本观点 286
14.2 会展服务质量目标体系管理 287
 14.2.1 会展服务质量评价标准 287
 14.2.2 会展机构服务质量目标管理的实施 288
 14.2.3 会展服务质量的目标分解与过程控制 289
14.3 会展品牌形象管理 290
 14.3.1 会展品牌形象问题 290
 14.3.2 会展品牌形象管理的基本策略 292
 14.3.3 会展品牌形象与知识产权保护 293
本章小结 299
复习思考题 299

第 15 章 会展危机管理 302

15.1 会展危机的特点与类型 302
 15.1.1 会展危机管理的概念 302
 15.1.2 会展危机的特点 303
 15.1.3 会展危机的类型 303
15.2 会展危机管理的原则 306
15.3 会展危机管理的策略 307
 15.3.1 建立会展危机管理的预警机制 307
 15.3.2 会展危机管理的"RCRR 模式" 308
 15.3.3 展会经营中的危机管理，要抓住展商和观众两个核心 309
 15.3.4 会展保险的适当投入 310
本章小结 312
复习思考题 312

第 16 章 会展服务管理中的信息技术 315

16.1 会展服务管理信息系统概述 315
 16.1.1 会展信息的概念 315
 16.1.2 会展服务管理中信息的作用 317
 16.1.3 会展服务管理信息系统的功能 318
16.2 会展信息服务管理中的技术 320
 16.2.1 会展信息服务管理中的计算机技术 320
 16.2.2 会展信息服务管理中的多媒体技术 322
 16.2.3 会展信息服务管理中的数据库技术 324
16.3 会展信息化服务管理的开发应用 325
 16.3.1 会展服务管理中计算机技术的开发应用 325
 16.3.2 会展服务管理中多媒体技术的开发应用 328
 16.3.3 会展服务管理中数据库技术的应用设计 332
本章小结 336
复习思考题 336

参考文献 338

第1章 绪 论

本章导读

随着人类社会的发展，服务业对社会经济的促进作用与日俱增，服务成为推动经济健康发展的关键，服务业也成为社会经济的核心产业。会展业是新兴的现代服务产业。随着国际会展业的不断发展，中国会展业进入了前所未有的快速发展期，行业规模急剧扩大，从业人员数量大幅度上升，会展已成为新的经济增长点。有数据显示，到2006年年底，中国展馆的数量已跃居全球首位，中国作为全球会展大国的地位已基本确立。在这种背景下，有关会展服务与管理的问题越来越重要。应该如何理解会展服务的概念，会展服务的类别怎样来划分？从标准化的服务管理体系上来看，会展服务管理的体系与内容是怎样的？这是本章所要解决的主要问题。

知识要点

- 会展服务的概念
- 会展服务的类别
- 会展服务的供应、流程、要求
- 会展服务管理的内容
- 会展服务管理的原则

1.1 会展服务的概念

1.1.1 关于服务

1977年，希尔(T.P.Hill)提出服务的概念。他指出："服务是指人或隶属于一定经济单位的物在事先合意的前提下由与其他经济单位的活动所产生的变化。服务的生产和消费同时进行，即消费者单位的变化和生产者单位的变化同时发生，这种变化是统一的。服务一旦生产出来必须由消费者获得而不能储存，这与其物理特性无关……"

其后，许多经济学家不断扩展希尔"服务"概念的内涵。就服务的内涵或其所包含的内容来说，人们并没有太大分歧。一般认为，服务是指一方为另一方提供一定的行为或表现，是为提高消费者效用所进行的创造价值的活动。它包含过程与产品两重属性。

从服务的过程来看，与其他实物产品的生产制造过程一样，服务由投入、处理、输出等一系列相互联系的活动组成；从服务的产品属性来看，在质量管理体系标准中，服务是

"4 种通用的产品类别"之一，见表 1-1。

表 1-1　4 种通用的产品类别

产品性质	产品类别	产品示例
无形产品	服务	会展
	软件	计算机程序
有形产品	硬件	机械
	流程性材料	机油

由表 1-1 可知，服务是一种无形产品，但它又与同为无形产品的软件有所不同。软件实际上是一种实物化的无形产品，这种无形产品的内容是无形的，表现形式是无形的。而服务是一种以某种活动为载体的无形产品。也就是说，服务实际上是一种过程化的无形产品。

美国著名营销专家科特勒指出：服务有 4 个特点，即无形性、不可分性、可变性和易消失性。服务的这 4 个特点表明了它与其他产品的显著区别，同时也告诉人们，服务与它所接触的对象活动密切相关。

1.1.2　现代服务业

1. 历史发展

尽管现代服务业中的许多行业在古代就出现一些雏形，但真正作为一个行业的萌芽是从 18 世纪下半叶的工业革命开始的。工业革命实现了人类生产方式的伟大变革，使得人类社会的经济、文化有了空前的繁荣，随着企业职能分工的逐步细化，有一些职能就借助企业外部的服务力量来实现，广告、会展服务等行业在欧美等国家出现并有所发展。

第二次世界大战结束后，欧美、日本都把注意力转移到经济建设上，世界经济平稳发展。服务行业逐步实现产业化，发展成为一种社会公认的新行业。

进入 20 世纪 90 年代，世界经济发生了根本性的转变。传统的基于手工业时代的经济格局让位于知识经济。在知识经济背景下，许多企业都关注于核心业务的发展，大量的商务活动外包给专业服务公司来经营，从而使现代服务业在全世界范围内迅速壮大起来。

伴随着改革开放，我国的现代服务业取得了长足的发展，国家对现代服务业发展的高度重视。据考证，在中国，"现代服务业"的提法是出现在 1997 年 9 月党的十五大报告中。2000 年中央经济工作会议又提出："既要改造和提高传统服务业，又要发展旅游、信息、会计、咨询、法律服务等新兴服务业"的问题。

2. 定义

服务业是国民经济中能提供服务、取得无形收益或创造财富而不生产有形产品的产业部门。

关于现代服务业，目前使用较多的一种定义是：现代服务业是伴随着信息技术和知识经济的发展产生，用现代化的新技术、新业态和新服务方式改造传统服务业，创造需求，引导消费，向社会提供高附加值、高层次、知识型的生产服务和生活服务的产业。

3. 时代特征

现代服务业具有"两新四高"的时代特征。

"两新"即新服务领域———适应现代城市和现代产业的发展需求,突破了消费性服务业的领域,形成了新的生产性服务业、智力(知识)型服务业和公共服务业的新领域;新服务模式———现代服务业通过服务功能换代和服务模式创新,而产生新的服务业态。

"四高"即高文化品位和高技术含量;高增值服务;高素质、高智力的人力资源结构;高感情体验、高精神享受的消费服务质量。

4. 产业类别

按通行的说法,现代服务业大体相当于现代第三产业。世贸组织的服务业分类标准界定了现代服务业的九大类别,即:商业服务,电信服务,建筑及有关工程服务,教育服务,环境服务,金融服务,健康与社会服务,与旅游有关的服务,娱乐、文化与体育服务。

国家统计局在1985年《关于建立第三产业统计的报告》中,将第三产业分为4个层次:第一个层次是流通部门,包括交通运输业、邮电通信业、商业饮食业、物资供销和仓储业;第二个层次是为生产和生活服务的部门,包括金融业、保险业、公用事业、居民服务业、旅游业、咨询信息服务业和各类技术服务业等;第三个层次是为提高科学文化水平和居民素质服务的部门,包括教育、文化、广播电视事业,科研事业,生活福利事业等;第四个层次是为社会公共需要服务的部门,包括国家机关、社会团体以及军队和警察等。

2007年3月,国务院在《关于加快发展服务业的若干意见》(见相关链接1-1)中明确指出:要适应新型工业化和居民消费结构升级的新形势,重点发展现代服务业。我国的现代服务业呈迅速发展态势。

相关链接 1-1:

国务院《关于加快发展服务业的若干意见》中关于服务业的发展结构

适应新型工业化和居民消费结构升级的新形势,重点发展现代服务业,规范提升传统服务业,充分发挥服务业吸纳就业的作用,优化行业结构,提升技术结构,改善组织结构,全面提高服务业发展水平。

大力发展面向生产的服务业,促进现代制造业与服务业有机融合、互动发展。细化深化专业分工,鼓励生产制造企业改造现有业务流程,推进业务外包,加强核心竞争力,同时加快从生产加工环节向自主研发、品牌营销等服务环节延伸,降低资源消耗,提高产品的附加值。优先发展运输业,提升物流的专业化、社会化服务水平,大力发展第三方物流;积极发展信息服务业,加快发展软件业,坚持以信息化带动工业化,完善信息基础设施,积极推进"三网"融合,发展增值和互联网业务,推进电子商务和电子政务;有序发展金融服务业,健全金融市场体系,加快产品、服务和管理创新;大力发展科技服务业,充分发挥科技对服务业发展的支撑和引领作用,鼓励发展专业化的科技研发、技术推广、工业设计和节能服务业;规范发展法律咨询、会计审计、工程咨询、认证认可、信用评估、广告会展等商务服务业；提升改造商贸流通业，推广连锁经营、特许经营等现代经营方式和新型业态。通过发展服务业实现物尽其用、货畅其流、人尽其才，降低社会交易成本，提高资源配置效率，加快走上新型工业化发展道路。

大力发展面向民生的服务业，积极拓展新型服务领域，不断培育形成服务业新的增长点。围绕城镇化和人口老龄化的要求，大力发展市政公用事业、房地产和物业服务、社区服务、家政服务和社会化养老等服务业。围绕构建和谐社会的要求，大力发展教育、医疗卫生、新闻出版、邮政、电信、广播影视等服务事业，以农村和欠发达地区为重点，加强公共服务体系建设，优化城乡区域服务业结构，逐步实现公共服务的均等化。围绕小康社会建设目标和消费结构转型升级的要求，大力发展旅游、文化、体育和休闲娱乐等服务业，优化服务消费结构，丰富人民群众精神文化生活。服务业是今后我国扩大就业的主要渠道，要着重发展就业容量大的服务业，鼓励其他服务业更多吸纳就业，充分挖掘服务业安置就业的巨大潜力。

大力培育服务业市场主体，优化服务业组织结构。鼓励服务业企业增强自主创新能力，通过技术进步提高整体素质和竞争力，不断进行管理创新、服务创新、产品创新。

1.1.3 会展服务

1. 会展服务的含义

"会展业"属于现代服务业。"服务"贯穿于会展活动的始终，可以说，服务是现代会展业最常用和最重要的竞争手段之一。会展服务有广义与狭义之分。

1) 广义的会展服务

广义的会展服务是指会展企业和与会展相关的企业向会展活动的主办者、承办者、与会者、参展者、客商以及观众所提供的全方位服务，包括会展策划、会展筹备与组织、会展物流、会展接待、会展宣传、会展场馆设施配套等各方面的服务。

在广义的会展服务方面，以会展服务企业为主体，但其他相关企业如宾馆、饭店、旅行社、娱乐场所、物流公司、广告公司、设计公司等以及交通、通信、金融、消防等公共服务部门，都可以在会展活动中提供有特色的服务。

2) 狭义的会展服务

狭义的会展服务是指在会展活动中，由主办方或承办方向与会者、参展者、客商以及观众所提供的各项服务，主要包括策划、营销、宣传、采访、接待、餐饮、住宿、礼仪、交通、运输、仓储、后勤、安保、清洁、旅游、文书、通信、信息、保险、租赁、展台设计、展具制作、展台搭建、撤展等方面。

狭义的会展服务项目主要是由主办方或承办方提供的，或者通过主办者或承办者提供的间接服务。如展会期间的金融和保险服务，可由主办方或承办方提供代理服务。此外，狭义的会展服务还牵涉到参展商的服务、会展客户关系维护、展会品牌维护以及会展知识产权保护等方面的服务问题。

3) 广义与狭义会展服务的区别

从主体上看，广义的会展服务主体是会展服务的外部机构，如会展场馆、广告公司、工程搭建公司等；而狭义的会展服务主体是会展活动的主办方或承办方，是会展活动的内部机构。以展览为例，就服务的供给与接受关系而言，展览现场服务的基本关系如图 1.1 所示。

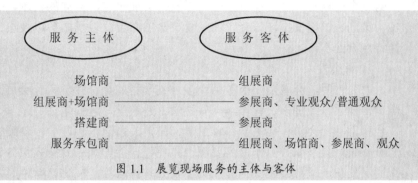

图 1.1 展览现场服务的主体与客体

从形式上看，广义的会展服务主体是提供直接的服务项目，如宣传物品印刷、展品运输、展台搭建等；狭义的会展服务主要是提供咨询、推介、接待和沟通等间接服务。会展活动的举办方或承办方一般都是委托相关的公司或部门，如会展场馆或其他公司，提供具体的服务内容和项目，或者直接由会展活动的举办方或承办方提供一些如组织策划、餐饮、宾馆接待等方面的服务。

2. 会展服务的特点

一般教科书在描述服务的特性时，大都围绕着服务的无形性、不可存储性以及不可分割性等特性来进行分析。会展是特殊的现代服务行业，核心本质是服务。随着现代科学技术的不断发展，经营与管理科学化程度的不断提高，企业(或社会组织)对各种专业知识与专业技术的需求也在不断增加。参与会展服务与管理的人员必须掌握足够的会展专业知识。只有明确会展的业务性质、范围、工作流程、职责要求以及服务标准，才能很好地完成会展服务工作。所以，会展服务不仅具有一般服务所应该具有的共同特性，尤其还具有过程性、人文性、综合性、差异性等自身的特点。

1) 过程性

服务最重要的特性是其过程性。会展服务是由一系列活动构成的过程。在为顾客服务的过程中，需要运用各类资源，如人力、场馆、交通、物流、安保等，通过互动的形式，来帮助会展顾客解决问题。为了方便起见，通常人们会把会展服务分为 3 个阶段，即会展前、会展中和会展后。不论是会展活动前的咨询、调研、策划服务，还是会展活动中的现场服务以及会展后的跟踪服务，都体现出一系列的操作过程。这种过程通常没有有形产出，即便有的话，那也不是服务本身所致，而是在向顾客提供服务的过程中产生的。如展会现场的咨询服务等。

2) 人文性

有人说，会展并不仅仅是在某个时间和地点将人们感兴趣的物品聚集起来。会展是人类的行为，是人类的事业，有些会展甚至是人类因特定的原因并为获得特定的结果而进行的非常伟大和勇敢的行为。会展是人类交往的一种方式。这种"人类交往"的特殊形式决定了会展服务必须"以人为本"。

中国古代典籍《易经》中就有对"人文"的诠释："文明以止，人文也""观乎人文以化成天下"。"人文"强调对人的关怀，强调个性化服务。在会展服务中，人文性贯穿于展会的整个过程——会展项目宣传与推介，会展报名，会展的议题，会场的选择，会展的筹备、策划、日程安排，与会者的膳食、会展布置，现场服务以及会后的后续工作等的人文性特点无处不在。

3) 综合性

研究表明，会展是一个包括众多分支学科的综合性学科。会展学的知识领域涉及信息学、传播学、经济学、管理学、旅游学、建筑学、运输学、口岸学、艺术学、环境科学、安全科学、社会学、文化学、政治学、公共关系学、心理学、政策学、法学等众多学科。

要做好会展服务工作，需要综合素质好、能力强的专业人员。因为会展服务的对象特殊而又复杂，参与会展服务的人员不仅要掌握政治、文化、营销、礼仪、服务心理等现代服务理论，而且，还必须掌握接待礼仪、会话艺术、餐饮文化、现代设施及设备的使用等服务技能。

4) 差异性

会展服务所涉及的部门很多，主办方、承办方、外包服务方以及为展会提供支持的公共服务各部门，需要通力合作、协调共进才能提高服务效率，达到共赢的目的。但由于会展服务人员工作经验不同，各人素质、修养和技术水平存在差异，其服务质量会出现很大的差异；即使是同一个人提供同样的服务，由于服务对象的不同以及时间的差异，服务质量也可能有较大的波动。另外，由于顾客对展会服务的期待不同，因而，即便是同一服务，其评价的优劣也可能是不同的。

会展服务的差异性有利于提高服务的灵活性和进行服务创新，有利于针对不同的顾客提供差异化和个性化的服务。同时，对展会的服务方来说，保持服务的品质，力求服务始终如一，始终保持高水平的服务是非常重要的。

1.2 会展服务的类别

会展业是产业关联度很高的行业。它是以会展产业为中心，其他相关行业为依托而形成的跨区域、跨产业的新兴经济类型。

一次大的展会，可以牵涉到展会场馆的现场服务、展会的装饰设计、展位灯光音响服务、数字投影设备服务、展品运输、展会翻译、会议速记、会议论坛、新闻发布、产品推介、礼仪模特服务、广告印刷、邮电通信、金融服务、快递服务、鲜花服务、酒店住宿、餐饮业、娱乐场所、桑拿浴场、美容美发、形象设计、电子市场、订票服务、商务考察以及志愿者、会展人才培训等服务种类，可以说是千头万绪。

会展服务有不同的分类法。从展会的不同阶段来看，有展会前、展会中服务，也有展会后服务；从展会服务提供的方式上来看，有承诺服务、标准化服务、个性化服务和专业服务；还有付费服务也有免费服务。下面从展会服务的对象以及功能、内容方面来对会展服务进行分类。

1.2.1 从展会服务的对象上分类

按照展会所服务的对象，可以将会展服务分为对参展商的服务、对观众的服务和对其他方面的服务，见表1-2。

表1-2 展会服务的对象

类别	主要服务对象	服务的提供者	备注
展览	参展商、观众、新闻媒体、国际组织、行业主管部门等	展览组办方、服务商	大型展会活动还有公安、海关等政府部门参与服务管理
会议	与会者	会议组办方、服务商	
节庆	公众、专业人士、参与企业、新闻媒体、行业主管部门、国外驻华机构等	节庆组办方、服务商	
演出	观众、演员、行业主管部门等	演出组办方、服务商	
赛事	观众、运动员、裁判、行业主管部门、新闻媒体、国际组织等	赛事组办方、服务商	

1. 对参展商的服务

参展商主要是从展览的角度来说的一个概念，参展商是展会的主体要素之一，也是会展服务的主要对象。能否邀请到质量高的参展商参展是展会成功的关键，为参展商做好服务工作十分重要。

一般来说，对参展商的服务主要有提供行业发展信息、提供贸易成交信息、通报展会进展情况、参展策划服务、展品运输、展位搭建、展览现场服务、展会商旅服务等。

另外，参展商非常关心展会的"人气"，拥有质量高的观众是吸引参展商参展的重要因素。因而，邀请观众尤其是专业观众莅临展会是为参展商服务的重要内容之一。

2. 对观众的服务

观众是展会的核心要素之一。在展览等活动中，观众还有专业与普通之分。对专业观众的服务主要有：通报展会进程情况、通报展会展品信息、提供行业发展信息、提供产品信息、展览现场服务、展会商旅服务等。

另外，专业观众非常关心参展商的质量，拥有质量高的参展商是吸引专业观众到场的重要因素。因而，邀请参展商尤其是口碑好的参展商参展也是为观众服务的重要内容之一。

3. 对其他方面的服务

除了参展商和观众以外，展会还有一些其他的服务对象，如新闻媒体、行业主管部门、国外驻华机构、裁判、国际组织等。

需要指出的是，潜在的参展商与观众也是展会服务的对象。因而，在相关的展会进程情况、展会展品信息、行业发展信息、产品信息等信息服务也应及时向他们提供。

会展服务管理

1.2.2 从展会服务的功能、内容上分类

按照服务的基本功能、内容可以将会展服务分成以下几种。

1. 广告宣传类

现代会展广告宣传服务的项目很多，品牌与产品形象的广告宣传比较复杂。围绕会展现场的相关服务有印制、派送宣传活动的宣传品、服务手册，提供会展现场的户外广告、招贴广告、证件吊带广告、入场券广告等。

2. 信息咨询类

信息在现代会展中的地位越来越重要，从传播学的角度来说，会展是一种物质、精神信息的传播交流交易活动。信息服务包含的内容多种多样，如提供客户信息、展会调研报告、会议简报、展会动态、处理提案和议案等。

3. 秘书礼仪类

秘书礼仪服务在会展活动中是最常用的，如文印、文案写作、会议记录、报到签到、资料分发、礼仪引导、庆典礼仪、会展模特等。

4. 设计安装类

会展活动离不开设计安装服务，从展台、会场、舞台的设计到展具展架定制、搭建布展、设备安装、撤展等都需要专门的服务机构。随着信息科学技术的发展，现代展会越来越注重科学与艺术的结合，在设计安装服务中，包含着大量的艺术与技术方面的内容。这也是现代会展发展的趋势之一。

5. 运输仓储类

随着展会的区域化、国际化趋势，会展物流服务工作日益重要。这方面相应的服务有提供展品、展具、展架的包装、运输、通关、搬运、仓储等。

6. 设备租赁类

随着现代展会国际化、专业化趋势，会展用品的租赁服务将会更深入地发展。如向参展商提供音视频会议系统、电视墙、视频数字投影仪、音响扩声系统、灯光表演系统、同声传译系统等设备的租赁、安装、调试服务等。

有调查显示，使用租赁的展具搭建展台，其费用只相当于购买展具材料的 10%～20%。可见，会展设备租赁服务有着巨大的发展空间。

7. 休闲娱乐类

现代展会越来越集工作、商务活动、休闲娱乐于一体。在展会活动中，安排文艺表演观摩、体育比赛、电影录像，安排打高尔夫球、卡拉 OK 等活动，让观众、嘉宾休闲娱乐也是常见的服务形式。

绪　论　第1章

8. 观光考察类

观光考察服务是指：现代展会通常在会展活动期间或展会结束后，结合会展活动主题安排商务考察、文化考察、观光旅游等方面的服务。在国际通行的 MICE 的产业划分中，I 是指奖励旅游(Incentive Travel Program)。由此可见，以观光考察为主要内容的会展服务非常重要。

9. 后勤保障类

展会后勤保障方面的服务主要有为展会参加对象提供交通服务、食宿安排、茶水供应、票务联系、展品保护、现场急救等。

从会展服务的内容上来看，根据会展项目的不同其服务内容往往有很大差异。以会务服务为例，会务服务的内容主要包含会议服务和会议接待两个方面。一般来讲，接待工作主要在两头，而会议服务在中间，它们是一个整体，哪一环都不能脱节或轻视。

从某种意义上来说，服务水平的高低，往往决定着会展活动的成败。因而，增强服务理念，提高服务水平，搞好服务反馈，为参加展会的各方提供优质、高效、满意的服务是现代展会举办者追求和奋斗的目标。

1.3　会展服务管理的体系与内容

服务是一种社会交往的过程，管理是一种指导社会交往的能力。会展服务组织可能比其他组织更注重管理的质量。会展服务管理中很重要的一点就是要找出服务系统运转的因素，并加以具体化。会展服务的主要特点就是其产品是一种新的社会关系。会展的组办方不仅自身需要做好优质的服务工作，而且，在高度社会化的今天，还必须把各种外部资源很好地组织起来。

会展服务、服务供应的过程，以及会展服务提供的系统是密不可分的。在设计会展服务系统时要进行全方位的思考。没有具体、创新的观念就不可能设计好一个完整的会展服务系统。

1.3.1　会展服务管理的体系

1. 会展服务的供应

会展服务的供应有两层含义：其一，指可为会展提供产品或服务的企业或个人，他们所提供的产品或服务能够为会展创造良好具体的环境；其二，指会展服务方向所服务的对象提供服务的过程。

1) 会展服务商的选择

会展产业具有很强的产业连带效应，也有人将这种连带效应称作拉动效应，其拉动产业的比例为 1∶10。因此，会展的组织者要善于利用会展产业的连带效应，选择好服务代理商，给展会的参加者提供一个优质的环境。

会展服务代理商是指可为会展提供产品或服务的企业或个人。他们为会展活动提供产品或服务，如展品运输代理商、展位承建商、指定的旅游公司和指定酒店对展会客户提供服务等。根据美国会展服务承包商协会(ESCA)的划分标准，可以将会展服务代理商划分为3类。

(1) 会展总承包商：可提供全方位的会展服务，总承包商一般由会展经理人指定，会展总承包商原则上应有充分的设备为大型展会提供各类服务。

(2) 专业承包商：指能为展会提供某项专门服务的公司，如展会策划公司、展会信息服务公司、展品运输公司、会展设计公司、展位搭建公司、旅游服务公司、摄影公司、公关礼仪服务公司、租赁公司、广告公司等。

(3) 合伙人：指会展服务总承包商或专业承包商的供应商。

会展服务商的选择一般可分为进行市场调研、撰写招标文件、召开竞标会议、确定服务承包商、签订委托合同等步骤，如图1.2所示。

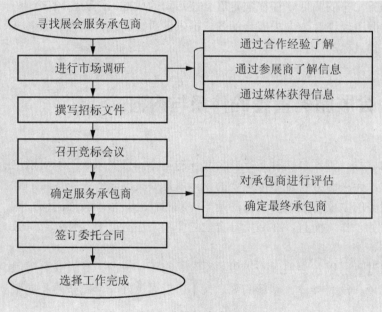

图1.2　会展服务商的选择流程

需要指出的是，会展服务的供应商既可以是生产型企业，也可以是流通、服务型企业。展会的主办方对会展服务供应商的开拓是不断提升展会服务质量的因素之一。一般来说，在开拓会展服务供应商方面主要有以下步骤。

第一步：供应市场竞争分析，对特定的展会服务市场进行分析。例如，举办医疗器械类型的展会与举办港口物流方面的展会对会展服务供应市场的要求是不同的，各供应商的竞争对手状况、市场占有份额也不相同。

第二步：寻找合适的服务供应商。在对展会潜在服务供应商调查、分析之后，从中选取那些稳定性好、资源可靠、工艺能力强以及综合实力强的供应商作为重点合作对象。

第三步：潜在供应商的评估。对潜在供应商的评估主要包含以下几个方面。

(1) 承包商管理，体系是否健全，控制是否有效。
(2) 销售合同评审，对合同进行评估，确认是否能如期履约。
(3) 计量管理，仪器计量体系是否完整。
(4) 设备管理，是否有定期对仪器设备进行维护的制度、记录等。
(5) 培训管理，对岗位人员是否有完善的培训考核制度、记录等。

考察评估人员对潜在供应商的评估可形成报告，并及时做出反馈。

第四步：询价与报价。对潜在供应商的评估审核之后，要对合适的承包商发出询价文件。由于展会服务所包含的内容与项目十分复杂，特别是大型展会的服务，对承包商的询价，需对要提供的服务产品的细目、数量、规格、交付日期等做详细规定，并要求承包商在指定的日期内完成报价。

承包商报价之后，应对其报价进行分析比对，如有可能，应进行不同承包商之间的报价比较，从而做出合理的选择。

第五步：合同条款的谈判。会展的组织者与会展服务承包商就会展服务项目条款合同谈判的关键点有价格、质量、履约期限等内容。双方应本着平等互利的原则协作商谈。

第六步：确定最终的供应商。双方达成协议并签订相关合同之后，会展的组织者对会展服务承包商的选择工作就完成了。

2) 会展服务的提供

服务是与顾客接触的活动结果。会展服务是向其服务对象提供服务的过程。会展服务提供包含着两种不同的活动：一种是接触活动；另一种是内部活动。

所谓接触活动，是指发生在服务组织与顾客之间的、顾客看得见的服务活动。例如，展会现场所提供的问询服务、引导服务、商务服务等。

所谓内部活动，是指发生在组织内部、顾客看不见的服务活动。例如，在展会服务的准备过程中，服务方为了提供最优质的服务，总是一遍又一遍地演练或改进服务的内容，这种改进活动就是内部活动。

在会展服务的两种活动中，内部活动是通过接触活动对顾客产生影响的，而接触活动是通过内部活动与组织产生联系的。接触活动是服务提供的主导活动，内部活动是服务提供的辅助活动，如图1.3所示。

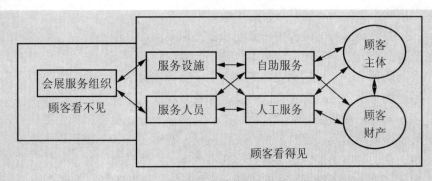

图1.3 会展接触活动与内部活动

由图1.3可知，在会展接触活动中，会展组织可能由会展服务人员或服务设施来代表，

会展服务管理

服务对象可能由顾客主体或顾客财产来代表。服务活动的形式可能是人与人的接触，如展会现场咨询；也可能是人与物的接触，如自动查询服务系统；也可能是物与人的接触，如自助餐服务等。

2. 会展服务的流程

服务流程是指服务所需要的工作流程。按一般服务流程的细分常规，可以将会展工作的服务流程划分为服务步骤、服务内容、服务措施等几个部分，也称"三二二"服务流程，详见表1-3。

表1-3 服务流程示例

服务步骤	服务内容	服务措施
服务步骤1	服务内容1.1	服务措施1.1.1
		服务措施1.1.2
	服务内容1.2	服务措施1.2.1
		服务措施1.2.2
服务步骤2	服务内容2.1	服务措施2.1.1
		服务措施2.1.2
	服务内容2.2	服务措施2.2.1
		服务措施2.2.2
服务步骤3	服务内容3.1	服务措施3.1.1
		服务措施3.1.2
	服务内容3.2	服务措施3.2.1
		服务措施3.2.2

在表1-3中，首先，服务步骤是服务活动的细分；其次，服务内容是服务步骤的细分；最后，服务措施是服务内容的细分。服务步骤、服务内容、服务措施的关系，是从3个不同层次对服务活动进行细分的关系。

在会展服务的流程中，会展项目类别不同，其服务流程也不尽相同。节庆活动的服务流程从节庆策划开始，到节事营销、节事促销、节庆旅游、节庆赞助、节庆活动公关、节庆活动评估、节庆活动宣传、节庆电子商务以及节庆活动的志愿者管理等方面，包含着一系列的工作节点，有着自己的服务特点与规程。

同样，赛事演艺活动从项目策划到赛事申办、赛事报批、赛场布置、赛场设计、赛场装饰、赛事招商、赛事公关、赛事礼仪、赛事主持、赛事计划、赛事实施、赛事赞助、赛事评估、赛事组织、赛事运行、赛事直播、赛事转播、赛事推广、赛场调度、赛事动态、赛务统筹、赛事指挥、赛事预警、赛事安全、赛事征集、赛事奖励、赛事投标、赛事救援、赛事预算、赛事现场服务、赛事现场管理、赛事信息采集、赛事信息分析以及演艺调度、演艺活动筹备、演艺活动风险、演艺活动公关、演艺活动评估、演艺活动宣传、演艺活动营销、演艺活动赞助、演艺活动组织、演艺接待服务、演艺媒体宣传、演艺门票销售、演艺商务活动、演艺现场服务、演艺现场管理等服务节点，也构成一个繁复的服务体系。

下面分别以会议和展览为例，来介绍会展服务的流程。

1) 会议业务的服务流程

会议服务主要是为与会人员和会议承办者提供服务的流程，包括为所有来宾安排膳宿、提供信息和筹划旅游等，如图1.4所示。

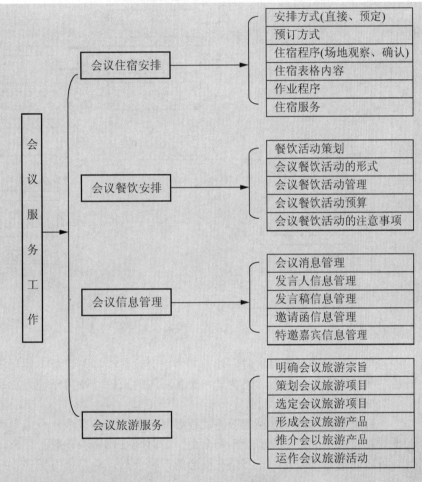

图1.4 会议服务流程图

从会议服务工作的总流程图中可见，会议的住宿安排、餐饮安排、信息管理、旅游服务等每一方面的工作不仅有具体的步骤，而且内容又有细分。下面从会议餐饮安排的角度来具体分析会议服务流程的细化问题。

餐饮活动是会议的重要内容之一，会议安排餐饮活动，也是为与会者创造一种社交的机会，使得与会代表能通过这些活动增进彼此之间的了解，加深友谊。会议餐饮安排的流程如图1.5所示。

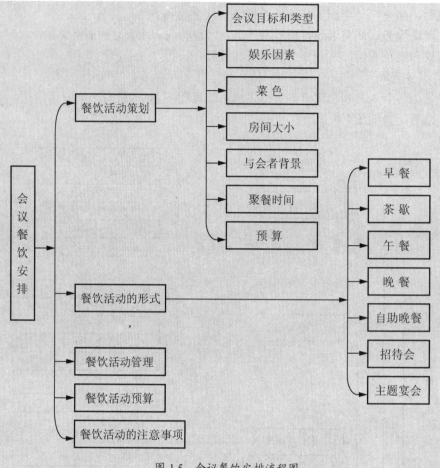

图 1.5　会议餐饮安排流程图

另外,在安排会议餐饮时,还需要考虑会议的类型与目标、娱乐因素、餐饮的口味与特色、房间的大小、与会者的背景、聚餐时间的长短以及预算等因素。

2) 展览业务的服务流程

与会议服务相比,展览的服务流程要复杂些。因为完成一个展览项目通常需要较长的准备时间,大型展会需提前一年乃至更早的时间安排服务问题。还有,展览所涉及的服务问题可以说是方方面面,尤其是在展会的开幕前后,更是事务繁多。熟知展览的服务流程显得尤为重要。

展览服务是一种高接触性的服务活动。不管是展前、展中还是展后,参展商与观众在展会服务的各过程中都有广泛的参与。

展览服务有着自身的特点,在很多时候,往往客户必须加入到服务的流程中来才能享受到该服务。由于客户大量参与服务的流程,客观上也加强了展会服务方与客户之间的亲密关系。

随着会展专业化水平的不断提高,实现会展服务专业化分工与专业化运作必将成为我国会展业发展的趋势。

按照展览会工作的不同阶段,可以将展览服务的流程分为 3 个阶段以及 50 个工作环节,如图 1.6 所示。

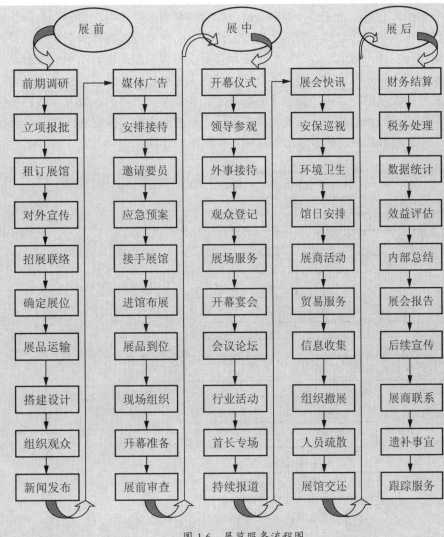

图 1.6 展览服务流程图

值得注意的是,在展览服务的流程图所列出的 50 个工作环节中,如果细分的话,还可以进一步分解出很多工作内容与环节,这需要在实践中,根据不同的展会进行体会和认识。

3. 会展服务组织

服务组织是指根据分工细化而将服务作为主要职能的实体。服务组织的形式多种多样,如政府机关、企业、公司、大学、医疗机构、中介服务机构等。

会展服务的组织涉及政府、会展组织者、会展策划设计者、专业会展组织者、目的地管理公司、参展商、会议代表、观众、其他中介机构等。其中,政府作为政策制定者,承担规范市场运行机制的作用,甚至直接组织国内展会或出国办展。在我国,由于计划经济体制的影响以及出于宏观调控的目的,政府主导型展会占有相当的比例。

通常,经济发达的国家大多都设有会议局,他们或与旅游局合署办公,或隶属于旅游局或其他经贸部门下设二级职能局。会展策划设计者是会展源制作单位,涉及政府、非政府组织、公司、企业等。专业会展组织者是负责起草申办、策划、组织、协调、安排、接待国际展览、会议和大型活动的专业公司,有些旅行社商作为会议服务代理人参与会议的组织与安排。目的地管理公司主要承担后勤管理职能,也有承担部分会议组织工作,内容涉及硬件和软件协同管理。展商和会议代表是展会的需求者,也是服务的对象。其他中介机构涉及金融、酒店、会展中心、场馆、各类学会、协会、媒介、教育单位等。因此,要提高会展服务的效率,需要各有关成员组织共同协商、拟定协议并有效执行、实施。

会展有着自己的服务组织系统,如图 1.7 所示。

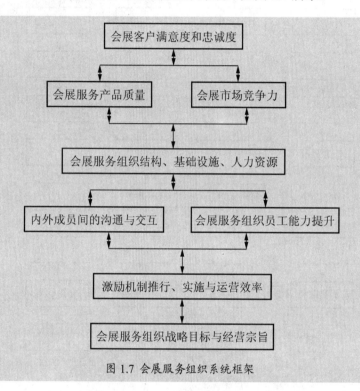

图 1.7 会展服务组织系统框架

由图 1.7 可知,会展服务的组织结构、基础设施、人力资源、服务产品,包括相应的管理制度、激励机制、财务运营等多种要素,是一个有机整体或综合系统。在会展服务组织系统的要素中,组织结构、基础设施、人力资源为核心要素,其内容取决于会展服务组织的战略目标、经营宗旨,直接影响激励机制的推行与实施、组织内外成员间沟通与交互、整体运营效率、服务产品质量、市场竞争力、客户满意度等。

一般来说,会展服务组织为了实现整体发展战略目标,需要制定系列方案并采取一定的谋略,对资源进行优化配置。整个过程是围绕提升服务组织的形象、运营效率和核心竞争力,通过科学设计和结构编排来进行的。在服务组织战略定位的要求上,一是要增强管理者—员工—客户沟通交互的功能;二是要便于组织文化的创建与完善;三是有利于员工综合素养的持续提高。

从服务学的角度看,会展服务组织不仅包含着战略定位及其模式,还有服务组织的战略决策、转型、诊断和再造等内容,是一个复杂的系统工程,此处不再赘述。

4. 会展服务的要求

服务是指以各种劳务形式为他人提供某种效用的活动。会展业属于服务行业，它应该像金融、旅游等服务行业那样为顾客提供优质服务，营造美好体验。会展活动的举行要牢固树立服务的宗旨，明确如何做好服务，这是会展活动成功的基础和前提。

世界上最大的服务企业 IBM 对服务是这样阐释的："服务并不是能够接触到、看得到或感觉得到的有形产品，而是一种无形的行为和绩效。简单地说，服务是行动、过程和表现。"

由此可知，服务的关键词是"行动、过程和表现"。它需要以顾客为中心、以真诚换取信任、树立全程服务思想，将服务做到极致。

1) 以顾客为中心

服务最重要的战略就是"关注客户"。这就意味着所有的服务战略都必须以客户为中心，服务战略的本身也需要了解它们对客户的影响。策划组织者关于创新服务和沟通的决策要融入客户的观点。

在会展服务中，参展、参会者都可以视为会展主办者的"顾客"。会展服务应该首先树立以顾客为中心的原则。

一般来说，顾客总是期望完美的、规范化的服务，这就要求会展服务的提供者要充分了解顾客的期望，选择正确的服务设计和标准，按标准提供服务，服务的绩效与服务承诺相匹配。

例如，在展会服务过程中，常常会遇到顾客的不满与抱怨等问题，以顾客为中心的服务原则应该是欢迎与鼓励抱怨。抱怨是应该被预期、被鼓励和被追踪的。抱怨的顾客应该真正被当作朋友来看待。在接到顾客的抱怨之后，迅速采取补救措施及时处理，就可以变不利为有利，提高顾客的满意度。

2) 以真诚换取信任

展会中大量的服务体现在参展企业与顾客之间，参展企业的展台服务人员要想在展会中达到吸引顾客的注意、赢得顾客信任的目的，就要清楚参展企业与顾客之间是平等的、互利的，对顾客尊敬，才能赢得顾客的尊敬。也只有这样，参展企业才能获得与客户沟通、交流的机会。

展会服务人员在工作中要注意，不管是新顾客还老顾客，都要多尊重顾客的意见，要学会多问征求性的话语，如"请您看看这个好吗？""您觉得这个怎样？""那您认为呢？"。要让顾客觉得你是一个非常真诚而尊重他人的人，这样他们才会愿意与你交往，乐意合作。做任何一笔生意或发展任何一个新客户，真诚相待都是至关重要的。

展会服务人员还必须明白，客户愿意与参展企业合作的主要原因有以下两点。

其一，真诚而有礼貌的交流使客户对参展企业产生了信任感。

其二，通过沟通、了解，客户认为与参展企业合作是可以获得相应利益和好处的。

在展会上，一旦赢得了客户的好感，展会服务人员通常会留下他们的联系信息，展会结束后，必须与这些客户经常联系、沟通。建立联系、沟通的畅通渠道，如节假日的祝贺卡、电子邮件的问候祝福等。如果在展会上有对客户的某种服务承诺，那么一定要遵守时间、履行承诺，一直给客户一个真诚守时的印象，使顾客有兴趣、有信心与自己的企业长久保持信任合作的态度。

3) 树立全程服务思想

慕尼黑博览会集团的项目总监 PeterKnoll 先生曾这样阐述过他们的办展理念,"办展会就是做服务,办展会其实是为行业提供交流的平台,如果没有了良好的服务支撑,展会就无需存在了"。

会展服务是一种全程服务,包括会展活动之前的推广宣传、参展商招募和观众的组织;展中服务除了必备的项目之外,还包括法律、科技、信息等方面的援助;展后服务主要体现在相关信息的统计、分析、调查与反馈。不同环节的服务其侧重点是不同的,在会展服务管理过程中,需要平衡这些服务维度,以便综合展示令人难忘的体验。

在整个会展活动中,信息的交流、商贸的洽谈、论坛的召开、观众的邀请等软性服务与场馆的水电供应、交通食宿的安排、展品的运输与保管、展场的布置与安排等硬性服务结合起来,为会展的参加者创造一个自我表演的舞台,使他们在互动参与中达到体验的升华。

4) 细节决定成败

展会服务成功的一个重要衡量标准是:让客户或观众在参加你所组织的活动或接受你的赠品时,愉快地接受你所宣传的理念并乐意接受你的服务。这就要求展会服务者在与客户交流时要做到热情周到、细致入微,要能在短时间的接触中,正确地了解对方的职业、身份、兴趣、爱好等,并迅速做出判断,做出切实有效的服务。

在会展服务细节上,有人曾做出过如下的解释。

服务(Service)这个词包含了跟顾客接触、保持跟顾客的关系时,所必要的一切组成部分。

S 代表微笑(Smile):你的微笑、你友好的方式,给人以温暖和受欢迎的感觉,从而表明一个积极的态度。

E 代表优秀(Excellence):你工作的每一个地方都要完美。例如,服装、修饰、倾听的能力、实际知识、信守承诺等。

R 代表乐意(Ready):随时乐意为顾客服务。这意味着不跟同事聊天,或抽烟、喝酒、打电话,因为那样的话,你会自顾不暇,不能够服务好顾客。

V 代表察看(Viewing):对会展有全面的观察,从顾客发出的语言和非语言的信号中,理解顾客的需求。

I 代表吸引(Inviting):你的仪态、行为非常吸引人,客人感到很受欢迎,因而渴望回来。你可以通过提出开放式的问题让顾客回答,也可以让顾客提出问题。

C 代表创造(Creating):创造一个愉快宜人的气氛,让顾客感到快乐。同样,这意味着想顾客所想,寻找使你的产品能为顾客服务的办法。

E 代表眼睛(Eye):眼神交流。这是指专注于顾客,随时密切注意各种信号,对顾客的需求做出反应。不要东张西望去留意他(她)身后发生的事情,这会给人一种心不在焉的印象,制造一种焦虑不安的气氛。

这里对服务(Service)的解释给展会服务者的启示是:要实现令顾客满意的服务,必须以自身不懈的努力,关注到每一个服务的细节,倾心打造,才会有回报。

一般来说,在会展活动的不同阶段,其服务的要求也有所不同,下面以会展的现场管理为例,来看会展服务的基本要求。

(1) 根据会展组织者或领导对展会工作的要求,确保展会各项组织活动成功完成。

(2) 组织布置展会，检查场地和各种设备，并保持处于良好状态。展会开始前消除各种隐患、排除故障。

(3) 做好展会接待工作。

(4) 做好展会前的准备，确保展会按时、按要求进行。

(5) 以高度负责的精神、真诚热情的态度、细致周到的要求组织好展会的各项服务工作。

(6) 展会或接待途中不得离岗或做职责外的事，确保展会现场工作无差错。

(7) 做好展会期间的各项记录。

(8) 处理好展会期间的各项应急事务。

(9) 保证展会的场所及相关用具清洁卫生，做好饮食卫生的管理工作。

(10) 严格遵守各项规章制度和保密要求。

1.3.2　会展服务管理的内容

1. 展会前的服务管理

展会前的服务所涉及的工作可以说是千头万绪。人们按照"三二二"流程细分法将展会前的服务管理分为策划立项、组织管理和项目营销3个方面。

1) 策划立项

在会展的策划立项工作中，展会策划、论证与报批是重要的几个环节。因此，策划立项阶段服务管理的主要内容应该放在项目启动、项目调研、项目构思、立项策划、可行性研究、立项报批等方面来进行。

2) 组织管理

会展项目获准举办后，有效地组织管理是至关重要的环节。这一环节主要的工作内容包括会展组织机构的设置、确定展会实施方案、场地租定、对外宣传、人员培训、要员确认等方面。

3) 项目营销

会展项目营销主要包括招展招商组织及服务管理。具体的工作主要有项目推广、客户联络、订位确认、展品运输、设计搭建、组织观众、新闻发布、媒体广告、会展接待、调度协同、场地入住、进场装饰、展品陈列、开幕准备以及现场检查等。

需要指出的是，由于信息科技手段带给现代会展业的便捷，在展会前的服务管理中，一个提高展会服务效率的重要途径是"网上登录服务"系统。因此，会展信息服务系统的创建与管理也越来越重要。

2. 展会中的服务管理

展会的现场工作包括会展活动正式开始之前的一系列准备工作，以及展会期间到展会的闭幕这段时间内对展会的各项事务的组织管理工作。

展会现场工作是主办机构对展会进行组织管理的集中体现，是会展主办机构与参展商、与会者和观众等有关方面最直接的面对面的交流。它所包含的事务很多，需要多方面的协调配合，展会现场工作某一方面的疏忽和失误就可能对展会造成严重影响。因此，会展主办机构一般对展会现场管理工作都极为重视。

会展现场管理的内容根据管理主体的不同而有所差异。

从展会的主办方来说，会展现场管理的内容主要有：观众登记和入场管理→现场广告管理→参展商(与会者)行为管理→安全管理→交通、物流管理→餐饮管理→证件管理→参展商(与会者)和观众投诉管理→新闻管理等。

从展会的场馆商方面来说，会展现场管理的内容主要有：物业管理→会展组织管理→展商招待管理→展会网络管理→展台展具管理→综合服务管理→市场推广管理等。

会展现场管理内容的每一部分都有具体的指标内涵，概括起来说，展会举办期间现场管理主要是展会现场秩序的维护以及展会运营过程的组织与服务，以确保展会的顺利进行。以展会现场巡视为例，在展会举办期间，要指定相关人员对场馆的公共设备设施、功能服务设施、场馆环境以及现场秩序等，进行日夜巡视和定点巡视，确保设施、设备正常运转和良好的现场秩序。发现问题要及时通知有关管理部门进行处理。

3. 展会后的服务管理

展会闭幕后，会展项目的服务管理工作并没有结束。有人说，展会闭幕之日也正是下一届展会工作的开始之时，这话不无道理。为了赢得顾客的信赖，展会的组织者都非常重视展会后的服务工作。

展会后的主要服务工作有交接场馆、跟踪报道、整理数据库、征求意见、财务结算、项目总结、加强与客户的联系、致谢、会展项目评估等。

(1) 交接场馆展馆应按照相关租借合同的具体规定执行，展会的组织者需要指定负责人员共同对场馆使用情况进行清点、核对，双发确认后签字。如有异议，应本着友好、平等、互利的原则妥善协商解决。

(2) 跟踪报道是指对展会进行回顾性的报道，一般是展会的组织者将有关情况、统计资料通过新闻媒体等方式公布，进一步扩大展会的影响力。

(3) 整理数据库是将参展商或观众，尤其是 VIP 嘉宾等的相关信息进行整理分类，建立完善的客户资料库。

(4) 征求意见是向展会客户征集关于展会服务、效果等方面的意见和建议，以便在以后的工作中加以完善和改进。

(5) 财务结算是指与所有合作单位核对有关数据，收集账单和支付账款，对会展项目收支情况进行统计分析、结算。

(6) 项目总结是指对会展活动情况的全面总结。总结经验、教训、分析存在问题及原因，提出相应的改进意见或建议。总结的方式有召开总结会或编写总结报告等。

(7) 加强与客户的联系是培养忠诚客户、不断推进会展业务、发现和获得会展商机的重要一环。如对所有参展商、重要观众、支持单位以及合作单位、有关媒体进行致谢等，一般采取致谢信或电话等方式进行沟通联系。

(8) 会展项目评估是对会展项目的环境、效果等方面进行系统、客观、真实、深入的考核与评价，并做出权威的反馈。会展项目评估是会展整体运作、服务管理中的一个重要环节。

1.3.3 会展服务管理的原则

成功地领导和运作一个会展服务组织，不仅需要遵循以顾客为中心、全员参与、过程与方法管理的系统方法、持续改进的决策方法等质量管理原则,而且,需要把这些质量管理原则创造性地运用到服务管理的具体实践之中。

一般来说,展会服务管理需要遵循以下原则。

1. 以顾客为关注焦点

会展服务是在与顾客接触的条件下实现的,会展服务组织不仅应以顾客为关注的焦点,而且应识别与顾客接触的客观需要,确保通过所提供的展会接触活动满足顾客的要求。

2. 超值服务

顾客总是追求价值的最大化。会展顾客满意不仅取决于必要的服务,而且取决于超值服务。会展服务质量是沿着"超值服务——必要服务——超值服务"的改进路线不断提高的。

3. 重视内部服务

每一位向顾客提供会展服务的员工同样需要得到服务。会展服务组织不仅应通过培训、全员参与发挥每一个员工的个人才干,而且应该为每一个员工提供适宜的工作环境,没有满意的员工就没有满意的顾客,没有忠诚的员工就没有忠诚的顾客。

4. 建立现场准入制度

会展服务行为很难有最终的检验。会展服务组织在应用过程方法控制服务行为时,必须用现场准入的方法替代最终检验方法,确认并证实进入会展服务现场的服务人员、服务设施及服务对象实现所策划的结果的能力,防止可能对服务质量产生不利影响的服务行为发生在会展服务现场。

5. 注重顾客关系管理

展会顾客行为是会展服务行为的重要组成部分。会展服务组织与顾客之间的相互关系对顾客行为具有十分重要的影响。会展服务组织在应用管理的系统方法识别相互关联的过程时,应把顾客关系管理纳入会展服务实现所需的过程。

6. 加强企业文化建设

服务是一种发生在组织与顾客之间的人际关系。这种人际关系必然会受到企业文化的影响。会展服务组织不仅应依据数据和信息分析的结果进行决策,而且应充分认识到企业文化建设所发挥的作用。

7. 对会展服务人员的充分信任

与客户接触的会展服务人员要对顾客的要求做出快速反应。会展服务组织的领导不仅应充分发挥领导的作用,而且应建立高效务实的组织结构,确保对与顾客接触的会展服务人员有充分的授权。

8. 对会展服务供应方的有效管理

会展服务提供包含着服务供应方与顾客的接触活动。会展服务组织不仅应通过互利关系增强双方创造价值的能力,而且应通过反向服务对供方所需的服务资源进行有效管理。没有满意的服务供应方就没有满意的顾客,没有忠诚的服务供应方也就没有忠诚的顾客。

会展服务管理

典型案例

中国 2010 年世博会服务商的管理与选择

第一部分：中国 2010 年上海世博会向参展者推荐的服务供应商管理办法

第一章 总则

第一条 为了加强对中国 2010 年上海世博会向参展者推荐的服务供应商(以下简称"推荐服务供应商")管理，规范推荐服务供应商的行为，根据中华人民共和国的相关法律、法规、规章，上海世博会事务协调局(以下简称"世博局")制定本管理办法。

第二条 本办法所称的推荐服务供应商，是根据中国 2010 年上海世博会(以下简称"上海世博会")《注册报告》的规定和往届世博会的惯例，由世博局向参加上海世博会的参展者推荐的，旨在向参展者提供其在参加上海世博会过程中所需的相关商业服务的各类服务供应商。

第三条 世博局授权上海世博会运营有限公司(以下简称"世博运营公司")具体负责对推荐服务供应商的遴选、推荐和管理。世博运营公司遵照"公开、公平、公正"原则，通过公开征集或定向征集的方法遴选推荐服务供应商。

第二章 服务管理

第四条 推荐服务供应商应公开服务项目、服务程序、收费标准等信息，并保证信息的真实、准确、全面。

第五条 推荐服务供应商应按照中华人民共和国法律、法规和规章、本管理办法以及世博局制定的其他有关规定，自行与参展者洽谈服务事项并订立相关的服务合同。世博运营公司的推荐并不构成对推荐服务供应商业务的保证，参展者有权自行选择其他服务供应商。

第六条 推荐服务供应商应在与参展者订立书面合同后的 5 个工作日内，将合同副本交世博运营公司备案。

第七条 推荐服务供应商应全面履行服务合同中各项条款，专业、敬业、谨慎地向参展者提供规范、优质的服务。

第八条 推荐服务供应商应根据世博运营公司的要求，安排其法定代表人或高级管理人员以及直接向参展者提供服务的工作人员参加有关世博会的基础知识、相关法律、法规、规章和制度以及国际礼仪等方面的培训。

第九条 推荐服务供应商应依照其企业同类别、同品质服务中最为优惠的收费标准向参展者收取服务费用。

第十条 推荐服务供应商服务过程中应建立必要的服务记录，详细记录服务时间、服务地点、服务对象、服务方式、服务情况等内容。相关服务记录应妥善保管，并应世博运营公司的要求向其提交。

第十一条 推荐服务供应商的工作人员因履行服务合同须进出世博园区的，应按规定办理相关许可证件，并应遵守世博局制定的园区管理制度。

第十二条 推荐服务供应商不得把所承接业务的主要部分转由第三方完成，也不得将其承接的业务分拆以后全部转由数个第三方完成。

第十三条 若根据行业惯常做法或其他特殊原因需将部分业务交由第三方实施的，推荐服务供应商须将与第三方签订的合同副本报世博运营公司备案。在此情形下，推荐服务供应商应对相关第三方的服务行为向参展者承担连带责任，并且该第三方只能以自己的名义从事服务。

第三章 宣传管理

第十四条 推荐服务供应商应严格遵守中华人民共和国国务院2004年12月1日颁布实施的《世界博览会标志保护条例》、世博局于2005年4月26日制定实施的《世博会标志使用管理办法》和其他相关规定。

第十五条 推荐服务供应商不得采用任何方式对其作为"推荐服务供应商"的身份或相关内容进行宣传。

第十六条 推荐服务供应商不得擅自使用世博会标志，不得从事与上海世博会赞助企业或其他上海世博会市场开发计划参与者的利益相冲突的行为，不得从事与上海世博会有关的任何形式的隐性市场活动。

第四章 日常监督管理

第十七条 世博运营公司作为推荐服务供应商的管理者，与推荐服务供应商签订《推荐服务供应商协议书》，并采取有效的措施加强对推荐服务供应商的管理。

第十八条 世博运营公司负责对推荐服务供应商向参展者提供服务的情况实施日常管理，建立监督考核制度，定期公布各类推荐服务供应商的服务情况。世博运营公司应对推荐服务供应商实施必要的指导，以加强其服务能力建设。

第十九条 《推荐服务供应商协议书》生效后，推荐服务供应商应每半年向世博运营公司递交一份书面的业务情况报告，详细说明其与参展者签订的合同数量、服务项目、合同金额、服务团队、服务结果及参展者的满意程度、改进工作的计划等内容。

第二十条 在《推荐服务供应商协议书》有效期内，推荐服务供应商发生下列事项的，应在相关事项发生后的48小时内向世博运营公司书面报告：

(一) 机构名称或者注册地址变更的；
(二) 法定代表人变更的；
(三) 注册资本和大股东发生重大变化的；
(四) 出现重大经营或者财务问题的；
(五) 涉及重大诉讼或受到重大处罚的；
(六) 涉及机构分立、合并、撤销、解散或破产的。

第五章 纠纷解决管理

第二十一条 在向参展者提供服务的过程中，推荐服务供应商若与参展者产生的任何纠纷应首先与参展者友好协商，并应立刻向世博运营公司书面报告有关争议的详情，接受世博运营公司的调解和指导。为了上海世博会的顺利筹办，世博运营公司有权要求推荐服务供应商搁置争议，同时先行向参展者提供服务。

第二十二条 世博运营公司协调和指导相关纠纷解决的处理程序包括：

（一）接到推荐服务供应商的报告或参展者投诉后，世博运营公司将立即就有关情况进行调查核实；

（二）如确属推荐服务供应商在服务中存在问题，世博运营公司将向推荐服务供应商提出整改的指导意见，并及时将协调结果反馈给参展者。如存在误解或失实之处，世博运营公司也将及时告知参展者，并做好协调工作。

（三）对于参展者和推荐服务供应商在其服务合同的履行中产生纠纷，世博运营公司协调未果的，由参展者和推荐服务供应商按合同约定自行处理。

第二十三条 除国家法律法规之外，对于与参展者之间的有关争议及其解决情况，推荐服务供应商不得自行进行宣传，不得以任何形式向社会披露，也不得协助任何机构进行宣传。

第六章 附则

第二十四条 本办法由世博局负责解释，自发布之日起实施。

第二部分：中国2010年上海世博会首批推荐服务供应商名录

经上海世博会事务协调局授权，2006年10月18日，上海世博运营公司正式向全社会公开征集中国2010年上海世博会第一批向参展者推荐的服务供应商，得到了海内外众多企业的积极响应。经过遴选程序，最终选出建筑设计类8家，商务服务类11家，建筑咨询类11家，展览策划设计类22家。

(按类别、企业名称英文字母排序)

建筑设计类(8)
上海市建工设计研究院有限公司
上海中建建筑设计院有限公司
上海浚源建筑设计事务所
上海浦东建筑设计研究院有限公司
上海现代建筑设计(集团)有限公司
上海中科建筑设计院有限公司
上海中房建筑设计有限公司
同济大学建筑设计研究院

商务服务类(11)
上海航空国际商务会展有限公司

上海中旅国际旅行社有限公司
上海东浩国际商务有限公司
上海东浩外服国际物流有限公司
上海市对外服务有限公司
上海锦江国际旅游股份有限公司
上海市机电科技情报研究所
上海市因私出入境服务中心有限公司
上海上外网络教育发展有限公司
上海实华国际旅行社
上海市对外经贸服务中心
建筑咨询类(11)
上海财瑞建设造价咨询有限公司
上海投资咨询公司
上海国际招标有限公司
上海金桥建设监理有限公司
上海建浩工程顾问有限公司
上海建通工程建设有限公司
上海建科建设监理咨询有限公司
上海申元工程投资咨询有限公司
上海同济工程咨询有限公司
上海万隆建设工程咨询事务所
上海现代工程咨询有限公司
展览策划设计类(22)
北京水晶石数字科技有限公司
北京中展国际展览工程有限公司
卡尔吉特国际股份有限公司(中国台湾)
Exhibit Works, Inc. (美国)
GL events 集团(法国)
上海励展展览设计工程有限公司
MAR 展示管理有限公司(德国)
北京华毅东方展览有限公司
上海波特曼装饰工程程有限公司
Ralph Appelbaum Associates, Inc.(美国)
Radius Design & Construction Pte Ltd.(新加坡)
上海市亚太广告公司
上海美术设计公司
上海广告有限公司
上海复旦上科多媒体有限公司
上海外经贸商务展览有限公司

会展服务管理

上海现代国际展览有限公司
上海笔克展览服务有限公司
上海科技会展有限公司
上海天映多媒体传播有限公司
跃狮影像科技股份有限公司(中国台湾)
上海张江超艺多媒体系统有限公司
(来源：上海世博网)

本章小结

本章从阐释服务与服务业的概念入手，指出"会展业"属于现代服务业，服务是现代会展业最常用和最重要的竞争手段之一。在分析会展服务的类别上，主要是从展会服务的对象以及功能、内容方面来对会展服务进行分类。"会展服务管理的体系与内容"一节是本章的重点。可以说，会展服务的主要特点是其产品为一种新的社会关系。会展的组办方必须把各种外部资源很好地组织起来。在设计会展服务系统时要进行全方位的思考。纵观会展服务的流程，鲜明地体现出系统性、复杂性等特点。因此，在进行会展服务管理的过程中，必须熟知会展服务的基本要求，遵循会展服务管理的基本原则，追求务实、高效的管理。

复习思考题

1. 名词解释：会展服务、会展服务代理商、服务组织。
2. 简述会展服务的特点。
3. 按照服务的基本功能、内容可以将会展服务分成哪几种？
4. 会议业务的服务流程主要包括哪几个方面？
5. 会展服务有哪些基本要求？
6. 展会服务管理应遵循哪些原则？
7. 试述展览的服务流程。
8. 试述会展服务管理的基本内容。

第2章 会展项目策划服务管理

本章导读

成功的会展活动其首要的工作是精心、系统的策划。策划可以说是整个会展工作的灵魂与主体。会展项目策划的主体可以是专业的会展公司、策划代理公司,也可以是展会的主办方、承办方。在一些大型的展会活动中,有时,政府相关部门、行业协会、科研院所、高等院校等机构都会参与策划工作。务实、高效具有可行性的会展项目策划来源于科学、合理、规范的管理。就一般会展服务公司而言,其组织结构应如何设置?在实际的会展服务项目运作中,对策划部门的绩效该如何考核?会展项目策划的流程是怎样的?会展项目的立项与报批又该怎样管理?这些是本章的重点。

知识要点

- 会展企业的组织结构
- 会展策划的绩效考核
- 会展策划的管理流程
- 会展项目立项的可行性论证
- 会展项目立项的报批与管理

2.1 会展项目策划的组织设置

与会展业的快速发展同步,我国会展公司整体发展的速度较快。随着中国市场的逐步开放,许多国际会展公司进入中国市场,以其雄厚的实力、先进的管理理念、优质的服务,在给国内会展公司带来挑战的同时,也带来了可供学习的机会与发展机遇。与先进的国际会展公司相比,国内会展公司普遍存在高质量会展人才缺乏、管理规范化程度较低等问题。我国的会展公司,尤其是会展策划公司应该积极有效地推进会展服务规范化管理体系建设,以提高我国会展服务企业的质量与核心竞争力。

2.1.1 会展企业的组织结构

会展业是一个对于协作性要求极高、时间性极强的行业,会展服务的流程繁杂,只要其中任何一个环节出现了问题,就会影响整个会展服务按时按质完成。因此,在对会展企业组织结构进行设计时,必须要充分了解各个会展服务环节的具体目标、任务,细致划分职能部门,进行工作分析,配备人员,以确保企业目标和服务任务的顺利完成。

会展企业常见的组织机构类型有职能制、矩阵制和事业部制等。

1. 职能制

职能制组织结构最早由"科学管理之父"泰勒提出。这种组织结构模型要求行政主管把相应的管理职责和权力交给相关的职能机构，各职能机构在自己业务范围内向下级行政单位发号施令。下级行政负责人除了接受上级行政主管人指挥外，还必须接受上级各职能机构的领导。

一个会展企业如果是开展单一或主导的会展业务，一般采取职能制组织结构，如图2.1所示。

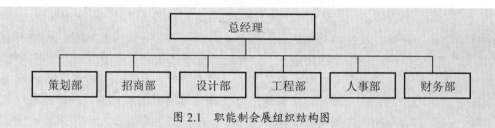

图2.1 职能制会展组织结构图

职能制组织结构的优点是能充分发挥职能机构的专业管理作用，加强各部门的业务监督和专业性指导，便于高效率完成本部门职责，同时减轻执行领导人员的工作负担。其不足是多头领导，当上级领导和职能机构的领导发生矛盾时，容易导致纪律松散，管理混乱的情况。这种组织结构适用于业务类型单一、规模较小的会展企业。

2. 矩阵制

矩阵制是以项目服务为中心的组织结构形式。会展企业在需要完成某项任务时，通常会成立项目部具体负责任务的完成，其组织结构形式如图2.2所示。

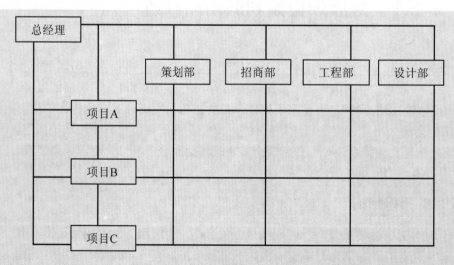

图2.2 矩阵制会展组织结构图

矩阵制会展组织结构的项目小组成员既同原职能部门保持组织与业务上的联系，又参加项目小组的工作。项目小组只是临时性的组织。这种组织结构的优点是能加强横向联系，人力资源共享；其不足之处是组织稳定性差，容易产生短期行为。它适用于规模庞大、服务种类齐全的大型会展公司。

3. 事业部制

事业部制最早是由美国通用汽车公司总裁斯隆于1924年提出的，又有"斯隆模型"之称，也叫"联邦分权化"，是一种高度(层)集权下的分权管理体制。它适用于规模庞大、品种繁多、技术复杂的大型会展企业，是国外较大的联合公司所采用的一种组织形式。近年来，我国一些大型会展企业也引进了这种组织结构形式，如图2.3所示。

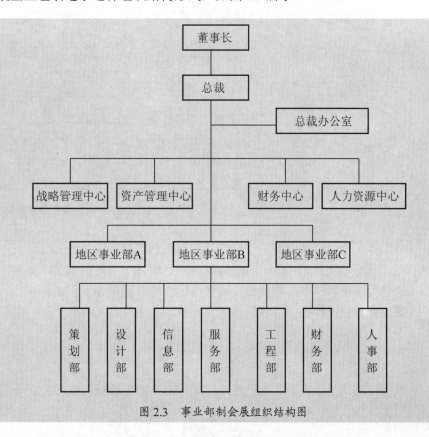

图2.3 事业部制会展组织结构图

事业部制是分级管理、分级核算、自负盈亏的一种形式，即一个公司按地区或按服务类别分成若干个事业部，从会展服务的策划、设计，到成本核算、服务运作，均由事业部及所属部门负责，实行单独核算，独立经营，公司总部只保留人事决策、预算控制和监督权，并通过利润等指标对事业部进行控制。有的事业部则按区域来划分。

事业部制的好处是：总公司领导可以摆脱日常事务，集中精力考虑全局问题；事业部实行独立核算，更能发挥经营管理的积极性，更利于组织专业化生产和实现企业的内部协作；各事业部之间有比较、有竞争，这种比较和竞争有利于企业的发展；事业部内部容易协调；事业部经理要从事业部整体来考虑问题，这有利于培养和训练管理人才。事业部的缺点是：公司与事业部的职能机构重叠，构成管理人员浪费；事业部实行独立核算，各事业部只考虑自身的利益，影响事业部之间的协作，一些业务联系与沟通往往也被经济关系所替代，甚至连总部的职能机构为事业部提供决策咨询服务时，也要事业部支付咨询服务费。

2.1.2 会展企业的部门设置

根据会展服务的特点，既考虑部门划分的科学性，又兼顾会展服务的质量与效率，一般可将会展企业划分为策划部、市场部、招商部、设计部、服务部、安保部、信息管理部、工程部、物流部、财务部以及人力资源部等职能部门。

1. 策划部

策划部是会展企业的基础部门，其常见的组织结构如图 2.4 所示。

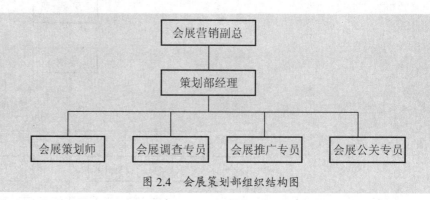

图 2.4 会展策划部组织结构图

会展策划部的主要工作有企业策划和会展项目策划两部分。企业策划主要是对整个会展企业形象的策划、组织的包装等。会展项目策划是指制定会展工作方案，安排会展工作进程等工作。详细、周全而又具有可行性的会展策划工作是保证各方人员按时、按质、按量完成各项工作必不可缺少的重要环节。会展策划是基础工作，也是整个会展服务的核心工作。

2. 市场部

市场部是会展企业的重要部门，其常见的组织结构如图 2.5 所示。

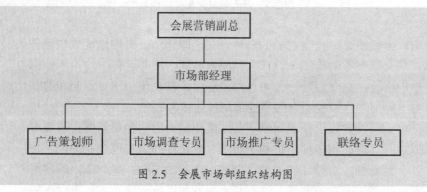

图 2.5 会展市场部组织结构图

会展企业的市场部主要负责会展新闻宣传,会展广告策划实施,协调与各社会团体或政府之间的关系等。宣传工作是会展服务成功的基本保证,其主要手段是广告与联络,如媒体广告、印发资料、登门拜访、电话联系等。

市场部工作的具体内容还包括:对价格政策的制定和修改提出建议并请企业领导批准后执行,制定年度场馆、展位销售计划,审核参展单位的资质,负责场馆营销,签订场馆租售合同,执行合同收款,负责有关展会的报批手续等。

3. 招商部

招商部是会展企业的业务拓展部门,其常见的组织结构如图2.6所示。

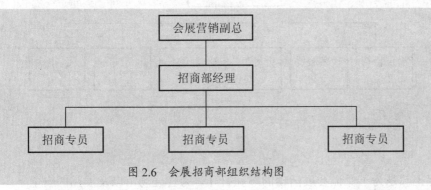

图2.6 会展招商部组织结构图

4. 设计部

设计部是向客户提供各种创意与设计的业务部门,其常见的组织结构如图2.7所示。

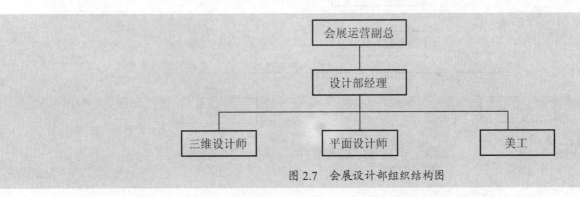

图2.7 会展设计部组织结构图

会展创意设计部门的主要工作内容是在会展服务中,利用空间环境,采用建造、工程、视觉传达等手段,借助展具设施高科技产品,将所要传播的信息和内容呈现在公众面前。它包括展台设计、空间布局设计、平面设计、照明道具设计以及相应的展馆设计等。

会展设计是一种对观众的心理、思想和行为产生重大影响的创造性设计活动。因此,现代会展不仅要求会展设计团队掌握现代科技发展新的方法与手段,而且需要具有不断创新的设计思维与设计能力。

5. 服务部

会展企业中所设置的服务部是相对而言的，主要包括接待、设备租赁、翻译、司仪、礼仪以及其他综合服务等。服务部可以说是会展企业的窗口部门，其服务质量的高低直接影响到企业的形象。其常见的组织结构如图2.8所示。

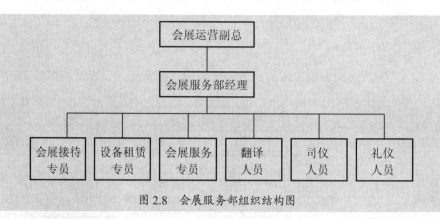

图 2.8 会展服务部组织结构图

6. 安保部

会展企业的安全保卫部是为了保证会展活动的顺利召开，为会展场馆以及展品的安全而设立的。安保部是举办展会活动不可或缺的部门之一，其常见的组织结构如图2.9所示。

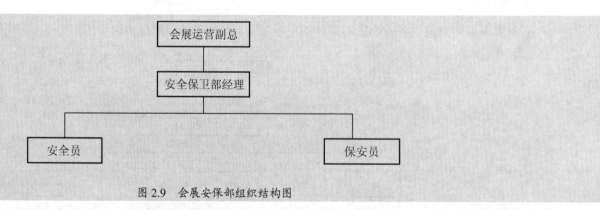

图 2.9 会展安保部组织结构图

7. 信息管理部

会展信息管理部门全面涉及和管理会展服务企业的日常业务，可以有效地实现会展集团的资源共享，多个会展活动同时管理，分类管理展商和观众等方面的数据，全面管理客户关系，使大量的重复工作可以实现自动处理，防止客户数据因业务人员流动而流失，并可以直观地对展会过程进行有效管理，应用精确的统计数据辅助企业决策。其常见的组织结构如图2.10所示。

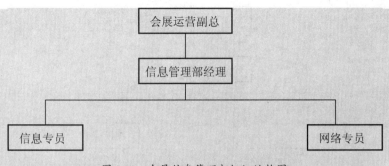

图 2.10 会展信息管理部组织结构图

8. 工程部

工程部是承担会展企业各项基建、现场施工的部门,其常见的组织结构如图 2.11 所示。

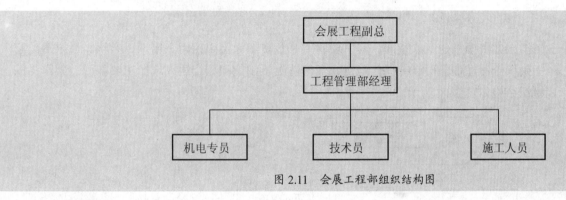

图 2.11 会展工程部组织结构图

9. 物流部

物流部是负责会展企业的物资采购、管理和运输的业务部门,其常见的组织结构如图 2.12 所示。

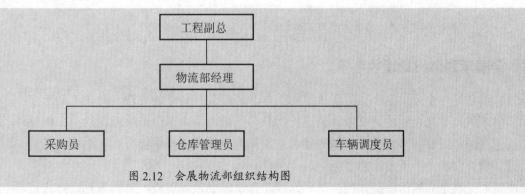

图 2.12 会展物流部组织结构图

10. 财务部

财务部的主要职责是协助会展企业经营者搞好企业经营预算,控制企业经营费用,使企业取得最佳的经济效益。财务部直接管理资金、进行账户处理等,是会展企业重要的保障部门之一,其常见的组织结构如图 2.13 所示。

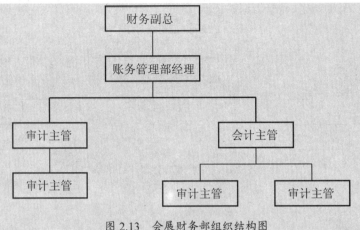

图 2.13 会展财务部组织结构图

11. 人力资源部

人力资源部也叫人事部，其主要职责是负责企业员工招聘、培训、考核、激励等。它是确保企业在任何时候、任何地点、任何情况下都能找到合适人选的主要部门。其常见组织结构如图 2.14 所示。

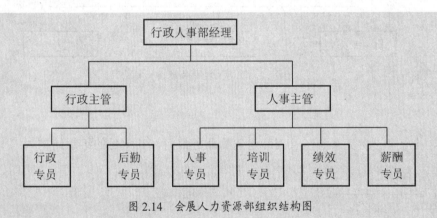

图 2.14 会展人力资源部组织结构图

2.1.3 会展策划部门的绩效考核

绩效考核是针对企业中每个员工所承担的工作，应用各种科学的方法，对员工的工作行为、工作效果及其对企业的贡献或价值进行考核与评价，并将评价结果反馈给员工的过程。绩效考核的实践证明，它在评价和激励员工，提升企业综合竞争能力，促进企业经济效益的提高等方面都发挥了重要的作用。

会展策划是整个会展活动工作的灵魂，这项工作牵涉到市场调查、整体策划、广告宣传、公关以及综合服务等方面的服务质量目标。成功高效的会展项目策划是建立在科学、合理的绩效考核基础之上的。下面具体来看策划部门的绩效考核问题。

1. 策划部经理的绩效考核(见表 2-1)

表 2-1 策划部经理的绩效考核表

绩 效 考 核					
考核项	考核要点	考核指标	权重/%	考核主体	考核资料来源
市场信息收集整理	组织相关人员开展广泛的市场调查活动,掌握本行业的市场动态,对各项市场调查的信息进行整理、分析与归档,为策划提供依据	市场信息收集及时、准确、全面、领导满意评价在__分以上	10	总经理	策划部
市场策划方案及预算编制	组织制定市场策划方案及预算;编制广告宣传计划、公关活动计划	方案编制及时、领导满意度评价在__分以上	25	总经理	策划部
会展策划管理	根据会展活动的整体运筹规划,提出会展活动决策并组织实施,在会展活动结束后,对整个会展策划活动进行检验和评估	客户对会展策划的满意度评价在__分以上	30	总经理	策划部
组织公关活动	组织各项公关活动,对公关活动的前期准备、实施过程进行监督与指导	领导满意度评价在__分以上	20	总经理	策划部
部门员工管理	负责本部门人员的招聘、培训与考核;建立规范、高效的部门运作管理体系并优化完善	部分员工绩效考核平均分在__分以上	15	总经理	人事部

2. 市场调查专员的绩效考核(见表 2-2)

表 2-2 市场调查专员的绩效考核表

绩 效 考 核					
考核项	考核要点	考核指标	权重/%	考核主体	考核资料来源
调研计划的制定	根据经营需要,制定合适的会展市场调研计划	计划制定完成率达到__%	15	策划部经理	策划部
调查方法与调查工具的选择	根据调查内容,选择适当的调查方法并制作相关调查工具	调查方法与工具选取合理、领导满意度评价在__分以上	25	策划部经理	策划部
调查实施	根据已制定的调研计划、调查方法与工具,进行调查工作的具体实施	市场调查计划完成率达到__%	35	策划部经理	策划部
调查报告的编写	对收集到的信息或资料,及时进行整理与分析,并撰写调研分析报告报相关领导审核	调研报告完成及时、领导满意度评价在__分以上	25	策划部经理	策划部

会展服务管理

3. 会展策划师的绩效考核(见表2-3)

表2-3 会展策划师的绩效考核表

绩效考核					
考核项	考核要点	考核指标	权重/%	考核主体	考核资料来源
信息管理	掌握各类会展活动的发展动向和竞争对手的情况,及时收集、整理各方面的市场信息	信息收集按时完成率达__%	10	策划部经理	策划部
会展营销策划	根据会展企业营销战略、策划合适的价格策略、渠道策略、促销策略等	会展营销计划实现率达到__%	25	策划部经理	策划部
会展策划的组织与实施	负责会展活动的内容策划、规模策划、环境策划等工作并组织实施	会展相关方对会展策划的满意度评价在__分以上	30	策划部经理	策划部
会展广告策划	主要负责包括广告策略、广告目标、广告诉求、广告创意等方面的策划	领导对广告效果满意度评价在__分以上	20	策划部经理	策划部
会展公共关系策划	负责会展品牌和商标管理、企业形象建设,与客户、行业协会及其他部门的公共关系策划等工作	企业领导对公共关系策划的满意度评价在__分以上	15	策划部经理	人事部

4. 公关专员的绩效考核(见表2-4)

表2-4 公关专员的绩效考核表

绩效考核					
考核项	考核要点	考核指标	权重/%	考核主体	考核资料来源
公关计划编制	根据企业整体运营情况及市场状况,编制企业公关计划,报相关领导审批	公关计划编写及时,领导满意度评价在__分以上	20	策划部经理	策划部
公关活动组织	根据领导审批的公关文件,组织市场公关活动,并做好与相关部门的沟通与协调,确保计划的顺利进行,并达到相应的宣传效果和目标	活动计划完成率达到__%	35	策划部经理	策划部
公关文案的撰写	根据项目公关活动及相关部门的需要,编写各类公关文案	公关文案被采用率达到__%	25	策划部经理	策划部
公关活动评估	根据各方面的信息反馈,对公关活动的执行情况进行评估,编制公关活动评估报告	评估报告完成及时,领导满意度评价在__分以上	20	策划部经理	策划部

会展项目策划服务管理 第2章

5. 市场推广专员的绩效考核(见表2-5)

表2-5 市场推广专员的绩效考核表

考核项	绩效考核			考核主体	考核资料来源
	考核要点	考核指标	权重/%		
市场信息收集与分析	掌握市场及行业发展动态,了解竞争对手的市场状况,并及时向有关领导反映	信息收集按时完成率达到__%	15	策划部经理	策划部
市场推广方案的制定	根据企业年度营销战略,编制形象推广方案及其他相关市场推广方案	市场推广方案编制及时,领导满意度评价在__分以上	25	策划部经理	策划部
市场推广活动组织实施	负责企业广告、公共关系等市场推广活动的具体组织与实施	市场推广活动按计划__%完成	35	策划部经理	策划部
市场推广活动评估	市场推广活动结束后,对相关信息进行分析,对整个推广活动的效果进行评估,并编写评估报告	评估报告完成及时,领导满意度评价在__分以上	25	策划部经理	策划部

2.2 会展项目策划的流程管理

会展项目策划是对会展进行管理和决策的一种程序,它是一种对会展项目的进程以及会展项目的总体战略进行前瞻性的规划活动。

在会展的决策过程中,由于展会举办的机构不同、所针对的问题不同、展会项目的新旧不同等,决策的程序也不尽相同。

大型会展项目如以国家政府部门、贸促机构、工商会、集团公司等为主办者的会展,它们大多有相应的部门或人员专门从事展会工作并有固定的决策程序,会展项目策划的环节相对也比较规范合理。

对于小的公司而言,可能策划的环节会比较简单;连续参加或者连续举办的展会决策过程可以比较简单一些,这一方面体现展会举办者政策和战略的连续性,另一方面也反映出这些展会项目合适、效果好。对于这些项目,展会举办者无需再作决策,只要在局部或细节上加以调整即可。但对于初次展出的项目,展出者应该充分调研,全面考虑,慎重选择。只有加强决策的科学性,才能避免盲目性。

一般来说,一份完整的会展项目策划,基本上包括策划者、策划对象、策划依据、策划方案和策划效果评估等要素。

策划者在整个会展运作实施过程中起着"智囊"的作用,策划者的素质直接影响着会展活动的质量水平;策划对象既可以是某项整体会展活动,也可以是会展诸要素中某一要素(如会展宣传项目、会展设计项目等);策划依据既包括策划者的知识结构、信息储存以及有关策划对象的专业信息,也包括会展项目立项的主客观条件等;策划方案是策划者为实现策划目标,针对策划对象而设计创意的一套策略、方法和步骤;策划效果评估是对实施策划方案可能产生的效果进行预先的判断和评估。在会展策划中，可以说效果评估是一项会展活动终点工作也是起点工作，它为以后的会展项目策划提供决策依据。

会展项目策划诸要素之间互相影响、互相制约，构成一个完整的体系。这就要求在进行项目策划时要特别强调系统性的观念。会展项目策划(设计)人才还要具有全局性、前瞻性的专业理念，在全球化的背景下，既能站在会展业的前沿，高屋建瓴地进行策划，又能掌握系统扎实的会展设计、管理等知识，从而更好地胜任会展项目策划及其相关的工作。

对于会展企业而言，在进行会展项目策划工作时，不仅需要寻找、分析和控制影响策划流程的各种因素，而且需要对策划的流程进行设计、重组和优化，以期最大限度地满足客户的需求。下面分别从会展策划管理的流程设计和工作标准来分析会展项目策划的流程管理问题。

1. 会展策划管理流程图(如图 2.15 所示)

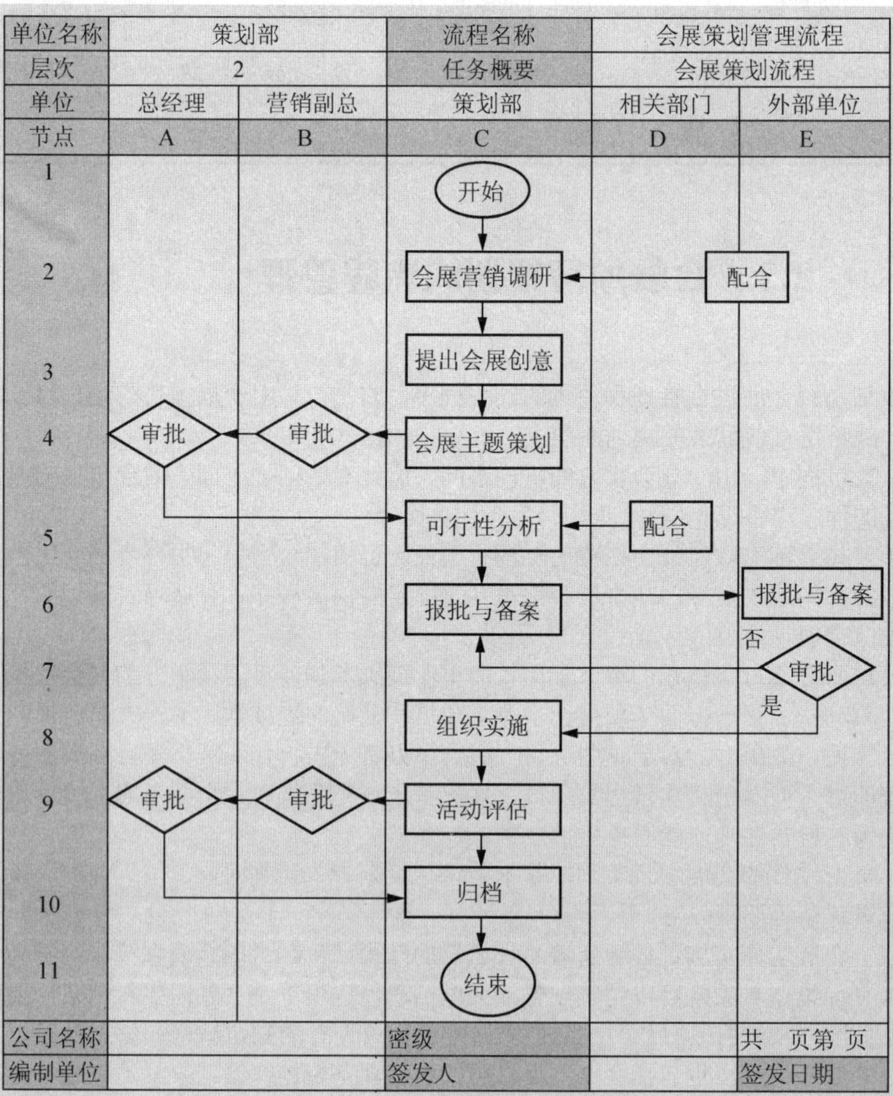

单位名称	策划部		流程名称	会展策划管理流程	
层次	2		任务概要	会展策划流程	
单位	总经理	营销副总	策划部	相关部门	外部单位
节点	A	B	C	D	E
1			开始		
2			会展营销调研	配合	
3			提出会展创意		
4	审批	审批	会展主题策划		
5			可行性分析	配合	
6			报批与备案	报批与备案	
7				审批 否/是	
8			组织实施		
9	审批	审批	活动评估		
10			归档		
11			结束		
公司名称			密级	共 页第 页	
编制单位			签发人	签发日期	

图 2.15 会展策划管理流程图

2. 会展策划管理工作标准(见表2-6)

表2-6　会展策划管理工作标准

任务名称	节点	任务程序、重点及标准		时限	相关资料
会展营销调研	C2	程序		根据实际	《会展营销调研报告》
			策划部进行有针对性的市场调研,会展营销调研主要针对参展商与观众的购买行为、会展市场开发信息、会展技术信息、专业客户信息进行调研		
			策划部对收集的有关市场营销环境和会展市场潜力的各种资料,包括文字、图片以及录像等进行分析		
			对收集的资料进行分类编排、结集归档,编制《会展营销调研报告》		
			招商部、公关部、外部单位等相关部门配合进行会展营销调研活动		
		重点			
			会展营销调研		
		标准			
			真实、有效		
提出会展创意	C3	程序		根据实际	会展创意相关文件、资料
			策划部根据会展营销调研的结果提出会展项目的构思与创意		
			会展创意主要是解决会展的选题和定位的问题,通过策划部的精心组织,将策划创意转化为真正为参展商和专业观众交流、交易的平台		
		重点			
			会展创意是指通过发掘资源,激发灵感创造新的会展思路		
		标准			
			选题新颖、定位准确		
会展主题策划	C4 B4 A4	程序		根据实际	《立项策划书》
			策划部通过会展调研分析和会展创意,明确会展主题确定会展的特色、性质、参展商及观众的范围、展品的类型等因素		
			策划部根据掌握的各种信息与资料,对将要举办的会展项目进行初步规划,设计出总体框架		
			策划部根据设计的总体框架编写《立项策划书》,包括会展的目标市场、会展的规模、展品的选择、评估观众数量和展览面积的大小、参展的费用预算等		
			《立项策划书》报营销副总和总经理审批		
		重点			
			展会主题策划		
		标准			
			展会主题有特色、参展商和专业观众的层次和结构清晰		

续表

任务名称	节点	任务程序、重点及标准	时限	相关资料
会展项目可行性分析	C5	**程序**		会展项目《可行性分析报告》
		策划部组织进行策划项目的环境可行性分析、可持续发展指标可行性分析和财务可行性分析	根据实际	
		环境可行性分析包括会展项目的政治、社会、经济、技术、自然等外部环境分析；行业内部竞争对手、参展商和观众、会展主办者、潜在入侵者、替代品等内部环境分析；市场环境的 SWOT 分析		
		项目可持续发展的指标可行性分析包括销售增长率、市场占有率、获利能力等会展项目可持续发展指标分析；展会主体的影响力、项目团队素质、会展服务体系建设等会展项目持续发展的影响因素分析		
		会展项目的财务可行性分析包括会展项目的价格定位和会展项目的成本收入预算与损益平衡分析		
		公关部、招商部、财务部等相关部门配合完成会展项目的可行性分析		
		策划部在对会展项目进行可行性分析后编制《可行性分析报告》	根据实际	
		《可行性分析报告》报营销副总和总经理审批		
		重点		
		会展项目可行性分析		
		标准		
		分析客观科学、判断准确		
报批与备案	C6 E6 E7	**程序**		报批与备案相关文件、资料
		策划部根据会展报批与备案的相关规定向有关行政部门办理报批与备案手续	根据实际	
		报批与备案未通过，则由策划部组织补充相关资料、文件重新进行报批与备案		
		重点		
		报批与备案		
		标准		
		按照相关规定办理		
会展实施	C8	**程序**		《会展招商策划方案》《会展组织策划方案》
		策划部对报批与备案通过后的会展活动制定详细完整的《会展策划方案》，包括招商策划、组织策划等	根据实际	
		《会展策划方案》报请营销副总和总经理审批		
		审批通过后由策划部进行实施前的培训。让全体实施工作人员理解策划方案精神，熟悉策划方案要求，掌握实施方案、方法、步骤和技巧		

续表

任务名称	节点	任务程序、重点及标准	时限	相关资料
会展实施	C8	策划部负责印刷材料的设计制作。利用会展的会刊、展前快讯、媒体报道等手段进行前期宣传，扩大影响力，吸引更多的目标客户	根据实际	《会展招商策划方案》《会展组织策划方案》
		重点		
		会展实施		
		标准		
		策划方案切实、可行		
会展后评估	C9 B9 A9 C10	**程序**	根据实际	总结评估报告
		策划部收集会展实施的相关信息，会展活动结束后及时对会展活动的实施效果进行评估		
		会展效果实施评估报告报请营销副总和总经理审批，并存档管理		
		重点		
		会展后评估总结		
		标准		
		总结经验与不足		

2.3　会展项目策划的立项报批

确定了展会的目标、题材以及主题之后，要进行展会项目的立项策划。所谓展会项目立项策划，就是根据掌握的各种信息，论证即将要举办展会项目的可行性，对将举办的展会的有关事宜进行初步规划，设计出展会的基本框架。

以展览项目为例，展览项目立项策划的主要内容包括：展会的名称和地点、办展机构、展品范围、办展时间、展会规模、展会定位、招展计划、宣传推广和招商计划、展会进度计划、现场管理计划、相关活动计划等。在确定展会项目切实可行，并且在展会策划的内容都得以确定之后，需报请有关部门审核批准，这些都是展会项目立项的基本工作。

2.3.1　会展项目立项可行性论证报告

会展项目立项可行性论证报告是会展项目策划者就某一个项目进行可行性研究的书面表达，它是展会项目组织者决定是否继续进行某项展会活动的依据。根据会展项目策划与组织的特点，会展项目立项可行论证报告的内容主要包括以下几个方面。

1. 总论

总论部分阐述有关会展项目的社会经济意义、立项的必要性、项目主题的主要理念、思想及简要的背景资料。

2. 国内外相关会展现状与发展趋势

阐述本项目国内外发展现状、存在的主要问题及近期发展趋势,并将本项目与国内外同类会展进行对比说明。这一部分包含有关的全国性和地区性宏观经济资料,如统计数字、销售额、增长速度等。

3. 行业市场分析

这一部分主要论述会展项目题材的发展前景,并进行市场需求分析,内容包括以下几点。
(1) 供应和需求(国际、国家/地区),如市场细分、市场结构、相关的和潜在的参加展会公司名单。
(2) 市场—销售系统,如市场结构、销售渠道、有关分销商名单。
(3) 确定目标群体、利益相关者,并对他们进行目标分析。
(4) 市场趋势、技术进步和发展前景等。

4. 会展项目的目标

会展项目的目标在会展项目立项可行性论证报告中,可以从定性和定量两个方面进行描述。其主要内容包括以下两点。
(1) 该会展项目题材的创新点。
(2) 项目各实施阶段及项目完成后预期取得的效果。

5. 会展项目的 SWOT 分析

说明会展项目已开展的前期工作,项目实现预期目标的基础条件,项目实施在技术、设备、人才、资金等方面具备的条件和优势,该项目实施的劣势、机会、威胁。

6. 会展项目实施的可行性论证

会展项目实施的可行性论证内容主要有:根据预期参展商确定展会地点和规模;战略合作伙伴(如协会、报刊、主办商、大学);组织(如项目小组、时间可用度、员工数量);营销(如媒体、销售渠道);规划(如内容管理和项目管理,时间表)等。

7. 项目执行方案

项目执行方案主要包括资金筹措方案、招展招商计划、宣传推广计划、服务供应商选择、人员安排计划、现场服务与管理计划等。

8. 进度安排

分月度列出项目实施进度安排、月度主要工作内容和主要目标。大型的展会活动有两年或更长时间的倒计时进度安排,一般的展会活动应该有一年的倒计时进度安排。

9. 经费预算

简述项目总投资及资金筹措渠道,根据项目进度和筹资方式,编制资金使用计划。对申请周转资金的,应对还款来源、还款能力进行分析。

会展的各项费用,可分为固定费用和可变费用。固定费用不随参加展会人数变动,即使实际收益少于预期收益时也不变。如印刷和邮寄宣传资料的费用、场馆租用的费用等。可变费用会根据出席人数或其他因素的变动而变化。餐饮费是典型的可变费用，实际支出的餐饮费取决于实际到会的人数。

展会费用按照是否直接计入预算，可以分为直接费用和间接费用。直接费用是指为筹办展会直接开支的费用，各个展会项目之间会有比较大的差异。展会直接费用由展会项目有关人员负责管理，属于展会项目工作的一部分。展会的间接费用是指为筹办会议花费的人力、时间以及从其他预算中开支的费用。在有些会展的预算中，间接费用不计入预算。

10. 风险预测

风险预测主要包括政策风险、技术风险、财务风险、市场风险、管理风险等。

11. 经济、社会效益分析

会展项目的决定和最终能否实施有一个重要指标，那就是看该项目可能产生的经济、社会效益，这是分析评价会展项目可行性的宏观角度；从表现形式角度看，还要对会展交流、交易效果和会展本身可能产生的效果进行评估；从时间角度看，应该对会展即时效果和其潜在效果(长期效果)进行评估。

经济、社会效益分析一般包括生产成本和销售收入估算、财务评价、国民经济评价、不确定分析、社会效益和社会影响分析等。

12. 可行性研究结论和建议

在系统分析的基础上对展会项目的可行性提出结论，也可以提出可能存在的问题以及解决的办法。这部分还包括项目策划过程中所需要的附图、附件等。

2.3.2 会展项目的报批与管理

会展项目通过可行性论证后，一般都需要报请有关部门批准后才能正式启动。

1. 会展项目的申报

提交主办单位主管部门或举办地工商行政管理机关申报立项的主要材料有：举办展会的可行性报告；招展招商方案与计划；合作单位证明材料(主办单位、承办单位、协办单位等)，联合或委托举办的证明材料(境外机构联合或委托境内单位举办的需报)；责任承诺书；场地租用情况证明材料；安全防范工作方案；上一届举办的总结和会刊；其他相关材料。如向举办地工商行政管理机关申报立项的展会项目还需提交举办者具有法人资格的证明材料；举办展会的项目申请书(包括会展项目的名称、地点、起止时间、展会类别、单位银行账号、负责人名单、筹备组地址等)；当地政府的立项批复；会展的组织实施方案等材料。

2. 国内展会项目的审批

2002 年，国务院取消了关于全国性非涉外经济贸易展会的审批制，改为登记制。也就是说，在国内举办全国性非涉外经济贸易展会已经不再实行审批制，只需到举办地工商行政管理机关登记即可。

国内举办展销会的审批法律依据目前是按照国家工商行政管理局颁布的《商品展销会管理办法》执行的(见相关链接 2-1)。

相关链接 2-1：

国家工商行政管理局颁布的《商品展销会管理办法》

商品展销会管理办法

第一条 为了加强对商品展销会的监督管理，维护市场秩序，规范市场行为，保护生产者，经营者，消费者的合法权益，根据国家有关法律法规的规定，制定本办法。

第二条 本办法所称商品展销会，是指由一个或者若干个单位举办，具有相应资格的若干经营者参加，在固定场所和一定期限内，用展销的形式，以现货或者订货的方式销售商品的集中交易活动。

第三条 举办商品展销会的单位(以下简称举办单位)，参加商品展销商品的生产者或者经营者(以下简称参展经营者)，均应当遵守本办法。

第四条 各级工商行政管理机关对商品展销会进行登记和监督管理。

第五条 举办商品展销会，应当经工商行政管理机关核发《商品展销会登记证》后，方可进行。未经登记，不得举办商品展销会。

第六条 举办单位应当具备以下条件：

(一) 具有法人资格，能够独立承担民事责任；

(二) 具有与展销规模相适应的资金，场地和设施；

(三) 具有相应的管理机构，人员，措施和制度。

第七条 参展经营者必须具有合法的经营资格，其经营活动应当符合国家法律，法规，规章的规定。

第八条 举办对外应当向举办地工商行政管理机关申请办理登记。

若干个单位联合举办的，应当由其中一个具体承担商品展销会组织活动的单位向举办地工商行政管理机关申请办理登记。县级人民政府举办的商品展销会，应当向举办地地级工商行政管理机关申请办理登记，地、省级人民政府举办的商品展销会，应当向举办地、省级工商行政管理机关申请办理登记。上一级工商行政管理机关可以委托举办地工商行政管理机关对商品展销会进行监督管理。

第九条 异地举办商品展销会的，经申请举办单位所在地工商行政管理机关核转，依照本办法第八条规定向工商行政管理机关申请办理登记。

第十条 申请办理商品展销会登记手续时，应当提交下列文件：

(一) 证明举办单位具备法人资格的有效证件；

(二) 举办商品展销会的申请书，内容包括：商品展销会名称，起止日期，地点，参展商品类别，举办单位银行账号，举办单位会务负责人名单，商品展销会筹备办公室地址，联系电话等；

(三) 商品展销会场地使用证明；

(四) 商品展销会组织实施方案；

(五) 其他需要提交的文件。

依照国家有关规定需要经政府或者有关部门批准方可举办的商品展销会，应当提交相应的批准文件。

两个以上单位联合举办商品展销会的，还应当提交联合举办的协议书。

第十一条　工商行政管理机关应当自接到申请之日起15日内，做出准予登记或者不予登记的决定。准予登记的，发给《商品展销会登记证》。不准予登记的，书面通知申请人并说明理由。

《商品展销会登记证》应当载明商品展销会名称，举办单位名称，商品展销会负责人，参展商品类别，商品展销会地点及起止日期等内容。

第十二条　举办单位领《商品展销会登记证》后，方可发布广告，进行招商。

第十三条　举办单位负责商品展销会的内部组织管理工作，对参展经营者的参展资格，按照本办法第七条的规定进行审查，并将审查情况报告该商品展销会的登记机关备案。

第十四条　举办单位应当与参展经营者签订书面合同，明确双方的权利和义务。

第十五条　参展经营者的经营行为损害消费者合法权益的，消费者可以依照《消费者权益保护法》第三十八条的规定，向参展经营者或举办单位要求赔偿。

举办单位为两个以上的，消费者可以向具体承担商品展销会组织活动的举办单位要求赔偿，其他举办单位承担连带责任。

第十六条　未经国务院有关行政主管部门批准，商品展销会名称不得使用"中国"、"全国"等字词。

第十七条　举办单位，参展经营者有下列行为之一的，由工商行政管理机关予以处罚：

(一) 举办单位违反本办法第五条规定，未经登记擅自举办商品展销会，或者在登记中隐瞒真实情况，弄虚作假的，责令其改正，并视情节处以三万元以下罚款；

(二) 举办单位违反本办法第十二条规定，未领《商品展销会登记证》，擅自发布广告，进行招商的责令改正，并处以5 000元以下罚款，广告经营者违反规定，为举办单位刊播广告的，处以5 000元以下罚款；

(三) 举办单位伪造，涂改，出租，出借，转让《商品展销会登记证》的，视情节处以三万元以下罚款；

(四) 举办单位违反本办法第十三条规定的，视情节处以一万以下罚款；

(五) 参展经营者违反本办法第七条规定，依据国家有关法律，法规，规章予以罚款。

第十八条　《商品展销会登记证》由国家工商行政管理局统一格式。

第十九条　本办法由国家工商行政管理局负责解释。

第二十条　本办法自1998年1月1日起施行。

3. 境内举办对外经济技术展会项目的审批

根据国务院办公厅《关于我国境内举办对外经济技术展览会加强管理的通知》：对展览面积在 1 000 平方米以上的对外经济技术展览会，实行分级审批管理。

确需以国务院相关部门或省级人民政府名义主办的国际展览会、博览会等，须报国务院批准。国务院部门所属单位主办的，以及境外机构主办的对外经济技术展览会，报对外贸易经济合作部审批。

对在北京以外地区举办的，主办单位须事先征得举办地外经贸主管部门同意。对省级外经贸主管部门主办的和多省(自治区、直辖市)联合主办的对外经济贸易洽谈会和出口商品交易会，由对外贸易经济合作部审批。地方其他单位主办的对外经济技术展览会，由所在省、自治区、直辖市外经贸主管部门审批，并报对外贸易经济合作部备案。

以科研、技术交流、研讨为内容的展览会，由国家科学技术委员会负责审批。中国国际贸易促进委员会系统举办的对外经济技术展览会，由中国国际贸易促进委员会审批并报对外贸易经济合作部备案。对其中在北京以外地区举办的，主办单位应事先征得举办地外经贸主管部门同意。

对外经济技术展览会凡涉及中国台湾地区厂商或机构参展的，应报对外贸易经济合作部审批，报国务院台湾事务办公室备案。海峡两岸的经济技术展览会，由对外贸易经济合作部会同国务院台湾事务办公室审批。

具有对外经济技术展览会主办资格的单位，可自行举办面积在 1 000 平方米以下的对外经济技术展览会，但应报有关主管单位备案。

加强协调管理，严格审批办法，避免重复办展，规范展览行为。以国际展为名称的对外经济技术展览会，境外参展商必须占 20%以上。组织招商招展必须以企业自愿为原则，不得通过行政干预招展；有关广告、宣传材料必须真实可靠。主办单位应在办展结束后一个月之内，按照对外贸易经济合作部规定的内容和要求，向审批单位提交展览情况的总结报告。对 1 000 平方米以上展览的境外展品进境及留购，由海关凭本通知规定的审批单位出具的正式批准文件按规定办理；对 1 000 平方米以下的，海关凭主办单位申请按规定办理。举办对外经济技术展览会，由对外贸易经济合作部负责协调和管理。

4. 出国举办对外经济技术展会项目的审批

有关出国举办展会的审批管理制度历经多次变革。2001 年 2 月 15 日中国国际贸易促进委员会、中华人民共和国对外贸易经济合作部贸促展管〔2001〕3 号文件公布了《出国举办经济贸易展览会审批管理办法》，2006 年 5 月 14 日中国国际贸易促进委员会、中华人民共和国商务部贸促展管〔2006〕28 号文件修订并重新公布(见相关链接 2-2)。这是目前出国举办对外经济技术展会项目审批的主要依据。

相关链接 2-2：

《出国举办经济贸易展览会审批管理办法》（节选）

出国举办经济贸易展览会审批管理办法

第一章 总 则

第一条 为了加强对出国举办经济贸易展览会（以下称"出国办展"）的管理，规范出国办展市场秩序，维护参展单位的合法权益，促进出国办展健康有序进行，根据《中华人民共和国行政许可法》、中华人民共和国国务院令第412号《国务院对确需保留的行政审批项目设定行政许可的决定》和相关法律法规，制定本办法。

第二条 出国办展是指符合本办法规定的境内法人（以下称"组展单位"）向国外经济贸易展览会主办者或展览场地经营者租赁展览场地，并按已签租赁协议有组织地招收其他境内企业和组织（以下称"参展企业"）派出人员在该展览场地上展出商品和服务的经营活动。

境内企业和其他组织独自赴国外参加经济贸易展览会，赴我国香港（特别行政区）、澳门（特别行政区）、台湾地区举办、参加经济贸易展览会等活动，不适用本办法。

第三条 出国办展须经中国国际贸易促进委员会审批（会签商务部）。组展单位应当向中国国际贸易促进委员会（以下简称"贸促会"）提出出国办展项目（以下称"项目"）申请，项目经批准后方可组织实施。

第四条 贸促会负责协调、监督、检查组展单位实施经批准的项目，制止企业和其他组织未经批准开展出国办展活动，并提请有关行政管理部门依法查处。商务部负责对出国办展进行宏观管理和监督检查。

第二章 审批的条件和依据

第五条 组展单位应当具备以下条件：

（一）依法登记注册的企业、事业单位、社会团体、基金会、民办非企业单位法人，注册3年以上，具有与组办出国办展活动相适应的经营（业务）范围；

（二）具有相应的经营能力，净资产不低于300万元人民币，资产负债率不高于50%；

（三）具有向参展企业发出因公临时出国任务通知书的条件；

（四）法律、法规规定的其他条件。

第六条 以地方人民政府名义出国办展，由有关省、自治区、直辖市、计划单列市、副省级市、经济特区人民政府商务主管部门提出项目申请。除非友好省州、友好城市庆祝活动所必需，同一地方商务主管部门申请的项目一年内不应超过2个。

第七条 以商务部名义出国办展，由受商务部委托的组展单位或商务部委派的机构提出项目申请。

第八条 项目审批的依据是：我国外交、外经贸工作需要，赴展国政治、经济情况，我国驻赴展国使领馆商务机构意见，赴某一国家、城市、展览会项目集中程度，展览会实际效果，组展单位上年度项目实施情况，对本办法的遵守情况以及组展单位的资质等。

关于组展单位的资质及评定办法，由贸促会会同商务部另行制定。

第三章 项目申请的受理与审查程序

第九条 组展单位应以书面形式逐个提出项目申请。项目申请包括以下材料：

(一) 项目申请报告；
(二) 按规定填写的《出国举办经济贸易展览会申请表》原件及电子文本；
(三) 我国驻赴展国使领馆商务机构同意函复印件。首次提出项目申请的组展单位，除应提供前款规定的项目申请材料外，还应提供以下材料：

1. 项目可行性报告及与国外展览会主办者或展览场地经营者联系的往来函件复印件；
2. 法人登记证书复印件(验证原件)；
3. 会计师事务所出具的验资报告、财务年度报告、资产负债表复印件；
4. 税务机关出具的完税证明原件；
5. 事业单位批准成立机关或社会团体、基金会、民办非企业单位业务主管单位出具的同意事业单位或社会团体、基金会、民间非企业单位出国办展的批准件原件；
6. 有因公出国任务审批权的部门和单位出具的同意向参展企业发出因公临时出国任务通知书的证明函原件。

第十条 组展单位可在每年2月、5月、8月、11月的最后一个工作日前向贸促会递交项目申请。每年3月、6月、9月、12月的第一个工作日为贸促会受理的起算日。项目开幕日期距受理起算日不足6个月的，不予受理。

对于连续举办五届以上的或因展览会筹备周期长需提前审批的项目，贸促会可提前予以批准并核发《出国举办经济贸易展览会批件》。

第十一条 贸促会自受理起算日起，原则上只对6至12个月以后开幕的项目集中审核，并在20个工作日内作出是否批准的决定。符合条件的，核发《出国举办经济贸易展览会批件》，抄送相关部门；不符合条件的，说明理由并告知申请人享有依法申请行政复议或者提起行政诉讼的权利。

第十二条 贸促会在核发《出国举办经济贸易展览会批件》前，将拟批准的项目送商务部会签。商务部在收到会签函后10个工作日内回复会签意见。

对于赴未建交国家的项目，贸促会同时送外交部会签。外交部在收到会签函后10个工作日内回复会签意见。

第十三条 对于经批准的项目，组展单位还须至迟在展览会开幕前2个月向贸促会提出出国办展人员复核申请，包括以下材料：

(一) 人员复核申请报告；

(二) 按规定填写的《出国举办经济贸易展览会人员复核申请表》原件及电子文本；

(三) 国外展览会主办者或展览场地经营者出具的展览场地使用权确认函复印件；

(四) 保护知识产权工作方案和国外突发事件应急处理预案。贸促会在收到申请后 10 个工作日内作出是否复核的决定。符合规定的，核发《出国举办经济贸易展览会人员复核批件》，抄送相关部门；不符合规定的，说明理由。

第十四条　项目一经批准，组展单位不得随意变更、取消；如确需变动，组展单位须在展览会开幕日期 3 个月前连同变动理由通报贸促会和有关驻外使领馆商务机构。

第十五条　贸促会及时公示经批准的项目，并依法通报有关行政管理部门。

……

第七章　附　则

第三十二条　贸促会代表国家的出国办展项目，由外交部、商务部、财政部会签后报国务院审批。

第三十三条　本办法中有关期限的规定，未指明为工作日的，均为自然天数或月数。本办法第十一条规定的期限，不涵盖本办法第十二条规定的会签时间。

第三十四条　本办法自公布之日起 30 日后施行。贸促会会同原外经贸部于 2001 年 2 月 15 日印发的《出国举办经济贸易展览会审批管理办法》同时废止。

典型案例

广交会的组织机构与服务

1. 概况

中国进出口商品交易会又称广交会，创办于 1957 年春季，每年春秋两季在广州举办，迄今已有逾 50 年历史，是中国目前历史最久、层次最高、规模最大、商品种类最全、国别地区最广、到会客商最多、成交效果最好、信誉最佳的综合性国际贸易盛会。

经商务部研究批准，第 106 届广交会将对会期进行调整，撤换展时间从现在的 4 天缩短为 3 天，每期展览时间维持 5 天不变。广交会的整体会期将从现在的 23 天缩短为 21 天。

2. 组织机构

主办单位：中华人民共和国商务部、广东省人民政府。

领导委员会：中国进出口商品交易会领导委员会由中华人民共和国商务部、广东省人民政府、广州市人民政府领导，各交易团团长、各展馆馆长、有关部门领导共同组成。

承办单位：中国对外贸易中心（如图2.16所示）。

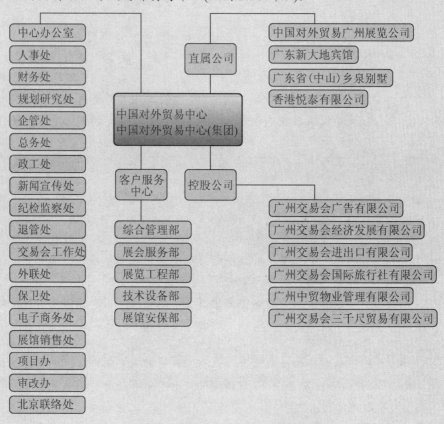

图2.16　中国对外贸易中心的机构设置

3. 职能机构

1) 大会秘书处

负责广交会大会总体协调；广交会重大活动的组织与协调；商务部领导及嘉宾到会接待工作，落实部、司领导交办事宜。负责广交会有关信息的编号、上报；广交会各办之间的文件流转和机要、保密等文秘管理工作；统筹现场展览服务和通信、财务等配套服务；后勤保障等日常工作。

2) 业务办公室

组织、布置进、出口成交工作，负责外贸政策研究、形势分析，指导进、出口成交统计工作；指导广交会展览成效评估工作，研究制定广交会组展工作方案；组织开展有关广交会改革发展调研；负责有关业务信息编报（包括广交会总结等）；指导查处违规转让和倒卖展位以及知识产权侵权行为；联系交易团、商协会，协调有关展览工作；指导和推动信息化工作，建立完善的广交会电子政务系统、电子商务系统和信息服务系统等。

3) 外事办公室

负责广交会对外交往、外事活动的组织安排。包括安排交易会领导的外事活动；接待应邀来访的外国政府及经贸代表团；邀请或协助邀请外方主讲人、驻华使(领)馆官员、商会团体或公司代表等参加在交易会期间举办的上述相关会议。

4) 政治工作办公室

负责广交会思想政治工作的组织、管理和协调；负责违规转让和倒卖展位的检查工作。

5) 保卫办公室

负责广交会展馆和重要活动的安全保卫工作。

6) 新闻中心

负责广交会期间记者邀请、接待、重要采访活动的安排以及组织召开新闻发布会；负责编辑出版《中国进出口商品交易会参展商名录》、《广交会通讯》中英文版；负责收集、整理《舆情快报》；负责宣传品发放管理。

7) 卫生保障办公室

负责统一领导和指挥广交会卫生保障工作。

8) 证件服务中心

会同中心有关部门，负责广交会证件的印证、制证、发证，采集、分析、汇总采购商信息数据；负责规划完善办证系统、培训使用办证系统和现场管理。

4. 网上会员服务中心

网上广交会会员服务中心提供一站式的会员查询服务(如图2.17所示)，为会员提供多渠道的联系沟通方式。其中包括：各级别的会员服务内容的比较、入会流程、成功经验分享、广告服务、在线客服咨询等服务。

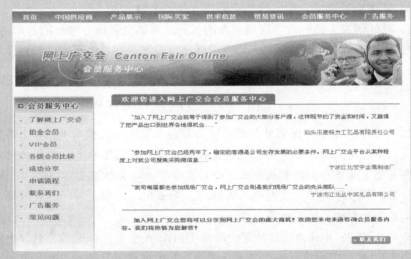

图2.17 网上广交会会员服务中心

(来源：广交会官方网站)

会展服务管理

本章小结

本章从分析会展项目策划的组织设置入手，对会展策划部门的绩效考核、会展项目策划的流程管理以及会展项目的立项与报批等服务管理的内容进行了深入的剖析。成功高效的会展项目策划是建立在科学、合理的绩效考核基础之上的，考核的重点应该是质量考核。会展项目策划的流程管理，从会展策划管理的流程设计和工作标准来看，每一任务节点的程序、重点及标准是有所不同的，在实际管理过程中需根据项目开展的具体情况来进行。展会项目经过科学严谨的论证决定举办，需要做的工作是报批。国内举办展销会的审批法律依据目前是按照国家工商行政管理局颁布的《商品展销会管理办法》执行的。不过，2002年，国务院取消了关于全国性非涉外经济贸易展会的审批制，改为登记制。登记制是我国展会管理精简程序、提高效率的一项务实之举。

复习思考题

1. 名词解释：事业部制、会展项目 SWOT 分析。
2. 会展策划部的一般组织结构是怎样的？
3. 会展策划师的绩效考核要点有哪些？
4. 简述会展策划管理的基本流程。
5. 简述会展主题策划的主要程序。
6. 试述会展项目立项可行性论证报告的基本内容。
7. 试述国家工商行政管理局颁布的《商品展销会管理办法》的基本内容。
8. 阅读下列材料，分析"上海市国际展览有限公司"的组织结构以及主要的会展服务业务范围。

上海市国际展览有限公司

1984年7月1日经国家对外经济贸易部和上海市人民政府批准，上海市国际展览有限公司成立，它是上海成立最早、规模最大的国有专业国际展览公司。公司是中国国际贸易促进委员会上海市分会的直属企业。公司至今举办各类展览会近500个，展览面积近600万平方米，初步形成了"大型化、国际化、专业化、定期化"的办展风格，拥有一批具有较高知名度和影响力的品牌展览会。

公司自1996年成为国际博览会联盟(UFI)正式会员，公司举办的"中国国际模具技术和设备展览会""上海国际汽车工业展览会"和"中国国际染料工业暨有机颜料、纺织化学品展会"为国际博览会联盟认证的展览会。

2007年，公司先后被评为上海中小企业中会展服务业首家"品牌企业""上海市名牌服务企业"以及"中国长三角地区优秀会展企业"。公司的汽车展、模具展等8个展览项目被同时评为"中国长三角地区优质会展项目"。公司机构设置如下图所示。

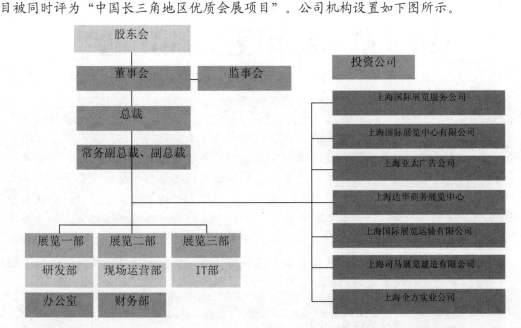

公司新的发展思路为"3+1"战略,即"巩固和发展品牌展""创新和改造中小展""开拓和培养可持续发展的新展"以及"锻炼培养一支年轻化的会展专业人才队伍"。公司共有八大部门:3个业务部门、研发部、现场运营部、信息技术部、财务部、办公室。公司下属的投资和合资公司,有展览运输、展馆出租和管理、展览搭建、广告业务、展品留购、国际会议会务等公司,形成较全的会展产业链服务。主要配套业务有以下几种。

展览运输:为国外来展和国内出展提供展品运输、报关报检和现场服务。

展览搭建:提供展览/会议搭建、设计和制作。

贸易联络:为海外参展商在华进行贸易推广和交流,对其展品提供展前贸易联络、展中贸易成交、展后期货成交的服务。

展会服务:提供订房、票务、签证以及翻译、礼仪接待、保安等临时人员租用服务;为展会提供全方位专业广告策划、设计和制作。

公司的办展方针是"以自办展为中心,以品牌展为目标",企业文化是"开放、创新、融洽、激情",发展目标是创建"上海第一、全国领先、世界一流"的展览公司。

(来源:上海市国际展览有限公司网站)

第3章 会展服务营销管理

本章导读

会展是可出售的服务,在营销的大舞台上占据特殊的位置。对于会展营销而言,会展意味着是同时为参展者和观展者提供的服务。会展为组织者和参展商在同一时间、同一地点组合并展示营销要素提供场所。会展包含着人员销售、市场调查、广告、促销、展示、服务等诸多要素。可以说会展本身就是一个独立的、完整的营销媒介。从会展企业服务管理的视角,来看会展服务营销的管理战略、营销计划以及营销的渠道、模式等,首先应该明确营销不是一种功能,它是会展服务运作的方式,进行会展服务营销时必须了解参展者与观展者的动机,了解竞争对手向这些客户群提供了什么。

知识要点

- 会展服务营销的主体
- 会展服务产品
- 会展服务营销的观念
- 会展服务营销的渠道
- 会展服务营销的模式
- 招展服务
- 招商服务

3.1 会展服务营销的内容

伴随着服务经济快速发展,服务营销已成为市场营销学研究的重要领域之一。所谓服务营销,是指服务供应者通过对客户及其关系类型分析,针对客户欲望、需要和需求,持续创造并优化资源配置能力,让客户在参与和体验过程中享用应得利益,基于客户满意和忠诚为基础,以获得自身服务价值的活动过程。

对于会展活动来说,营销是指会展的组织者寻找目标市场、研究目标客户需求、设计会展产品和服务、制定营销价格、选择营销渠道以及保持良好客户关系等一系列销售活动的总和。会展营销主要是以参展商和观众的需求为中心的服务营销活动。

3.1.1 会展服务营销的主体

作为新兴的现代服务产业,会展的举办牵涉到不同的利益主体。会展服务营销的主体也较复杂,大到国家或城市,小到每个会展企业甚至是一次具体的会议或展览会。每个主体的营销目的不一样,营销内容的侧重点也存在明显差异。一次展会可能要涉及众多的组织和企业,大型的国际性展会可能由当地政府主办,由一家或者几家展览公司承办,其中个别较复杂的活动则由具体的项目去承担。一般来说,会展服务营销的主体主要有展会组织者、参展商、观众以及展会中心等,它们以不同的形式参与展会,共同构成会展服务营销的体系。

1. 展会组织者

从广义上来讲,一个国家、地区或城市都可以是展会活动的利益主体。例如2010年上海世博会,对于中国、对于上海堪称是千载难逢的好机会。世博会的成功申办,使中国成为全世界的关注中心,上海城市的基础设施建设为此提前了10~15年。人们更加深切地感受到"城市,让生活更美好"的愿景。

一般认为,在会展服务营销的主体中,会展活动的主办者、承办者是最直接的营销主体。从我国会展活动的实际运作来看,展会的主办者主要包括各级政府部门、各级贸易促进机构、各类行业协会、商会和专业会展公司。公司、企业主办展会时,通常与政府部门与政府部门或行业协会联合,以利于提高展会的知名度,扩大展会的影响力。一些大型企业和公司举办展会主要目的在于发布新产品、增加销售额、提升企业或公司形象。

展会的承办者一般为企业法人,主要负责展会的具体运作过程,具体办理布置展会现场、运送展品、广告宣传、现场活动、安全保卫、安排人员餐饮、食宿、交通、办理出国手续等。展会承办者一般应获得政府有关部门批准的办展资格。没有相关资质的企业,不得承办展会。

2. 参展商

参展商是参加展会展出商品或服务的企业和公司。

通过会展,企业可以展示自己的品牌,通过会展提供的信息渠道和网络来宣传自己的商品。企业可以在很短的时间内与目标顾客直接沟通,可将产品信息发送给特定的客户,并可产生来自顾客的即时反应。同时,会展是生产商、批发商和分销商进行交流、沟通和贸易的汇聚点。

通过展会期间的调查和观察,企业可以收集到有关竞争者、分销商和新老顾客的信息,企业能够迅速、准确地了解国内外最新产品和发明的现状以及行业发展的趋势等,从而为企业制定下一步的发展战略提供依据。

不仅如此,展会还能降低营销成本。据英国联邦展览业联合会调查,会展优于以推销员推销、公关、广告等为手段的营销中介体。通过一般渠道找到一个客户,需要支付成本219英镑,而通过会展,成本仅为35英镑。可以说,会展具备了其他营销沟通工具的共同属性。在发达国家,企业通过参加会展进行产品推广已成为企业的重要营销手段。

参展商的角色在展会服务营销中具有双重性:一方面,他们是展会服务的主要购买者,是展会承办者的主要服务营销对象;另一方面,对于客户来说,参展商又必须做好服务营销。

3. 观众

观众对于展览来说就是观展者，是会展营销主体的一个重要组成部分。观众可分为专业观众和一般观众。

随着展会的专业化趋势，观众也向更加专业化的方向发展。大多数专业展会观众为专业界的决策人士、贸易人员及科技人员等。对于会展组织者来说，组织观众工作变得越来越重要，高质量的观众对一个展会的成功起到关键的作用。

通常，参展商都不大注重对一般观众的服务，只有在消费类产品和服务的展会上，一般观众才得到重视。不过，一般观众也可能就是潜在的专业观众，作为展会的组织者，服务营销的工作应该面向所有的观众。

4. 展会中心

展会中心是指拥有展览场馆和会议中心等展会配套设施的经营实体单位。它是会展服务营销中的一个特殊的主体。一方面，展会的举办离不开场馆这个要素，它为参展商和观众提供展示与交流的空间；另一方面，作为一个实体，展会中心又可以提供配套服务，参与到展会的服务营销中去。

从国内展会场馆经营的模式上来看，主要有国建国营(广州琶洲展馆)、国建民营(宁波会展中心)、民建民营(成都会展中心)、合资建管(上海新国际博览中心)、国建外管(郑州会展中心)等几种形式。从展会场馆的合作管理模式上来看主要有聘用顾问公司，提供经管意见；聘用专业管理公司经管；与外来管理公司合资合作经管；等等几种。不过，长期以来，我国展会场馆的经营存在着整体效率低、区域发展不均衡等问题。如何提高展会场馆的运营效率和服务经营质量十分重要。

3.1.2 会展产品和服务营销的内涵

1. 会展服务产品

会展业的核心是服务，因而，会展产品可以说是会展活动的举办者，凭借一定的场地与设施，向参展商、观众等参加展会的人员提供所需的物质产品或服务的总和。会展产品是一个整体的概念，它包括实物、服务、组织、意识等贯穿展会项目始终的一系列有形或无形的形式。

会展产品是一种特殊的产品。说它特殊，是因为在会展活动的举办过程中，除了租赁的展位以及展会用具以外，用来交易的有形物质形态不多。会展活动的经济价值主要产生于无形的服务过程中。

人们可以将会展服务的产品分为核心服务、配套服务以及附加服务等几个部分，如图3.1所示。

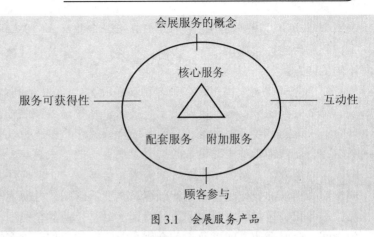

图 3.1 会展服务产品

在会展服务的产品中，以展览会为例，参展商、观众和展台可以说是一个价值三角，缺一不可。因而，为参展商的服务其核心在于组织观众的数量与质量。对于参展商而言，展会专业观众越多，该展会的影响力与市场价值就越大。为观众的服务其核心在于参展商的数量与质量。对于观众而言，参展商的数量越多、规模越大、专业性以及市场地位越高，该展会的影响力与市场价值就越大。展台是参展商展示产品、技术和形象的载体。标摊还是特装光地的租赁，要根据需要而定。展位租赁服务营销，对于展会的主办者来说是收入的主要来源，对于参展商来说，也是获得最好展示效果的一种选择。

配套服务的产品，从形式上来说，可以是展会的基本信息服务、开幕式服务、研讨会服务、会刊服务、广告服务以及特殊活动服务等。

附加服务的产品可以表现为网上展示、展会旅游服务、展会跟踪服务等。

2. 会展服务营销的进程

从服务经营的角度，按会展活动的进程划分，会展服务营销可以分为售前、售中和售后 3 个部分。

1) 售前服务营销

会展的售前服务是指展会活动举办前的一系列准备性服务。如市场调查、策划、咨询、宣传、招展招商、展品运输、展台展位的设计搭建、参加展会人员的活动设计、代办保险、报关等服务过程。围绕售前服务所开展的营销活动即售前服务营销。

2) 售中服务营销

售中服务是在展会期间的服务，主要是提供展览、会议、论坛、活动、交易、交通、餐饮、住宿、娱乐、宣传、旅游等方面的服务。围绕售中服务所开展的营销活动即售中服务营销。

3) 售后服务营销

售后服务是在展会结束后的服务，主要是提供物品托运、离境、其他委托待办事项以及参展组织和人员的信息跟踪服务等。围绕售后服务所开展的营销活动即售后服务营销。

3. 会展营销管理的观念

市场营销是指以满足人类各种需要和欲望为目的，通过市场变潜在交换为现实交换的一系列活动的过程。市场营销的观念是指导企业行为的关键因素,在不同营销观念的指导下,管理者的经营决策、领导方式、组织行为、经营管理活动、内外关系等诸多方面具有不同的特点。

对于会展营销来说,现有顾客和潜在顾客(以及其他利益相关者)对会展产品、沟通活动、绩效的看法和反应,以及员工、技术、系统是否按照顾客的利益发挥作用,应该是会展企业决策的首要考虑因素。会展市场营销观念的核心是以顾客的需求为中心。

在会展营销管理中,第一,展会参加人员的需求是第一位的。会展服务企业应及时了解顾客的需求,并努力实现顾客的需求。会展服务企业应注重对客户需求的跟踪调查,研究参展者需求的变化趋势,了解顾客对企业的感知,并研究与目标顾客的感知相适应的产品、服务和销售对策。第二,市场营销活动是企业的全员活动,应加强会展企业内部各部门之间、会展企业之间以及相关合作企业之间的合作。许多情况下,会展企业会依赖合作伙伴来解决顾客问题。这时,营销观念的管理就变得很复杂。企业文化、激励机制以及团队精神会越来越重要。第三,注重制定企业的长期规划。会展服务企业只有恰当地对企业资源进行科学合理的规划与管理,才能顺利完成顾客感知价值的增值过程。

会展服务企业的使命是以创造价值的方式,通过服务过程来支持目标顾客的价值生成过程。随着世界会展业竞争的日益加剧,会展服务企业正逐步走上专业化、国际化、品牌化的道路,各个国家和地区特别是会展业落后的国家和地区将出现更多专门的展会服务营销组织或推广机构。无疑,这将进一步加剧展会服务营销竞争局面的形成。

3.1.3 会展服务的主要销售形式

与一般产品"可推介""可销售"不同的是,会展服务产品具有自己的特点。会展服务产品的"可推介"主要是指展会说明书等形式;"可销售"主要有"展位""广告""赞助""入场券"等形式。

1. 展会说明书

展会说明书有不同的种类。根据展会类别的差异,"会刊""活动手册""参展手册"或"参展商手册"等都属于推介展会的文本材料。

一般来说,在展会说明书中,应包含有展会的组织结构、展会举办的时间、地点、联系方式等基本信息。另外,还会有展会基本议程、展品范围、展位价格、历届举办情况等应该向参加者推介的信息。

2. 展位销售

参展商因参加展会而租用展会的位置,其目的不在于租用展位本身,也不在于拥有该展位,而是为了能更好地享受展会给他带来的各种服务,如企业形象的展示、贸易成交、产品的发布与展示、行业最新信息的收集等。从表面上看,展位是展会组织者从展览中心"批发",然后按一定的差价、销售策略与技术划分成若干块小空间,"零售"给参展商,从本质上讲,展位销售是在销售一种服务,这种服务就是办展机构以展会为媒介,多方面地为参展商提供会展服务。

3. 广告销售

展会是在短时间内专业人士高度聚集的活动。因而，在举办展会的过程中蕴涵着很多的广告商机。展会的主办方往往会不失时机地进行广告销售。展会广告销售主要有会刊、网络宣传、现场广告宣传、现场活动宣传等形式。

4. 商业赞助

对于展会的主办方来说，商业赞助是展会的重要收入来源之一。对于参展商来说，赞助不仅可以增加企业或公司的曝光机会，还可以吸引观众参加自己的展位。所以在会展服务营销中，赞助是重要的工作内容。

赞助的形式与层次有多种多样，主要视赞助者的预算而定。通常，展会管理部门会与参展商一起讨论赞助的个性化方案。如标语横幅、地面贴花、产品定位装置、接待活动以及手提袋等。

此外，可供赞助的场合还有会议活动、新闻活动室、颁奖晚会、贵宾休息室、往返巴士、展馆内的特别区域、大屏幕、明信片搁置架、就餐区桌面图案、储存会议资料和参展商名单的光盘等。

5. 门票销售

展会的性质、类型以及知名度、美誉度不同，其对展会的门票有不同的管理方式。有些展会出售门票，只凭登记就可进馆参观；有些展会对普通观众开放并出售门票，专业观众凭"专业观众证"进馆参观，普通观众凭门票进馆参观；还有一些展会对所有的观众都出售门票，所有观众都凭门票进馆参观。需要指出的是，如果展会出售门票，主办方需事先与当地税务部门取得联系，在取得税务部门的同意后方可印制和出售门票。

3.2 会展服务营销的渠道与模式

会展服务营销是展会利用各种营销手段、渠道和模式将展会的信息传达给目标客户以及相关受众的一个系统过程。会展服务营销具有有形产品营销和无形服务营销的双重特性。

3.2.1 会展服务营销的要素

会展服务营销的要素有7个，即产品、价格、渠道、促销、人、有形展示和过程。

1) 产品

会展服务营销中的产品大到整个展会，小到某个展位、广告等。展会本身的品牌、档次、题材以及展位的位置、广告的篇幅等都会影响到销售。

2) 价格

价格是会展服务经营中的重要问题。价格决定会展经营者的收益。合理价格的制定有利于吸引大批的参展商，从而增加会展经营的收益。

决定会展价格的因素有很多，如营销人员在定价时的控制能力、会展企业的经营成本、会展企业的利润水平目标、会展项目、会展企业的整体经营战略以及市场需求、市场供给、行业竞争、市场发展环境等。

  3) 渠道

  会展产品必须通过一定的市场分销渠道,才能在适当的时间、地点,以适当的方式提供给目标市场,从而满足参展企业的需要,实现会展服务企业的市场营销目标。

  4) 人

  展会服务营销中的人,一是指展会组办方的工作人员;二是指客户。人是展会营销中的决定要素。

  5) 促销

  会展服务中的促销,是指会展企业通过各种营销宣传手段,向参展企业传递会展项目与服务的有关信息,以实现会展项目与参展企业的有效沟通,从而影响到参展企业的购买行为的活动。

  6) 有形展示

  有形展示包括对展会现场环境的布置、展会服务的实物装备和一些实体性线索等。就是想方设法将无形的展会服务用可以看得见的有形事物表现出来,让客户对无形服务看得见、摸得着。

  7) 过程

  展会运作是一个系统的过程。展会的运作策略、运作程序、服务中的技术含量、工作人员的裁量权、客户参与的程度、咨询与服务的便利性等,都是展会营销所要特别关心的事情。

3.2.2 会展服务营销的渠道

  市场营销中的渠道,是指配合或参与生产、分销和消费某一生产者的产品和服务的所有企业和个人。也就是说,营销渠道包括某种产品供产销过程中的所有有关企业和个人,如供应商、生产者、商人中间商、代理中间商、辅助商以及最终消费者或用户。

  会展服务的营销渠道是指把会展产品从生产者(组展方)手中销售给目标客户(参与者)的个人或组织。与其他商品的销售类似,会展组织者仅仅依靠自己的力量通常无法接触到所有的目标市场,只有依靠同中间商的合作,才能取得更好的销售效果。展会服务营销的基本渠道见表3-1。

表3-1 展会服务营销的基本渠道

基本渠道	描述
专业媒体	针对参展商、专业观众;合作招展、招商、宣传推广
大众媒体	主要是针对普通观众;建立展会的良好形象
参展商	展会为参展商提供了一个与客户进行交流和联络的平台,很多参展商会借此机会主动邀请自己的客户到会参观
各种代理	合作营销,优势互补
政府有关部门	政府的行业主管部门参与指导、规范展会服务营销行为
行业协会和商会	利用他们在行业里有重要的影响和强大的号召力,对展会服务营销起作用

续表

基本渠道	描述
国内外同类展会	展会题材相同或相似，客户的范围也基本相同
国际组织	利用其权威性可在国际上有强大的号召力，影响展会
外国驻华机构	他们的推荐一般更能取得该国企业的信任
其他展会办展单位	合作营销，优势互补
相关活动	一些有针对性的相关活动能给展会带来声誉
互联网	建立展会专门网站，也可以与其他有影响的网站进行合作

除了一些常见的展会基本营销渠道外，还有新闻发布会、直接邮寄、人员推广、公关活动以及各种营销渠道的组合运用等。

1）新闻发布会

展会主办者常用的媒体策略有举办记者招待会、提供新闻稿件、邀请记者采访等，而新闻发布会以其巨大的影响力成为最受青睐的一种营销策略。新闻发布会是利用新闻媒体进行展会营销宣传的一种重要方式，这种方式的营销既节省费用，又往往能取得较好的宣传效果。

对于展会的主办者来说，举办新闻发布会应注意以下几点。

(1) 突出介绍展会项目的重要意义，如对推动地区经济的作用、价值等。

(2) 强调该展会项目的特色，将展会的闪光点传达给媒体。

(3) 强调该展会的创新之处与理念，以激发参展商和专业观众的兴趣。

(4) 邀请与选择熟知该展会项目的运作人员进行新闻发布，该新闻发言人要落落大方、善于言谈，保证有关信息能清楚、准确地传达给媒体以及相关参会人员。

(5) 提供高质量的新闻稿，以供媒体人员选用。

2）直接邮寄

利用邮政系统进行宣传是展会营销的常用手段。直接邮寄从广义上说也是一种特殊的广告形式，但是，和电话销售、网络推广一样，由于它们在展会营销中具有鲜明的特点，所以这里作为与通常意义的广告相区分进行分别说明。

直接邮寄在范围上可大可小，在时间上可长可短，而且，目标能够选择，费用相对低廉；在投递方式上，既可以随报刊夹送，也可以由专业邮递公司或根据目标受众名录寄送等。有资料显示，在所有会展营销手段中，直接邮寄的成效最好，所以广受展会主办者的青睐。

直接邮寄在策划时要把握以下问题。

(1) 邮寄名单。直接邮寄的名单可以来源于客户数据库，也可以通过相关目标受众的信息检索获得。在邮寄之前要将邮寄对象明确分类，如分成忠诚客户、潜在客户、专业观众、政府官员、演讲嘉宾、新闻媒体等时，确保轻重有别、无遗漏。

(2) 邮寄内容。邮寄的内容是丰富多彩的，可以是宣传海报，也可以是展会的手册；可以是邀请函，也可以是调查问卷等，这需要展会组织者精心准备，一般来说有以下几种。

① 对参展商，除了介绍参展程序外，应着重强调展会的观众组织计划和配套服务。对于重要客户，还要附上展会组委会主要负责人的亲笔签名。

② 对专业观众，应强调参展商的数量、档次以及主办方能提供的洽谈环境，同时寄送

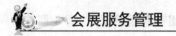

参观指南、邀请函和入场券。

③ 对媒体记者,要邮寄有价值的新闻材料,如展会的创新点、参展商的档次与数量等。

(3) 邮寄时间。邮寄材料的时间要恰当,寄得太早,对方领导人往往容易忘记;寄得太晚,往往又来不及准备。一般来说,邮寄给政府官员和演讲嘉宾需提前2~3个月的时间,而大型的公司往往在年末就制定好了下一年参加展会的计划,这些都是展会组织者须加以考虑的。

(4) 邮寄方式。选择合理的邮寄方式不仅能提高工作效率,而且还能使一部分参展商或专业观众感受到自身的价值。

一般情况下,展会组织者都会采取"邮资已付"的方式,这种方式属于批量邮寄,不仅便宜,而且方便。对于重点客户和VIP参会者,往往采取特快专递的形式,既安全稳妥,又体现出主办方的郑重。

3) 人员推广

人员推广是一种人际交流,是一种直接的营销方式,会展的主办者通过与目标观众直接联络,告知展会情况,邀请其参加展会。展会人与推广方式主要是直接联系、发函和发电子邮件等。

人员推广,特别是作为展会的组织者,利用现有条件开展与参展方之间的直接人员推广是相当有效的方式。作为展会组织者的政府部门、行业协会等,可以采用人员联系的手段进行相关的宣传与推广工作。

4) 公关活动

为扩大展会影响、吸引观众、促进成交,展会主办方往往也要通过会议、评奖、演出等公关手段进行营销。这些公关活动通常不是单纯地为展会服务,还兼顾政策宣传、文化交流等社会责任。公关活动不仅可以帮助主办方争取到更多的来自当地政府的支持,同时也可以有效地在参观者中引起共鸣。

报告会、研讨会、交流会、说明会、讲座等会议形式是展会过程中最普遍的公关手段。一般会议中可以吸引行业管理者、决策人物、专家、学者到来,这些人往往具有相当的影响力,参展商和参观者往往希望通过参加会议获得如国家经济动向、政策发展、法规变动等信息;技术咨询会中不仅可以对新技术、新领域进行专业探讨,同时也能够为技术转化提供平台。

评奖活动的公关效果更为明显。一般由展会组织参展方参加。评奖团多由专家组成,评奖结果通过媒体宣传。各种演出活动往往与促销结合,由公关公司负责完成。

5) 各种营销渠道的组合运用

在举办展会的实践中,各种营销渠道常常被组合起来运用。如人员推广与直接邮寄的结合、公关活动与新闻发布会或相关活动的结合等。并且,大众媒体、专业媒体等基本营销渠道往往也会组合起来运用,如果组合得好,效果会倍增。

3.2.3 会展服务营销的模式

在会展服务营销中,营销模式的选择对营销效果的影响很大。常见的营销模式主要有资源营销、合作营销、关系营销、网络营销、绿色营销、国际营销等。

1. 资源营销

资源营销是指展会通过整合和充分利用其现有资源和可使用的外部资源，或通过促使资源转换和资源连通等方式进行展会营销的一种营销模式。

可供展会利用的资源有以下几种。

(1) 市场资源。广义的会展市场是指会展的供给市场和需求市场。包括展会的生产者、服务者和消费者。市场资源是一种社会资源，是某一产业所有同类展会都可以开发和利用的资源。会展营销首先必须考虑资源的开发与利用问题。

(2) 信息资源。会展是信息密集型的活动。展会所汇集的信息资源是宝贵的财富，如何收集信息、掌握信息、利用更多的有用信息十分重要。

(3) 客户资源。客户资源是展会最重要的资源之一。对于展会来说，拥有数量众多的行业重要客户是展会层次高低的重要标志。

(4) 人力资源。人力资源是企业发展的原动力。如何敏锐地发现员工的潜能，准确地判断员工的状态，保持与员工之间的一种双赢关系，同时满足会展企业与员工个人的需要，对于会展服务营销来说具有真正的价值。

(5) 管理资源。会展业的综合性对管理提出了更高的要求，如何切实有效地整合、支配和协调资源，并努力实现和达到会展目标是必须重视的。

(6) 品牌资源。品牌化是展会发展的必然趋势。形成展会品牌，利用品牌的资源优势对于会展服务营销来说至关重要。

2. 合作营销

合作营销是指展会有选择地与一些机构和单位合作，采取有效的策略，共同来进行展会服务营销的一种营销策略。

合作营销的伙伴通常有行业协会与商会、行业知名企业、国内外展会主办机构、政府相关部门、专业媒体、国外同类展会、国际组织、外国驻华机构、各种代理商等。

以与代理商的合作为例来看合作营销问题。在展会招展过程中，经常会遇到与代理商合作的问题，常见的合作代理形式有以下几种。

(1) 独家代理。独家代理即在保证一定摊位数的基础上，展会组织者在一个地区只选择一家代理商，而且办展单位不得在该地区招展，然后不管是否由代理商直接招来，所有来自该地区的摊位都记入其招展业绩中，统一支付佣金。

(2) 多家代理。指办展机构在某一地区同时委托几家机构甚至个人作为招展代理商，而且，自身也可以在该地区从事招展活动。采用这种代理方式可以避免混乱。

(3) 承包代理。指招展代理商承诺完成一定数量的展位销售，且不论是否达到既定的数量，都得按照事先商定的展位费付款给办展机构。这种代理制风险较大，同时所获得的权利也最大，佣金比例也最高。

(4) 排他代理。指在一定时间内，针对某个或几个具体的展会，主办机构在某一地区只选择一家招展代理商，但自身也可以在该地区招展。对于国内办展机构，寻找国外代理商时一般采用这种形式，可以收到良好的效果。

在代理商的管理上还要注意以下几个原则。

(1) 要选择在业界有良好信誉的代理商,建立互惠互利的合作关系。

(2) 选择代理商时要弄清楚该代理商是否具备雄厚的经济实力以及比较完善的客户网络,以确保有足够的能力完成招展工作。

(3) 签订协议条款要清晰,如对权、责、利的说明。有时候还要代理商支付一定数量的保证金,以有效控制代理商的相关行为。

(4)建立代理商的定期书面报告制度,严格落实代理商招展权限和价格制度,构建代理商绩效评价体系,客观评估代理商的表现等。

一般来说,在确定了代理商之后,办展机构必须加强与代理商的沟通和联系,并规范对代理商的管理,以保证代理工作的有效性。

3. 关系营销

关系营销是指展会与客户以及会展服务商等建立和保持密切的关系,通过彼此交换和履行共同的承诺,使有关各方都实现各自营销目的的营销行为。展会关系服务营销的基本模式见表3-2。

表3-2 关系营销的基本模式

项　　目	关系营销的基本着眼点
核心概念	与客户之间建立长期稳定的关系,获得客户忠诚
营销目标	着眼于办展单位的长远利益
营销强调	客户重复参展率、客户忠诚度;建立长期稳定的关系、取得客户信任
营销追求	不是追求单项交易的利润最大化,而是追求办展单位与客户互利关系的最佳化
客户关系	比较牢固,竞争对手较难破坏
市场风险	不大
价格	是手段之一,但不是主要竞争手段
对方的企业文化	非常有必要了解
营销结果	办展单位和客户建立一种共存的伙伴关系

在关系营销模式中,如何获得顾客忠诚是会展服务营销的核心问题。在进行关系营销时,需要注意的是以下几点。

(1) 展会顾客需求满足与否的衡量标准是顾客满意程度。

(2) 使展会顾客满意的主要方法有:提供满意的会展产品和服务、提供附加利益和提供信息通道。

(3) 分析会展顾客产生满意度的最终原因,维系原有顾客。

4. 网络营销

网络营销是一种为了满足会展企业、会展场馆、参展商以及会展产品消费者的交易愿望,通过Internet为主的各种电子通信手段的一种新型会展营销方式。

网络营销不受时空限制,参展商和观众可以获得最新的信息;网络营销的范围具有全球性,客户只要能上网就可以在任何地方随时查阅展会的相关信息;网络营销具有交互性;客户可以通过网络及时反映自己的参展信息,预订展位;可大幅度降低营销成本,降低或取消设计、印刷、传真、直邮等方面的成本;增强办展(会)机构和参展(会)企业的协作关系。

网络可以应用于会展营销活动的方方面面,主要有以下几点。

1) 报名

在展会服务营销活动中,采取网上报名的方式可以让出席者直接在网上填写申请表,浏览展会详情。运用网上报名的一个最大优点是能将所有报名资料都汇总在一起,使主办方拥有一个不断更新而准确的报告。在现代会展活动的实际操作中运用 E-mail 的形式将参会(展)回执表寄发给目标受众是最常见的方法(见表 3-3)。

表 3-3 参会回执表

姓名	单位	职务	性别	电话	传真	手机	E-mail	姓名

您想参与的专题论坛	月 日上午	**** 板块 □
	月 日下午	**** 峰会 □

行程安排: 1. 到达时间_____ 离开时间_____
　　　　　 2. 交通方式　□飞机 (航班号:　　　)□火车　□汽车　□自驾车
　　　　　 3. 是否参加 月 日的参观活动　　　□是　□否

参会费　元,(含会务费、中餐费、晚宴费、会议礼品、会议资料、参观门票) 月 日前确认参会并汇款优惠 10%; 月 日前确认参会并汇款优惠 5%

会务金额:　　　　　仟　　　百　　　拾　　　元
银行汇款
开户银行:　　　　　　　　　　户　名:
收款人:　　　　　　　　　　　账　号:
邮　编:
　　　　　　　　　　　　　　　　　　(单位盖章)

备注:　1. 回执表请于**年*月*日前回传至组委会　2. 组委会咨询电话: XXXXXXX

2) 住宿安排

除了让出席者报名之外,还可以引导代表团在网上预定旅店。一般可以把免费团体住宿安排应用软件、网上预定工具和报名数据库结合起来使用。不论何种情况下,都可以让展会出席者在网上预订房间。

3) 预算与综合成本

展会组织者可以通过一系列的网上预算工具来计算展会支出。在大多数情况下,预算申请可以帮助展会组织者比较预算和实际成本。

4) 网上会展

网上会展将传统的商务流程电子化、数字化,一方面以电子流代替了物流,大大减少了人力、物力,降低了成本,提高了效率;另一方面,通过网络系统将组织者、参加者和观众联系起来，各主体间的沟通呈现即时互动的特点，并摆脱了时间和空间的限制，为会展经济的发展带来了广阔的前景。网上会展有着鲜明的特性(见表3-4)，在进行相关项目策划时要把握特性，细致安排。

表3-4 网上会展与传统会展的特性对比

特性	网上会展	传统会展
组展手段	网上发布信息，辅以在其他媒介上宣传	文件、传真、电话等，辅以电子邮件和互联网
展出场所	虚拟空间	实实在在的场地
展出手段	文字、图片、声音、动画等，通过逻辑说理宣传企业形象和产品形象	实实在在的产品，以直观的形象展开对外宣传
信息发布范围	世界各地、非定向发布	有限范围、定向发布
展出期限	一般有开始展出的日期而没有确定的结束时间，理论说时间是无限的	一般有固定展期
观众范围	面向广大网民，网民遍布世界各地	面向特定区域或特定专业人士，有的只面向专业观众
参展费用	仅需支付远程登录费	需支付展品运输费、场馆租金、施工费用、人员费用等
交流方式	仅靠电子邮件、聊天室来完成彼此间的交谈、磋商	为展览活动参与者提供面对面交流的空间和机会
契约方式	依赖数据信息、电子文件等完成组展者、参展商、观众之间的约定和责任	依靠书面材料证明契约的达成和执行

5) 专业会展网站

专业会展网站按照创办机构的类别可分为会展综合信息网站(如"中国会展网")、会展中心网站(如"上海新国际博览中心")、大型展会网站(如"中国国际家居博览会")和会展企业网站(如"华博联合网")。不同的会展网站所提供的信息与资源都有差异，在营销策略上也各不相同。

5. 绿色营销

展会的绿色营销是指会展企业在整个营销过程中充分体现环保意识和社会意识，向参展企业和消费者提供科学的、无污染的、有利于节约资源和保持生态平衡的会展项目服务。

会展绿色营销服务与管理应注意以下问题。

1) 树立绿色营销观念

与工业产业相比，会展业对生态环境污染较少，但这并不说明会展业的发展不会对生态环境造成不利影响，其实，展会活动所使用的设备和设施、展会期间参加者的餐饮和其他消费活动等都有可能造成对资源的浪费与不合理使用，不利于生态环境保护。因此，必须牢固树立绿色营销观念，在展会的服务过程中贯彻这一观念。

2) 塑造绿色形象

绿色形象是指企业通过对社会大众的一种自身形象宣传，表达自己对环境保护问题的重视意识，从而在公众心目中塑造良好的形象。

会展企业塑造绿色形象主要体现在：在会展经营的整个过程中，保护水土资源和矿产资源，使用可再生资源，通过营销创新，强化环境以及会展文化意识。

3) 获得绿色标志

绿色标志也称环境标志、生态标志，是由政府部门或公共社会团体依据一定的环境标准，向有关企业颁发的证明。世界上主要的环保标志是德国的"蓝色天使"、日本的生态标志以及中国的绿色食品标志等。绿色标志是企业向社会证明其环保行为的一个重要标准。

4) 考虑绿色设计

绿色设计是指企业在设计产品的环节，考虑产品的拆卸、分解、零部件重复利用、再回收利用、低耗能、低污染等功能，以节约资源，减少对环境的不利影响。

会展的绿色设计主要表现在：在会展项目的开发和主题设计上以环保的行业、产品为中心。会展公司与提供绿色餐饮、注重能源节约的饭店合作，餐厅应推广有机食品，餐厅的服务人员多为顾客推荐营养搭配合理、有利于身体健康的绿色食品，为顾客设置空气条件好的不吸烟客房等，为参展商和观众提供绿色产品和服务。在展览场馆，设计安装有利于能源的使用、资源的节约、废液和固体垃圾的限制和处理的装置。

5) 使用绿色包装

绿色包装与传统包装不同，绿色包装使包装成为产品的一个重要组成部分，在产品包装的外形、材料、颜色等方面更适合消费者的视觉感受和环境保护的要求，而传统包装则忽视其美观、精致、易分解、再利用等功能。

会展企业的绿色包装主要表现在：会展场馆的建设和展台的布置要避免或减少对不可再生资源的使用，会展场馆的外观要与周围环境协调，在场馆内通过绿色植被、观赏性花卉、人工瀑布等布置营造绿色环境。会展场馆的内部交通，要尽量使用以太阳能为能源的车或人力交通工具，避免场馆内环境污染。会展企业的赠品等有形产品采用天然植物纤维为主要成分的纸袋，它可被微生物分解，不易造成污染，可回收利用。

6) 提倡绿色消费

绿色消费与一般消费不同，绿色消费一方面有利于环境的保护，另一方面有利于人们的身体健康。会展企业通过生产经营绿色产品，宣传绿色产品等方式推动绿色消费行为。由于生活观念的改变，人们不再以消耗大量能源、资源来换取舒适的生活方式，人们开始关心环境、关心自然，崇尚健康的生活方式，希望在增加生活消费品的同时节约能源、保护环境。

绿色营销追求经济效益、社会效益和环境效益的统一，既能满足当代人的需要，又不贻害后人。因此，作为实现会展业可持续发展的有效途径，绿色营销无疑将为现代企业的会展服务营销活动开拓广阔的市场。

6. 国际营销

随着经济全球化和互联网的兴起，现代会展业正日益成为全球信息交流、技术进步和商品交易的重要载体，成为与信息通信、交通运输、城市建设、旅游休闲、宾馆餐饮、广告印刷等关联度极高的综合性服务贸易行业。会展经济国际化的趋势正进一步加强。

展会全球化营销策略主要集中在如何有效拓展营销信息渠道，利用现代化的交流沟通工具为展会服务，并在有效控制成本的基础上，实施营销计划，达到吸引国际参展商、组织国际观众的目的。

会展服务管理

3.3 招展招商服务与管理

3.3.1 招展的概念

会展招展的主体是会展组织者，包括会展的主办者和承办者。会展的参加者最重要的一方是参展商，参展商是会展活动最基本的要素，会展主体的利益主要来自参展商支付的参展费和观众缴纳的门票费，因此，展会活动十分重视招展工作。

展会的目的和成功并不在于展会管理本身，而在于如何成功、有效地把买卖双方组织到一起，增加他们参加和参观展会的兴趣和价值，促进和提高买卖双方间的信息交换率和成功率。展会招展主要是指办展机构通过各种方法和渠道邀请展会题材所涉的企业到展会现场来参展。

由于会展的组织者往往包含多个单位，所以，从招展服务的角度来说，招展服务的主体也往往不止一个。这就要求各招展单位之间在服务上要有分工安排，同时，在本单位内也有一个招展人员的分工安排问题。

在现代展会服务中，办展机构往往借用外部力量来做大、做活招展业务。这种情况会展组织者需要指定展会的招展代理。

3.3.2 招展方案的制定与管理

招展方案是为招揽企业参展而制定的各种策略、措施和方法，是为展位销售而制定的具体执行方案。办展机构需要在全面了解市场及相关信息的基础上，结合展会自身的定位等制定招展方案。展会招展方案主要包含以下内容。

1. 行业信息分析

要从宏观上介绍和指出展览题材所在行业的分布特点，指出各地区的产业发展状况，介绍该产业的企业结构状况及分布情况。

2. 客户信息分析

在收集目标参展商信息的基础上建立参展商数据库。通过数据库分析龙头厂商的生产和市场营销情况及其参展愿望；分析潜在的中小参展商的整体实力；分析大采购商的基本情况；争取大赞助商；等等。

3. 展区与展位的划分

展区与展位的划分是招展的基础性工作。展览会一般都按展品类别划分展区，一个专业题材展区可能包括一个或几个展馆，也可能是一个展馆的某一部分。在每个展区里，还要根据场馆的场地特征划分展位，决定哪些地方将搭建特装展位，哪些地方将搭建标准展位，两种展位各需要多大面积。展区与展位划分得好，不仅有利于提高参展商的参展效果，而且，对于展会的现场服务与管理也有重要意义。

4. 招展价格的制定

所谓招展价格也就是指展位的出售价格。一般来说，招展价格可分为标准与空地两种价格，按场地的不同，招展价格还可以分室内展位价格和室外价格等。

从对展会有效管理方面来说，展会价格的制定应避免混乱，要注意以下问题。

(1) 必须严格执行价格和价格折扣标准。严格控制差别折扣与特别折扣的适用范围。

(2) 加强对招展代理的招展价格管理。招展代理为了获取更多的佣金，往往会超越权限低价推销展位，所以要对其进行有效的管理与监督。

(3) 避免在招展末期低价倾销展位。如果在招展中采取末期低价倾销展位的做法，就会打击早签约的参展商，造成恶性循环影响下一届展会的招商工作。

5. 招展函的制作与发送

招展函是办展机构用来说明展会以招揽目标参展商参展的小册子。招展函的主要作用是向目标参展商说明展会的有关情况，并引起他们对参加展会展出的兴趣。

招展函的制作与发送要求内容全面、发送及时，要充分考虑到展前沟通的时效性以及展会的周期等因素。

6. 招展宣传推广

招展宣传推广是为了促进展会更好地招展而有目的、有针对性地举行一些宣传推广活动。在招展方案中，要提出招展宣传推广的策略、渠道、时间和地域安排以及费用预算等。

7. 招展预算

招展预算是为了招展各项工作的顺利进行而做的费用支出预算。主要包括：招展资料的编印和邮寄费用、招展代理费用、招展宣传推广费用、招展公关费用、招展人员费用(包括招展工作人员工资、差旅费、办公费等)以及其他不可预计的费用等。

8. 招展工作进度计划

招展工作进度计划一般用表格形式来表现，见表3-5。

表3-5 招展工作进度计划表

时间	招展措施	宣传推广支持	计划完成的招展任务

招展计划一旦制定，就应该按照招展的时间进度一步步地完成。一般来说，大的展会其招展工作在开展前12个月就展开了；在展会开幕前3个月，展会招展任务基本完成，招展工作转为落实和巩固前期招展成果，实施各种客户跟踪服务，为展会顺利开幕做准备。

3.3.3 招展艺术与技术

会展是包含着艺术与技术的公众服务性活动,在整个招展过程中,无论是对展会的行业信息分析、客户信息分析、展区与展位的划分、招展价格的制定还是招展函的制作与发送、招展宣传推广等都有一个艺术与技术的问题,下面以会展招展函的设计和电话招展技术等为例来说明。

1. 会展招展函的设计

招展函一般包括 5 个方面的内容。

(1) 展会的基本内容。主要有:展会名称和 logo、展会举办的时间和地点、办展机构名单、办展起因和办展目标、展会特色、展品范围和价格等。

(2) 市场状况介绍。主要包括行业状况和地区市场状况等。

(3) 展会招商和宣传推广计划。主要包括展会招商计划、宣传推广计划、相关活动计划、展会服务项目等。

(4) 参展办法。主要包括:如何办理参展手续、付款方式、参展申请表(见表 3-6)和办展机构的联系办法等。

(5) 各种图案。如展馆图、展馆周边地区交通图、往届展会现场的图片等。

表 3-6 参展申请表

单位名称	中文				
	英文				
联系地址	中文			邮编	
	英文				
联系人		电话		传真	
E-mail					
网址					
申请展位					
展品介绍					
申请单位(盖章):		负责人签名:		日期:	

一份完整、精美的招展函除了内容完备之外,在设计上还要注意以下几点。

(1) 展会名称和 logo 一般要放在招展封面函最醒目的位置,展会名称一般用较大字体。

(2) 内容应准确无误,应使用简短、明了的语句。如果展会是国际性的,则文字部分要中英文对照。

(3) 设计时应充分利用图片,重要的图片要精心制作。

(4) 字体类型不要超过 3 种。

(5) 招展书中应该设计有深浅颜色的对比色块。

(6) 突出参展登记表,标明联系人的联系方式,如电话号码、电子邮件地址、传真号码等。

(7) 印刷包装纸张选择要讲究,便于携带与传递。

2. 电话招展技术

电话招展是目前使用最为广泛的招展方式。据统计，招展人员80%以上的国内招展活动是通过打电话洽谈完成的，所以如何成功地利用电话招展，是招展能否成功的基本功。而完美的态度是电话招展成功的第一步。

(1) 完善你的声音。电话招展成功主要是依赖声音来完成的。心理学家通过观察发现，在人与人的信息交流过程中，声音和声音传达的文字信息影响比例占到了整个信息传播的45%。

(2) 克服"电话恐惧症"，积极地接电话。对于电话招展人员而言，要尽可能克服不想接电话的畏惧感，要不怕失败。积极地接听电话，避免"电话恐惧症"。

在电话招展中，接听电话的确是有技巧的，主要的技巧有以下几点。

(1) 接电话的姿势要正确。坐在椅子的前半部分，这样可以迫使姿势端正，也可使声音更有力、更清晰。左手拿听筒，右手准备备忘录，这样，电话交谈的内容就能够自然而然地被记录下来。

(2) 电话旁一定要先备妥备忘录。不管是打电话或接听电话，牢记"5W、1H"的技巧。"5W"即：when——什么时候；who——对象是谁；where——在什么地点；what——什么事情；why——为什么、原因。"1H"即how——如何进行。

(3) 重复客户所传达的具体信息。要记住尽可能归纳顾客的电话要点或用自己的话进行复述。这样可以取得两个方面的成效，即：能确定了解的情况是正确的；能让顾客同意自己的意见("你说得对")。

另外，开场白或者问候是电话招展人员与客户通话时在前30秒钟要说的话，也就是要说的第一句话，这可以说是客户对电话销售人员的第一印象。所以，一个好的电话沟通，往往开始于一个好的电话开场白。好的电话开场白一般应该注意以下几点。

(1) 选择给客户留下深刻印象的开场白/问候语。

(2) 注意开场白的5个基本要素：问候或自我介绍；相关人或物的说明；介绍打电话目的、陈述价值，吸引对方；确认本次给对方打电话的时间是否可行、可选；转向探询客户的进一步需求(或以问题结束开场白，等待对方的回答)。

(3) 设置礼貌而有吸引力的问候语。当电话招展人员接听电话的时候，应该以积极的、开朗的语气，微笑着表达自己的问候。在问候结束后，电话招展人员可稍微停顿一下，等客户开口，或者看看客户的反应。当拿起电话的时候，千万要避免"喂，你找谁？"或者"什么事情？"或者"怎么样？"或者仅是简单地拿起话筒"嗯"，这样的做法会降低电话招展人员在客户心中的专业程度。

3. 其他招展技术

对于专业观众的邀请，最常用的方法是电话、传真，但成本较高，一般只针对关系比较密切的客户和成功几率比较大的潜在客户。另外，可以向所有潜在客户和业内人士发送电子邮件，还可以发送短信，通知企业于某月某日参加某个展会、资料发送后提醒查收，开展之前提醒展位号。同时可以邮寄资料，包括参会资料和展位活动邀请。邮寄资料最好在开展前1个月左右将资料和邀请一并送达，之后配合短信提醒。此外，可以通过报纸、杂志、电台、网站等手段进行招商宣传，鼓励参展商提供参观者名单及资料，由主办机构代邀参展商有意接洽的买家、代理商等，努力使展会的买家和展商人数成正比。

3.3.4 招商服务与管理

1. 招展与招商的关系

任何一个展会其基本的要素有4方面，即展品目标市场、组织者、参展者和参观者，如图3.2所示。展会以目标市场为中心，展会的存在以参展商的存在为前提，参展商的存在以参观者的存在为条件，参观者的存在以展品目标市场的存在为背景，四者构成一个相互联系的完整系统。

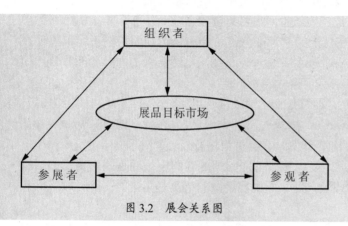

图3.2 展会关系图

有人说，展会就是"为买家找卖家"和"为卖家找买家"。如果说"卖家"是参展商，那么，"买家"就是观众。参展商和参观者是展会的两个助推器，展会需要一定数量和质量的参展商才能成为一个好的展会，同时，拥有一定数量和质量的观众，是每个组展方所竭力追求的目标。国际上衡量展会活动是否成功的重要标志之一，就是它的参展商与专业观众的数量与质量。参展商参加一个会展，是因为专业观众的参加，专业观众就代表了这个生产商的商品的目标市场。也就是说，参展商品目标市场的存在，是吸引参展商前来参展的根本原因。可以说，会展品牌和观众质量成正比，组展成功的关键在于专业观众的质量。

所谓招商就是指会展企业通过各种途径邀请观众参观。观众分普通观众和专业观众。专业观众是从事展会上所展示的某类展品或服务的设计、开发、生产、销售或服务的专业人士及该产品的用户代表。

对于专业观众的界定有不同的标准。严格的观众的界定是专业观众数据库建立的基础，德国在展览观众的定义及展览统计方面有一套相当成熟的做法。德国展览统计数据自愿控制组织（FKM）只将有兴趣和展商建立商业关系的人算做观众，并明确规定：凡购票入场或是在观众登记处登记了姓名和联系地址的人才被称为观众，记者、参展商、馆内服务人员和没有登记的嘉宾不在观众之列。这个行规在欧洲普遍通用。但在美国，参展公司的工作人员和其他团体被称为"展览参与者"，部分也计算在观众数量中。

2. 招商的基本程序与管理

会展观众是会展活动的最终服务对象，会展的主办者一定要把工作的重点从吸引参展商更多参展转到组织观众更好地参观上来。展会招商从根本上来说就是邀请目标观众前来参观展会。但是,人气旺并不意味着展会的成功,能吸引真正具有商业价值的客户才是组织者最应关心的。

1) 制定招商方案

招商方案是为了邀请专业观众前来参观而制定的具体工作方案。它需要会展的主办方充分了解展会所涉及的需求市场之后而制定,是针对展会招商工作的总体安排和把握。一份科学合理的专业观众的组织方案应包括以下几个方面。

(1) 展会展品或服务的消费市场分析和研究。

(2) 人员安排方案。

(3) 专业观众邀请函的制作和发送。

(4) 确定组织渠道和方式。

(5) 制订专业观众组织的宣传计划。

(6) 专业观众组织工作的费用预算。

(7) 专业观众组织的进度安排。

2) 建立观众信息库

建立专业观众数据库是招商的基础。采集专业观众样本的主要渠道有以下几种。

(1) 现场实施取样。即从展会现场得到的数据进行及时的统计所得。

(2) 登记表登记。即根据专业观众进场前的登记进行统计。

(3) 网络注册取样。即利用展会展业网站开通的网上电子登记系统,将所需取样的内容制成表格,以电子请帖的形式提供给观众填写。

(4) 展会身份识别信息管理软件。

(5) 在同类会展信息中寻找专业观众。

(6) 根据参展商的期望寻找专业观众。

需要注意的是,在建立目标观众数据库的时候,要科学分类,易于查找和检索。还要注意确保信息准确、及时更新。

数据库的建立是一个长期的过程,但途径有很多。最常规的办法是在展会现场设立观众登记处,使用信息表和收集名片。要想获得第一手独家专业观众数据资料,最方便的办法就是查看专业观众信息表。信息表上的所有信息都要按照观众所属的行业、地区、对产品的兴趣、公司规模等标准分类整理后全部保存在数据库中,并有专人进行管理。

信息表有两种:一种是登记表(或记录表)(定性),一种是调查表(定量)。

登记表是一种简单的记录方式,一般只记录每位观众的姓名、职务、公司名称、地址、联系方式等情况。这是一种比较传统的方法。虽然简便,但内容有限(没有对展商的评价和展览效果的评语以及后续工作的建议)。因此,不是最佳方法。记录表的内容除参观者的基本信息外,还有公司情况(如:规模、成立年份、经营业务、经营性质、现有代理和市场区域等)、参观兴趣、参观要求、购买影响力等。记录表和登记表相比,内容上增加了参观者的背景、兴趣、要求、展览感受及建议等更为个性化的内容,对今后的市场分析有较大的价值。

调查表的理论依据是概率论,即从数量角度研究自然现象的规律性。其特点是抽样,按照概率论的随机抽象方法,调查结果准确度相当高。因此对数据库的客观真实性很有帮助。调查表可包含以下内容：参观者姓名；公司名称；参观目的(收集信息、寻找代理、寻找新货源订货、其他)；参观兴趣(全部产品、特定产品、新产品、零配件)；从何处了解到本展览会(广告、新闻、内部刊物、直接发函、其他)；展台吸引注意的原因(展台设计、产品、资料、其他)；有兴趣购买的产品是哪些兴趣范围；在公司购买过程中的作用(决定、参与、建议、不参与)；对展览的感受(时间/地点/宣传/设计)；是否参加过其他同类展览会(请列明)；本展览会下一届将在某年某地举办，你是否将参加(是、否、未确定)；经常阅读的专业报刊是什么(关注在电视、报纸、网络上刊登广告的相关厂商，这些属于潜在专业观众，应及时、全面的统计到数据库里)；等等。除此之外，可采取通过国际商业公司、信息咨询公司，公关公司等从事行销研究的公司获得专业观众名单。

3) 专业观众分析

在组织专业观众之前，要开展专业观众分析，以便搜寻专业观众的来源。开展分析时可以选择不同的划分标准，如地区、公司经营内容、工作职能、职位等，同时还要结合不同行业展会的实际情况进行分析。也可以通过问卷调查、参展注册、网上注册等方式了解他们的职务、个性特点、年龄以及购买影响力等情况。

4) 选择组织手段

展会组织最常见的手段是综合运用电台预告、电视报道、杂志和报纸以及网络媒体等手段展开宣传，吸引专业观众前来参观。例如，2009年在浙江嘉兴举办的"第六届中国会展节事财富论坛"在组织观众阶段，除了举办新闻发布会、专场会展沙龙外，还综合运用了"中国企业家""环球企业家""21世纪商业评论""国际商报""新财经""浙商杂志""CCTV-2博览会""南方周末""新华网""搜狐网"等媒体进行宣传报道。

另外，在主办单位的网站上进行观众登记也是较好的一种组织手段。这也是近年来比较流行的一种方式。主办方只需要按照登记的地址和所需的门票数直接邮寄门票和VIP胸卡以区分直接到现场的观众，他们无需在现场再进行登记。

5) 专业观众的现场登记与管理

展会现场服务与管理是观众组织的重要部分。具体内容详见"会展现场服务管理"等有关章节，此不赘述。

6) 展后跟踪工作

展会结束以后，从建立品牌展会的角度来说，是新一轮招商工作的开始。展后的专业观众组织工作主要包括感谢工作、媒体跟踪报道、发布下届展览会信息、发放意见调查表和征询表以及数据库更新等。

典型案例

会展营销怎么赢？

1. 选择展览会要慎重

近年来，国内国际各类展览会、博览会、展销会、订货会、交易会日益繁多，让很多企业不知所措。一些展会会前吆喝得甚是猛烈，办得却如同鸡肋，让人弃之可惜、食之无味。企业投入大量人力、物力、财力和时间，不但没有达到展示形象、实力、新产品、签单、促销的目的，换来的却是付出与收获不成比例，还有一腔吐不出的苦水。沈青·金必德品牌营销集团经过会展实践，认为企业在选择展会参展时，应该铭记以下几点。

(1) 了解展览会主办方的资质，选择权威性的展会参展。

甄别主办单位的资质，要了解其办展历史、资格、知名度与美誉度，看其是否有经济实力、有固定办公地点，是否证照齐全、有相关批文允许。一些行业的权威性机构组织主办的展会，有的在业内已是名牌，有信誉高、专业性强等特点。在这类名牌展会上，新产品、新技术、新成果多，信息全面、权威，普遍受到业内人士的认可。企业可以在此类展会上有针对性的猎取行业最新动向，借助展会平台与同行间进行深入的交流，更重要的是观察竞争对手的新举措，以备尽早提出应对方案，以免在竞争中的处于被动状态。

(2) 弄清展会承办地与企业的产品市场之间的关系。

该展会是否覆盖了企业的(部分)消费市场？是否是企业有待开发的市场？这至关重要。否则，企业在展会上热闹一通，对产品的销售并无益处，这样劳民伤财的事谁也不愿意做。

(3) 展会的举办时间要适合企业产品的消费特点。

对于一些有季节性消费特点的产品来说，所参加的展览会的举办时段，最好能够对产品的销售起到推动的作用，而且，辅以广告宣传及促销活动也是必需的。就目前在中国已成功举办 60 多届的全国糖酒会来说，在春季，多年来都以"水战""饮品之战"著称，而秋季"酒战"则为一大特色，而且白酒最甚，这与产品的季节性消费不无关系。

另外，企业还要做到"一查二看三评估"。即要调查感兴趣的展会的档次、规模及专业性，关注展会的宣传报道，看其宣传力度如何，参展费用是多少，业内人士的反映如何。综合以上意见，评估展会的质量，以降低参展的风险。

2. 展览展示要出特色

一个颇具规模的展会，有成千上万的展位，几万乃至数十万的参展商拥挤其中，如何让他们关注你、记住你，形成注意力经济，与你建立起合作关系，这确实需要精心策划。会展营销是一个系统工程，它涉及广告学、营销学、市场经济学、消费心理学、公共关系学等领域，要让会展营销真正做到赢，以下几点一个都不能少。

一是创意要新、定位要准、效果要好。纵然顿顿鲍鱼，食之过五也会生厌，因此，要充分利用好有限的展位，让展位生辉，魅力四射。别的参展商忙着做时尚，你就做复古；别人走复古路线，你就中西合璧；别人在地面做文章，你就在空中出新意……一定要形成差异营销，在差异营销中让企业脱颖而出。

如果企业做的是大型的户外展，要利用好每一寸土地，每一个景点都要成为一道独特的风景，整体效果更要和谐、大气。而且，创意所产生的展示物要和企业产品、参展商(消费者)有直接关系，给他们一个意外的惊喜。

沈青·金必德营销传媒集团在为四川华润蓝剑做"蓝剑精品纯生主题公园"时，在景点之外，组织了数场世界上最大的广场多米诺表演，6万多平方米的广场上，7万多名经销商、消费者共同体验营销，广场上人满为患。策划专家让50多万张骨牌上面都印上产品名称和企业标识，并精心设计骨牌推倒后的图案文字，让其呈现"华润蓝剑、精品纯生"8个大字，将产品与消费者热衷的活动结合起来，让企业在万众瞩目的展会上"赢"销到底。

二是造型要奇、制作要精、花钱要省。企业展览展示的产品，一定要突破俗套，无论是采用概念嫁接还是经典挪用，造型一定要出新出奇，外观要雅致大气，要具有强烈的视觉冲击力。在制作上，要用料讲究，做工精致，能够完美地体现企业自身的实力、地位，产品的档次。展出的产品包装要鲜明，摆设也要别出心裁，声、光、电的整体效果，影像、图片说明的配合，都要做到一丝不苟，这样有利于提高品牌的档次、知名度和美誉度。

又要追求高质量，又要省钱，这对企业来讲是件困难的事，有良好经验的营销策划公司很会为客户省钱。企业做展台、户外展示景点所用的材料，要从至少3套制作报价中选择、估算，使用时间短的能租则租，技术含量高的要有专业人员把关，能够不截开的材料最好保留原样，这样可以再利用，或在展览结束时让价卖出。对于企业来说，细处省钱最后算下来也不是个小数目。

3. 媒体传播要有策略

企业参加展会在做好展览展示"落地"工作的同时，还要做好宣传的"飞天"工作。企业每年的宣传计划应该考虑自身的参展计划，把在参展地的宣传提前做起来，其中，媒体应在电视、电台、报纸、路牌、公交广告中选择，根据各个媒体的特点进行组合，将宣传效果发挥到最好。企业也可以赞助展会，借展会宣传传播企业，或利用展会专用的参展证、纪念品等做宣传。

对于会展期间的宣传，策略至关重要。企业宣传得越密集，设计得悬念、卖点越多，参展商和消费者关注得越多，取得的整合传播效果也就越好。

以春季全国糖酒会的几个成功案例为例，沈青·金必德在执行四川华润蓝剑糖酒会策划创意时，在会展前一个多月，便在报纸、电视等媒体展开了攻势，在报纸上一边"抛绣球"，对企业将要展示的景点及安排的系列活动欲说还休；一边"火上浇油"，将宣传一步步推向沸点，让消费者从感兴趣到期待。两个月中，《成都商报》《华西都市报》《成都晚报》《天府早报》等10多家媒体的对华润蓝剑的报道达100多次，形成了强大的新闻冲击波。同时，在当地电视台推出新产品的广告片为展会助阵，借会展营销让新产品上市一鸣惊人。

沈青·金必德在策划汇源果汁品牌形象代言人"野蛮女友"全智贤成都行时，在媒体组合上采用的则是电视台、报纸加路牌的模式。会展期间的宣传策略是在预热却不言明是哪位明星，把全智贤从北京飞成都路上的采访权交给当地最强势的报纸《成都商报》独家整版报道,提高宣传的档次。在全智贤成都行当日,各大媒体从春熙路、川大到锦城艺术宫一路追访,次日都以大篇幅做了全程报道,美女助阵汇源在展会上一炮打响。

4. 展会促销不可少

促销也是会展营销中的一环,企业可以根据各类展会的实际情况灵活运用。展会促销多种多样,如赠品促销、活动促销、现场演示促销、抽奖促销、特价促销、联合促销等,选择何种形式,依实际条件,按投入最小、效果最大为上。

做赠品促销,赠品的设计要有吸引力、个性化,在日常生活中使用频率高,并易于携带。更重要的是物美价廉,消费者很容量将赠品质量与产品质量联系起来,劣质的赠品是对品牌的一大伤害。

做活动促销,满足的是人们的一种好奇心、好胜心,以表演活动为例,表演形式和制造气氛的手法一定要创新,要给经销商和消费者带来新意。车展的香车美女,住交会的劲歌热舞,糖酒会的人体彩绘、明星演唱会等,都是为品牌营销服务,都是在做品牌传播、产品推广。热闹归热闹,目的不要忘掉,在节目表的设计里,别忘了适当地将企业或产品的相关信息通过某种方式传播出去,这些都是会展营销怎么"赢"的心经。

(来源:《销售与管理》)

本章小结

本章阐述了会展服务营销的内涵、渠道、模式以及展会服务工作的核心——招展招商服务。会展产品是一个整体的概念,它包括实物、服务、组织、意识等贯穿展会项目始终的一系列有形或无形的形式。会展活动的经济价值主要产生于无形的服务过程中。在会展服务营销的要素中,必须充分注意到人是决定性的因素,所以,展会服务营销管理首先应该是人员的管理。

展会营销模式并不是说只有资源营销、合作营销、关系营销、网络营销、绿色营销、国际营销等几种,与各种营销渠道的组合运用一样,在举办展会的实践中,展会服务营销往往是同时采取多种方式,以取得最佳的营销效果为根本。

参展商和参观者是展会的两个助推器,展会就是"为买家找卖家"和"为卖家找买家"。展会需要一定数量和质量的参展商才能成为一个好的展会,同时,拥有一定数量和质量的观众,也是目前国际上衡量展会活动是否成功的重要标志之一。

复习思考题

1. 名词解释：合作营销、绿色营销。
2. 会展服务营销的主体有哪些？
3. 为什么说会展产品是一种特殊的产品？
4. 按会展活动的进程划分，会展服务营销的内容是怎样的？
5. 简述会展服务营销的要素。
6. 常见的展会营销渠道与模式有哪些？
7. 何谓资源营销？试述可供展会利用的主要资源。
8. 阅读下列材料，理解"招商比招展更为重要"的观点，分析材料中所列举的10种招商方式的利弊。

展会招商面面观

德国汉诺威国际展览公司每年用于推广组织，以及争取专业观众、招商、广告的支出达1亿德国马克，在100多个国家和地区举行几百次信息发布会，仅"木工与机械展"一个项目，在上海一年就举办了5次信息发布会。

当今展览市场竞争激烈，焦点已从争取参展商转为争取和组织专业观众，谁能够拥有一定数量和质量的专业观众尤其是大采购商，谁就能够取胜。因此，在展览策划立项时就必须重视招商工作，同时确保足够的招商费用，选择确有成效的招商方式。

招商方式多种多样，通常的做法是：印发参观券和邀请函并有针对性地向政府有关部门、商协会、协办单位、经贸机构、团体、大型企业发送；向外国驻华使馆或机构发送；网上链接宣传；在各种新闻媒体和专业刊物发布广告(软性、硬性)；召开新闻发布会；电话、传真、寄邮件明信片、登门拜访；等等。

近几年随着展览会的主办者对专业观众重要性认识的不断提高，观众邀请工作五花八门，出现了许多新的方式，以下列举9种，各有利弊，可供分析借鉴和评判。

(1) 有些政府主导型的展会，地方政府十分重视，主要领导轮流带队，各级分管部门抽人组成规模庞大的出国招商团，分批到各国举办推介会，成本费用极高。因多数团组人员是轮流或照顾性质出国，所以招商效果参差不齐。

(2) 有的办展单位公开在邀请函上承诺组委会为前往参观的客商提供在本地的吃、住、行等，以此来吸引专业观众。

(3) 有的请各地对口行业协会组织采购团，然后按规模给对方提取组织费，因此也经常出现滥竽充数的现象。

(4) 有的给需方代表发了邀请函，但担心流于形式得不到落实，特地在请柬上注明凭请柬现场领礼品(有的甚至标明礼品名称和价值)和几天餐券，或凭请柬现场抽奖。

(5) 有的在拜访重要客商时直接送去请柬、贵宾卡和礼品。

(6) 有的办展单位充分利用信息传媒，将展览消息用手机短信的方式发给所有专业观众,这种方法既有目标的针对性和操作的简便性,又快又节省费用,正被越来越多的人采用。

(7) 有的参展单位干脆就派人拉客商(展厅或宾馆酒店门口拦截),因此厂家争抢客商而引起吵架的情形也时有发生,让客商感到十分尴尬。

(8) 有的办展单位要求每家参展单位必须提供一定数量的客户名单,报组委会后统一以办展机构的名义发邀请,而参展单位则担心自己的客户被别人带走,因此经常"留一手"。

(9) 有的地方政府主办的"洽谈会、招商会"招商工作有较大难度,采用商业化运作,请相关单位或人员协助邀请外商赴会,按外商报到的实际数量提取招商佣金(每位数百元至数千元不等),这种做法真可称作"商托"了。出于"商托"的利益,有些持海外护照长期在境内的人员也都经常成为前来凑数的对象。

品牌展览会的组织者通常将招商工作放在举足轻重的位置,经常在研究专业观众的地位,以争取其参展,各种招商理念可概括如下。

(1) "上帝之上帝"理论。即展会主承办单位或展览公司在租用展馆办展时,是展览馆的"上帝";厂商报名参展时,是主承办单位的"上帝";专业观众参观订货时,是参展单位的"上帝",因此展览场馆面对着三重"上帝",主承办单位面临着两重"上帝"。对服务对象而言,订货的专业观众是涉及办展各层次人员的最终服务目标,是最终的"上帝",所以做好观众的邀请和服务工作是招商工作的核心。

(2) "观众三层次"理论。将参观的观众分为3个层次,即决策层(各级政府部门负责人、企事业单位负责人)、经办层(经贸业务、科技、情报等人员,他们带有一定的任务要在展览会上进行经济贸易和技术交流活动)和潜在层(指一般参观者),三者呈金字塔形。上两层统称贸易观众,决策层对展品的采购或项目的开发合作具有决定权,经办层人员对展品或项目有推荐权或承办权,主办单位邀请的重点是这两层贸易观众。一般观众也并非完全是无关人员,如:有些参观者虽然当时还是学生,但他们毕业后可能会成为该展会某些产品的用户;有些设计人员对各类展品留下深刻印象在今后的工作中会有涉及和推广的机会;布展装修人员则收集拍摄了大量资料,今后在使用借鉴过程中会有意无意地起到宣传和推介该厂商和产品的作用;随行人员则有可能经常回忆起对展品的印象或提出看法;等等。因此一般观众都属于潜在层。总之,如何瞄准决策层、留住经办层、争取潜在层,这些都是招商工作的重点。

据芝加哥一家展览公司的经理介绍:在美国的专业展览会上,70%的参观观众是对其中某些产品的采购起决定或有作用的人,美国的进出口贸易40%是在展览会上实现的。在德国则几乎没有无关人员进入专业展览会,由此可见"经贸展览—专业观众—实现贸易合作"三者关系的密切相关。

(来源:《中国会展》)

第4章 参展商服务管理

本章导读

参展商的服务管理是一项复杂的系统工程。由于参展的机构不同，其决策程序也有所不同。如世博会的参展，往往是以国家、城市为参展单位，因而，其参展的主题、参展的角度以及做出参展决定的程序都比较复杂。在经济发达的国家，许多参展企业每年都要组织数个到数百个展会项目，其参展的政策与战略具有一定的连续性，相对来说其服务管理也很规范；对于初次参展的新项目，参展企业必须充分调研、慎重选择。参展商的服务管理至少有两个层面的含义：一是指展会组织对参展商的服务与管理；二是指参展商自己对参展工作以及对目标客户的服务与管理。本章侧重于对第二个层面的探讨与描述。

知识要点

- 参展目标管理
- 企业参展的程序与管理
- 参展的宣传方法
- 展前客户沟通
- 参展选择的因素
- 参展商的工作进程及展台工作管理

4.1 参展目标管理与展前宣传服务

从展会的主办方来说，要为参展商做好代理宣传、提供便利的食宿、物流、设计搭建、商务等服务；从参展商本身来说，也有一个服务与管理的问题，那就是对目标客户群的一系列服务以及围绕参展本身所必需的服务管理工作。

现代会展运作工程中，有不少的参展商可能会将参展工作的一些服务环节委托代理商来做，对于展会的代理商来说，为参展商做好服务工作则必须要熟知参展的流程。

全球每天都有各种类型的展会举办，其中哪种展会是企业的首选呢？企业为什么要参加这些展会呢？从展会管理的角度来看，参展目标的制定与宣传工作十分重要。

4.1.1 参展的目标管理与选择

1. 参展目标管理

从某一企业或单位的角度来说，设定与管理展会目标尤为重要。

参展目标是展览策划、筹备、展出、后续等一系列工作的方向，也是每一项工作评价的基础和标准。因此，应当充分考虑遵循市场规律和经营原则，重视展出目标并做好展出目标的制定工作。

德国著名研究机构IFO曾经对世界跨国展览集团之一——德国慕尼黑展览公司举办的世界最大规模的机械工程设备类展览会BAUMA进行过"企业参展目标"专门调查，其结果表明，在参展目标中：提高企业知名度为85%；密切联系老客户和结识新客户均为70%；通过展览会宣传产品市场占有率63%；推介新产品占60%；提升产品知名度占58%；交流信息占50%，发现客户需求占50%；影响客户决策占33%；最后才是签署销售合同仅占29%。

可见，尽管企业参展一般是希望能提高产品销售率、获得订单、扩大市场份额。然而，成熟参展商通常是将参展目标锁定为在知名展会上，集中精力"展示企业形象"和"推介创新产品"。因为对专业观众而言，最吸引他们的除了产品性能和价格之外，更关键的是企业的实力。(参展目标管理参见相关链接4-1。)

相关链接4-1：

参展目标管理——企业参加会展的88个目的

研究发现，人们参加展会的最普遍原因包括增强竞争能力(人们列出的第一理由)、与专家交流、建立关系网等。对于参展企业来说，应该在参展目的上选取合适的方式，提前做好有效的参展目标管理。

(1) 演示新产品和服务。
(2) 建立零售网络。
(3) 与买主进行面对面的会谈。
(4) 培养销售力量。
(5) 与通过观察而预选出来的听众互相交流。
(6) 培养零售商。
(7) 关注特别顾客的兴趣。
(8) 适应竞争的需要。
(9) 会见通常不能通过个体销售接触到的顾客。
(10) 进行市场调研。
(11) 揭示不为个人所知的购买影响。
(12) 征募员工。
(13) 与其他的供应商相比较。
(14) 吸引新的代表。
(15) 介绍技术支持人员。
(16) 向媒体推荐新产品和服务。
(17) 缩短购买步骤。
(18) 提供三维(立体)销售的机会。
(19) 创造直接的销售。
(20) 发展行为导向的媒体。

(21) 设计形象。
(22) 扩大消费者的队伍。
(23) 创造形象。
(24) 用听觉和视觉手段展示商品和服务。
(25) 继续与消费者进行接触。
(26) 支持批发商。
(27) 会见潜在顾客。
(28) 通过电话与消费者联系。
(29) 使买主具有资格。
(30) 会见高层管理者。
(31) 展示新产品和服务。
(32) 会见大买主。
(33) 演示非便携式的设备。
(34) 通过参加者的类型确定目标市场。
(35) 理解消费者的问题。
(36) 指导零售商的发展方向。
(37) 解决消费者的问题。
(38) 指导批发商的发展方向。
(39) 确定产品的应用。
(40) 为销售代表的发展提供指导。
(41) 演示已列入计划的新产品和服务。
(42) 和没有联系上的潜在客户联系。
(43) 获取产品和服务的反馈。
(44) 和没有联系上的未知的客户联系。
(45) 加强销售以鼓舞士气。
(46) 和需要个人接触的消费者联系。
(47) 缓解消费者的不满。
(48) 会见通常并不拜访的消费者。
(49) 按照总的营销图整合展览。
(50) 不通过电话销售达到64%的销售目标。
(51) 了解消费者的态度。
(52) 在市场中重新确立公司的位置。
(53) 确立产品和服务的利益特征。
(54) 提高本企业(公司)的洞察力。
(55) 发布产品和服务信息。
(56) 建立卓越的竞争优势。
(57) 进行销售见面。
(58) 加强口头宣传能力。
(59) 引人关注或使人加深印象。

(60) 为向个人提供打折商品大开方便之门。
(61) 提供现场的产品演示。
(62) 进一步为个人提供打折商品。
(63) 支持公司主题计划。
(64) 加强直接邮件联系。
(65) 向消费者介绍新的使用方法。
(66) 减少销售成本。
(67) 向消费者介绍新的促销计划。
(68) 形成良好的购买导向。
(69) 向消费者介绍免费的服务。
(70) 激发消费者的消费欲望。
(71) 分发产品样品。
(72) 创造更多的消费需求。
(73) 向消费者介绍新的销售技术。
(74) 为市场提供多种服务和产品。
(75) 向消费者介绍销售环境。
(76) 提供技术优点、数据和特征。
(77) 创建产品实验室。
(78) 积极提高产品和服务质量。
(79) 使本企业的消息富有戏剧性。
(80) 解决消费者的不满问题。
(81) 在短时间里与每个销售代表建立联系。
(82) 提供产品/服务资料。
(83) 寻找低成本个人销售机会。
(84) 发现潜在的消费者。
(85) 创造投资高回报的机会。
(86) 支持发起组织。
(87) 让市场了解自己的公司(或企业)。
(88) 让新员工得到锻炼。
(来源:《会展财富》)

2. 定性与定量目标

1) 定性目标

在制定展出目标时,有的内容难以用数量的形式直接表达评价结果,如在会展期间参观者的满意度等,则采用分析评价法定性来确定目标。

对主办方而言,定性目标可以设立为通过展会的举办能让国内外参展商、采购商,乃至参观者对展会留下深刻、难忘的好印象,今后继续支持和关注该展会。

对参展商而言,定性目标可以设立为从展会中取得物质上和非物质上的获益,达到预期的参展目标。

对采购商和参观者而言，定性目标可以设立为在参展过程中感受到宾至如归的人性化的商务服务，一次赢得广大群众的良好口碑，为今后的办展打下良好的基础。

对展会的承办方而言，定性目标可以设立为希望展会能令多方满意，展会取得可观的利润，同时也能打响自身品牌，取得相应受益。

2) 定量目标

对可以通过测量得出数量结果的，则用定量评价的方法设立目标，如招展中参展商的数量、国外参展商的比例等。

定量目标的表述示例如下。

通过制定完善的服务营销策略令展会招商规模比上届增长约 15%，展位数达到约 3 000 个。

以人性化服务以及与国际接轨的招商服务内容来吸引更多外商，期望国外参展商比例超过 20%，使展会成为真正意义上的国际知名品牌展。

加大宣传力度，使采购商及参观者数突破 30 万人次，较往届增长约 8%。

为参展商提供有效的营销服务，尽可能使总成交金额比上届增加 10%，资金总额约达 30 亿元(RMB)。

3. 制定参展目标常见的问题

在展会中，参展目标常见的问题主要有以下几点。

1) 目标不明确

由于种种原因，特别是集体展出者，除政府部门、贸促机构、商会、工业协会等之外，还有展览公司、咨询公司、公关公司等以营利为目的的多部门组合参展。有些部门的负责人可能将展出看作例行公事，不认真制订会展计划，造成会展目标不明确。

在制定会展目标时，过于抽象的目标也不行。例如将"促进友谊，发展贸易"作为展出目标显然是抽象的，难以衡量出展出效果。

2) 目标过高或过低

在制定具体目标时，一定要切实可行，如果展出目标过高，有关人员不论如何努力也达不到，可望不可即，目标就失去了指导实际工作的意义。比如参展总人数是 3 000 个，却定出要 2 500 人都成为目标客户，显然是不切合实际的。可是如果展出目标定得过低，也不容易调动工作的积极性。

3) 目标没有可操作性

目标量化是欧美现代展览的重要观念和技术之一。目标量化可以使参展企业更合理的分配资源，提高参展效率。

在会展实际的操作过程中，要使目标明确，参展目标往往要量化，需要有与之相配套的数据，不能只说"赢得许多可能的顾客"之类的话，要设立详尽而又具有可操作性的目标，如：赢得 50 个可能的客户；赢得 5 个媒体部门的关注；现场销售额达 50 000 美元；派送出 500 份样品；等等。

4) 目标随意更换

展出目标一经确立后，不能因为出现某些问题或更换负责人就随意更改。展出目标一般是根据参展企业的发展需要和发展战略、展览会特点等因素综合考虑后制定的。若随意改变，就必须相应的调整人员、经费和工作重点，否则就有可能造成参展企业资源的浪费。

4.1.2 企业参展程序与管理

企业决定参展后，必须指定专人或专门团队对参展的流程及内容进行管理。接下来应做的事情有以下几点。

(1) 展出前确定业务目标。为什么要办展览？是否需要寻找适销市场和新客户？是否想要介绍新产品或提供新的服务项目？是否需要选择代理商或批发商？对办合资企业是否感兴趣？是否通过展览来研究或开发市场？

(2) 展前要仔细的选择和研究销售市场。

(3) 充分做好展前的各项准备工作。

(4) 选择理想的代理人。

(5) 确定参展商品。客户尤其是国外客户关心的是最新或质量最好的产品，切勿展出过时的产品。

(6) 了解展会的全部具体要求。要清楚地知道展会的全部规则、展出时间、服务项目以及参展所需办理的手续。

(7) 应选派熟悉情况、可以做主的人赴会。参展人员应该了解公司的销售意图。如果展览的产品是有关技术和仪器设备，还应选派懂技术的工程师以便解释有关技术问题。

(8) 时间安排要充裕。应提前到会以确保展摊秩序井然，展品状态良好。展会结束后，要有时间充分听取意见。

(9) 应把业务和礼节很好地兼顾起来。要为展摊配备足够的人员。

(10) 要重视展会宣传。展前及展期应该出版有吸引力的商业期刊和报纸。

(11) 了解当地习俗。参展前要熟悉当地节日、假期、市场的季节性及消费者习惯等。

(12) 寄送产品样本。

(13) 要为国外用户提供服务。

(14) 要用公制标出产品的规格。国际上通用的是公制，所以，出展前要准备好产品规格和公制数据。

(15) 越过语言障碍。参展人员最好学会一种外语。

(16) 关于资信和付款方式。首先应了解外国代理人的资信，可以通过银行进行，也可以从咨询公司得到；还应该了解有关保险、付款方式等方面的情况。

(17) 要保护专利权和商标权。如果已取得专利或中国国内商标权，就应该与专利代理人研究如何使这种商标或专利在海外继续得到保护。世界上大多数国家都对专利或商标权给予保护。

需要指出的是，决定是否参加一个商展，最重要的工作是研究要送展的产品在展会即将举办的国家或地区有无潜在市场，有没有可能找到销路。参展商的主要目的是提升企业知名度和推介新产品。

4.1.3 企业参展宣传工作

1. 参展宣传的意义

1) 扩大声势，提升参展企业形象

展前宣传工作做得好，展期之中前来参观的客户络绎不绝，特别是在行业内有重大影响力的龙头企业代表人物前来观展,将为参展企业带来意想不到的效果。行业龙头企业的光临甚至签约,这应该成为展会企业宣传上的热点。大客户的光临,一方面会提升企业形象,另一方面,它还可能影响其他潜在的客户与本企业建交。

2) 加大企业新产品或服务的发布力度

很多企业都把参展作为一种新的营销方式,一些企业总是把展会办成新产品和服务的新闻发布会。在展览会上,特别是一些高质量的展览会,很多潜在客户都会参加,如果通过展前宣传,让更多的客户汇聚展会现场,这将为企业发布新产品的消息提供很好的途径。

另外,加大参展宣传力度还能增强与客户的关系,促进贸易成交。在展览会上,参展企业通过周密的策划,精心挑选产品,精妙布展,细心安排会展礼仪,这都将有利于贸易成交。

2. 参展宣传的方法

1) 贴附宣传标签

贴附宣传标签是一种经济实用的办法。在展览会开幕前,可将宣传标签贴附在递给目标观众的信件上。在邮局分拣信件时,工作人员往往会揭掉附在信封上的东西,因此,宣传标签不应贴在信封上,要贴在信纸上。

2) 邀请函

在邀请函上写上老客户、潜在客户的名字,会给他们留下良好印象。参展商可用邀请函的形式,将组委会提供的宣传材料(包括宣传册、入门证)、关于公司展台的说明等转发给客户。邀请函要能引起客户的阅读兴趣,如有可能,要写上客户的姓名,邀请函上要有邀请人的签字,如果是由与客户有生意联系的人签字,效果会更好,比如可以让销售人员签署给客户的信件,让客户技术顾问签署给对方设计师的信件。

邀请方式越活泼生动,效果越强。向观众递发展台明信片或向关系较好的客户递发往届展览会的照片,都能有效打动他们来参观本公司的展位。

参展商也可分阶段邀请客户。即在一段时间内一点一点地分步骤邀请他们前来参观。每一步的邀请信都应附上新的内容或小礼品,才能有效吸引客户的注意力。

邀请工作可以找公司老客户和潜在客户名单逐个开展,有的公司专门出售潜在客户名单,多数名单以专业或按地区划分客户。参展商应于展览会开幕两个月前开始邀请。

3) 邀请册

如果参展商预算较为充裕,则应印制包含以下信息的本公司邀请册。

(1) 展览会名称、地点、日期和徽标。

(2) 公司名称和邮政地址。

(3) 展台电话号码。

(4) 展览活动安排及各项主题。

(5) 参展口号。

(6) 将在展台上提供的特色服务或有关活动。

(7) 展台值班人员名单(便于客户知道何时能与谁交谈)。

参展商也可在邀请中强调说明展台设计特点和即将举办的活动。另外,预先印制的回执卡有助于约定在展台与客户见面的时间,无论展出期间展台上有多么繁忙,都能保证洽谈能如约举行。参展商也可通过电话邀请客户,并安排洽谈事宜。

4) 免费入门证

参展商可向展览会组委会索取入门证并免费发放给客户,客户非常看重这一点。邀请册中一般夹有凭条,客户可在展览会换取入门证,参展商一般按折扣价支付入门证这类的费用。

5) 礼品和抽奖活动

如果知道可以领取礼品,无论礼品大小多少,客户都有可能前来参观展台。若是分次送出礼品效果会更好,比如将由几部分组成的游戏的一部分通过邀请发出,其余部分要到展台上才能拿到。每年发放的礼品若能构成一个收藏系列,效果也很突出(必须注意:发放礼品不能影响展台正常工作)。

6) 报刊广告

在大型贸易展览会开幕前不久,展览会定期刊物或专业杂志上往往为参展商发布关于本公司参展及和展台详细位置的广告,这也是报刊广告的延续。这样的广告常见于报刊的补白部分。

7) 会刊广告

参展商除登录展览会会刊和观众信息系统外,还可以在会刊上刊登广告和公司的徽标、商标。虽然观众信息系统在展览馆内具有较高的广告价值,但观众可在展览会结束后长期保存会刊,并在必要时作以参考。

8) 外部广告

一些展览中心可在围墙或展厅内规定的位置上张贴广告,这样的招贴画、广告台、霓虹灯饰广告都能在展馆内外形成强烈的视觉冲击,在消费品展览会上观众一下子就能看到这些广告宣传。参展商还可以在展览举办城市设立广告宣传设施。

9) 展台娱乐活动

参展商应尽可能使观众在展台前获得兴奋难忘的"展台经历",比如可以举办名人专访等展台娱乐活动来吸引观众注意。当然,这类活动要与展品展示有关,而不应变成为与展品毫不相干的纯粹娱乐,比如可运用哑剧形式来展现产品的优点。这类活动应作为展出活动的组成部分,要写入发给观众的邀请册里。

4.2 展前客户沟通服务

4.2.1 展前客户沟通

每一个参展商都希望自己的展位前人气很旺、客户云集。当然,这一方面得益于展会主办方的宣传推广以及展会的知名度等因素,另一方面,参展商的展前客户沟通服务工作也十分重要。

参加展会是参展企业与新老客户增进沟通的好机会,展前客户邀约是企业参展的工作重点,对参展效果有着直接的影响,具有极为重要的意义。在参展工作中,参展商不仅要通过各种方式邀请相关领导、嘉宾和大客户，还要邀请一般客户，切实做好展前客户沟通工作。

在做展前客户沟通服务的工作时，应该明白展前客户沟通的一些特点，做到有的放矢。

1) 实效性强

会展服务是一种活动，具有不可存储的特点。因此，参展企业从作出参展决定那天起，就应把展期客户沟通作为一个专题工作项目单列出来，并由专人专责按进度完成邀请工作。

2) 竞争激烈

在会展活动中，特别是一些行业展览会上，参展企业可能都是竞争对手，在展会现场中，他们是一种直接的较量，在展期客户沟通中，是另一种较量。在本企业邀请客户参观自己的展位时，竞争对手也在邀请同一名客户前去观展。为了争夺客户，参展企业常常用报销路费、安排食宿，安排旅游甚至赠送红包等手段拉拢客户。

3) 变动因素多

展期邀约客户，要做好相关安排。但是客户数量众多，每个客户都有自己的特殊情况，所以变动因素很多，要统一安排，需要一定的统筹能力。

4.2.2 展前客户沟通的类型

展会的客户根据标准的不同可以有不同的分类，按地域可以分为国际客户、全国客户和区域客户；按建立关系的先后可以分为老客户和新客户；按企业实力还可以分为大客户和小客户等。一般来说，根据企业发展的战略需要，展前客户沟通应该有一个总体的部署，不过，与大客户的沟通和开发新客户是现代企业更为重视的，下面来看这两种类型的展前客户沟通。

1. 展前与大客户的沟通

在与大客户沟通时，第一，要完善收集有关大客户的基础资料，摸清大客户单位所处的行业、规模等情况，摸清大客户内部的运作情况，甚至关键人物的个人资料，包括性格、兴趣、爱好、家庭、学历、年龄、能力、经历背景、同本企业交往的态度等。对大客户的类别划分要准确，不管它是综合大客户、专业大客户、协作大客户，还是潜在大客户。第二，要优先为大客户做事，重视大客户的差异化及个性化，保证大客户得到最新、最优质、最优惠的产品或服务。第三，要关注竞争者的动向。

在与大客户沟通服务的过程中，不少企业已经积累了丰富的经验，主要的做法有以下几点。

(1) 努力与大客户签订合作协议。

(2) 对所有的大客户保持统一的价格和一致的服务标准。

(3) 对大客户要提供"门到门，桌到桌"的服务。

(4) 养成走访习惯，最好是分层对口走访。尤其是对大客户的决策者、经办人及财务负责人等，应经常保持沟通，从业务和情感上让大客户感受到"零距离"的服务。

(5) 与大客户沟通，其角色特点与销售人员有所不同。大客户主管或经理应该是客户的顾问，参展企业人员的职责不仅是发展和培育顾客、销售谈判，还要了解顾客决策流程、收集具有竞争力的情报、发现创造附加值的机会、协调客户的保养、维护和升级服务、信息沟通、定制产品及服务等。

(6) 要警惕竞争者的参与竞争，保持大客户的忠诚度。

2. 新客户的开发与沟通

新客户是展会的宝贵资源，也是展会未来的发展空间。新客户数量的多寡决定未来展会可能发展规模的大小。新客户的开发与沟通服务的主要步骤如下。

(1) 确定沟通对象。首先要按展会定位的需要，将客户进行分类：哪些是参展商；哪些是潜在观众；潜在参展商主要生产什么产品；潜在观众主要采购什么产品；这些潜在参展商和观众主要分布在什么地方，各有什么特点。

(2) 确定预期沟通目标。客户从最初接触展会信息到最后决定参展(参观)一般会有知晓、认识、接受、确信、参展(参观)5个阶段的反映过程。沟通首先要让对方知道是在介绍哪一个展会，并要慢慢让对方认识该展会，还要让对方接受该展会。通过一步步的努力，对方才会对展会产生兴趣，才会决定参展(参观)。

(3) 设计沟通信息。不同的展会信息对不同的客户所起的作用也不尽相同。对于理性诉求倾向较强的客户，信息设计就应该从客户的利益出发，着重描绘展会的优势、特点以及能给客户带来什么样的利益；对于情感诉求倾向较强的客户，信息设计就应努力激发起客户的某种特定情感；对于道德诉求倾向较强的客户，信息设计就应利用客户的道德感来强化他们参加本展会的理由；等等。

(4) 选择沟通渠道。与客户沟通在很多时候是与展会展位营销和展会宣传推广一起进行的，所以，展位营销和展会宣传推广的渠道也是与客户沟通的重要渠道。如报纸、杂志、电视、互联网、电子邮件、广播、人员推销、公共关系、赞助、营业推广等。

在新客户的开发与沟通服务过程中，要特别注意沟通的连续性和一致性，沟通信息在实体上和心理上要彼此关联，展会沟通的口径和展会logo要统一，还要有统一的客户利益主张和展会定位诉求，这样，才能做好沟通工作。

另外，促进潜在客户转化为现实客户也是一项富有挑战性的工作。要实现这一目标，必须站在客户的角度考虑问题。除了完整地传播展会信息外，还应重视客户的需求、尽量降低客户的成本、重视与客户的每一次接触、了解客户参展(参观)的阻力、尽快提供参展(参观)便利等。

4.3 参展选择与实施管理

4.3.1 参展选择的相关因素

企业进行展览选择的目的是找出最有助于达到展出目的的展览会。在理论上，应该事先制定展出目标再选择展览会，因为展览会为展出目标服务。但在实际工作中，也常常是先选择展览会，再制定展出目标。企业应根据自己的实际安排两者之间的具体操作。企业选择展会应考虑以下因素。

1) 展览的种类和特性选择

展览种类的选择是指在特定市场、特定期间和特定行业里选择类似的展览会。因为展会是一项极为复杂的系统工程，受制因素很多，从制订计划、市场调研、展位选择、展品征集、报关运输、客户邀请、展览布置、展览宣传、组织成交直至展品回运，形成一个互相影响、互相制约的有机整体，只有了解这些特性，从而选择展会，才能收到预期的效果。

2) 展览性质的选择

每个展会都有自己不同的性质。从展览目的分，可分为形象展和业务展；从行业设置可分为行业展和综合展；按观众构成可分为公众展和专业展；按贸易方式可分为零售展与订货展；按参展企业分又有综合展、贸易展、消费展；等等。

许多展会，包括发达国家的展会，在性质上往往不容易区分，比如法国巴黎国际展览会，历史悠久，规模庞大，但它却不是贸易性质的展览会，而是消费性质的展会，不适合贸易企业参展。所以，在选择展会时，必须先对展会的性质做出一个正确的评判。

3) 展会时间地点的选择

对于展会时间的选择，首先是考虑订货季节，大部分产品都有特定的订货季节，也就是订货高峰，在订货季节期间举办的展会，成交的可能性会大些。其他的考虑因素包括配额年度、财政年度等，一般的规律是前松后紧，上半年额度多、经费松，订货就可能多些。另外，参展企业还要考虑自己时间日程是否能安排过来的问题。

展览会举办地点的选择一是从贸易角度考虑，即展会地点是否生产或流通中心。在生产或流通中心城市举办的展会有着得天独厚的优势，展出效果要好些。二是从与会者的角度考虑，即展览地点吃住是否便利。

需要注意的是，即使是一个"全国性"的会展，参观者大部分也会来自会展举办地，企业如何选择，应从自身的实际情况出发。

4) 展出方式的选择

展出方式可以分为集体展出和单独展出两类。

集体展出是指由政府部门、贸促机构、行业协会甚至公司组织的有两个以上参展企业的展出形式；单独展出是指参展企业独立完成的展出形式。

集体办展的形式多为综合单独展览会，如东京中国经济贸易展览会、大阪中国五金矿产展览会等。参展企业应对集体展出项目作较全面的调查，以便有的放矢。

单独展出包括企业直接参加一个展会和企业独立组织展会。单独参展自主权比较大，企业可以设计出自己的特色，显示实力。但需要花费相当大的财力、物力。这种形式比较适合于中、大型企业。

5) 目标观众的选择

展会上万头攒动，熙熙攘攘，但对某一参展商来说不一定都是目标观众。展会需要专业观众，他们是参展商的潜在客户。参展商希望见到有效观众，亦即目标观众。

专业展已成为展会发展的趋势，市场细分的结果是：参展商要进一步明确产品市场、客户定位，没有必要哪个展会都去；主办者要非常明确展会的主题，要知道邀请哪些参展商及目标观众。

4.3.2 参展选择应避免的问题

在展会的选择中,既要考虑企业自身的实际情况,又要考虑市场情况,做好选择。要留心展会的"历史";核实展会承办方的实力;摸清展会的规模;关注展会的内容;查看展会的宣传;查看展会举办的场馆;重视展会的展期;注重展会承办方的诚信等。应避免下列问题。

(1) 因为被邀请就匆忙选择参加展会。
(2) 应为费用低而选择参加展会。
(3) 因为评价好就不加分析地选择参加该展会。
(4) 因为竞争对手参加而选择参加展会。

4.3.3 参展商的工作进程及展台工作管理

参展商在决定参展后有一系列工作要做,管理工作应当围绕展会的工作进程有的放矢。下面来看一般展出的工作日程表,见表4-1。

表4-1 企业展出工作日程表

企业名称:_____
展会名称:_____
时间:_____

序 号	工 作 项 目	距开幕期/个月	完成情况
1	向组织者索取资料、申请表	18	
2	决定参展	12~15	
3	确定预算	12~15	
4	预订场地、展位	12~15	
5	指定项目协调人	12	
6	筹备会议	12	
7	要求设计施工单位报价	12	
8	制定展出工作详细计划	11	
9	选择展品	11	
10	制定详细预算	11	
11	委托设计工作	10	
12	预租展价、展具、用具	6~8	
13	选定运输公司,安排运输日期	8	
14	内部审查设计	8	
15	设计送展会审查	8	
16	展会目录登载内容寄展会组织者	7	
17	计划编印展出资料	7	
18	选定广告代理	7	
19	准备编辑展出资料	6	
20	预订旅馆	6	

续表

序　号	工　作　项　目	距开幕期/个月	完成情况
21	选定展台人员	6	
22	预订航班	6	
23	办理保险	6	
24	调整预算	6	
25	选定施工单位	5	
26	准备直接发函名单	5	
27	预订临时雇用人员	5	
28	开始刊登广告	4	
29	展品、道具交运输公司发送	3～4	
30	选定展出地运输代理	4	
31	索取入场证	4	
32	向潜在客户直接发函邀请参观展台	1	
33	展台工作	0	
34	安排展品、道具回运、处理	0	

在企业展出工作日程表中，可以说每一项工作都要进行精心的策划、管理，才能达到预期的效果。而委托设计工作、预租展价、展具、用具、选定运输公司、安排运输日期，特别是展台工作则是参展商在实施展会过程中非常重要的环节。

参展商的展台管理工作主要有：接待客户、洽谈工作、多种方式的记录、联络、公关工作、展场调研、操作示范、资料工作、相关活动、现场销售等。

1. 接待客户

接待工作管理的核心主要是发现新客户并与之建立联系，以及保持、巩固与老客户的联系。接待安排可以是随意的，也可以是预约的。最好将预约接待安排在观众人少的时间，以减少会谈时的打扰，同时也避免失去接待其他客户的机会。

接待对象可以分为重要客户、现有客户、潜在客户、普通观众等。重要客户，不论是现有的还是潜在的，可以列出名单，事先告知展台人员。如果发现重要客户前来参观，要予以特别的接待。要接待好现有的客户，维护好关系。但是如果不是洽谈业务，就不要因为他们而耽误接触新客户，可以约他们在闭馆后一起活动。接待潜在客户是展览会的最大优势、最大价值所在，也就是展台最重要工作之一。普通观众一般没有贸易价值，与展出目标没有直接关系，因此，不要耗费时间和精力接待普通观众，但是注意不能没有礼貌。可以巧妙一点、客气地打招呼，简略地解答问题，尽快结束交谈。

2. 洽谈工作

洽谈工作与接待工作紧密相连，它的重要内容之一是推销，推销公司产品和服务，推销公司形象。有效的推销会使潜在客户对展出公司产生信任，对展出的产品、服务产生兴趣，会使现有客户对新产品产生兴趣和购买意向。达到这一步，就开始进入洽谈阶段。要积极地争取与现有客户签订新的贸易合同。但是对新客户的大宗买卖以及投资项目要慎重，不宜当场签约。任何决定必须在彻底调查之后做出。报价、条件再好，也要保持慎重的态度，尤其是对展会临结束前提出的大宗买卖和投资项目要警惕。"趁热打铁"的观念不可使用在展会上。展会的关键功能是建立新的关系，展会之后还需要做调查工作，知根知底后再签大笔买卖和大项目投资。推销工作的成果表现在签订贸易合同。

3. 记录工作

记录对展会评估和展会后续工作都很重要。展台记录的范围可以很广，但是主要记录是接待和洽谈工作。记录方式有多种，常见的有收名片，使用登记簿、记录表格、电子记录设备等。记录内容、格式应在展览会前准备好。记录内容根据工作需要选定，不要忽略任何重要信息，也不要记录没有价值的内容。记录格式设计主要考虑使用方便和效率。展会开幕前，必须让展台人员熟悉记录表格。记录表格最好是复写式，一式多份：一份留给当地机构或代理，一份尽快发回总部，一份留在展台，用于存档和后续工作。复写式表格的每份都要注明去向和用途。如果是单页式表格，可以在一天结束时或指定时间将表格内有关情况摘出发回总部以便于工作迅速处理。

4. 联络、公关

联络、公关工作主要有客户邀请、接待室、送礼工作等。

客户邀请工作是在展前已大规模做过。在展会期间，仍需要继续做客户邀请工作。展会期间的客户邀请工作主要限于重要的现有客户和潜在客户。

接待室工作是展台工作的一部分。如果配备接待室，要充分利用。接待室应用于有价值的客户和贵宾。事先要向展台人员明确说明谁可以使用、什么时候使用。接待室是接待、谈判、签约的地方，气氛要轻松一些。但是要避免造成娱乐、消闲的气氛，避免接待室成为观众和展台人员休息的场所，要保持接待室做生意的气氛。接待室的招待品可以分等级提供，比如软饮料、酒精饮料、快餐、正餐等。招待标准要按预算定，要注重效果。接待室要保持干净。接待工作做得好，也是展出成功的条件之一。

展出工作一般都会配备礼品，要做好礼品管理工作。要明确赠送档次，一般分贵宾和工作用礼品。在正常情况下，第一天重要人物最多，最后一天最少。每天使用多少要有数，不要早早用完。礼品可以事先包装好，免得临时送礼来不及包装。在送礼后进行登记，一方面为了管理，另一方面是为了以后再送礼时好相应安排。

5. 展场调研

贸易展会不仅是买卖场所，也是理想的调研场所。展会本身就是一个市场，是一个人员众多、气氛宽松的市场。在展会上做调研节省费用、节省时间。进行信息采访，询问市场、产品甚至竞争者的情况比在其他环境中容易。在展会上，展出者和参观者都不介意回答一些问题，有些甚至很乐意提供意见和建议。而在其他场合，就不是那么容易获得答复。据称，有关市场的任何问题都可以通过在展会上的调研获得结果。在展会上的调研范围和内容可根据展出需要和条件安排。

调研工作可以委托专业公司做，也可以由展台人员自己做。专业调研公司的工作质量高，但是他们的产品专业知识可能不是太精。另外，出于经费、人员等方面原因，展出者大部分是自己做调研工作。

展场调研的途径和方式可以是多种多样的。可以以展台为阵地,主要针对参观者做调研,了解参观者对产品和服务的意见以及建议,询问参观者对产品和服务的需求和要求,以及参观者对市场和发展趋势的看法等。可以抽空参观其他展台,尤其是竞争对手的展台,主要针对竞争对手做调研,收集资料、询问情况,了解竞争对手的展示手段、销售方式、宣传方式、新产品、新技术、产品质量、价格、包装、性能等方面的情况。可以参加展会期间召开的研讨会,主要是针对市场做调研。展会的研讨会是一个了解市场和行业发展趋势的好机会。一方面发言人会做出推论、预测,另一方面参加者所表现出的兴趣(比如出席人的多少,出席人的问题等)也可以作为预测的标准之一。此外,在研讨会上还可以寻找发现重要的潜在客户。还要以阅读新闻报道、贸易刊物、官方报告等,了解综合性质和宏观性质的情况。调研工作不仅仅是收集信息,还包括统计、分析和总结。

6. 操作示范

操作表演的展品更能吸引观众注意,能使客户更加了解产品进而使客户更快地做购买决定。因此,在有能力和条件的情况下,应考虑安排操作示范。

如果安排了操作示范,要事先再三检查产品,确保能正常操作表演。任何事故不仅会损坏公司形象,也会直接导致生意流失。操作表演要视情况安排保卫人员以防意外。此外也要警惕竞争对手做手脚。若有规定,还需事先征得展览会组织者同意。另外要视情况办理保险。操作安排次数要适当,可以定时操作表演展品,多了效果并不一定好。如果有音像设备,使用时要控制音量、调整屏幕角度,不要影响周围展台,避免造成麻烦。

7. 资料工作

展台资料包括公司介绍、产品目录、产品说明、服务说明、展出介绍、价格单、展台人员名片等。展台资料需要管理,管理使用得当,资料可以有效发挥宣传、推销作用;管理使用不当,资料便会被丢弃、被浪费。资料的管理工作包括控制散发数量、控制散发对象、撤下残损的资料、添加新的资料、补充库存等。

资料要有针对性地散发。可以分层次地向目标观众寄发、散发。资料可以分为两类:一类是可以散发给每一个参观者的简单、成本低的资料,包括单页和折页资料;另一类是提供给专业参观者的成套、成本高的资料,一般不宜当场提供,最好是展览会后邮寄给客户。

供散发的展台资料放在参观者可以方便拿取的地方,不要对称地放置、摆放太整齐或摆放成几何图案,以免误认为是展示品而不拿取。可以使用资料架(台),但是要注意摆放位置,不要影响正常展台工作,也不要影响观众行走。资料不宜大量堆放,而要均匀散发,可以由展台人员直接散发或少量地放置在展台上,不断地添加,以免滥发造成浪费。散发的资料要有数量控制,以便于整个展会期间都有正常的供应。不要在展览结束时,还剩余很多专门印刷、却无法用于其他场合的资料;或者在展览还没有结束已无资料可以散发。

向客户提供贸易资料编印成本一般很高,控制可以严格一些。资料可以放在接待室内或资料柜内,不要让参观者自由拿取,而由展台人员有选择地提供给有价值、真正需要资料的客户。据调查,许多真正的客户往往不愿意携带很多资料,而且基本不翻阅在展会上收集到的资料。因此在展台上可以不直接提供贸易资料,只配备少量资料用于谈判参考。这样也可以使展台人员和参观者集中精力交谈。在进行贸易细节洽谈时,可以使用有直接关系、辅助洽谈的资料。若客户需要资料，可填写索取表，展出者当天或展后安排邮寄。

统计显示，50%的人没有目的或者目的不明却到处收集资料，最终将所收集的资料留在餐馆的饭桌上、汽车坐椅上或废纸篓里。即使拿到办公室也是放到资料堆里，"有时间再看"，实际是不会有时间再看的。英国人称这类人为"资料收集者"，没有明确目的但是却到处索取资料，最终可能一扔了之。因此要管理好资料，不能将贵重资料提供给这类人。

8. 相关活动

展览会可能会安排一些活动，包括开幕式、新闻发布会、开馆日、招待会、研讨会、贵宾访问、采购团等。这些活动与展出都有关系，展出者应予加强管理，并视需要积极参与或充分利用。

展会开幕式是展览会最重要的活动之一，既有新闻价值，也存在商业价值。对于一般展出者，重要的是利用其商业价值。开幕式邀请人员都是一些政府官员、工商界名流和新闻记者，在开幕式当天参观展会的人很多是有价值的商人。

首先，展出者一定要在开幕前完成全部施工、布置工作。开幕后的几小时是关键时刻，对展出者最为重要。重要人物已到场，重要客户通常在展会开始时就参观。他们巡视展览，如果展台一切安排妥当就绪，准备接待客人进行业务洽谈，那么这些重要的客户在巡视之后，就会把这样的展台列为接触对象。而仍在施工、布置的展台则是做反面宣传，会失去这些最重要的客户。其次，是了解开幕程序和活动，包括开幕式后贵宾参观路线。如果可以，做展会组织者的工作，争取将自己的展台包含在贵宾的参观路线内，这将有利于新闻宣传。第三，确保展台人员全部到位，确保展台人员着装整洁、精神饱满。如果需要，做好摄影和摄像准备。

9. 现场销售

在现场销售的管理环节中，有些展出者将展览会作为直接销售的场所，租用小面积的标准展台，在里面堆满产品，在展台前的过道上放柜台，直接向参观者销售。这样做会扰乱展览会现场秩序，展出者本身也很难能通过零售获得足够利润。如果展出者认为有充分理由零售，可以事先与展会组织者商量，也许可以获得同意，并被安排一个合适的位置。如果展出者违反规定强行零售，展会组织者可能也会采取强行措施，关闭展台。

在贸易展会上直接零售是违反效率和效益原则的，因此贸易展会通常禁止现场零售。贸易展会是做贸易的场所，展出者应集中精力捕捉潜在客户和贸易机会。向大量普通参观者开放消费品展览会可能允许零售，但是也需要办理相应的手续并遵守相应的管理规定。

2010年上海世博会城市参展精选案例
——以西湖为核心"五水共导"治水实践造就"品质杭州"

水是生命之源。人类逐水而居、傍水而聚的习性成就了当今的城市。水是城市人生存和发展的物质基础；水资源是地球的宝贵资源。

水，造就城市文明。水是城市肌体的血液。城市水环境好坏直接决定城市生活品质的高低。关注水，就是关注城市的未来。

水是杭州"城市之魂"。杭州市实施以西湖为核心"五水共导"治水工程,抓住了城市发展之本,造就了"生活品质之城"。

1. 水污染是现代城市普遍面临的难题

现代城市在工业化和城市化的快速发展过程中,污水排放、河道堵塞、水质变差问题层出不穷,水环境及其自然生态受到严峻挑战,城市人水矛盾日益凸现。太湖蓝藻暴发,昆明滇池变色,淮河水系污染……水环境污染已成为世界各地城市最难解决的问题,成为制约众多城市可持续发展的瓶颈。联合国水资源世界评估报告显示,所有流经亚洲城市的河流均被污染,美国40%的水资源流域被污染,欧洲55条河流中仅有5条水质差强人意。联合国环境规划署因而将2003年第31个世界环境日的主题确定为"水——20亿人生命之所系"。治理水污染,已经刻不容缓!保护水资源,就是保护人类共同的家园。现代城市只有实现人水和谐,才能让城市人的生活更加美好。

2. 保护水环境是杭州成为宜居家园的关键所在

西湖水秀甲天下,钱江潮名扬中外;运河系"国之瑰宝",西溪为"城市之肾";杭州湾连接东海,杭州是一座江、湖、河、海、溪"五水"并存的城市。水是大自然留给杭州的最大财富,是杭州的根和魂。8 000多年来,保护水环境一直是杭州人孜孜不倦的追求。8 000年杭州文明史,就是一部"因水而生、因水而立、因水而兴、因水而名、因水而强"的历史。

8 000年前,跨湖桥人"倚海而居",捕鱼狩猎,创造了辉煌的"跨湖桥文化";5 000年前,良渚人"倚湿地而居",耕耘治玉,创造了灿烂的"良渚文化",被誉为"东方文明的曙光"。

公元前221年杭州建城(秦·钱唐县)至今,杭州人对城市的水治理从来没有中断过。从东汉华信筑海塘,到吴越王钱镠力排众议疏浚西湖,扩展杭州旧城,奠定"腰鼓"型城市空间形态,给世人留下一个天堂美景。西湖"自唐李邺侯开浚于前",大诗人白居易、苏东坡"相继筑堤,以界内外",留下众多脍炙人口的美妙诗句。

"江南忆,最忆是杭州""天下西湖三十六,个中最美是杭州""未能抛得杭州去,一半勾留是此湖"。水环境是杭州无价的资源。千百年来,杭州人依湖而居,湖光山色成为居家后院。

现阶段,在城市不断扩张和人口日益膨胀过程中,杭州市通过以西湖为核心"五水共导"城市治水实践,修复城市水生态系统,恢复城市人文生态系统,做到人、自然、文化的完美结合,成功解决城市人水矛盾,并形成良性循环,实现人水和谐,成为人人向往的宜居家园。目前,更多的杭州人已选择"依江而居"、"依河而居",实现了"亲近水、回归自然"的人居梦想。

杭州市通过"五水共导"的城市治水,成功抵御了伴随现代城市快速发展产生的水污染危机,有效提升了城市生活品质,昭显了杭州城市魅力。杭州市成功的实践案例,对城市未来的发展具有借鉴、示范和推广作用。

3. 杭州市以西湖为核心"五水共导"治水实践

1) 主要内容

杭州市以江、湖、河、海、溪"五水共导"为治水理念，通过实施西湖综合保护、西溪湿地综合保护、运河综合保护、河道有机更新、钱塘江水系生态保护五大系统工程，开展水源保护、截污纳管、河道清淤、引配水、生物防治等，疏通城市脉络，改善城市水质，保护优化城市的自然生态和人文生态系统，有效解决现代城市不断扩张与自然生态日益萎缩的城市发展矛盾。做到人、自然、文化三者的完美结合，营造了"水清、河畅、岸绿、景美"的亲水型"宜居城市"。

——西湖综合保护工程。6次推出"新西湖"。环西湖沿线全线贯通，环湖七大公园、六大博物馆等53处景点免费开放，实现"还湖于民"。通过综合保护，西湖水域面积扩大0.9平方千米，景区公共绿地增加100多公顷，西湖水实现"一月一换"，西湖风景名胜区自然生态得到修复，环境面貌显著改善。

——西溪湿地综合保护工程。成为国内首个国家湿地公园。通过综合保护，西溪湿地自然生态得到了较好修复，生物多样性进一步显现，"城市之肾"功能进一步增强，西溪文脉得以传承。

——运河综合保护工程。通过综合保护，建成开放系列景观，一大批桥梁、码头、船坞、粮仓、民居等历史文化遗存得到了保护和修缮，运河物产文化、水景文化、戏曲文化、庙会集市文化和民俗风情得到了抢救和传承。其中运河两岸两条沿河景观长廊及游步道，长达21千米，是迄今为止运河两岸最长的游步道。

——河道有机更新。通过河道清淤、引配水、背街小巷改善和截污纳管等手段，以"河道有机更新"带整治、带保护、带开发、带改造、带建设、带管理，捡起城市历史文化碎片，实施老城区保护和危旧房改善等工程，实现保护历史痕迹与体现时尚气息的完美结合。做到"水环境正常、水安全保证、水文化丰富、水生态良好、水景观优美"，扮靓城市细节，提升陋巷百姓的生活品质。

——钱塘江水系生态保护。实施钱塘江流域治理实施计划，通过"禁燃区、禁养区"、搬迁工业企业、建设大型污水处理厂并投运污水收集管网、控制源头污染物排放、建立完善辖区交界断面水质管理和公示制度等一系列措施，与兄弟城市团结治污，齐心保护母亲河。

2) 实践成效

通过江、湖、河、海、溪"五水共导"的城市治水，优化杭州城市的自然生态和人文生态系统，提升城市品质，构筑"宜居家园"。

——水变清。经过综合保护，西湖水体已摘掉劣5类"帽子"，稳定保持3类水质。西湖水透明度从以前的50厘米提高到73厘米。经过整治，钱塘江干支流50%以上断面达到或优于Ⅲ类水质；千岛湖区总体保持Ⅱ类或优于Ⅱ类水质；全市饮用水源达标率保持在85%以上。
——空气变好。杭州的空气质量连续四年优良天数超过80%，其中2006年6月18日至10月5日连续110天保持优良。在发展中国家许多城市生态环境严重恶化的情况下，非海边城市的杭州能达到这个水平，尤为不易。
——绿色增多。在城市治水过程中，最近5年杭州城区新增绿地面积5370万平方米，接近翻一番；城区绿地率和绿化覆盖率分别达到34.5%和37.9%，在建成区面积大幅增长的情况下又有了较大幅度提高；城区人均绿地面积达到10.84平方米，5年增长41.2%。城市绿地率、绿化覆盖率和人均绿化面积3项指标均超过国家绿化模范城市考核标准，处于全国同类城市先进水平。
——景色添彩。新西湖恢复修缮145景，"一湖两塔三岛三堤"的西湖全景重返人间。运河建成开放了"一馆、两带、两场、三园、六埠、十五桥"系列景观，西溪成为以湿地生态为基础，以人文生态为精髓，以休闲旅游为载体，以科普研究为亮点，集科普研究、休闲观光、湿地生态和人文生态保护与展示于一体的"世纪精品、传世之作"。
——文化更浓。在西湖综合保护过程中，共恢复重建、修缮整治了100多处自然和人文景观。在西溪湿地综合保护过程中，保留和修缮了一批老房子，恢复了秋雪庵、西溪草堂、两浙词人祠等一批人文景观，建成了深潭口、三深、龙章、源谊等民俗文化旅游村，西溪文脉得以传承。在运河综合保护过程中，一大批桥梁、码头、船坞、粮仓、民居等历史文化遗存得到了保护和修缮，运河物产文化、水景文化、戏曲文化、庙会集市文化和民俗风情得到了抢救和传承。"五纵六路"挖掘历史文化碎片37处。今年河道有机更新排出23处历史文化碎片展示点23处。
——人居更佳。随着杭州城市治水的推进，杭州人正在实现"依湖而居"向"依江而居"、"依河而居"转变，杭城处处成为人居佳境，实现了城市的可持续发展。杭州市民的住房条件有了明显改善。杭州市保障性住房和商品住房供应量比例接近1∶1，成为全国领先城市。全市拥有自有住房的家庭已达88%，超过新加坡、中国香港等发达国家或地区水平；人均住房使用面积超过20m^2、建筑面积接近30m^2，在全国大中城市中名列前茅。
3) 外部评价
(1) 权威人士(机构)评价如下。
联合国副秘书长、联合国人居署总干事安娜·蒂贝琼卡女士在2000年来杭参加西博会项目"'伊斯坦布尔＋5'亚洲和太平洋[16.28 4.16%]地区筹备会"期间指出：杭州通过大规模的住房及基础设施投资使城市环境得到了根本改善，这对亚太地区其他国家的城市发展有着很大的借鉴作用。
国际古迹遗址理事会协调员尤嘎·尤基莱特先生2004年7月在考察西湖后有感而发："来杭州以前，我并不看好西湖申遗的优势，因为在我的祖国芬兰，有180多个风景优美的湖泊。考察以后，我觉得西湖很有特点，不是一般的风景优美，而且体现了人、自然、文化三者完美的结合。很好，我支持它申遗。"

联合国湿地国际秘书长、前澳大利亚环境部长彼得·布里奇·华特博士指出：杭州西溪的保护经验值得在全世界城市推广。

湿地公约秘书处雷光春博士2006年10月在第二届湿地论坛上指出：西溪湿地是一个延续千年的湿地景观，堪称当地居民与湿地生态系统和谐共处的典范。

欧盟于2004年10月将杭州作为典型范例，开展欧盟亚洲保护生态环境国际合作项目《通过加强政策的制定与实施，促进中国城市森林的生态经营管理》予以推广。

全国政协2006年5月在杭州召开"京杭大运河保护与申遗研讨会"，并发表"杭州宣言"，对运河综合保护工程给予了充分肯定。

国家林业局2005年3月正式命名西溪湿地公园为西溪国家湿地公园，成为国内首个国家湿地公园。

(2) 所获奖项如下。

联合国人居奖(2001年，联合国人居署授予杭州)。

国际花园城市(2002、2004年，国际公园协会授予杭州)。

2003年度全国十大建设科技成就奖(湖西综合保护工程)。

中国最美的湖(2005年，《中国国家地理》授予西湖)。

水环境治理优秀范例城市(2006年，中华人民共和国建设部授予杭州)。

全国绿化模范城市(2006年，全国唯一获此殊荣的副省级城市)。

东方休闲之都(2006年，世界休闲组织授予杭州)。

中国最具幸福感城市第一名(2004、2006年，《瞭望东方周刊》等)。

"中国幸福城市"第一名(2006年，《小康》、新浪网、央视国际、中国网等)。

中国最佳旅游城市(2007年，联合国世界旅游组织与国家旅游局授予杭州)。

中华环境奖(2007年，全国唯一获奖城市)。

4) 创新举措

城市水系是连接人与城市的生命线，水环境好坏决定城市人生活品质的高低。杭州市通过"五水共导"的崭新城市治水理念，全力打造"水清、河畅、岸绿、景美""亲水型""宜居城市"，共建共享"生活品质之城"。

——五水共导。《说文》解释，"导，引也"。杭州市通过引水入湖、引水入溪、引水入河，疏通城市水脉，保护城市水系，改善城市水质，做活城市江、湖、河、海、溪，通过"五水共导"，做到"人水和谐"，实现城市与人、自然、文化的完美结合，提升城市人的生活品质。

——共建共享。在实施"五水共导"城市治水过程中，杭州市坚持以人为本，引领"共建共享"理念。在"共建"方面，杭州市坚持生态优先、保护第一，牢固树立人人有责的理念，形成政府、媒体、专家、市民良性互动。通过规划公示、市民门诊等途径问计于民；同时实施"应保尽保"政策，凡是50年以上的老房子，不管是历史建筑还是普通民宅，在杭州都不能拆。

在"共享"方面，通过环西湖沿线全线贯通、景点免费开放等，实现"还湖于民"；通过修复保护西溪湿地自然生态、传承西溪文脉，实现"还溪于民"；通过开放运河两岸两条沿河景观长廊等，实现"还河于民"；扩大提升城市公共空间的档次和品质。

——有机更新。城市水系是城市重要的有机组成部分。在实施"五水共导"城市治水过程中，杭州市以"有机更新"带整治、带保护、带开发、带改造、带建设、带管理。做到"整治、保护、开发"三位一体，带动水系两侧环境的综合整治，历史文化遗存的保护，地块的开发(实现"倚河而居")，"城中村"改造及新农村建设。同时结合截污纳管、背街小巷改善、支小路改造等，通盘考虑，完善城市基础设施拆除沿线违法建筑，推动架空线"上改下"，捡起历史文化碎片，做到整体推进，实现城市水系及其环境与文化的自我更新，延续了城市文脉，保住了城市肌理。

——"鼓励外迁、允许自保"政策。在西溪湿地综合保护和运河综合保护过程中，杭州市出台"鼓励外迁、允许自保"的搬迁政策。允许原居民自行选择原地段安置、外迁安置、货币安置3种方式，得到居民的支持。

5) 推广价值

——"共导治水"理念具有启示借鉴作用。水是人类生存和发展的物质基础。人水矛盾是现代城市普遍面临的难题。杭州市高度重视水，深入研究水，充分利用"五水共导"的理念，通盘考虑，从块状治理开始(以湖泊、湿地等为中心)，发展为网状治理(以源流为重点，遍及城市水系)，逐步从城市风景区，延伸到城市建成区，发展到城市郊区；由近到远，由面及源，由短期走向长期。通过治水实现城市的有机更新，提升了城市品质和城市人的生活质量。"五水共导"体现了"水堵死，水疏活"的治水之道，对其他城市解决水污染具有启示借鉴作用。

——"生物治理""自然净化"技术值得推广。杭州市在"五水共导"治水过程中，利用城西地势底的自然落差，从高处引水西进，水体经过长距离的自然净化，水质明显提升。同时采用"生物治理"技术，保护修复优化生态系统，取得水质提高和环境改善的双重效果，西湖、西溪等地成为众多生物的栖息家园。"生物治理""自然净化"技术生态系统自我优化原理，成本低、效果好，具有推广价值。

——"全民共享"做法具有引领意义。环西湖沿线全线贯通、免费开放，得到老百姓和中外游客的高度评价，众多媒体对这一做法大加赞赏。西溪国家湿地公园也确定了公众开放日，同时对持公园IC卡的市民，对老年人及其他优惠对象实行免票。运河两岸游步道成为百姓散步和游客游览好去处。杭州市不但注重治水，更注重让城市人(老百姓和中外游客)得到城市治水后的真正实惠，提升了城市品质。

——"湿地保护"实践具有示范效应。随着现代城市的不断扩张，自然生态日益萎缩。西溪湿地其实淡出杭州人的视线已久，原先并不被人关注。杭州市从长远利益出发，在城市治水过程中，实施西湖西进，保护西溪，保护城市文化血脉，保住了"城市之肾"，丰富了城市生态之美。"西溪模式"成为城市人与湿地生态系统和谐共处的典范。

——"原住民保护"政策影响深远。杭州市在城市治水过程中出台的"鼓励外迁、允许自保"搬迁政策，即妥善解决了居民搬迁及危旧房改善问题，又延续了历史建筑中的原住民生活风情，传承了历史文化，如小河直街历史街区和西溪二期等，将成为杭州城市发展的新亮点。

4. 展示手段

案例拟实地仿建杭州古建筑(建议依水而建)，内用高科技手段，采用实物、模型、动感电影(或多媒体)相结合的方式，展示杭州市以西湖为核心"五水共导"城市治水实践案例。围绕城市、水和人，以城市历史与未来为主线，从8 000年前"倚海而居"，5 000年前"倚湿地而居"，到建城后"依湖而居"，以及现阶段向"依江而居""依河而居"的转变，演绎杭州市通过"五水共导"造就"品质杭州"的成功实践，展示城市可以通过水治理解决人水矛盾，实现"让生活更美好"。

(1) 仿建西湖博览会博物馆作为杭州案例馆。西博会博物馆是西湖综合保护工程过程中保护下来的历史建筑。世界博览会给中国带来巨大影响。1929年，当时的国民政府为了振兴民族工业，学习借鉴世博会举办模式，在里西湖周边区域举办了为期半年的西湖博览会，吸引观众逾2 000万人次，是中国历史上首个真正意义上的博览会。西博会博物馆利用1929年西博会工业馆旧址，展出世博会发展历程、中国参与世博会情况、1929年西博会盛况以及2000年以来一年一度的西博会举办情况等，向市民和游客免费开放。2007年10月18日至24日，2010上海世博会宣传推广活动也在西博会博物馆举行。

(2) 采用模型、实物和动感电影展示8 000年杭州水文明史。通过8 000年前的跨湖桥文化、5 000年前的良渚文化，展现东方文明的悠久魅力。同时采用高科技手段展示现阶段杭州通过"五水共导"治水实践，昭显现代城市进入"滨水时代""宜居家园"的发展前景，实现传统与时尚的完美结合。

(3) 现场体验"浣纱织绸"、"龙井问茶"。水带给杭州的财富不仅体现在环境，还有众多闻名于世的特色产品；其中有些产品又与世博会有着源远流长的联系，如杭州丝绸和龙井茶。杭州曾送"极品龙井贡茶"参加1851年在伦敦举办的第一届世博会；龙井茶在1915年巴拿马世博会、1926年费城世博会获奖；都锦生织锦也在1926年费城世博会获金奖。

进入杭州案例馆参观，可进行现场互动，当一回"西子湖畔浣纱姑娘"，做一件个性化高科技丝绸织锦；看一段茶艺表演，品一品龙井茶香。杭州案例馆将展示水与这些世博会获奖产品的独得魅力，展现"百余年世博历史、百余年城市发展"。

(来源：凤凰网)

会展服务管理

本章小结

在会展经济日趋繁荣的今天,许多企业都会经常收到各地展会的邀请参展函件。展会形式多样,大到世博会,小到一般商品展销会,对于参展商来说,选展是第一步。这一方面要求展会的主办方能够充分地做好展会宣传推广服务工作,另一方面,需要参展商提前做好参展工作。通常,参加大的展会,准备工作需要提前一年开始做。大的企业会有专门的部门如展览部、营销部、市场部等负责参展服务管理工作。企业参展会有各种各样的目的,现代参展企业一般都比较注重企业形象的展览展示,所以无论是参展流程管理、展品的准备,还是目标客户的沟通服务、预先约定乃至于展位的设计搭建等工作,都必须要周密细致,才能确保展会成功,达到预期的目的。

复习思考题

1. 名词解释:定性目标、定量目标。
2. 参展商参展的主要目的有哪些?
3. 企业决定参展后,接下来应做的事情有哪些?
4. 简述参展宣传的主要方法。
5. 简述展前客户沟通的主要类型。
6. 参展选择有哪些相关的因素?
7. 试述参展商的主要工作进程及展台工作管理要点。
8. 参展商是展会的核心要素。对于某个展会,"参展商服务"有两层含义:从展会的主办方来说,为参展商做好服务是展会成败的关键;从参展商本身来说,也有一个服务的问题,那就是为目标客户群以及潜在客户群做好服务。阅读下列材料,分析义博会的主办方以"一站式"服务打造品牌展会的管理方法。

义博会的人性化服务

"Thank you for your great service."这是一位美国佛罗里达州迈阿密市的商人近日发来的电子邮件里面的一句话。意思是对义博会组委会客商服务部的服务表示感谢。

记者从义博会组委会客商服务部了解到,类似这样的信件,组委会收到过不少,组委会对客商提供的人性化服务获得了良性互动,为义博会带来更多商机。

商城展览作为义博会的展务执行机构,其客商服务部承接义博会的各项客商服务工作,以"一站式"服务为宗旨,具体分为八大服务模块,包括展会咨询服务、展期房务预订、客商票务预订、车辆调度职能、医务支援、翻译服务、商旅服务及现场协调,以工作模块划分工作职责、责任到人,大大改善了义博会的服务效率,基本上达到了"有求必应"的服务要求。

客服中心在运营手段上，强化国际互联网在工作流程中的运用，客商可通过网络完成客房预订、网上采购商登记及参展商报名等工作。近日，客服中心推出"网上报名、邮寄证件"服务，通过客商在"在线义博会"网站上提前注册详细个人信息，客服中心工作人员通过对信息的审核，马上办理采购商入场证，再以邮寄的方式提早将展会入场证寄到客商的手里。

客服中心携手"义博会"参展商发送邀请函，通过几千家参展企业向更多的客商发送近5 000份邀请函。由参展商邀请的客商可以向客服中心申请提前办理入场证。

在接到电子邮件、网上咨询及电话传真各种形式的咨询时，客服中心以谁接到谁负责到底的原则，做到责任到人的一对一对接服务。

房务预订是客商服务中心重头服务内容。义博会客商服务中心克服外商文化背景不同、时差等困难，由专人负责、跟踪，尽力满足参展商、采购商订房需求，通过展期房务预订服务，来提高客房预订订单处理的成功率。

第5章 会展现场服务管理

本章导读

从时间上来看,"会展现场"是指从会展开始布置现场、开幕、开放展会、观众与会、参观直到会展活动闭幕这一段时间。会展现场服务管理就是指在这一段时间内,展会服务管理的各方提供给服务对象的一系列工作计划、控制和协调。优秀的展会现场管理人员,是整个展会服务工作团队的联系纽带和信息沟通的桥梁。从展会设备的安排、工作单、机构概况、现场指南、展会前的预备会、现场沟通交流、开幕式、入场管理到活动安排、餐饮管理、安保清洁管理等,展会服务管理工作做得越细致,离展会的成功就会越近。

知识要点

- 会展现场管理的基本内容
- 展会开幕仪式的组织管理
- 会议的议程和主持人管理
- 展会观众登记注册和服务
- 展会观众的分类管理
- 节事活动的现场服务管理
- 节事活动突发事件的应对

5.1 会展现场管理的分类

现代意义上的"会展"或"展会"并不是孤立的"展""会"或"展览",而是有将展览与会议、与各类贸易、赛事、旅游、艺术节等节事活动相结合的趋势。这一方面是展会与展览、会议、节事活动的内在联系使然,另一方面则反映了主办者对展会的重视,希望更隆重、更有效地举行。它大大地丰富了展会的内容,提高了展会的档次,增加了展会的吸引力。因而,可以说会展也就是会议、展览、节事等集体性活动的简称,是指在一定地域空间,由多个人集聚在一起形成的,定期或不定期的集体性的物质、文化交流活动。

因此,广义的会展现场包括展览、会议、节事活动等在内的全部有形场所和设施,以及全部相关无形要素在现场的集合。

狭义的会展现场一般包括室内外场馆及其配套活动场所与设施,如场馆的门禁系统、馆区连接通道、贵宾接待室、开(闭)幕典礼及相关活动场所、休息餐饮场所、卫生间、停车场等。有时特指会议现场、展览现场或节事活动现场。

会展现场服务管理　第5章

会展现场管理是会展项目管理的一个实施、执行环节。简而言之，会展现场管理是指会展项目的主办、承办者(组展商)以及会展场馆商为完成既定的会展目标，对发生在会展活动场所(会议室、展览厅、露天广场、礼堂、运动场等)的会展活动所实施的一系列的组织、控制、沟通、服务等工作的过程。

按照会展活动所包含的内容，可以将会展现场管理分为会议的现场管理、展览的现场管理以及节事活动的现场管理等类别。

5.1.1　会议现场管理的基本内容

成功地召开一次会议，需要主办者的精心设计、策划与管理。如对会议和活动进行日程安排，它需要细致考虑与会者到达时间、最初的活动安排、与会者的预期、与会议主题的关系以及各类会议等。

会议的现场管理主要是为了确保会议的顺利、高效进行，其管理的内容涵盖会前的准备、会间工作以及会后收尾工作等方面。

1. 会前准备

主要围绕会议通知、会场布置、会议编组、证件制发、交通接送以及安全保障等方面进行现场管理。

2. 会间工作

主要围绕人员签到、迎候入座、文件印发、会议记录、参观引导、会场调度、现场指挥、生活服务等方面进行现场管理。

3. 会后收尾

主要围绕票务安排、文件清退、财务结算、会场清理等各个环节进行现场管理。

在会议的现场管理中，一定要有明确的分工，由会务负责人统一高度指挥。

5.1.2　展览现场管理的基本内容

在会展现场管理中，展览的现场管理是最具代表性的。一般而言，展览的现场管理主要有以下内容。

1. 报到接待管理

主要接待参展商报到，接纳展品进场等，一般由组展商负责。

2. 展位搭建管理

主要参与并监督搭建施工，供给施工用电等，一般由场馆商负责。

3. 展场秩序管理

主要是保障展览秩序，提防和处理事故，进行开馆和闭馆的管理等，一般由场馆商和组展商共同负责。

4. 展馆安全管理

主要有展馆公共安全管理、展馆消防设备设施管理等，一般由场馆商负责。

5. 展览后勤管理

主要包括餐饮供给、展馆卫生保洁管理等，一般由场馆商负责。

6. 展具设施管理

主要包括展具租赁、展览设施巡护管理等，一般由场馆商负责。

近年来，有些展览的现场管理还增加了媒体管理、广告管理、外包管理、信息管理等新的内容，展览的现场管理呈现出越来越科学化、专业化、系统化的趋向。

5.1.3 节事活动现场管理的基本内容

节事活动的现场管理包含很多内容，这里从场地的布置与管理、后勤管理和人员管理3个方面来描述。

1. 场地的布置与管理

节事活动的现场有室内场地、临时搭建的凉棚式场地以及露天场地等多种类型。选择何种场地来实施活动方案不仅要看活动的性质，而且还要根据活动的规模、场地条件对活动项目的适合性、场地的区位因素、设施设备要求等进行。要根据举办场地所必须具有的要素进行区域化管理。一般是将节庆活动的现场分为舞台、表演和演示区域、观众和参与者区域、设施设备管理区域以及服务区域等。

2. 后勤管理

对于所有节事活动而言，现场管理中的后勤管理是非常重要的，即便是极其微小的细节也会影响到活动的成败。后勤管理中所要弄清的问题有以下几点。

(1) 举办活动的目的是什么？招商引资、募集资金、吸引媒体注意、促销各种产品还是提供公众娱乐机会？

(2) 活动规模，预计有多少观众、媒体记者和 VIP 贵宾参加？

(3) 活动在室内还是在室外进行，还是两者皆有？

(4) 活动是否有分会场，它们之间相距有多远？

(5) 是否需要、需要哪方面的服务商/供应商？如何选择服务商/供应商？

(6) 活动对设施有何要求？公共卫生部门对设施有何限定？

(7) 是否提供食品和饮料？如果提供，由谁或向谁提供？

(8) 计划特邀多少嘉宾？

(9) 运动员/演员、观众和媒体记者乘坐何种交通工具抵离场地？列出交通车辆的类型、来往时间和特殊要求。

(10) 工作人员和志愿者乘坐什么车辆到达指定地点？

(11) 对卫生设施的需求(按国际标准，每 100～200 人应有一个公厕位)。

(12) 照顾特殊的观众(如残疾人、老人、不同语种的外国人)是否占有很大的比例？

(13) 场地的座位布局如何？

(14) 活动需要多少工作人员和志愿者？
(15) 需要安排多大地方来存储设备和物品？
(16) 工作人员和志愿者是否需要制作制服？
(17) 需要安排何种紧急救援、保安措施和人流控制措施。
(18) 可能发生的情况(如人群冲突等)对加强安全措施的需求。

此外，还要考虑与服务商/供应商的协作以及交通管理、安保管理等问题。

3. 现场人员管理

节事活动举办场地中的人员可分为 3 类，即组织者(包括临聘人员在内的所有工作人员)、观众、游客等消费者和邀请来的演员、嘉宾和媒体记者等。做好临聘人员、工作团队的激励工作十分重要，以确保他们现场工作的积极性和高度投入。而对观众、游客等消费者和邀请来的演员、嘉宾和媒体记者等，不仅要做好接待服务工作，而且要确保他们的人身、财产安全。

节事活动的现场最容易出现3个问题：一是活动前期准备不足造成的现场事物的漏缺；二是活动现场分工不明确导致管理混乱；三是对现场突发事件的处理缺乏一定的准备和技巧。

有效的管理是解决这些问题的关键所在。由于节事活动现场的参与人员数量大、事务繁杂，所以如何控制好现场的各项工作，保证活动的顺利进行，对于活动的管理者来说是一个极大的挑战(参见"节事活动人流管理"一节)。

节事活动的现场管理一般是根据活动参与者的角色来分配管理工作，即根据参与活动者的不同身份把现场的管理任务分为若干个方面，每一个参与角色群体的相关事务为一方面的管理任务，再分别安排专人来负责每一方面的相关事务，最后由项目负责人来统一管理各个方面的负责人，协调和控制整个现场工作。

5.2 会展开幕的服务管理

展会开幕式是展会组办者用一种隆重的仪式向社会各界宣布展会正式开幕。一般来说，特别是商业性展会其主办机构都会以开幕式的形式宣告展会的开幕。开幕式是一种较为大型的活动，往往会有重要的领导参加，有时，开幕式还举办一些表演活动，涉及的工作千头万绪。因此，做好开幕式的服务与管理十分重要。

5.2.1 展会开幕仪式的现场布置

1) 布置要求

展会开幕式的布置总的要求是庄严隆重，气氛营造要符合展会定位需要。具体要注意以下几点。

(1) 确保安全第一。开幕式往往会有政府要员、商业巨头、业界精英或演艺明星等出席，防止突发事件的发生是要放在第一位的。

(2) 舞台搭建稳固美观。开幕式的舞台一般是临时性的，但由于它的影响面较大，所以在布置舞台时要以稳固美观为宗旨，特别是安排文艺表演时对舞台的稳固性要求则更高。

(3) 音响视频配置到位。出席开幕式的人员可能会很多，专业服务人员要对现场的音响视频配置进行合理安置、调试，以保证开幕式的视听效果。

(4) 人流的控制适当。在布置开幕式现场的时候要安排好观众进出的通道，舞台与观众之间要留有足够的空间，有时还须在观众前面布置警力，以防不测。

2) 布置内容

在场馆之外举行的开幕式，现场布置需要有展会背板或展会横幅，背板上的主要内容有展会名称、时间，展会的主办单位、承办单位、支持单位、合作单位等办展机构名称等。舞台主持、发言布置以及鲜花、绿色植物等效果布置，如有赞助单位还可以在现场周边合适的位置布置空飘气球或广告牌等其他宣传用具。

在场馆之内举行的开幕式一般要布置好以下内容：展会背板或展会横幅、舞台发言布置以及鲜花、绿色植物等效果布置等，配合展会宣传的布置还有展会简介牌、展区和展位分布平面图、各参展企业及其展位号一览表、展区参观路线指示牌、展会宣传推广报道牌、展会相关活动告示牌等。

3) 布置形式

展会的开幕式形式多种多样，隆重的开幕场合还会安排鸣放礼炮、嘉宾剪彩、重要领导讲话等环节。不同的开幕形式其现场布置形式也有所不同，图5.1和图5.2是开幕式布置的两种基本形式。

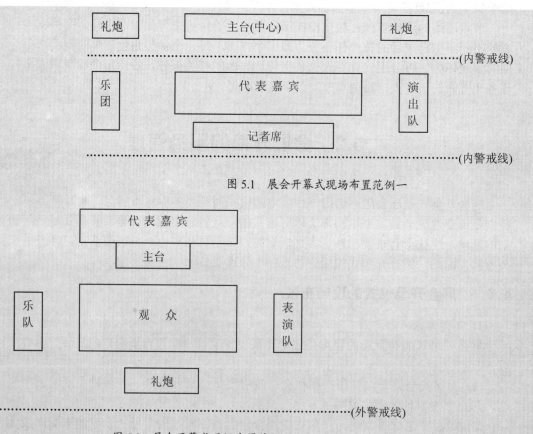

图 5.1 展会开幕式现场布置范例一

图 5.2 展会开幕式现场布置范例二

在以上两种开幕式的基本形式中，范例一的方式一般比较适合规格较高，但参加人数不多的情况；范例二的方式一般适合参加人数较多的大型开幕式情况。

5.2.2 展会开幕仪式的组织管理

1) 开幕的时间和地点

展会开幕的时间和地点要提前决定并尽早通知有关各方。在开幕时间的选择上要考虑当地的交通、气候及工作习惯等因素。一般来说，开幕式的时间不宜太早，开幕式的总体时间也不宜太长，通常在半小时左右，一般不超过一个小时。开幕式的地点一般安排在场馆前的广场上，这样可以方便开幕式之后观众的参观活动。

为追求高效务实的展会目标，近年来，有些展会将开幕式放在展会开始前的晚上进行，这样可以与欢迎酒会或烟花活动相结合，增加了开幕的气氛。

2) 开幕的程序

展会的开幕方式多种多样，如鸣放礼炮、嘉宾剪彩、领导讲话等，方式不同其议程安排也有所区别，一个典型展会的开幕程序是：由展会工作人员引领嘉宾到主席台就座，开幕式主持人主持展会开幕并介绍到会嘉宾，主持人请有关领导讲话，相关开幕表演开始，由某位重要嘉宾宣布展会正式开幕，主持人宣布开幕式结束并请各位嘉宾和展会观众参观。

展会开幕式的总体议程确定之后，还需要落实以下细节。

- 明确现场总指挥（协调人）人选。
- 确定礼仪人员、接待人员及其分工。
- 落实特色议程及其物品准备和人员分工。
- 落实安全保卫人员的布局与分工。
- 确定领导和贵宾的排序并务必核准姓名、性别、职务。
- 确定致词人、剪彩人的次序、站位。
- 音响、乐队、礼花等的配合与协调。
- 检查嘉宾签到簿、胸花和剪彩用品、公关礼品。

开幕程序及相关细节确定后，务必形成两种打印稿：一种是按时间顺序的议程表，在开幕前呈送有关领导与嘉宾；一种是主持辞，应提前送达。

3) 现场组织管理

开幕仪式的现场组织管理工作主要有以下细节。

- 观众的组织。
- 领导和贵宾的接待与引导。
- 主持人的临场发挥。
- 总协调人的临场调度与协调。
- 现场工作人员的临场配合与协调。
- 安全保卫人员的临场配合与协调。
- 环境装修和设备检测。
- 突发情况的及时处置。

应该指出的是，总协调人事实上就是现场的总指挥，负责总体调度协调，并及时发现问题，及时处理，确保大局。

4) VIP 接待

VIP(Very Important Person)即贵宾。对于展会而言，VIP 主要包括行业主管部门官员、名人演讲者、公司总经理、著名艺人、外国驻华机构代表、重要的赞助商等，有时还会有重要的贵宾，如国家领导人、各国政要、王室贵族等人员。

对于 VIP，展会主办方要事先落实他们的名单并与之多方面沟通，告诉他们展会开幕的准确时间、地点，一旦他们决定出席，展会要派专人接待。从到达酒店到出席开幕式直到离开展会地点都要进行周到的安排，对于特别重要的贵宾有时还需要事先制订接待计划，上报有关负责部门和相关人员审定后执行。

在开幕活动之前，要考虑贵宾的坐席和排位，在有坐席的情况下，贵宾必须要有坐席卡。需要贵宾开幕致词、剪彩的，一定要安排好顺序，根据需要配备翻译，陪同参观展览。

由于 VIP 的特殊身份，在安全管理方面有很高的要求，有时需要在当地公安部门的指导下成立安全工作领导小组，防止各类突发事件的发生，维护良好的展会秩序，保证贵宾的人身安全。

5) 媒体的接待与管理

展会开幕前，办展机构要与相关的媒体取得联系，要求媒体记者前来采访报道。媒体接待要注意的细节问题如下。

- 预先确定媒体接待工作小组。
- 预先确定对媒体的发言人。
- 预先确定提供给媒体的有关资料。
- 为媒体采访提供必要的服务，如水、电、灯光、道具等。

有些展会组织者会在展会现场开辟一定的区域作为展会的"新闻中心"，供各媒体和记者使用。新闻中心一般都配有相应的设备和用品，发放一些展会资料以及小礼品等。

展会可以根据不同的媒体包括专业媒体和大众媒体的不同需求来提供展会资料。在保证报道基调统一的前提下，引导媒体从不同的角度全方位地报道展会。

在展会的开幕工作中，主办方往往还要提供开幕式的讲话稿和新闻通稿，展会开幕式的讲话稿和新闻通稿在内容上有些相似之处，不过开幕式的讲话稿比新闻通稿更简化些。展会新闻通稿是各新闻媒体报道展会的基调，是展会给新闻媒体的第一印象，需要认真准备。

5.3 展会现场工作与管理

5.3.1 会议现场服务工作与管理

一般来说，会议现场服务管理包括以下基本内容。

- 会议场所的租赁。
- 会议场所的对接与布置。
- 报到与接待。

- 会议组织与管理。
- 会务服务。
- 资讯服务。
- 餐饮服务。

1. 会议场所的确定

如果是展览中的会议则尽可能利用展览场馆内的会议场所。现代会展中心一般都配有专门的会议场所，不仅服务于展览，而且服务于不断兴旺的会议市场。会议的举办者可以通过租赁的方式确定会议场所。

2. 会场布局工作

常见的会场布局形式包括剧场型、中空型、实心型、U 字型、课堂型和宴会型等。

(1) 剧场型又称礼堂型，适合举行较大规模的主题会议或专题会议中的全体会议。与会人员多在 300 人以上。

(2) 中空型和实心型适合举行主题会议或专题会议中的研讨会、专题会议中的恳谈会。"圆桌会议"往往采取此类布局。

(3) U 字型适合举行专题会议中的研讨会、工作会、招商会和推介会。会议的主持人一般坐在 U 字的顶端。

(4) 课堂型适合举行与会人数不多(100 人左右)的主题会议、专题会议中的工作会议、讲座、招商会以及推介会，如图 5.3 所示。

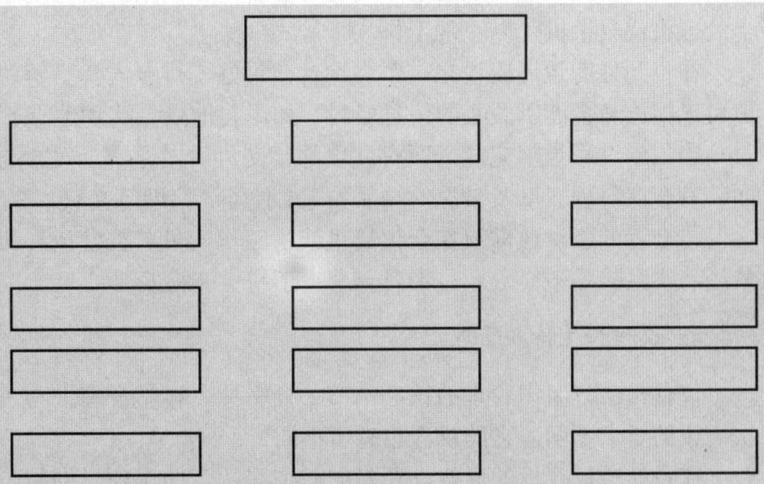

图 5.3 课堂型会议布局

(5) 宴会型适合举行研讨会、恳谈会、招商会和推介会，如图 5.4 所示。

会展服务管理

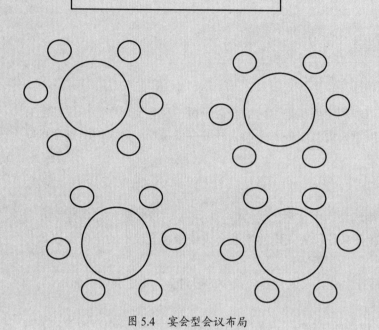

图 5.4 宴会型会议布局

3. 报到接待服务

会议的现场报到与接待工作是一个非常重要的环节。如果会议的规模较大，可以设计不同颜色的报到表，用以区别不同的与会者。如果报到费是现场支付，则一定要保证信用卡处理机或收银机可以正常工作。

在报到处旁边还应设立一个咨询台，最好安排专人负责解答与会者的问题。报到处一般可以摆放与会者所关心的信息资料，如用餐地点、购物地点、交通信息等。

当报到过程全部完成，所有款项都已支付后，通常会发给与会者一个会议专用袋，里面装有会议日程表以及常见的物品如笔、便笺、信纸等文具，有时还有一些零食或小礼品。

与会者的徽章通常放在会议袋里或由工作人员单独发放。徽章一般应带有固定设计，最经济实惠的是塑料徽章，带有一个夹子或穿一根彩带。

4. 议程和主持人管理

议程是会议组织管理的核心细节。要掌握"科学合理"与"灵活机动"的原则，每一次会议的要求不同，它的议程也有所不同。

在设计会议议程的时候，还有一些值得注意的事项，例如：在会议议程设计好之后，还应对其各个部分仔细检查一下，看看是否有与主题无关的内容；会议议程安排的逻辑顺序如何。

为了确保会议的顺利进行，可以将会议议程提前通知与会者，以方便与会者及早进行相关的安排。

在对会议议程进行周密设计之后，还应对可能发生的情况有所准备。有时，会议中间可能会因为某一突发事件而导致会议的终止。例如，在商业性的会议召开过程中，可能会出现两个平时关系很好的经理突然反目成仇，互相激烈地指责，或者出现本来一直忠诚的客户突然取消了大额订单等。

好的会议设计不只是遵循"固定模式"就了事的，有句话叫做"细节决定成败"，它对于会议的组织管理者很有启示和借鉴作用。

在整个会议过程中，会议主持亦即会议主席起着十分重要的作用。例如，如何给大会设计一个好的开场白，如何化解与会者之间的意见冲突，如何处理迟迟不能达成协议的会议等都是对会议主席的一个考验。

5. 其他会务服务

会务服务也称会务接待服务，属会务工作的一部分，会务服务是为保障会议召开而进行的各种具体事务工作的总称。它包括资讯和餐饮服务。

随着现代经济的发展，会务工作要适应高等级的会议或大型会议，特别是国际会议中心的要求，光靠迎来送往和倒倒茶水、买买票之类的低层次服务是远远不够的。更重要的会务服务是会议的设计与策划，从与会者的组织、现场布置、管理到政府、媒体的公关等都要求高水平的服务。现代会务服务已把对服务人员的政治、文化、礼仪、气质等要求融入服务的整个过程，这是全新意义上的会务服务。

5.3.2 展览现场的服务工作与管理

展会开幕后，展会就进入展览期间的现场工作阶段。这些工作有些是展会组织者所必须做的，有些则是参展商所必须要做的，主要包括以下几点。

1. 观众登记注册和服务

观众通过登记注册或凭门票进入展会会场后，展会要对观众参观、观众信息咨询、中场休息场地和设施的提供、观众与参展贸易商谈判等提供便利和服务。

1) 现场工作人员的分配

(1) 分派注册工作的人员要充足，如果需要可指定后备人员。

(2) 对现场工作人员进行必要的培训。

(3) 选派一名调停人员专职处理有争议性的问题。

(4) 要设置工作人员休息室。

(5) 如果选择志愿者，一定要有备用人选。

(6) 注册地点一定要备有充足的展会资料介绍、地图和相关资料。

(7) 每个工作人员人手一份急用电话号码表，其中包括主要出租车公司和会展有关联系方的电话号码。

(8) 办公室里安排一名传达联络人员，负责会场外与会场内人员的联络工作。

2) 填写观众登记表

为了收集专业观众的有关信息，展会一般要对专业观众进行登记，为此，展会要编印观众登记表。观众登记表是用来收集专业观众信息的一种问卷调查表，专业观众需要填写它才能取得可进入展馆参观展会的"专业观众证"。

观众登记表主要包括两个部分的内容：一是观众的联系办法，二是问卷调查问题。

一张简单的专业观众登记表见表5-1。

表 5-1 ×××家居博览会观众登记表

登记说明：
×××家居博览会将在××年×月×日～×日举行，请您认真填写登记表后选择：①将此表传真给主办方；②展会开幕时请交到总服务台。我们将为您提供免费门票；凭此登记表到展会上领取免费"专业观众证"。

1. 个人资料

姓 名：	职 务：
公 司：	邮 编：
国 家：	省 份：
城 市：	电子邮箱：
网 址：	移动电话：
电 话：	传 真：

2. 经营内容

□政府机关	□商务机构/协会	□公共服务	□金融／保险
□科研/高校/教育	□进/出口	□代理/分销	□输出中心
□生产企业	□销售商/批发商	□专业协会	□厨房家具
□家居家具	□软体家具	□办公家具	□酒店家具
□庭院、户外休闲家具	□家具生产设备及原辅材料		
□其他			

3. 您感兴趣或者贵公司有需求的产品是：

□整体衣柜	□客厅家具	□餐厅家具	□卧室家具
□儿童家具	□床垫	□卫浴家具	□梳妆台
□餐厅家具	□整体厨房	□休息桌椅与摇椅	□扶手椅
□帐篷	□单人沙发	□多功能沙发	□长凳
□长沙发	□休闲椅与摇椅	□椅	□软体套房家具
□转椅	□办公桌	□储藏柜	□档案柜
□电脑桌	□屏风	□办公设备	□机械家具
□学校/图书馆家具	□影院家具	□游乐场家具	□房产
□二手房	□家居原材料	□建材	□家纺
□家居设备	□其他		

4. 您参观的目的是：

□采购	□联络供应商	□寻求代理/合资伙伴	□建立关系
□收集最新资料	□考虑下次参展	□其他	

5. 您是通过何种渠道了解到本展会信息的？

□报纸广告	□网站	□电子邮件	□传真
□电台广播	□杂志	□家居市场	□户外广告
□纸张信件	□客户介绍	□其他	

6. 您是否曾经参观过往届家居博览会？

□从未	□一次	□二次	□多次

表 5-1 中之所以将观众的所在地域也单列出来，一是便于建立观众信息库的分类，二是为了清楚地了解观众的来源，有利于更好地调整和执行展会的广告宣传推广、招商策略。

3) 展会证件与门票管理

根据实际需要，一般展会需要印制以下证件。

(1) 专业观众证。供展会的专业观众进出展馆时使用。专业观众填写并交送"观众登记表"、经审核后方可获得。

(2) 贵宾证，也叫 VIP 证。供到会的嘉宾使用。

(3) 参展商证。供参展商进出展馆时使用。

(4) 媒体证。供新闻媒体的记者、摄影等工作人员使用。

(5) 筹(撤)展证。供展会在布展和撤展时展会展台搭建商以及参展企业的有关工作人员使用。筹(撤)展证在展会展出期间一般不能使用，搭建商与参展商的相关人员不能再凭此证进出展馆。

(6) 工作人员证。供办展机构的相关工作人员使用。

(7) 停车证。供参展商、观众以及到会嘉宾停车时使用。

专业观众凭"专业观众证"进出场馆，一般观众可凭购买的门票进入场馆参观。如果展会出售门票，要事先与地方税务部门取得联系，在取得地方税务部门的同意后方可印制出售门票。

4) 会刊的编印与发放

会刊也可以说是会展活动期间供参展商与专业观众使用的展会活动指南。编制设计会刊是一项专门的工作，它是整个展会的视觉系统，属于展会的 CIS 设计。设计制作精美的会刊不仅在展会期间方便实用，而且还可以成为展会的宣传册，长时间使用、留存。

会刊的编制包括会标和海报设计、封面封底设计、会刊的内容以及校样审核、排版印刷等工作。

一般展会会刊内容组成比较固定，最常见的包括：序言/欢迎辞、目录、地区概况、企业简介、领导贺词、展会活动日程安排(时间、地点、主办承办方、活动内容等)、展位分布图(包括标明展位号、所在位置、通道、出入口、洗手间等)、参展商索引、参展企业资讯、行业/地区简讯、参展商名录、展览跟踪调查表等部分。各部分内容应准确无误，表述正确，杜绝错别字。

注意：国际性展会所提供的会刊说明性的文字至少应有中、英两种文字。

5) 观众登记的注意事项

展会的观众登记工作是一项十分重要的工作。如果展会要向国际展览联盟(UFI)申请入会，就必须提供观众的有关数据。

展会可以在展馆的大厅内设立"持有邀请函的观众登记台"和"无邀请函的观众登记台"，设置"专业观众通道"和"一般观众通道"。

一般来说，持有邀请函的专业观众往往实现已经填写了展会所需要的有关信息，在展会现场可以不必再填写"专业观众登记表"，这样，可以大大地提高展会现场的登记效率。使得展会现场不至于拥堵。

在展会现场进行观众登记时要注意以下事项。

(1) 要由专人负责管理观众登记的现场事务，观众登记现场要保持秩序井然，不杂乱。

(2) 观众提交的资料要尽量完整。如果观众没有填写完整有关资料，工作人员应当友情提醒，等填写完毕之后再发放有关进馆手续。

(3) 工作人员现场录入的观众信息要力求准确，少出错误。

(4) 如果现场来不及录入观众的所有信息，可以录入其中的主要信息，其他信息在展会后期录入。

(5) 观众提交的填好的观众登记表、邀请函和名片等资料要妥善保管，分类整理，以便以后录入观众资料时核对。

(6) 现场工作人员的服务态度要好，动作要迅速，并对展会要有一定的了解，能回答观众提出的一般问题。

2. 展会观众的分类管理

按照参观展会的不同目的行为可以将展会观众分为以下 11 类，对于参展商来说，观众的分类管理能提高展会服务的效率。

1) 目标客户

目标客户实际就是参展商的顾客和潜在顾客。如果招商工作有效，那么潜在顾客与目标客户将参观该参展商的展台。

2) 观展迷

有些观众被展位中的示范演示或其他活动吸引而来，他们往往只是为了打发时间，工作人员可以简单地问些问题，就可以将他们区分开来。

3) 好奇心强的人

有的观众可能对任何事情都感兴趣，会问许多不着边际的问题。注意不要把有限的时间浪费在那些对产品或服务不感兴趣的人身上。

4) 求职者

展会是个很好的社交场合，所以有些人会来看看有没有公司要招聘人员，他们一般不会成为顾客，如果观众不多，可以和他们交谈，观众多的情况下需委婉地谢绝。

5) 赠品收集者

这种类型的观众对任何赠品都表现出强烈的兴趣，甚至会索要赠品。巧妙地问他们一些问题，很快就能知道他们能否成为顾客。

6) 纸张收集者

有些人喜欢收集展位上发放的资料。了解清楚这些人收集纸张的目的很重要，要注意他们是否出于市场调查的目的为公司收集资料。

7) 兜售者

这类观众参加展会是为了兜售自己的产品或服务，如出版商或服务代表等，他们一般不会成为参展商的客户，需谨慎对待。

8) 闲逛者

这类观众经常在展厅内走来走去，如果他一直在展位前停留，可以简单地询问几个问题，判断他们是否值得进一步了解。

9) 不感兴趣者

有些观众对所展示的产品或服务丝毫不感兴趣，如果上前主动与之打招呼可能会招致反感。

10) 无关紧要的人

这种类型的观众可能是展会观众或参展工作人员的配偶、秘书或者公司派来做某项具体研究的工作人员。不要低估他们，他们可能有很大的影响力。他们很可能知道公司重要的联系人的信息。应该与他们进行必要的交谈，有可能获得意外的收获。

11) 窥探者

这种类型的观众经常乔装打扮，因为展会是一个窥探对手的好地方。要保持警惕，注意竞争。和他们打交道时，要多询问少讲解，以免泄露重要信息。

在参展商的服务管理中，应对展会观众统计数据及途径有所了解才能做到有的放矢(参见相关链接 5-1)。

相关链接 5-1：

展会观众统计数据及途径

研究表明，人们参加展会的主要原因有：获取竞争信息、开阔思路、计划未来开发项目、获取产品的实践经验、见识新产品、可以跟专家交谈、研究产业发展趋势、直接检验产品并进行比较、获得个人发展和培训的机会、扩大人际交流等。

有关参展观众行为方面的统计数据显示以下几点。

(1) 普通展销会的观众平均花在展会上的时间是 3.6 小时，并且只在 3~5 个展位上逗留较长时间。

(2) 行业交易会的观众平均花在展会上的时间是 9.6 小时(两天以上)，参观大约 20~25 个展位。

(3) 差不多有 70% 的参展观众在参加展会时会做出购买决定。

(4) 88% 的参展观众在近 12 个月里没有被你的销售代表拜访过。

在所有的观众里，对参展商来说，属于自己的顾客最重要。参展商可以利用下面的公式推算出参展观众中有多少是真正的潜在顾客。

A——参展观众总人数。

B——非常感兴趣的潜在顾客人数(根据业内统计，参展观众中平均有 16% 的人会对某种产品产生兴趣)。

AIF——观众兴趣指数(Audience Interest Factor)，指有多少潜在顾客会在展位前停留。有数据显示，一般展会或展销会的平均指数是 25%~30%，行业交易会的平均指数可达 50% 或更多。所有展会的平均指数为 48%。

C——潜在顾客的总人数(这个数字应该成为参展商的目标)。

观众总人数	A
对参展商的产品感兴趣的观众百分比	×16%
——非常感兴趣的人数	B

会在参展商的展位前停留的百分比(AIF) ×48%
——潜在顾客总人数　　　　　　　　　　　　　　C

为了更加直观和简易，可以用潜在顾客总人数除以展会开放的总时间(小时)。

统计展会观众人数主要有以下几种途径。

1) 依据门票进行统计

这种方法适用于对公众开放及专业观众和普通观众都可进场参观的消费类展会。对于凭票进场的展会，可根据门票的售出或发出情况来进行观众的统计，而且，门票大多数是向普通观众出售的，这样可以计算出普通观众的人数。

2) 依据观众办理登记手续的内容进行统计

这种方法适用于主要针对专业人士开放的专业展会，展会通常在展馆的序幕大厅或专门的观众进馆大厅设立观众登记处，进行专业观众的登记工作。在展会结束后就可根据观众登记资料进行专业观众的人数及其他信息的统计。

3) 参展商的客户统计

对参展商而言，也可以进行相关的统计工作来确定到自己展台的观众数量、专业观众和普通观众的比例等。通常的做法是"请赐名片"或现场登记等。这也是参展商建立自己的客户数据库常用的方法。

3. 参展商现场联络和服务

在展会期间，参展商悉数到场，这正是办展机构与参展商沟通、联络的极好机会，办展机构应亲自到各参展商的展位逐一拜访，或者邀请参展商座谈，加大感情投入，了解他们的需求，征求他们对展会各方面工作的意见和建议，及时为他们提供所需要的服务。

4. 媒体接待与采访

接待媒体与安排媒体采访对扩大展会的宣传推广有重要的作用，展会应十分注视这一工作。展会的新闻中心还可以有意识地对外发布一些有关展会方面的新闻，以进一步扩大展会的影响。

5. 公关和重要接待活动

展会是一个公共交流的平台，同时也是办展机构进行公关活动的最佳场所。对于展会的主办方来说，如邀请重要领导参观和视察展会、接待外国参展和参观代表团、接待行业协会和商会的考察、接待外国驻华机构代表的访问等这些公关活动对扩大展会影响、提升展会形象将会起到很大作用。

6. 现场安全保卫工作

展会现场的安保工作主要有防止展品丢失和被盗、防止可疑人员进入展会现场、展会消防安全保护、协助展会处理一些安全保卫方面的工作等。展会本身的安保人员只能负责

会展现场服务管理 **第5章**

展会上一般性的安保工作,大型展会一般都会与地方公安部门联合进行安保工作。

7. 展会相关活动的协调管理

展会期间,主办方以及参展商往往都会同期举办一些如论坛、峰会、新闻发布会、颁奖、竞赛、表演等活动,这就要求主办机构能够及时进行协调管理工作,避免混乱。

8. 现场清洁工作

展会一般要负责展场公共区域内的清洁卫生工作,展会期间,主办机构要安排清洁人员每天对公共区域进行清洁工作。参展商展位内的清洁卫生工作一般由参展商自行负责。

9. 知识产权保护工作

展会是个包括参展商、承办者、主办者、布展者、观展者在内的多方利益的聚合体,其中,各种利益又互相牵制、互相影响。在知识产权的保护上,对于展会的主办机构来说,要严格审查展品。

展品出运前,组委会应要求各参展单位提前自查,有疑问或不能肯定的产品不能出运,敏感的产品种类需在参展之前提供产品专利或相关认证,层层把关,责任到人。办展机构还要与各参展单位签署参展知识产权保证书。

品牌展会一般都会在展会的现场设立展会知识产权保护的专门机构,负责接收、处理展会知识产权方面的投诉,并有监督管理展会知识产权问题的职能。

10. 有关信息的搜集与整理

展会期间,各种信息汇集,展会的主办机构应抓住时机对各类有用的信息进行收集整理。如对参展商以及观众的问卷调查,了解他们对展会各方面问题的看法。由于在展会现场所搜集到的资料多属第一手的资料,对今后展会的举办很有借鉴意义,因而,办展机构都十分重视这一工作。

11. 与场地部门结算工作

办展机构要派出专门人员与展馆场地部门核对展会租用面积、参展类别和各种服务收费,准备相关资料和数据,为展会闭幕后与场地部门结算最准备。

12. 商谈下一届展会的合作、代理事宜

展会期间,展会的各合作单位和招展、招商代理一般都会亲临展会,办展机构需要与他们商谈下一届展会的合作与代理招商招展事宜,为下一届展会的顺利举办做准备。展会期间,行业内企业和人员大量云集,展会可以在现场设立"招展办公室",负责为参展商预定下一届展会的展位。

另外,展会现场工作的最后还有一环,那就是撤展管理工作。撤展管理包括展位的拆除、参展商租用展具的退还、参展商展品的处理和回运、场馆的清洁和撤展安全保卫等工作。

有些展会对现场管理有着成文的规定,这些规定往往随"参展须知"或"会刊"一起刊发,对展会的现场管理起着规范指导作用(参见相关链接5-2)。

会展服务管理

相关链接 5-2：

2009 年中山招商经贸洽谈会展会现场管理指南

作为中山市每年一度的经贸盛会，中山招商经贸洽谈会自 1990 年至今已成功走过 19 个春秋。2009 年，中山市政府首度提出以"区域合作"作为大会专题，大会将以促进中山-瑞典企业的经贸交流与合作为目标，重点宣传展示瑞典及世界其他国家的节能环保科研成果、产品、技术、设备等，以及瑞典的经济、文化、教育、旅游等多方面领域，并将全面推介中山市优越的投资环境、地域辐射优势、丰富的市场资源、富有产业特色的中山企业，以及节能环保产业重点发展项目，为中瑞政府和企业间搭建了技术交流与合作、投资招商的高效平台。

展会现场管理的具体内容如下。

一、会展期间进出馆时间

参展单位工作人员进馆时间：3 月 28 日～3 月 30 日早上 8:30。
参观客商进馆时间：3 月 28 日早上 10:30；
　　　　　　　　　3 月 29～30 日早上 9:00。
参展商、参观商离场时间：3 月 28～30 日 17:00。

二、参展要求

(一) 参展单位应为合法注册登记的企、事业单位，具有合法独立的企业法人营业执照。

(二) 参展单位必须提交如下证件：

1. 营业执照复印件及具有法人资格的有效证件；
2. 参展人员应持有效健康证，参展产品需有产品检验合格证；
3. 特殊行业还须提交特殊行业许可证。

三、展品与资料进出馆管理

所有进、出馆的物品均需接受门卫的查验。布展期间和展会期间展品只进不出，需出馆的物品，须持有展场管理处开具的《参展商物品出馆放行条》，经布展组负责人签字后才能放行。布展、撤展及展览期间，参展单位应有专人看管展位，保证展品安全。

如需组委会提供展品运输及装卸服务，请填写《展品运输服务申请表》(回执 1)并传真至组委会办公室。

四、展位管理

(一) 严禁转让或转租(卖)展位。如展位使用单位与展位申请单位不一致，均视同违规转让或转租(卖)展位。包括如下内容。

1. 以联营名义将展位转给联营单位使用；

2. 以供货或协作(挂靠)名义将展位转给供货、协作、挂靠单位使用；
3. 以借用名义将展位转给(借给)其他单位使用；
4. 未经许可擅自对调、对换展位；
5. 以供货、联营、协作等名义高价收取合作单位的展位费或参展费；
6. 其他违规转让或转租(卖)展位的行为。

(二) 展会期间所有展位应有专人值守，并应指定一名展位负责人。

(三) 展会开始后，未经组委会许可，任何展品不可从展台或现场撤走。在展会未结束前，任何展台不准拆卸。

(四) 对违规的单位，做以下处理：
1. 通报批评；
2. 没收违规转让或转租(卖)展位所得；
3. 对情节严重者，取消参展资格，或送交执法机构处理。

五、展品及宣传品管理

(一) 展品

在展位内有下列情况之一的展品，视为违规展品，禁止参展，并由该参展单位承担责任：
1. 携带未按规定办理参展协议的展品；
2. 携带不能说明来源或归属的展品；
3. 易燃、易爆、有剧毒、有腐蚀性和放射性危害的展品；
4. 其他不符合规定的展品。

(二) 展品管理

1. 未经申报或未通过组委会审核同意的技术成果或产品不得参展，一经发现，组委会保留对该技术或产品的处理权利。
2. 在展示宣传中不得出现有关违反中华人民共和国有关法律法规的内容及字样。
3. 展品的摆设只限于本展位，不能占用过道及过道上方的空间。如在过道上摆设展品，而使展品受损或阻碍了消防通道，所发生的一切后果由展商负责。

(三) 宣传品管理

1. 参展单位携带的各种资料，仅限于本展位派发，不得在他人展位和通道上派发，也不得在通道上摆放宣传品和资料。
2. 派发的各种资料的内容和文字，必须符合国家有关规定，参展单位对派发的各种资料的真实性和合法性负全责。
3. 不得代替他人分发宣传资料和宣传品，由此引起的一切纠纷由派发者承担连带责任。

六、境外参展单位特别注意事项

(一) 参展单位必须服从并遵守交流会举办地的所有相关法规。

(二)签证申请。参展人员必须确保自身符合入境国家的全部签证和健康要求。组委会可提供一定的帮助,但不负责为参展单位代办签证。

(三)境外参展单位如需布展服务,请填写好"布展服务申请表"(回执2)回传至组委会办公室,并提供相关的材料文件。

七、责任和保险

(一)所有参展商必须自费安排全程保险,包括从出发国家、地区到展台(包括展期),直到返回常住地。

(二)展商每天展会结束时将易携带物品和贵重物品打包并妥善保管,因为这个时候是丢失和盗窃的高发时段。所有物品在任何时间都不应随意摆放。主办单位对于展商、其代理、观众或其他任何人带进展馆的物品的安全不负责任。

(三)展商应确保他们给所有项目予以保险,同时应承担公共责任和保护。展商的责任期应为从展商或其代理或搭建公司进入展馆搭建开始,一直到他的所有展品和财物从展馆撤出为止。

(四)展商应确保补偿主办单位由于展商或其代理、搭建公司或客人行为造成的任何损失及因此发生的相关费用。

(五)展商对于展台内的任何展具的丢失、损坏必须负责,在接通电源之前,展商应采取必要的措施以防设备、展品的损坏。

(六)展商必须确保他们的临时雇员或代理给予了相关的保险。

(七)如果有必要,展商应向主办单位提供以上保险的相关证明文件。

(来源:中山招商经贸洽谈会网站)

5.3.3 节事活动的现场服务管理与实施

在国际上,大型节事活动往往会成立相应的管理董事会。管理董事会是专门的管理机构,其职能在于规划、实施、评估节事活动(参见相关链接5-3)。

相关链接5-3:

爱丁堡节事活动的管理结构

苏格兰人在除旧迎新、庆祝新年的时候都倾注了极大的热情,很多年轻人特别喜爱搞狂欢活动。爱丁堡每年都要举办近20种节事活动。爱丁堡的冬季节庆活动已成为欧洲最具有规模的冬季节庆活动之一。

"爱丁堡之都圣诞节"和"爱丁堡除夕节"的管理结构被认为是最佳的实践模式。它们的组织结构包括:"项目战略建议小组""安全小组""公共关系小组"和"营销小组";另外,除夕节还有"工作小组"、"街道活动监督小组",这些小组的设立都是考虑到节事活动中的公共安全问题。

富有创意和艺术性的爱丁堡之都圣诞节和新年节目活动,是通过竞争投标签订合同后制定出来的。合同的运作必须要符合并遵守欧盟采购立法。

爱丁堡新年和圣诞节的项目小组成员是由不同组织派来的代表组成的。例如有"爱丁堡城市委员会""苏格兰企业协会""爱丁堡和洛锡安区旅游董事会""洛锡安区边境警察和爱丁堡城市中心管理公司"。爱丁堡之都圣诞节和新年活动都没有设置专职人员，这些活动的开展都是有全职工作人员利用他们的部分时间，给活动的组织提供各方面的支持。目前，随着活动的复杂性增加，需要商业经理人建立更多的商业伙伴关系和赞助交易活动，所以需要为节事活动成立一个全职的工作小组。随着节事活动产品的成熟，需要更多的人力资源的投入。

然而，正是这种管理方式，包括控制指挥小组、公众安全计划小组、营销和公共关系小组等，整合了爱丁堡新年的各种活动。另外，这种管理模式已被"爱丁堡之都圣诞节"活动所采用，因此，现在越来越多的人都认为，这种模式比较适合创建一个单一的冬季节事活动的管理机构。

国内举办的节事活动因种类繁多，举办机构的构成也非常复杂，在管理上往往呈现多头管理的局面。就节事活动的现场管理与实施来看，一般会围绕人流管理、现场活动管理、现场结束管理与突发事件应对等方面进行管理。

1. 节事活动人流管理

对于节事活动的现场而言，安全性与秩序性都非常重要。大多数节事活动的对于人流的管理都是通过排队入场等方式来进行的，但也有些大型节事活动的现场为自由入场，如啤酒节、服装节等。不论采取哪种入场方式，编制入场管理计划表，整合各种资源都很重要。

1) 人流管理的原则

(1) 优化人员流动路线。对于办公区和后台区而言，场地布置要以减少人员运动为目的；对于活动现场，上下来回的通道要以来访的观众顺畅为目的，使其走动的距离最大化。

(2) 减少阻塞。节事活动管理工作的一个重要目标是尽量增加有价值的活动。如果节事活动是户外的，则可以采取很多方式来打发观众排队时间，如沿街的娱乐表演、流动餐点、现场演示等。

(3) 空间利用最大化。节事活动一定要对空间进行充分有效的应用。要尽可能多地将空间分配到顾客活动区域，尽可能少地为后台等辅助设施分配空间。

2) 实施步骤

(1) 确保直接参与入场管理工作人员对自身任务的理解。

(2) 召集相关工作人员熟悉节事活动现场。有必要的话，对相关工作人员要进行彩排。

(3) 通过现场调查，听取工作人员意见，及时反馈、修正、更改入场管理计划表。

(4) 所有工作人员一般应在节事活动开始前半小时到岗待命。

(5) 参加者入场后，要安排充足的现场维持人员，确保演出及工作人员专用通道的畅通。

3) 流程图(如图5.5所示)

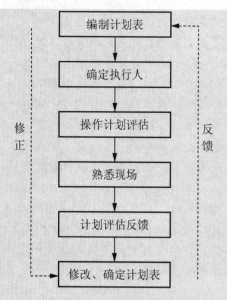

图 5.5 节事活动入场管理流程示意图

4) 注意事项

(1) 要注意工作人员的仪表风度,它直接表明节事活动管理的水平。

(2) 入场标识系统要"醒目、准确、易懂、直观"。

(3) 室内、室外节事活动的场所要有所区别。

(4) 节事活动的现场要保证畅通,根据需要可设立缓进通道,确保公共安全需要。

2. 节事现场活动管理

节事活动的现场管理包括对舞台、灯光、音响、布景、装饰、视觉及特效、节目和主持人、供电设施等具体事物的管理。这些项目一般需要专业人员进行管理,但应纳入节事活动的整体管理范畴。

1) 准备工作

节事活动现场必须配备专门的管理人员。在准备阶段,舞台的设计、声、光、电设备的租用,节目和主持人的选择等,都需指定不同的人员落实、操作。根据节事活动的具体情况,需要选择代理供应商来完成的,更需要及早落实、实时沟通、确保无误。

2) 实施步骤

(1) 确保嘉宾出席,做好相应接待工作。

(2) 确保主持人对现场信息的可获得性,以便及时调整、应对。

(3) 确保所有音响、视频设备以及供电设施的正常运作。

(4) 要有专人负责解决现场活动时的干扰因素,如现场的喧哗等。

3) 注意事项

(1) 节庆活动现场的安全问题是第一位的,人的安全、设备的安全,都需要管理人员的充分重视。

(2) 确保节庆活动现场节目的顺利进行和活动设备的正常运行。

会展现场服务管理　第5章

(3) 围绕节事活动的主题，要充分调动节庆活动现场的气氛。

(4) 配有餐饮活动的节事活动，有关餐饮服务方式、内容以及原则等的现场餐饮管理，应专题计划与实施、专题控制与管理。

3．节事活动突发事件的应对与现场结束管理

节庆活动现场可能会发生一些意想不到的突然事件，主办方应事先有足够的准备，遇到紧急事件，需及时处理，以防措手不及。

1) 紧急医疗

由于节庆活动现场是一个人流集聚的场所，紧急的伤病事件随时都容易发生。比较可能发生的疾病是心脏疾病、中风和其他危害生命的疾病。有的与会者因为改变饮食、喝酒、睡眠不足、疲劳、处于不熟悉的环境、孤独等而产生种种不适，需要得到更多的照顾。

在节庆活动的现场，一般应建立一个紧急医疗救护系统，应安排有医护人员值班，并与当地医院取得联系，一旦有紧急病人应立即送医院实施救护。

另外，节庆活动组织者应加强对现场餐饮的卫生管理，要谨慎选择餐饮合作对象。万一因食物不洁而造成人员腹泻或食物中毒，将会带来无法挽回的损失，对主办城市、主办单位的形象都会产生负面影响。

2) 消防工作

消防工作对于任何一个节庆活动都是十分重要的，组办单位决不可以抱有侥幸心理。花费时间甚至财力去预防那些未必发生的事情是必要的，以防患于未然。节事活动必须配备必要的防火器材，做好火灾等灾害发生时的各种预案。

3) 设备故障

供电等现场设备会有不足或紧急故障的时候，除启用备用电源外，应通过供电部门或其他部门迅速借用周围电力，确保节事活动用电或设备的正常运作。

4) 其他

节事活动还有可能出现现场秩序混乱、泊车拥挤以及天气糟糕等突发事件，这需要管理者的预见性和应变能力，及时、妥善解决危机，确保节事活动的顺利开展是管理的宗旨。

节事活动结束后，现场的结束管理和清理工作十分重要。具体的实施步骤有以下几点。

(1) 确保参与者快速、有序的离开活动现场。

(2) 活动参与者离场后，所有工作人员应到岗，整理现场物品。

(3) 所有物品经核查后，登记、交验、签字等。

(4) 节事活动项目负责人对活动工作及时总结、表彰、奖励等。

 典型案例

ISPO 的服务与管理

ISPO 是慕尼黑体育用品及运动时装国际博览会的简称，是当今世界最大的体育用品类国际博览会。展览会于每年冬、夏两季在慕尼黑举办，至今已举办了 60 多届，展出面积均在 10 万平方米以上。展览分设"爱好运动世界""冬季/夏季运动世界""健身运动世界""运动时装世界""儿童与妇女运

动世界"、"运动鞋和团体运动世界"、"自然与户外运动世界"、"球拍与室内运动世界"等专题。每届ISPO都有来自世界上近百个国家的数千家生产及销售商参展,有4万余个专业客商观展洽谈。世界上许多著名品牌如"阿迪达斯"、"贝纳通"、"茵宝"等都会参展。展品代表着世界运动类产品的最新潮流。

ISPO从2002年起开始实行会员制,出了ISPO卡。会员持卡可以快速参与展会,它具有"save time"(省时)、"save money"(省钱)、"enjoy benefits"(优惠多多)等多项特点。比如持有2002年夏季ISPO卡,可免费参观5个展会:慕尼黑冬、夏季ISPO,盐湖城冬、夏季户外用品展,慕尼黑高尔夫展。持2003年夏季ISPO卡,则可以"一卡看八展"(2个在英国,6个在德国)。ISPO卡推出后,原计划2003年冬季会员发展1.5万人,结果2002年夏季即已超过此数,而且会员包括了ISPO的所有大客户。持有ISPO卡不仅在于展会期间可以免登记、免排队、免费使用慕尼黑的公交系统,在展览中心餐饮和停车均可打折,甚至在全国都可以享受优惠。如租车优惠幅度按不同车型分别为10%~20%不等。更重要的是,持卡者即成为ISPO社区成员,可以常年得到ISPO周到的专业化服务。

近年来,在ISPO的贸易观众中,有60%以上来自德国以外的国家和地区。

ISPO的主办方在每个展馆里都专门辟出一个休闲场地,叫作"ISPO BAR",为参展商和观众提供服务,提供各种饮料与食品;在展馆之间的通道,则设置了不少整齐的柜台,专门摆放各展商的资料,供感兴趣的人自由选择。这样避免了无效派发以及会后资料满地、难于清理的局面。

面积较大的展位,基本上都设有专门的洽谈区。

ISPO所有展馆内的背景音乐都是轻缓型的,以便与交流与洽谈。

ISPO的项目总监PeterKnoll先生说:"办展览就是做服务,如果没有良好的服务支撑,展览就无需存在。"

在上海体博会上,慕尼黑展览公司借机宣布将在上海举办ISPO CHINA。根据其市场分析,将ISPO CHINA定位为体育品牌的高端的专业展。为此,ISPO CHINA将严格限制参展企业的数量,保证至少80%以上的参展商属于国外品牌企业。因为,相比几个已经抢占了中国市场的国际顶尖品牌,国外众多中高档次的运动品牌显然也十分看好亚洲市场。尤其是中国这个极具潜力的市场,然而他们却一直没有找到一个合适的途径了解和进入这个市场;另一方面,庞大的中国市场对于这些品牌也有很强的市场需求。因而举办这样一个展会将为供求的双方提供一个良好的平台。

至于参展商的选择标准,主办者将成立一个由体育用品行业的专业人士组成的委员会,由这个委员会来决定哪些品牌具备参展的条件,而不是由主办方来决定,更不是只要交了钱就能参展。

与ISPO主要面向欧洲市场相比,ISPO CHINA主要面向亚洲。主办方除了会将慕尼黑的专业观众组织计划等办展经验带到中国外,还将通过举办专业的论坛来为经销商们提供学习的机会,同时帮助他们改善自己的商业活动。

ISPO CHINA 还将对参展面积有所限制,每家都不能超过 150 平方米。这样提高门槛的目的也是为了提高专业性和保证展览质量。

ISPO CHINA 如此限制展商数量,抬高参展门槛,显然会对其招展产生影响。但主办方表示:保证参展效果才是最重要的选项。由于 ISPO CHINA 的前期宣传推广力度很大,尤其是对国内专业观众的宣传和招揽工作在展览开幕前就已经全面展开,并且是多种方式和渠道并举,因而,国际参展商得到订单的机会将大大提高。

考虑到中国企业的实情,主办者还出台一些鼓励和支持新兴企业的政策,希望通过 ISPO CHINA 对这些企业的发展起到推动的作用。

本章小结

一个完整的、高品质的展会活动,现场管理尤为重要。一般来说,展会现场管理可以从外围环境管理和展会环节管理两个方面进行。外围环境管理主要包括环境卫生、车辆交通、人流、物流等方面;展会环节服务管理涵盖会议服务管理、节事活动服务管理以及展览服务管理等方面。展会环节服务管理是一个系统工程,以展览来说,其布展接待管理、搭建管理、开幕设计与组织、展场服务与控制、展览现场信息开发与管理、场馆设施与服务管理、展览器材与管理、展览现场危机管理、闭幕撤展与评估等都是必不可少的工作。展会的现场服务管理越来越受到人们的重视。

复习思考题

1. 名词解释:后勤管理、人流管理。
2. 按照会展活动所包含的内容,可以将会展现场管理分为哪些类别?
3. 展会开幕仪式的现场布置有哪些要求?
4. 按照参观展会的不同目的行为可以将展会观众分为哪些种类?
5. 简述节事活动的现场管理的主要内容。
6. 试述节事活动现场结束管理的具体实施步骤。
7. 以下是展会现场中常见的突发事件,从现场管理的角度来看分别该如何处理?
   (1) 断电。
   (2) 人流拥挤。
   (3) 遇到偷盗、诈骗。
   (4) 喷淋或水管爆裂。
   (5) 展商与顾客纠纷。
   (6) 遇到暴雨天气。

8. 参展商与观众的支持是展会长期运作下去的根本保障。许多研究也表明，开发一个新客户比留住一个老客户的成本要高许多倍，所以展会主办者在不断开发新客户的同时，必须尽力留住老客户。与客户结成合作伙伴关系，形成展会与客户双赢的局面，最终使展会实现良性循环。达到这个目标的前提是为客户提供全方位的服务，从而提高展商对展会的忠诚度。全方位的服务体现在展前、展中和展后各个阶段，阅读下列材料，分析服博会加强现场管理的具体做法。

服博会加强现场管理树展会新形象

第12届宁波服博会不仅在主题活动策划、展馆布局安排上下足了工夫，而且在现场管理方面也是煞费苦心。为了切实方便展客商，塑造展会新形象，本届服博会全面开展"三项服务"，极力倡导文明参展、文明观展。

这"三项服务"就是以参展商为中心开展产销服务，以老百姓为中心开展需求服务，以采购商为中心开展贸易服务。

首先，细化、深化各项服务。今年，组委会把整个运营团队分为综合秘书组、电子商务组、接待服务组、财务保障组、"阳光服务"组等15个小组。这15个小组和6个展馆都实行组长、馆长负责制，使各项工作责任到人。并且在每个展馆划分特定区域作为馆长服务区，及时为展客商提供服务。

其次，在证件上做文章。本届服博会参展证、参观证、记者证等所有证件的背面都有各项服务工作负责人的联系电话。"客户在遇到疑难问题时第一时间可以直接找到相关负责人，这解决了展商、观众'投诉无门''问路无门'等问题。"组委会负责人说。

另外，由于展馆分布的面积比较大，为了节约客商时间成本，组委会还在会展中心各醒目位置放置了包括大型活动举办时间、地点、企业展位分布以及就餐、服务中心等在内的"导视系统"。观众通过"活动指南图"，可以第一时间找到自己需要参加的活动，通过"展馆平面图"可以直奔自己心仪的品牌展区进行参观或洽谈。

第6章 会展物流服务管理

本章导读

会展物流是一个系统，在这个系统中，各个要素互相衔接，构成整体。会展物流作为现代物流的一个分支，比一般运输、配送物流更具专业性和服务性。现代会展物流服务商不但能为客户设计科学合理的运输方案，而且可以帮助顾客完成展品的提货、运输、仓储、装卸、包装、搬运、布展、人员组织、调度、管理、设备的供给和保养，以及服务的监督、保险等一系列内容。据国际权威组织的调查，在会展物流中，运输费用要占全部费用的80%。因此，提高会展物流服务的管理水平十分重要。这一方面要求物流企业要不断采用先进的技术和设备以满足会展市场发展的需要，同时，还要不断提高服务管理水平以适应客户准确与快捷的需要。

知识要点

- 现代会展物流的概念
- 会展物流服务的流程
- 会展物流服务的要求
- 会展物流管理的环节
- 会展物流管理的原则

6.1 会展物流服务管理概述

6.1.1 会展物流的基本概念

1. 物流的概念

物流是随商品生产的出现而出现，随商品生产的发展而发展的，可以说，物流是一种古老的传统的经济活动，如，郑和下西洋与丝绸之路是为了进出口贸易的物流活动。传统的物流即商品地理位置的转移与商品储存时间的转移，这两个功能必须通过运输与仓储来实现。

现代物流不仅单纯地考虑从生产者到消费者的货物配送问题，而且还考虑从供应商到生产者对原材料的采购，以及生产者本身在产品制造过程中的运输、保管和信息等各个方面，全面地、综合性地提高经济效益和效率的问题。因此，现代物流是以满足消费者的需求为目标，把制造、运输、销售等市场情况统一起来考虑的一种战略措施。

在全球化、网络化的今天，国际物流发展的新趋势表明，由物资供应方、需求方之外的第三方提供的物流服务，即第三方物流(TPL)，成为现代物流发展的主要方向。

现代物流服务的核心目标是在物流全过程中以最小的综合成本来满足顾客的需求。美国物流管理协会(CLM)对物流作了精要的概括：物流是为了满足消费者需求而进行的对原材料、中间库存、最终产品及相关信息从起始地到消费地的有效流动与存储的计划、实施与控制过程。

在国家质量技术监督局发布的《中华人民共和国国家标准物流术语》中，对物流的定义是："物品从供应地向接受地的实体流动过程中，根据实际需要，将运输、储存、装卸、搬运、包装、流通、加工、配送、信息处理等基本功能实施有机结合。"

进入新世纪以来，我国物流业总体规模快速增长，服务水平显著提高，发展的环境和条件不断改善，为进一步加快发展奠定了坚实基础。2008年，全国社会物流总额达89.9万亿元，比2000年增长4.2倍，年均增长23%；物流业实现增加值2.0万亿元，比2000年增长1.9倍，年均增长14%。2008年，物流业增加值占全部服务业增加值的比重为16.5%，占GDP的比重为6.6%。

国家"十一五"规划纲要明确提出"大力发展现代物流业"，中央和地方政府相继建立了推进现代物流业发展的综合协调机制，出台了支持现代物流业发展的规划和政策(参见相关链接6-1)。

相关链接6-1：

国务院关于印发物流业调整和振兴规划的
通知国发[2009]8号(节选)

物流业是融合运输业、仓储业、货代业和信息业等的复合型服务产业，是国民经济的重要组成部分，涉及领域广，吸纳就业人数多，促进生产、拉动消费作用大，在促进产业结构调整、转变经济发展方式和增强国民经济竞争力等方面发挥着重要作用。

为应对国际金融危机的影响，落实党中央、国务院保增长、扩内需、调结构的总体要求，促进物流业平稳较快发展，培育新的经济增长点，特制定本规划，作为物流产业综合性应对措施的行动方案。规划期为2009—2011年。

一、指导思想、原则和目标(略)

二、主要任务

(一) 积极扩大物流市场需求

进一步推广现代物流管理，努力扩大物流市场需求。运用供应链管理与现代物流理念、技术与方法，实施采购、生产、销售和物品回收物流的一体化运作。鼓励生产企业改造物流流程，提高对市场的响应速度，降低库存，加速周转。合理布局城乡商业设施，完善流通网络，积极发展连锁经营、物流配送和电子商务等现代流通方式，促进流通企业的现代化。在农村广泛应用现代物流管理技术，发展农产品从产地到销地的直销和配送，以及农资和农村日用消费品的统一配送。

(二) 大力推进物流服务的社会化和专业化

鼓励生产和商贸企业按照分工协作的原则，剥离或外包物流功能，整合物流资源，促进企业内部物流社会化。推动物流企业与生产、商贸企业互动发展，促进供应链各环节有机结合。鼓励现有运输、仓储、货代、联运、快递企业的功能整合和服务延伸，加快向现代物流企业转型。积极发展多式联运、集装箱、特种货物、厢式货车运输以及重点物资的散装运输等现代运输方式，加强各种运输方式运输企业的相互协调，建立高效、安全、低成本的运输系统。加强运输与物流服务的融合，为物流一体化运作与管理提供条件。鼓励邮政企业深化改革，做大做强快递物流业务。大力发展第三方物流，提高企业的竞争力。

(三) 加快物流企业兼并重组

鼓励中小物流企业加强信息沟通，创新物流服务模式，加强资源整合，满足多样性的物流需要。加大国家对物流企业兼并重组的政策支持力度，缓解当前物流企业面临的困难，鼓励物流企业通过参股、控股、兼并、联合、合资、合作等多种形式进行资产重组，培育一批服务水平高、国际竞争力强的大型现代物流企业。

(四) 推动重点领域物流发展

加强石油、煤炭、重要矿产品及相关产品物流设施建设，建立石油、煤炭、重要矿产品物流体系。

(五) 加快国际物流和保税物流发展

加强主要港口、国际海运陆运集装箱中转站、多功能国际货运站、国际机场等物流节点的多式联运物流设施建设，加快发展铁海联运，提高国际货物的中转能力，加快发展适应国际中转、国际采购、国际配送、国际转口贸易业务要求的国际物流，逐步建成一批适应国际贸易发展需要的大型国际物流港，并不断增强其配套功能。在有效监管的前提下，各有关部门要简化审批手续，优化口岸通关作业流程，实行申办手续电子化和"一站式"服务，提高通关效率。

(六) 优化物流业发展的区域布局

根据市场需求、产业布局、商品流向、资源环境、交通条件、区域规划等因素，重点发展九大物流区域，建设十大物流通道和一批物流节点城市，优化物流业的区域布局。

(七) 加强物流基础设施建设的衔接与协调

按照全国货物的主要流向及物流发展的需要，依据《综合交通网中长期发展规划》《中长期铁路网规划》《国家高速公路网规划》《全国沿海港口布局规划》《全国内河航道与港口布局规划》及《全国民用机场布局规划》，加强交通运输设施建设，完善综合运输网络布局，促进各种运输方式的衔接和配套，提高资源使用效率和物流运行效率。

(八) 提高物流信息化水平

积极推进企业物流管理信息化，促进信息技术的广泛应用。尽快制订物流信息技术标准和信息资源标准，建立物流信息采集、处理和服务的交换共享机制。加快行业物流公共信息平台建设，建立全国性公路运输信息网络和航空货运公共信息系统，以及其他运输与服务方式的信息网络。推动区域物流信息平台建设，鼓励城市间物流平台的信息共享。加快构建商务、金融、税务、海关、邮政、检验检疫、交通运输、铁路运输、航空运输和工商管理等政府部门的物流管理与服务公共信息平台，扶持一批物流信息服务企业成长。

(九) 完善物流标准化体系

根据物流标准编制规划，加快制订、修订物流通用基础类、物流技术类、物流信息类、物流管理类、物流服务类等标准，完善物流标准化体系。密切关注国际发展趋势，加强重大基础标准研究。要对标准制订实施改革，加强物流标准工作的协调配合，充分发挥企业在制订物流标准中的主体作用。加快物流管理、技术和服务标准的推广，鼓励企业和有关方面采用标准化的物流计量、货物分类、物品标识、物流装备设施、工具器具、信息系统和作业流程等，提高物流的标准化程度。

(十) 加强物流新技术的开发和应用

大力推广集装技术和单元化装载技术，推行托盘化单元装载运输方式，大力发展大吨位厢式货车和甩挂运输组织方式，推广网络化运输。完善并推广物品编码体系，广泛应用条形码、智能标签、无线射频识别(RFID)等自动识别、标识技术以及电子数据交换(EDI)技术，发展可视化技术、货物跟踪技术和货物快速分拣技术，加大对 RFID 和移动物流信息服务技术、标准的研发和应用的投入。积极开发和利用全球定位系统(GNSS)、地理信息系统(GIS)、道路交通信息通信系统(VICS)、不停车自动交费系统(ETC)、智能交通系统(ITS)等运输领域新技术，加强物流信息系统安全体系研究。加强物流技术装备的研发与生产，鼓励企业采用仓储运输、装卸搬运、分拣包装、条码印刷等专用物流技术装备。

2. 会展物流

会展物流是指为会议、展览、节事及其他各类活动提供的物流服务。关于会展物流的概念，在我国有多种描述，一般如下。

会展物流是为满足参展商展品展览的特殊需要，将展品等特殊商品及时准确地从参展商所在国(地)转移到参展目的地，展览结束后再将展品从展览地运回的过程，包括展览前后的仓储、包装、国内运输、进出口报关和清关、国际运输，展览中的装卸、搬运，以及在此过程中所需要的信息流动。

另一种有代表性的观点认为：会展物流是指展销产品从参展商经由会展中转流向购买者的物理运动过程，它是展销活动供、需双方以外的第三方组织者所提供的一种具有后勤保障功能的服务，由会展组织者在综合会展现场多个供需对应体的信息要求后，统一指挥、

会展物流服务管理　第 6 章

统一安排、统一协调的会展物资流通体系。

会展物流的本质是会展相关物品的空间流动与管理。会展物流涵盖了在提供地与会展地之间，对会展材料设备与会展物品的高效率、低成本流动和储存而进行的一整套规划、实施和控制过程。

会展物流的主体是会展组织者，客体是参展商和购买者。会展物流服务商(Exhibition Logistics Server，ELS)服务水平的高低是关系到会展能否成功开展的重要因素之一。

6.1.2　会展物流的特征

会展物流作为现代物流行业的一个重要分支，比一般运输、配送具有更高的专业性和服务性，属于高端物流。高端物流代表高质量的专业服务，服务对象一般是高端产品。高端物流服务管理体系与运作模式具有高附加值、高利润、高效率、高技术标准、高风险的特征。

会展物流除具有一般物流的科学性、标准化、智能化、综合化和全球化等特征之外，还有自身的一些特征。

(1) 专业化。会展各项组织管理工作必须具有较高的专业化水平才能突出个性、保证质量。在会展物流方面，对专业化的要求更高，必须拥有具备物资管理专业技能的人才、通畅的物流渠道、有效的物质配送手段和功能齐全的物质转运与仓储中心作为支持。这样，才能确保安全、高效地完成物流任务。

(2) 信息化。在会展活动物流的组织与管理过程中，物流信息管理是一项非常重要的内容。会展组织管理者会同各参展企业的有关人员，必须不断对各种交流信息进行实时监控，并根据反馈信息，及时调整物流过程中的具体行动措施。

会展物流管理的信息化不仅是对参展企业、会展组办方的要求，也是现代会展国际化的一个重要衡量标准。

(3) 及时性。一般的展览都是很早就预先安排好日程的。展览能否如期举行，物流管理起到很重要的作用。如果展品提前到达，参展商就需要考虑高额的仓储成本；如果忽略了突发事件，如进出口清关中可能出现的问题，运输途中的突发事件等，展品就可能无法准时到达。因此，参展商必须综合考虑各方面的因素，尤其是会展物流及时性的特点，已达到最佳的效益。

(4) 安全性。确保物流过程中的物品安全是会展物流的第一任务。会展活动所需的设备、物品一般由会展组织者采购，而参展商展销产品的运输则在会展组织者的统一调度下自行负责。承运人员在运送过程中要保证物品不发生霉烂、破损、水渍等损害展品原有使用价值的事故，避免因此而造成的供货质量问题导致的会展准备的中断。因此，会展物流服务商必须确保所运送物品不仅及时而且安全地到达目的地，通常还需再返回原地。

6.1.3　会展物流服务

会展物流服务主要是针对会展物流服务商而言的，在提供物流服务过程中，会展物流服务商要准确把握参展商和展会组织者的需求动态，根据客户的要求和企业的经营战略，确定服务水准，提供优质的物流服务。

通常，会展物流服务包含以下几个方面。

1. 运输服务

包括展品、展示道具运输代理，即展品或展示道具到达会展城市后的提货、装卸、运输手续办理以及撤展搬运等服务工作。

2. 贵重物品运输搬运服务

专指一些需要特别运输和管理的展品搬运服务，如钟表、珠宝、汽车、瓷器、精密仪器等。这些物品的运输和搬运需要更为专业的服务公司来承担。

3. 现场搬运及安装服务

指从货车卸货点到展位的运输服务，是展品到位。

4. 仓储保管服务

展品或展示道具提前到达会展场馆后应存放于场馆指定的仓库中，在布展开始后，再由仓库运转到展台。一些需要重复使用的包装材料可存放在场馆内的小仓库中。

5. 报关代理服务

对于国际性的展会而言，展品报关与展品运输是相辅相成的必要组成部分。展品承运商可通过委托代理，简化报关、清关手续，为展品运输开辟"绿色通道"。

6. 保险代理服务

会展物流服务商一般都会要求参展单位自行投保展览品的往返运输险及在展览仓储期间的保险，如展品发生意外情况，参展单位可以自行向保险部门索赔。但一些大型承运商可以承担展品的全程整套的运输仓储服务，其中就包括保险代理服务。

会展期间的物流组织与管理工作是一项极其复杂的系统工程，会展物流管理，就是对会展物流的全过程进行计划、组织、实施、协调和控制，确保会展物品以较低的成本，高效、实质地实现时空转移。这一方面要求会展物流服务商需要有专业化的服务水平，另一方面也要求会展物流的管理，包括每一个环节的衔接，都要按照合理的程序来开展。

6.2 会展物流服务的流程与要求

无论是实物产品的生产过程还是服务产品的提供过程，都是企业内部同部门之间、人与人之间分工合作共同劳动的过程。在这个过程中，应该如何分工与合作，是管理者必须要重视的问题。会展物流服务也一样，有着自身具体的流程与要求。

6.2.1 会展物流服务的流程

服务流程是一系列为客户提供服务的相互关联活动的集合。会展服务流程主要包括 3 个方面。

1. 指定物流服务商

按照国际惯例，一般大型展会，其组委会都要指定物流服务商。物流服务商根据组委会提供的信息与参展商联系，洽谈具体物流服务需求。在这一阶段，参展商也可以与会展主办方进行沟通，自己选择物流服务商。

在实际会展活动过程中，展品的物流组织模式主要有：参展商自行负责展品运输；参展商自选物流服务商进行展品运输；展会主办方指定会展物流服务商和参展商通过邮寄或快递等方式。

值得指出的是，在展会操作中，参展商使用会展主办方指定的物流服务商效果最好。因为在通常情况下，由会展主办方指定的物流服务商大多是一些有会展物流经验、综合实力较强、知名度较高，能够全权代理展会的国内、国际展品物流服务的大型物流企业，与这样的物流供应商合作，服务质量、安全性有一定保障，可省去参展商的许多后顾之忧。如果企业自己联系物流服务商，最好找正规企业。否则，将会展物流业务交予缺少经验的物流公司难免会有一些意外状况发生，造成不必要的损失。

2. 物流服务方案的设计与完善

承担会展物流业务的物流服务商根据参展商的要求设计物流服务方案，包括了解展品的运输、保管、布展及回收等内容，如果是国际性展会还需要涉及国际保险、报关等服务。在这一阶段中，物流服务商需要与参展商充分沟通，才能保证方案符合参展商的需要。

一般而言，海外参展商通常有一些国际性的运输公司代理。国际展览运输协会(IELA)认为，展会物流代理工作主要有6个方面。

(1) 联络。

(2) 展会前与客户联系，应明确基本的运输要求。如单证文件、截止日期等。

(3) 办理单证文件以及通知现场代理。

(4) 设计最佳运输方式和路线。

(5) 提供现场支持。

(6) 展后处理、回运等。

3. 物流服务方案的实施

根据会展主办方的展会日程安排，物流服务商依据方案进行展品提货、运输、保管等物流作业，活动过程中要与会展主办方及时沟通。交付展品后，要由参展商进行确认，待展览结束后立即启动下一轮物流或展品回程运输。优秀的物流服务商，还可以为参展商提供布展、展览管理、展品回收处理等一系列增值服务。

对于参展商而言，在展品运输阶段要与物流代理商紧密联系，并注意把握好以下几个阶段。

1) 认真挑选物流商

在确定参展之后，参展商要尽快确定展品物流服务供应商。确定物流商之后，双方会签订一份展品运输的协议。协议主要内容有：物流公司及展馆的通信地址、联系方式和联系人、接货时间安排、运输方式、到达站、发货单位、展品名称、件数、重量、体积、保险价值等。

2) 紧密联系物流商

在于物流商的联系中，最好使用书面以及传真形式，以便根据文件内容进行核对。按照国际惯例，参展货物通常是在距离开幕前两天运到，保持密切沟通是为了防止展品在运输过程中出现意外情况。

3) 迅速有序进展场

由于展会周期相对较短的特点，往往展前展品进馆的时间安排很紧，所以，参展商应该听从物流代理商的统筹安排，尽可能快地争取布展时间，做到协调、安全、快速、有序。

4) 妥善处理参展品

展会结束后，参展商应与所委托的物流代理商提前沟通，商定好撤展及展品回运事宜。

总之，会展物流服务可以说是时间紧、任务重、要求高、事情繁多，因此，有关各方必须熟知会展物流的业务流程(如图 6.1 所示)，以求得快捷、高效地做好会展物流的各项工作。

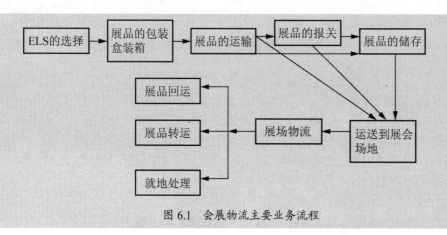

图 6.1 会展物流主要业务流程

6.2.2 会展物流服务的要求

1. 总体要求

会展物流是一个专业化很强的行业，会展物流商要在市场中形成自己的核心竞争力，必须把握会展物流行业的特性，针对客户需求提供高品质、个性化的服务。要从"迅速、准确、安全、方便"4 方面入手，保证在向参展企业或展会组织者承诺的时间内，将展品准时、完好无缺地送达到展出地点，本着方便顾客为主的服务理念，延伸会展物流服务链条，提供"门到门"的服务。

根据展品的性质和展品所在地的条件，会展物流代理服务所要考虑的主要因素有以下几点。

1) 运输路线

不论是陆运、水运还是空运，运输路线选择的原则是以最少搬运次数为佳，尽量一次发运。

2) 运输日程

在确定展品运输日程时，在大的方面，不仅要考虑运输所需的时间，还要考虑展品、道具、资料等展览用品准备所需的时间以及办理有关单证和手续所需的时间，并且要协调

会展物流服务管理 第6章

好这些工作和时间。在细的方面，要考虑运输公司的能力和信誉、装卸货的速度、运输过程中可能的延误包括发生故障、港口严重压港等情况。

3) 运输费用

不同的展品类型、不同的物流作业，其收费标准也不相同，会展物流要做到收费规范、合理。

2. 注意事项

会展物流的服务工作需要小心谨慎，精心安排，"细节决定成败"，以下是需要注意的细节。

1) 使用新的纸板箱

不要使用旧的纸板箱。新的纸板箱不但可以很好地保护展品，而且还能避免在申请运输破损赔偿时因粗劣的包装被拒绝赔偿。

2) 遵守"后入先出"原则

装运货物时要考虑方便卸货和装配，地毯、衬垫、电缆和卷轴要在最后装运，这样在搭建展位时它们就可以最先取出来。

3) 确保货物安全

摇晃纸箱时不应该听到有东西晃动的声音，如果有，可以在纸箱里添加一些衬垫材料。

4) 确保地址标签正确

要注意写清地址标签，如果纸板箱上只有会展中心的地址，其他信息缺少，那么箱子很可能会丢失或被退货。

5) 要留多种联系方式

给承运商留下包括语音信箱、电子邮件地址、手机号、住宅电话以及其他联系人的联系方式。同时，还要注意留有承运商的紧急联系号码。

6) 避免纠纷和争吵

在展厅现场，对待那些送还或回收空箱子的工人要态度友善，根据有关的规章制度，决定是否付费或收费，避免争吵。

7) 妥善交接提货单

要在展会举办地点和综合服务承包商交接提货单。提货单是一张收据，它证明物流人员已经把货物交由服务承包商负责，对方对物流人员的指令和意图已经明了。物流人员要对所有交运的箱子的数量和实际重量保留精确记录。在货物到达承运商的卡车上之前所发生的任何损失服务，承包商都不承担任何责任。在运输货物时最好指定承运商，由于某些物品需要由接收人付款，所以在接收货物之前必须付清全部费用。

8) 评估和实时监控

展会活动的物流系统可以分为顾客、产品和设备的获得及供应。在现场，物流系统关注的是现场周围的流动、通信以及事件的需要；在事件结束时，物流则关注拆除结构，清扫和清理现场和会场。对小事件而言，物流可能是事件经理的职责，然而对更大型的事件就需要任命一名物流经理，他与其他经理的关系非常重要。对待展会活动的物流管理要像对待管理其他领域一样，应用有内在的评估和实时监控。

6.3 会展物流管理的环节与原则

6.3.1 会展物流管理的主要环节

1. 展品包装与装箱

在会展物流管理体系中,展品的包装与装箱是琐碎而重要的工作,是保证整个展品运输顺利的第一步。

展品的包装与装箱有许多环节。

(1) 给展品包装分类。在这个环节中,要针对不同的工作要求对展品进行分类包装。用于销售的包装又称小包装,要注意两点:一是保护功能,主要指运输过程中对产品的保护;二是艺术功能,放在柜台上吸引顾客。用于运输的包装又称大包装。大包装多是木箱或纸箱,运输包装应以结实、耐用为原则,还要注意包装箱的尺寸,要能够出入展场的门和电梯。此外,在展品的包装与装箱方面,对集装箱或木套箱、包装衬垫物等也有一定的要求。

(2) 包装箱标识。运输包装箱要按规定标识,标识的内容主要有:运输标志、箱号、尺寸或体积、重量以及参展企业的名称、展馆号、展台号等。对于易碎物品要打上国际通用的易碎的标志——"玻璃杯",做特别标记。

(3) 装箱单和展品清册。展品运输的特点之一就是杂,任何一个环节疏忽,都可能造成麻烦和混乱。要防止漏装、错装、装箱不符的情况。装箱后,须制作装箱单和展品清册,以确保准确无误(参见相关链接 6-2)。

相关链接 6-2:

唛　头

唛头是物流业务中的习惯称呼,包装箱上有正唛(Main Mark)和侧唛(Side Mark)之分,但单据上一般只需要显示正唛。标准唛头由 4 行组成,每行不得超过 17 个英文字母。

正唛:
SMCO	收货人
NEW YORK	目的港(地)
2007/C NO. 566799	合同号
NO. 1-20	件号

包装箱的两侧面必须显示一些常规标记例如件号、目的地、体积、重量等,如图 6.2 所示。

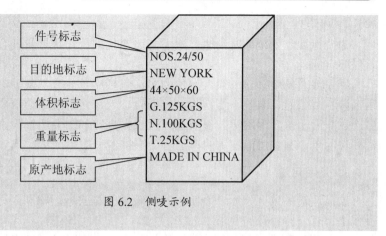

图 6.2 侧唛示例

2. 运输代理与保险

国际展览运输协会对运输代理的业务标准有明确的规定,规定主要体现在联络、海关手续以及搬运操作 3 个方面。

1) 联络

联络的第一要求是语言。国际展览运输协会现场运输代理成员必须会说流利的英语、德语、法语以及展览会举办国或地区的主要语言。协会要求现场运输代理能够与客户的大部分人员进行交谈。现场运输代理必须在展览会场设立全套的办公设施,提供详细、有效的邮政地址,参展企业要在展览会前后把运输单证文件(提单、海关文件等)直接寄给现场代理。

2) 海关手续

国际运输工作最重要的是办理海关手续。根据海关规定,国际运输可能还需担保或交保证金。海关对进出口手续都有一定的要求,办理人员必须在规定的时间期限内提供参展企业的全套、准确文件,事先通知并准确地表述和申报。

(1) 出口申报与审核单证。出口货物的发货人或其代理人应在装货的 24 小时之前向运输工具所在地或出境地海关申报。报关时应向海关提交下列单证:出口货物报关单、许可证、装卸单或运单、发票、装箱单、出口收汇核销单、海关认为必要的贸易合同、产地证和其他有关证明等。

(2) 查验货物和结关放行。经检查合格,在报关单位照章办理纳税手续后,海关在装货单或货运单上加盖关印。

(3) 展品检验。展品检验包括包装检验、品质检验、卫生检验及安全性能检验等项目。

3) 搬运操作

协会代理必须熟悉现场,并在展览施工和拆除期间能随时使用合适设备和有经验的搬运工。现场代理有责任事先预计到非常规、大尺寸的物品的运输装卸问题,并应当准备好特殊设备。

现场搬运操作的成功完全在于现场代理,现场代理必须事先协调好所有参展企业的搬运要求,并提前将相应的安排通知组织者和所有参展企业。这样就能避免参展企业提出计划工作之外的搬运要求,或出现临时遇到的问题。

4) 保险

为确保展品安全准时到达，除了与运输代理公司签署责任合同外，还应与保险公司签署保险合同。

展览涉及的险别比一般人想象的多，包括展览会取消险、展会推迟险、雇工责任险、运输险、战争险、火险、盗窃险、破损险、人身伤害险、公众责任险、人身事故险、个人财产丢失险、医疗保险等。参展企业可根据规定和需要选择险别投保。保险最重要的是单证和保险单，其他可能使用的单证有受损报告书等。

3. 展品运输

展品运输大致可分为 3 个阶段：运输筹划、去程运输和回程运输。每一个阶段在实际操作上都有一些特殊的要求。

(1) 运输筹划。运输筹划的主要内容有：物流调研、线路与方式、日程、费用以及集体运输和单独运输等问题。

物流调研的主要内容包括：运输公司、报关代理、交通航运条件、可能的运输线路和方式、发运地和目的地、车船运输设施、港口设备和效率、安全状况、运输周期和班轮、班车、航班时间及费用标准、发运地和展出地对展品和道具的单证和手续要求规定等。调研是运输筹划的基础和依据。

运输线路与运输方式有着密切的关系。运输路线最简单的是门到门运输，即卡车直接开到参展企业所在地装货，然后直接开到展场卸货的运输方式。

国际运输最常使用的路线可以分 3 段：第一段，从参展企业所在地将展品陆运到港口；第二段，从港口将展品海运到展览会所在国的港口；第三段，从港口陆运到展览会所在地。

运输方式主要有水运(包括海运和内陆水运)、空运、陆运(包括火车运输、汽车运输等)、邮递、快递、自带等。在运输日程的安排上要及早筹划，做到及时准确到位。通常将费用分为展品费用和运输费用，详见表 6-1。

表 6-1　展品运输费用表

类别	项目	去程	回程	合计	总计
展品费	制作、购买费				
	包装费				
	维护费(保卫、清洁)				
	保险费				
	关税				
	增值税				
	附加税				
	销售税				
	所得税				
运输费	参展企业所在地陆运费及杂费				
	发运地仓储费				
	装货港口、机场、车站费				
	保险费				

续表

类别	项目	去程	回程	合计	总计
运输费	运输及杂费				
	运地港口、机场、车费				
	装卸费				
	目的地仓储费、堆存费				
	至展馆运费				
	装卸费、掏箱费				
	空箱回运费				
	空箱存放费				
	运输代理费				
	海关代理费				
其他					

为了避免运输公司乱收费，可以要求几家公司报价，从数家报价公司中选择一家。降低运输费用的方法还有诸如尽量使用正常的运输方式，用定期班轮，避免使用加急运输方式等，这都是在运输筹划时要考虑到的。

集体出展通常由组织者统一运输，不安排集体运输时则需要各参展企业自行安排、单独运输。

(2) 去程运输。是指展品自参展企业所在地至展台之间的运输，一个比较完整的集体安排的去程运输过程可以大致分为展品集中、装车、长途运输、交接、接运、掏箱和开箱。

(3) 回程运输。是指将展品自展台运回至参展企业所在地的运输，简称"回运"。但对统一安排运输的集体展出组织而言，将展品自展台运至原展品集中地的运输称作"回运"，然后将展品集中地分别运回至参展者所在地的运输称作"分运"，还有一种情况是将展品运至下一个展览地，传统上称作"调运"。

不论是去程还是回程运输，都可能出现未运到、途中损坏、丢失等情况，因而，展品运输是一项需要重视并认真做好的工作。

4. 会展物流信息管理

会展物流包括展品流、费用流和信息流。如果没有信息，物流就是一个单项的活动，就不能很好地运转。

物流信息系统与物流作业系统一样都是物流系统的子系统，是指由人员、设备和程序组成的，为后勤管理者执行计划、实施、控制等职能提供相关信息的交互系统。在物流信息系统的管理中，需掌握以下技术。

(1) 条形码技术(Barcode)。条形码技术的应用很好地解决了数据录入和数据采集的瓶颈问题，实现了快速、准确而可靠地采集数据，从而为展品物流提供强大的技术支持。

条形码技术首先根据展品的品名、型号、规格、产地、牌名，划分出货物品种，然后分配唯一的编码号，打印出条形码标签，根据条形码可以轻松的获取货物的相关信息，参展商可以通过 Internet 或者全球定位系统随时获取展品的位置、当前状态等。

(2) EDI 技术(Electronic Data Interchange，电子数据交换技术)。EDI 的优点在于：供应

链组成各方基于标准化的信息格式和处理方法，通过 EDI 分享展品实时信息，提高效率，应对物流管理中的突发情况等，如图 6.3 所示。

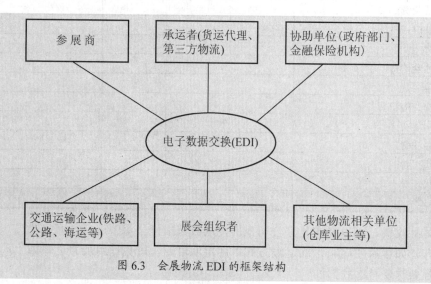

图 6.3　会展物流 EDI 的框架结构

(3) GPS 技术(Global Positioning System，全球定位系统)。全球定位系统泛指利用卫星技术，实施提供全球地理坐标的系统。其工作原理是：通过在天空的卫星内部装有高精度的原子钟，以及随时可以更新的数据库，记录着自己和其他 GPS 卫星的位置。地面 GPS 装置接收到这些信息后，根据无线电波的速度推算出卫星的相对位置。只要有 3 颗卫星的相对位置，利用数学原理就可以计算出地面物体的位置；有 4 颗卫星的相对位置资料，就可以迅速计算出运动着的地面物体的位置。

GPS 在会展物流领域十分重要，它可以应用于汽车、铁路和轮船定位、跟踪调度以及运输管理等。

6.3.2　会展物流管理的原则

会展物流系统管理要求结合会展物流的鲜明特点与任务，将物流体系管理的理论精髓和前沿技术要领作用于会展物流全过程的运作、协调与控制。在实际运作中，要把握高效供应链、成本优先、质量第一以及绿色物流等原则，安全、快捷、准确、低耗地进行会展物流管理。

1) 高效的供应链

所谓供应链(Supply Chain)，是指产品生产和流通中所涉及的原材料供应商、生产商、批发商、零售商以及最终消费者所形成的供需链状结构体系。供应链管理(Supply Chain Management，SCM)，即是对供应链上所有节点企业都联系起来，进行优化，形成高效的生产销售流程，从而达到快速反映市场需求、高韧性、低风险和低成本的目的。

会展物流系统的供应链管理要从会展活动的需求出发，在时间和空间上对供应链进行科学整体规划，提高整个供应链的运行速度、效益和附加值，实现对会展现场动态信息的迅速反应，保证会展供应链的高质量运作。

会展物流服务管理 **第6章**

2) 成本优先

会展物流成本是指在实现会展物品的空间位移过程中所消耗的各种劳动和物化劳动的货币表现。它是会展物品在实体的运动过程中，运输、装卸、仓储、配送、加工等各个环节所支出的人力、物力和财力的总和。在会展物流的管理中，要体现成本优先的思想，从而提高会展物流的经济效益。

在实际的操作过程中，需要对会展物流的成本进行标准化管理，主要包括会展物流成本的预算、计算、控制、分析、信息反馈以及决策等。

3) 质量第一

会展物流的质量包括会展物流对象的质量、物流手段和方法的质量、作业和服务质量以及系统工程质量等方面。由于会展活动对物流的要求十分严格，所以，对会展物流整个过程的质量控制与管理必须着眼于细处，对每个细节进行指标性控制，从而保证整个物流环节的高质量完成。

4) 绿色物流

20世纪90年代以来，以可持续发展为目标的"绿色"革命蓬勃兴起，给企业带来了新的挑战，同时也带来了无限商机。绿色物流应运而生。

绿色物流是指，在物流过程中，抑制物流对环境和资源造成危害和浪费，通过对运输、仓储、包装、加工等物流环节的绿色化改造，实现环境的最小影响和资源的最充分利用。

在会展物流中贯彻绿色物流的概念，能保证会展业的可持续发展。在会展物流的运输、包装、流通加工、仓储等环节中输入"绿色"管理理念意义重大。

典型案例

广交会物流服务：运输、仓储和搬运

一、运输、仓储

(一) 参展企业发往广交会的展样品，由组团单位或参展企业在当地组织起运。

(二) 通过铁路、民航和邮局发往广交会的展样品，如需广交会代收，唛头须写明："广交会展样品(第一期或第二期)"，收件地址请详细写明。

1. 琶洲展馆：广州市海珠区阅江中路380号广交会琶洲展馆展样品仓收，代转×××交易团，展位号××，×××公司代表。

2. 流花路展馆：广州市流花路117号广交会展样品仓收代转×××交易团，展位号××，×××公司代表。

请勿以个人姓名为收件人。发货方请详细写明×××市×××路××号、×××公司和发货人姓名及联系电话。发货后请将提货凭证传真给展会服务部仓储科，传真号：流花路展馆 020-26×××59，86×××35；琶洲展馆 020-89××××09 参展商到达广交会后凭提货凭证原件到样品仓提货。

(三) 参展商委托广交会代收的展样品，由外贸中心展会服务部代办接收提货，运输到展馆展样品仓临时仓储，并代垫提货、运输、仓储等费用。

（四）参展单位进场布展时，凭提货凭证自行到琶洲展馆在21号馆负一层展样品提货处和流花路展馆13号馆展样品仓提取展样品。提货前要先缴清展会服务部代垫的提货、运输、仓储费用。

（五）参展商委托广交会代收的展样品，在本届广交会结束后一个月仍未办理提货手续或续存手续的；或参展商在上届闭幕时寄存到本届的展样品，在本届广交会结束后一个月仍未办理提货手续或续存手续的，广交会均视为无主货物处理。

（六）展会服务部可向参展单位提供展样品从展样品仓到展位的搬运服务，收费标准详见附件2-4.7《展品运输、寄存收费标准》。

有关业务查询请电：展会服务部仓储科流花路展馆020-26×××63；琶洲展馆 020-89×××08，89×××66 传真：流花路展馆 020-86×××35，26×××59；琶洲展馆020-89×××09。邮编：流花路展馆510014。

二、展样品现场搬运

（一）广交会统一组织展样品搬运队为参展企业服务，展样品搬运须统一使用广交会组织的搬运工人(凭搬运计费单或搬运作业单进出展馆)。

（二）非广交会指定的搬运人员不得参与有偿搬运。

（三）广交会委托展会服务部负责展样品搬运的现场管理。展会服务部对违规搬运有监督权、处罚权。

（四）参展单位如发现广交会搬运工人有违反规定的，可向广交会现场服务指挥办公室投诉，投诉电话为：流花路展馆 020-26×××66，琶洲展馆 020-89×××05。

三、琶洲展馆展样品现场搬运服务参展商须知

本届广交会，大会采用"事前统一收费，现场统一搬运"的方式组织琶洲展馆展样品现场免费搬运服务，为保障各参展商利益，要求各参展商必须详细阅读下列须知，负责提前做好相关准备工作。

(一) 服务范围与形式

展样品搬运服务范围指已打包完好的展样品(不含特装材料与展示道具)，在展商摊位与其停靠在琶洲展馆的运输车辆之间的现场搬运服务，包括卸、装服务。其中一期：车辆与工程机械(28.0户外展区)、化工与矿产洽谈厅部分(26.0展区)、大型机械与设备(26.1部分展区)；二期：铁石制品(21.0户外展区)等4个展区因其展品特殊性未列入统一搬运范围内，继续实行现场收费作业(收费标准见附件2-4.7)。展商可通过提前预约或直接到现场搬运服务点联系的方式寻求服务。

(二) 服务设点、时间与联络方式

大会在展馆各展厅门口及停车场处均设有服务点，服务时间见本手册第一部分第四章《时间安排》中的筹、撤展部分。展商如需咨询或提前预约，或于其他时段寻求服务的，请拨电话020-89×××08联系。提前预约可按附

件 2-5.1 的表单形式,通过电子邮件 cck-fwb@cantonfair.org.cn 或传真至 020-89××××09 与我方联系。

(三) 服务责任

1. 从搬运人员实质搬运开始,服务责任生效,展商签名确认搬运义务完成后,当次服务责任终止,因搬运人员原因导致展样品损坏、丢失的,由承运商负责按价赔偿。

2. 如展商违反大会规定,如展样品含有危险物品,并引起事故的,由展商承担相关责任。

3. 展商对于服务工作不满意的,可拨打电话 020-89××××61 投诉,投诉时请报展商名称与联系方式。展商与承运商对于服务责任有争议的,由大会展样品现场搬运监督组协调解决。

4. 一般情况下不含搬运服务责任结束后的二次搬运。

(四) 注意事项

1. 展商寻求服务前应做好下列准备工作:

(1) 对展样品作必要的包装与保护,易燃、易碎、防潮、防压、防倒装等样品其包装外表须有相应的指示标识;

(2) 包装外表贴有第102届广交会专用标签("唛头"),标签样式见附件2-5.2;

(3) 事先填好《琶洲展馆展样品现场搬运服务委托单》(附件2-5.1);

(4) 为提高搬运效率,运载展样品的车辆应提前办理进馆车证,进场时尽可能停靠于摊位所属展厅附近停车场。

2. 搬运过程展商须派人监督搬运过程及看管好展样品,私人物品及小件展品建议自行携带。

3. 当筹、撤展高峰期搬运队伍在调度紧张时,承运商将优先安排提前预约的搬运服务,其次按展商现场申报次序及现场作业条件安排搬运作业。

4. 二层展厅的展商如运输车辆无法驶上二层布展通道时,须由承运商统一转运,转运期间须派人配合与监管展样品。

5. 对于确需进行二次搬运的,要求重新填报《琶洲展馆展样品现场搬运服务委托单》,并到搬运服务点办理手续。

(五) 关于集团(团队)运输服务

交易团或集团公司统一组织运输且需由承运商现场搬运的,要求一期于10月5日前、二期于10月19日前提前预约,联系电话:020-89××××08、89××××95。

(六) 关于包装物寄存服务

1. 展商如需寄存展样品包装物可到现场搬运服务点办理手续,费用收取标准见附件 2-4.7。

2. 展商寄存的包装物按大会统一规定的时间直接由"统一搬运"服务承运商直接派发至各展区展商展位,大会将不再单独设立包装物现场发放点。

来源:(中国香港企业商务网)

本章小结

会展物流是一项复杂而艰巨的工作，整个会展物流过程不仅涉及会展物流服务商的选择、展运前的包装和搬运及运输调研工作，而且也涉及运输过程中的保管和报关，以及运达展会举办地区或城市后展品的接受和存储等活动。会展物流商所要做的工作不仅要保证参展商的展品在物流过程中安全、及时地到达展位，而且还承担展会结束后进行回运等工作。在服务过程中，只有采取科学的现代化手段和方法，严密地组织计划安排，进行展品的运输组织和管理，才能保证展品顺畅、及时、安全地从参展商手中运送到展会的举办地点。

复习思考题

1. 名词解释：会展物流、唛头。
2. 会展物流具有哪些特征？
3. 会展服务流程主要包括哪些方面？绘制出会展物流主要业务流程图。
4. 简述会展物流代理服务所要考虑的主要因素和注意事项。
5. 简述会展物流管理的主要环节。
6. 会展物流管理要遵循哪些原则？
7. 试述在物流信息系统的管理中需掌握的基本技术。
8. 阅读下列材料，说一说会展物流供应链的模式。

与一般物流系统不同的是，会展物流系统仅关联到展销产品的供销和运输，而不涉及原料采购和生产环节；由于会展客我关系呈现出的"多对一"状态和展销产品实体的差异，它可能同步运行有多条供应链。因此，传统物流系统的供应链在会展物流系统中被缩短且多线化了，供应链管理理论对会展物流系统管理的适用范围和方式也有相应的变化。

在传统的企业物流系统的供应链中，物流配送中心一般是大中型生产企业或商业连锁企业自有的内部机构，是企业内部物流系统专业化的产物，它按照企业产品或商品的综合特性进行设计，只对企业自身负责，服务口径非常狭小。建设这样的自有配送中心，需要额外成立专职机构并为购买运装设施设备投入大量资金，大大增加了企业的经营管理成本。

相对而言，会展物流系统的供应链中，会展仓储配送中心则具有区域公共性的特质，它与不同参展商及会展场馆之间的信息是多向流通的，在会展活动开始后，它与会展现场之间信息共享，便于快速反应和精确的提货配送。

第7章 会展设计搭建服务管理

本章导读

会展设计搭建,从参展商的角度看,是指为准备展会而在展会开幕前对展位进行设计、搭建、装饰、布置和将展品陈列在展位上的系列工作;从展会的角度来看,是指对展会现场环境进行布置和对参展商的有关工作进行协调和管理。因而,会展设计搭建服务管理既指参展商自身的展位设计搭建管理,也包括展会组织者对会展设计搭建服务管理工作。现代会展设计搭建艺术是指以科学技术为手段,并利用传统或现代的媒体对展示环境进行系统的策划、创意、设计及实施的过程。这就需要在进行会展设计搭建服务管理工作时,必须熟知现代会展设计的概念、展位搭建的特点与要求等基本内容。

知识要点

- 会展设计
- 展示空间的分类及设计准则
- 会展设计的基本流程
- 会展设计的管理要求
- 展台搭建的一般程序
- 特装展位的搭建与布展
- 布展施工的相关规定

7.1 会展设计搭建服务概述

7.1.1 会展设计的概念

会展设计是指在会议、展览以及节事活动中,利用空间环境,采用建造、工程、视觉传达等手段,借助展具设施、高科技产品,将所要传播的信息和内容呈现在公众面前。其中包括展台设计、空间布局设计、平面设计、照明道具设计以及相应的展馆设计等。

会展设计是科学与艺术的结合。科学性表现在会展设计中有科学知识与技术手段的更新,同时也包含如何以市场为依据,以创意为中心、以促销为目的的方法和过程。艺术性则表现在必须以美的形式作为设计原则,以恰当的、合适的展示形式来表达主题内容。艺术性不是随心所欲、简单地堆砌,而是根据参展商意图与展品特性的认识、了解,借助当今科技手段,通过一定形式的研究探讨并进行艺术的升华,创造出一种和谐统一、震撼人的气氛。

会展设计是一种对观众的心理、思想和行为产生重要影响的创造性设计活动。会展设计在会议、展览、大型节事活动中的地位和意义越来越突出。

会展设计具有互动性的特点。人们在展示空间中的行为特点是"流动——停留——流动"的动静相间方式来观赏展品或接受信息，会展设计利用直观的表达手段吸引观众参与。在其突出的感染力下，使观众受到思想、文化、科技、审美等多方面启迪。

现代会展设计在理念上更关注展示空间的定位问题，一般是将展示空间分为4个层次，如图7.1 所示。

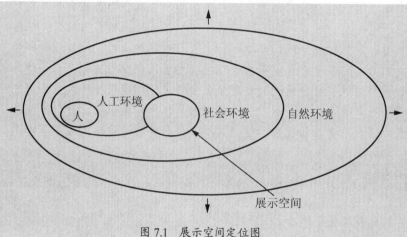

图7.1 展示空间定位图

在展示空间的4个层次中，人是最中心的地位；与人关系最密切的是人工环境；再一层是社会环境；最外一层是自然环境。可以说，展示空间是采集人工环境与社会环境诸多信息，并渗透着设计师思想理念的一个特色空间。

在充满竞争的、五光十色的环境中，观众对展台的第一眼最关键，这一眼决定展台是吸引了这个观众还是失去了这个潜在的客户。

有设计师称：会展设计的第一作用是吸引观众注意，并产生兴趣；第二作用是吸引参观者走进展台，仔细观看展品。在展会上，参观者对展台人员在走道上主动邀请参观的行为大多会本能的拒绝，因此，要靠展台的设计和布置吸引观众，这就需要用具体的手段表达抽象的思想，需要有创意的设计。

可以说，会展设计工作是筹办展会的主要业务之一。展台设计的外观效果在很大程度上影响展出工作的效果。参观者对参展企业的第一印象是从展台外观设计得来，这种印象会影响参观者对参展企业的态度和行为。同时，优美的展台设计能给展览营造一种令人赏心悦目的氛围，有利于参观者走进展台参观、洽谈，同时也有利于展台工作人员高效率地开展接待、讲解、洽谈、记录等展出工作。

7.1.2 展位设计的类型与展台搭建

1. 展位设计的类型

展会中的展位设计主要有以下几种基本类型：岛型展位、排式展位、半岛型展位和环形展位等。

1) 岛型展位

岛型展位的四面都与过道相连接，没有毗邻的展位，也没有其他类型展位所必须遵守的种种视线限制。岛型展位通常由 4 个或 4 个以上的标准空间组成。岛型展位的高度原则上可以高达展厅天花板的高度，不过，在实际展览中，展会主办机构对最高高度一般都有一定的限制。

2) 排式展位

排式展位也可称作标准展位或直线展位，这是一种经济、成本效益较好的展位方式，一般面积为 3m×3m、3m×4m、3m×5m 等，它是由朝向相反的两列展位背靠背排列而成。展位的一面或两面面向通道。参展商可以同时租赁毗邻的多个展位。排式展位的后墙一般都有高度限制，以保持所有展位的统一，不至于相邻的小型展位被大型展位所遏制。为了给每个参展商都提供一个合理的、没有任何障碍的视角，标准展位在其高度，包括展位前半部分的管道和帷帘都做了限制。

3) 半岛型展位

半岛型展位三面与过道相接，通常有 4 个或 4 个以上的标准展位(3m×3m 展位)空间。半岛型展位实际上由一个岛型展位和一排标准的排式展位组成，通常位于一排展位的尽头。对于普通标准展位的限制条件同样适用于半岛型展位中与其他参展商展位相邻的排式展位，其余展位则参照岛型展位的规定。

4) 环形展位

环形展位基本上和标准展位相似，只是后墙和侧翼的高度略有不同。许多参展商会对环形展位额外允许的高度加以充分利用以达到吸引观众注意力的目的。由于环形展位是沿墙搭建，所以虽然它的高度略高于其他类型的展位，但一般不会影响附近展位的视线。同样，环形展位前半部分的设备或装置也有高度的限制。为达到展馆整体的视觉效果，边杆的高度也有限制。

除了以上提及的几种展位类型外，在实际的展位设计搭建中，也非常强调创新，只要不违反展会搭建的有关规定，有创意的展位设计与搭建通常是参展商所极力追求的。

2. 展台搭建与管理

展台搭建是会展设计的施工阶段。

一般展会对展台搭建的进场与现场作业都会有严格的管理，如进场登记与报到、音量管理、演出申请管理、展位配置标准等。

进场搭建前，展会主办机构会以参展商为单位配发印有单位名称、姓名和职务等的胸卡。胸卡可以在布展搭建、展览、撤展期间通用，无胸卡者不能随意进入展馆。展会办公室将给预先登记的人员寄发胸卡，并且有一定的数量限定，见表 7-1。

表 7-1 一般展位胸卡限量

展位类别	胸卡数量	备注
3m×3m 标准展位	3 个/展位	各参展单位按限定数量申请登记，超过规定数量，每个需交纳一定工本费
3m×4m 展位	4 个/展位	
光地特装展位	2 个/9m^2	

参展单位持有展会办公室寄发的"报到通知书"原件和展会胸卡报到,报到时须核对以下材料:布展通知、撤展通知、会刊、参展人员卡套等。

展会搭建与布展在配置上都有一定的标准。

(1) 3m×3m 标准展位配置如下。

楣板:中英文参展单位名称楣板。

地面:9m² 地毯。

家具:1 个锁柜,2 把折椅,1 个纸篓。

灯具:位于展架上方的 2 盏射灯。

电源:1 个插座(13A/220V、5A 保险丝)。

(2) 3m×4m 展位配置如下。

楣板:中英文参展单位名称楣板。

地面:12m² 地毯。

家具:1 个锁柜,2 把折椅,1 个纸篓。

灯具:位于展架上方的 3 盏射灯。

电源:1 个插座(13A/220V、5A 保险丝)。

随着我国企业越来越多地走出国门参加国际展览,参加国际展的展位搭建问题越来越受到重视。有些企业可以在一年时间里,在全球都使用统一的搭建,但我国的企业目前还很难达到这一标准。不过,在展位搭建方面,我国企业保持自身展位内部布置的持续性、统一性还是可以做到的,比如使用统一的企业宣传画及相近的布局等。

3. 展示空间的分类及设计准则

1) 展示空间的分类

(1) 大众空间。大众空间也可称之为"共享空间",是供大众使用和活动的区域。应该有足够的空间让人们谈话和交流看法而不影响其他参观者,还应当有提供资讯、信息、餐饮的空间,以及要注意边界效应的视觉处理,公共空间的空间尺度等。例如:应当为人们的安坐小憩做出适当的安排,否则,这个展示活动就会缺少人性化。

(2) 信息空间。这是事实上的展示空间,是陈列展品、模型、图片、音像、展示柜、展架、展板、展台等物品的地方,展厅里是实现展示功能的场所,处理好展品与人、人与人、人与空间的关系是十分重要的,所以必须注意人体技测和大小尺寸。信息空间是为参观者设计的,对参观者来说,途径和目标是最重要的。

(3) 辅助功能空间。这种空间是指参观者看不到、摸不到的地方,具备以下功能。

① 储藏空间:许多临时性的展示活动都发放一些简介性的小册子、样本和样品给参观者带走,考虑它们的储藏地方是很重要的。

② 工作人员空间:很多展示会都设有为管理人员准备的小房间,他们可以在这里放松一下,整理衣服,喝杯咖啡。不管这个空间有多大都没关系,但是绝对不可缺少。总的要求是区位要合理,出入口要隐蔽。

③ 接待空间:这个特别的空间是为接待一些很重要的参观者而设,在这里招待一些饮料或者放映一些录像片等,为商业客户服务。在正规的展览馆里,这一部分往往是作为展示建筑功能的一部分而固定的。但是在大多数临时性展示会里,特别是在经贸展示会里,

一般需要临时搭建，被用作接待贵宾和贸易洽谈之处，常被安排在信息空间的结尾处，用与展示活动相统一的道具搭建，要求与展厅风格和谐统一。

2) 展示设计的准则

(1) 空间配置与场地分配。空间配置与场地分配是具体设计实践首先遇到的问题，同一个展示会中的不同展品或不同的参展单位在整个空间中所占的空间位置、大小是按照什么原则进行配置的呢？

通常展会按照展品的内容进行场地划分。在空间配置上同一场馆也会根据特性和标准展的空间安排和划分。例如：第七届上海国际工业技术博览会分为 7 个馆，每个馆都是不同的主题。在每个馆中又根据内容分割成不同的大小空间、交叉空间、共通空间、相邻空间、分离空间。

(2) 时序与动线。所谓动线，就是观众在展示空间中的运行轨迹。而时序则是总的动线，即决定经过各大展示空间时间顺序的线路。观众空间移动的前后次序的经验可当作时序空间关系的基础，体验展示空间的前后次序，是从展示建筑物入口之前开始的。无论是博物馆还是展览馆，一般是按照动线去组织展示空间的。依据有 3 点：一是根据展品内容相关性；二是尊重展示建筑的空间关系并尽量与之保持和谐；三是空间配置、动线计划、平面规划、空间构成在操作实践上是分不开的，是同时考虑一并处理的。动线计划的要求也有 3 项：一是明确顺序性；二是短而便捷；三是灵活性。

由点产生动线。在动线的构成中，有端点和节点之分。所谓端点，即出口、入口之处；所谓节点，即观众移动中需作选择、判断之分歧路径的连接处，围绕端点或者节点去安排动线，会有很多变化、会产生许多动线造型，如放射状、多核型等。

4. 会展设计与搭建人员的素质要求

会展设计与搭建作为一种实用的、以视觉艺术为主的空间设计，需要设计搭建人员投入大量的精力，深入细致地了解参展公司和展品以及相关信息，精心策划、安排场地布局、与众不同的设计搭建展台，以富于创造性的艺术表现手法来满足参展商和展品布置的要求以及观众的观赏欲望。

展示活动的实施是一个由诸多环节组成的系统工程。会展设计搭建人员，尤其是负责总体设计的设计师是展示设计搭建实施的主导者，在决定展示活动的组织、整体的艺术效果、空间布局、表现形式、艺术品味等方面担负着关键职责。因此，对设计搭建的专业能力和素质要求也很高。其主要要求有以下几点。

1) 良好的艺术素养

会展设计搭建人员要有良好的创新意识和开阔的艺术思维能力和鉴赏力，关注国内外展示艺术和其他相关艺术的发展动态，了解视觉艺术的历史发展和艺术风格、流派的演变，善于捕捉新的艺术思潮和动向。还应具备相当的文化修养，对艺术有较好的欣赏能力和鉴赏水平，以便从各类艺术中汲取营养，启发展示创作灵感。

2) 专业艺术设计知识和创造艺术能力

展示设计与搭建是一种艺术设计综合性的创造表现。设计师对空间环境的组织和处理是首要的，特别是大型、超大型的展示空间设计。因此，相关人员要具备空间环境的基本认识和设计想象能力，掌握与展示设计有关的建筑、室内设计知识，了解与此相关的法律

和规范，如有关的消防和安全规范。

就展会搭建来说，设计搭建人员必须明确其场地面积、形状、地面负荷、屋顶高度、电线、电灯的高度、屋顶结构和承重量、有无用于悬吊的设施等。要注意日光照射情况，是否影响灯光效果，有无射进的阳光，能否遮拦。了解有无电、气、水、压缩气、排气、空调、电器设备接头以及电压、周波、电流量。还必须了解展会对展览内容、规模、展品、展台、道具等有无限制。展览道具是否必须经防火处理，有无高度限制等。了解展品的尺寸、数量等细节，以及是否易燃、易碎等特性。了解展品的可看、可听、可触、可嗅、可尝性。展品必须事先让设计师知道，若有挑选工作，最好让设计师参与。如果设计师不能见到展品，也要提供尺寸、照片。

3) 对新技术的了解和认识

展示设计艺术在新的技术、新的发明之中吸取源泉，在不断吸收采用新技术、新工艺、新材料之中获得发展。要在设计中达到创新的要求，没有对新技术、新发明的敏感，是难以应对时代发展对展示设计提出的挑战和要求的。

例如，多媒体设计艺术在现代会展会被越来越多地运用。多媒体设计其实也就是把技术与艺术相结合，将文字、图像、动画、音乐、音效、视频、计算机编程等技术融于一体的设计。掌握这一技术对会展设计与会展虚拟搭建来说将是一场革命。

4) 公关协调能力和合作意识

展示设计与搭建是一项涉及多种专业技术和社会层面的工作，必然要与各种相关的人员打交道。在市场化日益发展的今天，现代会展设计搭建人员应该具有经营和服务意识。设计人员使用自己的设计作为服务产品，因此要善于与外界沟通，推销自己和自己的设计意图，赢得他人的信任。一项设计工作，往往需要诸多专业人员的通力合作，尤其是大型展示项目的设计搭建负责人，应该具有良好的组织能力和公共关系协调能力，善于统筹规划、协调各部门、各环节的工作进展，有较强的人际交往能力和合作意识。

7.2 会展设计的流程与管理

7.2.1 会展设计工作的几个阶段

从时间上来看，会展设计工作包括接洽、设计、签约、制作、现场施工以及撤展等阶段。

1. 接洽阶段

在这个阶段，设计人员应了解客户需求，提供相关专业咨询，帮助客户进行现场参展方案的综合分析；必要时可以上门拜访客户，了解客户需求，提供相关专业咨询；取得客户参展相关资料；明确设计图交付日期。

2. 设计阶段

在达成初步的意向后，结合客户文化理念、环境因素、团队架构、社会职责以及参展预算等相关信息，设计出布展优选方案，提供实际空间模拟现场效果图，材质标准及工艺说明等供客户选择。

3. 签约阶段

这一阶段主要是同客户确定工程价格，明确客户的相互配合要求，最终签订合同。

4. 制作阶段

制作阶段所要完成的主要工作有：根据部门工作单完成制作及准备工作；安排客户到设计场所实地察看制作及准备工作；完成主办、主场、展馆等相关工作的各项手续。

5. 现场施工阶段

这一阶段主要工作有：现场展位搭建；处理现场追加、变更项目等工作；配合客户展品进场；客户验收。

6. 展会期间及撤场阶段

这一阶段主要工作有：配备专业服务人员，安排展会期间现场应急服务和增值服务；配合客户展品离场。

7.2.2　会展设计的基本流程

会展设计不是简单的设计一个展台，它是一个系统工程。设计本身位于系统的中下游，设计人员在进行设计时需重点关注除自身设计以外的因素和互动。

1. 接受项目订单，明确设计内容

项目是展示设计公司生存和发展的源泉。接单的同时，项目负责人和设计总监必须明确设计的内容、实现的目标，这是同客户良好的沟通、交流、互动时重要的第一步。

2. 制定设计计划

制定正确而合适的设计计划往往会提升设计的效率和服务的品质。以下几点需注意。

(1) 明确设计内容，客户是否有特殊的要求，要求是否有限定的条件。例如，展馆的限高和设计方案是否冲突。
(2) 确认项目过程的节点。需同预算和施工要求同步计算。
(3) 充分估计每个节点所需的时间。包括不可抗拒力所花的时间，需在合同中注明。
(4) 充分认知每个节点、要点设计的重点。是否有不可操作性。
(5) 在完成设计计划后，应将设计的全过程的内容、时间、各段目标制成计划表，在客户确认后，按计划执行，遇未尽事宜，应及时与客户协商解决。

3. 目标问题提出，发现设计问题

设计是一个系统工程，涉及客户需求、行业特征、企业文化、审美、技术、材料等一系列的问题，以上因素因客户而异。因此，设计师的判断力尤为重要，设计师的阅历和知识结构同样会影响服务的品质。

4. 提出目标提案，分析目标问题

提案是客户审核设计公司的设计意图最初的评价载体，也是设计师对客户意图的初步定位和设想。针对提案本身，双方应对方案进行深入的分析和评估，为下一步提交形态的草案做好准备。

5. 展开设计研究，加减设计方案

作为展示设计师研究的对象，展示的构成不单是由某个单一因素决定的，而是一个系统。在充分分析目标问题的基础上，对目标项目展开设计研究决定了项目服务的品质。

通常情况下，应遵照以下要求。

(1) 目的明确。不同行业、不同客户的市场研究的内容是不同的，设计开展前，针对性强的研究内容可以大大地提高工作效率。

(2) 内容完整。设计调研是设计的依据，有效的内容可以帮助设计师正确地判断设计的方向。

(3) 适时性。研究的内容要适时、可行。

6. 提交设计草图，集中方案评估

1) 提交设计草图

设计草图是设计师将自己的想法和对目标项目认识展开的一种过程，是创造性思维由抽象到具象的具体体现。它是设计师对目标项目认知、推敲、思考的过程，也是发现问题、分析问题、解决问题的有效手段，是设计公司内部设计师交流和概念提出的快速方法。

在设计草图的画面上常常会出现文字的注释、尺寸的标定、材料的选择、颜色的推敲、结构的展示等。这种理解和推敲的过程是设计草图的主要功能。

2) 集中方案评估

方案评估的基本手段在最初时往往是大量的草图。尤其是思考类的草图凝聚着设计师对方案的理解和认识，从草图中可以发现设计师思考的过程和创意。同时，委托方可以通过草图和设计师充分地沟通和互动，提出对方案的建议和改进的方向，使方案在评估的过程中得以明确。

在评估过程中，应注意安全性、创造性、经济性以及人机要素等原则。

7. 明确设计方案，深入优化设计

明确方案后，设计师可以在较小的范围内将一些概念进一步深化、发展。可以通过草图细分，对某些细部单独作多项设计，也可根据某项要求，作多种设计方案，或在原方案的基础上优化改良。

8. 提交效果展示，制作三维草模

在设计范围基本确认以后，用较为正式的设计效果图给予表达，目的是直观地表现设计结果。效果图是快速表达方案近乎真实、实际的一种方法。

展示设计效果图分为方案效果图、展示效果图以及三视效果图3种。

三维草模是在方案的基础上进行立体表现的一种方法。通常按比例、尺度制作。制作的材料可根据具体设计挑选。

9. 集中方案评估，人机色彩分析

在这一阶段，效果图和草模具备了初步评估的条件，这一阶段的评估重点在于设计的形态，材料的合理性，空间尺度的科学性。在这一基础上，需对人机、色彩设计在实施中的应用予以考虑。

10. 确定设计材料，方案可行评估

二次评估后，材料的选择是体现设计和施工开始前预算必不可少的重要的步骤。材料的选择需考虑以下因素。

(1) 材料对设计方案的形态和结构产生多大程度的影响。
(2) 设计提出的功能和结构的技术性材料能否满足。
(3) 有无制造上的问题。
(4) 制造成本。
(5) 安全上有无隐患。

考虑设计方案时，功能和材料的问题不容忽视，通常展示的功能和材料直接影响到设计方案。这就要求设计师需重视材料的性能、加工工艺、成本的性价比等因素，在施工方面反复考虑，寻求最佳的材料进行实施。

11. 修改设计细节，确认设计方案

细节体现设计的品质。细节体现在两方面：设计细节和施工细节。设计上又分为功能和形态，对"人－展示－展示环境"三者在功能上设计的人性化、细节化提升设计的品质，对方案的施工在设计执行阶段的严格把关同样也可大大提升设计的品质。

12. 绘制展示制图，模型沙盘展示

设计方案最终确定后，就可进入设计制图阶段。设计制图包括三视图、施工图等。图的制作需严格按照国家标准执行。以上步骤都完成之后，即可提交设计方案，进行实施。

7.2.3 会展设计的管理要求

1. 会展设计管理总体安排

会展设计的管理主要工作有以下几点。
(1) 成立筹备组，筹备人员分工。
(2) 制定工作方案。
(3) 制定工作日程。
(4) 制定费用预算。
(5) 确定合作者，商量分工、落实方案、签订协议。
(6) 召开筹备人员会议。

2. 管理要点

会展设计管理的战略目标是取得展会服务总体目标的完成。它体现管理者个人领导、情绪智力和与内部传播的管理相互合作。从管理的操作型功能来看，要点主要有以下几点。
(1) 把会展设计愿景转化为会展项目设计说明的过程管理。
(2) 选择外部的设计机构或个人、指定设计师。

(3) 管理设计项目的预算、评估设计成本、减少设计成本。
(4) 针对企业目标的理解与设计师沟通管理。
(5) 建立对会展设计价值评估的标准等。

3. 基本要求

会展是一种视觉艺术，展台的设计与搭建更是考验设计师与管理者的水准，必须有条理地指挥设计施工人员，用合适的材料，通过对色彩、布局以及灯光等元素的处理，让客户的产品与理念得以完美呈现。有时，事情细到螺丝钉该用什么颜色都要亲自去监督，以保证效果的完美。

会展设计管理者还必须考虑：所有的设计要如期搭建完成，展厅几天后就要被拆除，因此，究竟怎样才能少花钱多办事呢？——几乎所有的客户都要向会展设计管理者问这个问题。

人们可以将会展设计管理的基本要求概括为 4 个字，即"速、准、精、密"。

(1) 速：强调效率是行动之本。
(2) 准：准确领会客户需求，并准确把握策略方向。
(3) 精：设计精美，制作精良。
(4) 密：拥有独有的设计。

会展设计师的主要工作内容包括：分析标书应招、分析展出资料、设计各类标准展位及特装展位、建立项目工作组、监督施工质量达标情况、实施展会过程监督、核算项目经费等。优秀的会展设计师应该能运用现代设计理念，从事大、中、小型会展，节事活动空间环境的展示设计、施工并提供具有创造性和艺术感染力的视觉化表现服务。会展设计管理者除了在艺术创意与实施中全程把关，还必须与平面印刷、喷绘制作等公司合作，对设计人员作设计、施工等全方位的培训，带动团队整体水平的提升。

7.3 展场搭建的操作与管理

7.3.1 展台搭建的操作与要求

1. 布展工作的内容

会展的布展工作主要包含以下几个方面的内容。

(1) 根据展会总体设计对各参展商空间安排的要求和整体布局，首先组合安装会展空间主体构件，如搭建摊位、构架、吊挂展板等。有时，展具是同主体构架同时进行安装施工的。
(2) 安装布置各类展具，并进行清洁和适当的装饰。
(3) 铺设照明线路，安装照明设备，粘贴装饰材料，并安排标牌、标志、文字、图形等。
(4) 会展展品的布置应按照先上后下、由后向前、先高后低、从里及外的顺序。
(5) 展品布置完后及时进行检查和调整。

2. 展台搭建的一般程序

展台搭建可以说是整个会展设计中最为重要的一部分，现场搭建施工的好坏决定了项目设计是否能得到最终的实现。按展台搭建工作先后的顺序，其主要流程有图纸审核、办理搭建手续、熟悉时间安排、现场施工等。

1) 图纸审核

通常每个订购光地的参展商都必须在规定时间内随同指定搭建商申请表提交一份最终的展位设计图，以供当地消防部门及展馆进行审核。而双层展台的搭建需要审核批准，所有双层展台设计图必须经由资质的设计师签章。

2) 办理搭建手续

为了场馆方便管理各搭建商和参展商，有效控制展馆人数，搭建商必须在规定时间内办理搭建手续，如办理搭建工作员工证件等参展商进场搭建、展览期间以及退场期间进入展馆的通行证。并在规定时间内完成展台搭建工作，同时得到场馆工作小组的安全检察，如需整改的，必须立刻按照场馆要求整改。

3) 熟悉展览搭建时间安排

为了展馆的统一管理，通常在展出前 3 天安排搭建商统一搭建，值得注意的是展馆通常每天提供 10 小时供搭建商搭建，搭建商如需加班搭建，必须在当天向展览现场管理办公室提出申请，并按照展馆的规定支付加班费。

作为展台搭建商必须从方方面面掌握相关的展览资料，并根据客户的要求设计独特、醒目、给人印象深刻的展台。在搭建前，必须掌握展览时间的安排，充分利用时间，将图纸转变为实体。从而给参展商提供更多对外宣传的舞台。

4) 现场施工

一般在搭建中客户也会在现场布置展品，此时最好具体负责该项目的业务服务人员能到现场陪同，如有必要，设计师也可以到现场监督施工，并同客户即时交流。尽管实际的效果不能马上体现，但是很多客户希望能得到这样的服务。如果业务人员确实有原因不能在现场，应该把负责搭建布置的联系人介绍给客户。

展场布展都有施工规定，这些要在施工图上或做施工交代时说明。现场要有清洁工，随时清扫。由于现场很乱，容易出工伤事故，因此要尽量保持现场整齐。

展台材料很多是租用的，道具、花草也可以租用，要叮嘱道具公司按时将道具送到展场，拆包、放置时应予以监督。若有贵重物品和易损物品应小心拆箱、放置。若有贵重物品，要考虑安排保卫人员。

现场施工程序是：铺设电线管道；铺设地毯，并用厚塑料布覆盖，等到开幕前割开；若是双层展台，由金工施工；木工搭展架，电工拉线，水暖工接水；漆工油漆。

现场中经常会有一些设计中本身没有预料到的情况出现，而且客户也会临时提出一些要求。如果是由于公司本身的原因造成的，应即时进行更改，如果是客户额外提出的，应首先保证满足其合理的要求，同时对追加的部分要求客户签收补充到总项目款项中。

施工完毕，垃圾清扫完，地毯上的塑料布被割除，这时才是展台人员到场的时间。资料开始放上问询台或资料架。

实践中往往是先把展台结构布置好以后再安排展品入场的，现场的工作人员一定要注意为客户服务,配合其展品进场。

所有的搭建工作完成后,要进行展位的卫生清洁,直到客户验收完,确保次日的开幕。(应注意有些时候自己展台搭建完成得较早,所有工作都结束后,大家都以为没事了,但隔壁展位的施工会造成展台卫生和展品摆放等受到影响。)

5) 展会期间现场应急服务和增值服务

在开展期间,主要是客户的接待工作,但很多时候会需要对展台进行维护和临时配置东西。应有业务负责人员在现场进行应急服务。从客户方来讲,他很是希望能够在展览期间有搭建公司的人在场,能够有需要的时候随时可以得到解决。客户在现场的工作人员应该有搭建服务人员的最直接的联系方法。

增值服务方面可以很广泛,有些搭建业务人员在现场帮助客户做接待工作,外语水平好的可以充当翻译服务,甚至可以帮助客户发送资料、安排客户间见面等。

6) 配合展品离场和现场拆除

展会结束后,搭建商应首先配合客户把展品撤离现场,再进行展位的拆除,如果客户对有些材料需要再次使用的,应帮助其打包运输;如果是需要保存的,应注意拆装。

7) 费用结算

完成工程后,应及时进行成本结算,向展馆或主办方退回事先预付的电箱申请、通信押金等费用。

7.3.2 特装展位的搭建与布展

光地特装展位不提供标准展位内的配置,参展单位可选择自行搭建或委托搭建单位对展位进行装修。在进行特装展位的搭建与布展的时候,参展单位或搭建单位需要在展前将展位平面图、效果图、电路图及防火建筑材料说明寄送至展会办公室,由展会办公室汇总后交展馆和安全消防部门审查。如需修改图纸,则由展会办公室将上述图纸中的一套交还给参展单位或搭建单位,并指明需修改出。参展单位或搭建单位在收到图纸的 10 个工作日内完成修改,并重新提交展会办公室。未经审查同意的展位将不授给施工证,不允许施工。

光地展位的布展以不阻挡周边展位视线为原则。通道对面有展位的,不能在距离展位边缘 3m 以内树立高度超过 1.8m、宽度超过 3m 的展板。

两家以上参展单位共用一块光地的,搭建高度不得超过 4.5m,并须与相邻展位进行协商,统一搭建高度。与标摊毗邻的光地展位,搭建高度不应超过 2.5m。

展馆限高通常在 8m 以下,在光地上搭建二层展台的参展单位,须经由省级设计资质的设计部门设计,并由有省级施工资质的施工单位施工。二层展台需交纳实际占地面积 2 倍的展位费,未申报的二层展台一律不准施工。双层建筑的设计、搭建及拆除方案必须在进场前向展会办公室申报。

7.3.3 布展施工的相关规定

一般来说,在进行展位的施工搭建时,设计、施工人员必须对各展馆的具体管理规定和限制等予以了解,并遵照执行,以免工作被动、失误。常见的相关规定有以下几点。

(1) 展场及展馆的公共场所均由主办方、组委会负责统一规划、总体设计、布置,欲在展位外或室外做宣传广告的单位请提前与会展中心联系。

(2) 展位特装修的参展企业，应保持柱子、地面、顶棚、墙面等完好无损。

(3) 各展团的布展必须在本展团的展位面积内进行、不得占用公共通道进行粘贴广告，拉横幅、摆放桌椅、展品、散发宣传资料等。

(4) 在展馆内布展，最高点一层不超过8m，二层不超过6m。

(5) 严禁在展板、展架、原建筑物及原有设施上钉子、凿洞、刻划、粘贴、油漆和使用不干胶，如有损坏照价赔偿。

(6) 展厅内所有立柱灯箱广告位不能随意遮挡，否则按广告发布价格收取费用。

(7) 特装展位须向主办方、组委会缴纳"展台特殊装修施工管理费"。

(8) 主办方、组委会搭建的标准展位及内部设施不得擅自变动拆除挪作他用，不得随意搬拉外展位桌椅设施为己用，如有变更须报展览部批准。

(9) 参展团的布展方案(含平面图、立面图、电位图和效果图)应按主办方、组委会规定时限报送展览部审核后方可实施。需改动标准展位者，须提前通知展览部，不可自行改动，过期改动收取相应的费用。

(10) 租用道具，须在会前向展览部申请。展位需另增加电器设施及电视、录像机、冰箱、照明等电器，费用另计。

(11) 提前进场施工、布展期间加班须提前到会展中心展览部办理加班手续。

(12) 展馆展场进出口、安全通道及消防设备电源开关前，严禁停放车辆、放置广告、宣传、参展物品等。

(13) 展馆一楼展厅地面负荷不得超过 $1.5t/m^2$。

(14) 展品由参展商在起卸区内的货梯保证垂直运输，严禁用客梯和自动扶梯载运展品。

(15) 展馆内严禁吸烟，明火作业，不可携带易燃、易爆、腐烂变质、放射性和有毒物品进入展馆。

(16) 回运展品包装物，可向展览部申请办理临时寄存手续。

除此之外，在展览设计、施工前，设计、施工人员还必须明确有关人流、消防、展品、色彩、音量等方面的规定与限制。很多国家(尤其是发达国家)规定，展场员工必须是工会注册工人，不允许参展企业自己动手。还有的展览会要求参展企业将设计送审，并要求参展企业在施工前办理有关手续等。

典型案例

2010年世博会中国馆展示设计

世博网2009年8月20日消息：今天上午，记者从中国馆(如图7.2所示)展示设计主创人员媒体见面会上获悉，展示总设计师由中央美术学院院长潘公凯担任，中央美术学院城市视觉文化研究中心主任、教授黄建成任展示设计总监，中国台湾知名策划人姚开阳任展示创意总监，著名导演陆川任展示影像艺术总监。

图 7.2 世博会中国馆

"水元素"贯穿中华智慧

"一幅放大数百倍的清明上河图、一段轻松明快的骑乘体验、一部纵观上下千年的史诗大片、一条以水元素贯穿的展示路线……"万众瞩目的上海世博会中国馆展示方案揭开"神秘面纱"。

上海世博会中国馆筹备领导小组办公室常务副主任、上海世博局副局长陈先进表示,随着 9 月底中国馆建筑的全面交付使用,布展工程将全面展开。中国馆预计每天能够接待 5 万名观众,为了节省大家的排队时间,预约将是最主要的途径。

据悉,中国馆展示内容将从核心展示、动感体验、未来畅想 3 个层次演绎"城市发展中的中华智慧",以"水"来贯穿 3 个楼层的展示,让观众在馆内体验上下五千年。而中国馆的展示区域主要分为 3 层,分别位于中国馆 49 米层、41 米层和 33 米层,展览面积约为 15 000 平方米,游客如果全程参观需要 45 分钟左右的时间。

45 分钟体验上下五千年

展示总设计师潘公凯透露说,参观者最先到达的是顶层——49 米层,"发展"和时空转换是这一层的关键词和特色。这里将设有一个超常规的多媒体剧院,让观众首先感受到当代城市化进程的巨大规模和宏伟气魄,并且展示在这个史无前例的中国城市化进程中中国人的建设热情和对于未来的信念。从电影院出来,参观者开始回溯历史,以一幅放大了数百倍的《清明上河图》来展示 1 000 多年前世界上最大的城市汴京的繁华与生机。然后从历史转入现代,用意象化的绿色植物建构出一个梦幻的绿色环境,其中还穿插新老城市人在同一屋檐下和谐相处的影像装置,以体现未来中国城乡一体的理念。

随后,观众将来到 41 米层的体验展区,参观者在这里将坐着轨道车游览,享受 10 分钟的轻松之旅(如图 7.3 所示),沿途观众可以看到中国城市营建的智慧,如木结构建筑、石桥、斗拱、砖瓦、园林,富有诗情画意的展示,让人心旷神怡。

最后一站是 33 米层为功能展区——《绽放的城市》,基调为白色,设计简洁、高雅、充满现代感。设计师利用内装修的流线型造型和光影变幻来营造一个充满未来感的舒展的空间，重点展示中国人如何通过生活的智慧面向未来城市化挑战，为实现全球可持续发展提交一份"中国式的回答"。

图7.3　中国馆智慧之旅效果图

特别影院诗意展现中国城市化建设

记者了解到，中国国家馆展示设计工作经过了概念设计、优化和深化3个阶段。所有的展品、展示方案都是精挑细选、百里挑一。

著名导演陆川向记者介绍了他为中国馆特别拍摄的影片，陆川表示非常荣幸能够成为世博会中国国家馆影片的导演，世博会是一个向世界展示中国文化形象的窗口。影片时间在8分钟左右，将会用诗意的风格展现改革开放30年来中国的城市化建设。

陆川透露说，中国馆内的多媒体剧院将采用超常规设计，影片也将采用最新的后期处理技术，呈现的不完全是现实生活中可见的影像。他还告诉记者，制作团队的成员都是一批拥有制作好莱坞大片经验的华人，演员方面他倾向寻找一些新的面孔。

作为新一代导演的领军人物，陆川的电影在广泛的观众基础和深邃的艺术思考之间寻找平衡，从影8年以来，自编自导拍摄的3部影片，每部均引起巨大反响，并获国内外大奖。陆川导演还曾担任2007年上海特奥会开幕式艺术总监和开幕式宣传片总导演。

本 章 小 结

会展设计搭建服务与管理是展会现场的重要工作，优秀的展会组织者都会对这一工作做好系统全面的服务与管理。会展的设计与搭建是参展成功的重要因素，这其中，展台可以说是一个企业的名片，展台的大小、设计、外观要努力做得漂亮，符合竞争标准，才能使企业在展会中立于不败之地。未来展会评价一个展台是否成功的标准不是看它是不是华丽、奢侈，而是看它所显示的沟通能力，看它所表达的概念，看展台所确定的功能性和展品本身的内涵。优秀的展台设计与搭建必须完成两个任务：一是所设计的展台模式和展示内容必须尽快被观众识别出来；二是必须赋予展台和参展企业一种精神形象。这一方面要求展台设计与搭建必须有创造性；另一方面，展台设计与搭建与管理人员也必须要有较高的专业素质与职业素养。

复习思考题

1. 名词解释：会展设计、时序与动线。
2. 会展设计的基本流程是怎样的？
3. 一般展会布展施工都有哪些规定？
4. 简述展示空间的分类及设计准则。
5. 简述特装展位的搭建与布展问题。
6. 展台搭建可以说是整个会展设计中最为重要的一部分，试述展台搭建的一般程序。
7. 试述会展设计的管理基本要求。
8. 企业参展，往往不吝斥巨资请展览公司度身定做特装展台，以期展示自己的实力，取得特殊的效果。而欧美国家，特别是德国的参展企业则往往比较重视使用新的循环展台材料来打造展台。参展企业的要求越来越高对于搭建公司来说，挑战也越来越大。阅读下列材料，分析广州广展展览设计有限公司的展示设计搭建经验。

搭建：从"仰视"到"平视"

在展览的链条上，搭建公司一直处于产业的下游。如何能够让自己的设计、搭建出的展台让参展商满意，并形成长期的合作关系，是很多搭建公司迫切要解决的问题。

2007年7月6～9日，素有"亚洲第一建材展"之称的第九届中国(广州)国际建筑装饰博览会在广州中国进出口商品交易会琶洲展馆举行。展会现场，由广州广展展览设计有限公司(以下简称"广展")搭建的6个展台吸引了众多买家的目光。据了解，这6家企业都是"广展"的长期客户，合作时间约在5年左右。另悉，在展会刚刚结束，"广展"下届建博会的搭建订单已经到手。透过"广展"这个搭建行业的切片，或许人们能够品出一些独特的"味道"。

1) 设计　创新不断

由"广展"负责设计、搭建的"摩登五金"的展台，多次重复几个简单的色彩元素，给一种强烈的视觉冲击；多个长方体平面排列、空中重叠，将展商的展品恰到好处地融入到展台中，融入到二层平台中。这个展台不仅得到了展商的高度赞誉，而且吸引了很多买家的目光。

"广展"总经理曾国森说："这个展台我们最初设计了5个方案，但都被否决了，客户总觉得缺点什么。其实，这是我们的一个老客户，我们之间的合作快5年了。设计被老客户'枪毙'了，这让我们很郁闷。后来我们又多次与客户沟通，深入了解客户需求，站在客户的角度去思考问题，打破了传统的设计理念，运用夸张的立体几何，组成极具冲击力的视觉焦点。既分又合的流动空间，创造了丰富的视觉层次。展位内精致的产品展示布置体验着摩登五金追求简约、艺术、高质量的产品品位，最终令客户满意。另外，五金产品和其他展品不同之处在于它本身很枯燥，这就需要增添新东西打破这种枯燥。在细节处理上，该客户的定位是'生活·艺术·品位'，按照这个思路，工作人员布置了一些精致小苹果于展品周围，在细微之处给人以艺术性和生活气息。在展台搭建完毕后，该客户主动要求将'广展'的标识附加在展台上，这是一种高度的认可，也是相互提升。"

尽管他们的设计方案被否决了5次，但曾国森认为，这是个好事情，这表明展商在成长、在进步，展商提高了甄别能力，对于展装市场将起到促进作用；对于搭建公司来说，挑战大了，但只有迎接了挑战，才能进步，才能发展。据悉，"广展"已经拿到了这个客户下一届建博会的展台设计与搭建的订单。

2) 定位 朋友式服务

"一个公司的定位很重要，我们最初的定位就是'朋友式服务'，站在客户角度去思考问题，努力解决客户的难题。但最初客户在与我们接触时并不认可我们的设计，这需要工作人员与其进行多次的、深入的沟通，那时基本都是'仰视'对方的；当客户认可了我们的设计，认可了我们的搭建后，同时也是深入了解客户所需之时，这时双方就建立了朋友式的关系，这对于展台的设计与搭建是很关键的。"

展台的设计与搭建并不是来了订单后才进行的，此前有大量的工作要做。但很多展装公司都忽略了这个环节。只有深入地了解了客户的方向、最新的动态、最新产品、最新需求，才能将展台设计搭建好。这将花费很多时间，但多年的经验表明，这么做是必要的。

此外，宁缺毋滥很重要。不能不考虑自己的综合实力而去硬接单，结果尽管接了很多单，但每个展台都做得不好。有的时候，宁可丢单，也不去粗制滥造；粗制滥造的结果是，信誉被打了折扣，也将失去未来的客户。

第 8 章 会展接待服务管理

本章导读

国外会展专家的调查显示，会展活动的参观者中有 85%的第一印象来自于会展接待服务工作人员，对专业观众而言，影响他们最终决定是否与其他公司合作的因素中，该公司接待服务工作人员的因素也占到 80%左右。可见会展接待服务在整个会展活动工作中占有多么重要的位置。从会展服务方的角度来说，对会展接待服务的管理，不仅要训练接待服务人员对会展服务各阶段、各个环节流程、规范、要求和接待服务技巧的把握，更重要的是要加强会展接待服务人员的职业形象和基本素质的塑造。

知识要点

- 会展接待服务的概念
- 会展接待服务人员的素质要求
- 会展接待服务中的时间管理
- 会展接待服务的礼仪规范
- 会展接待服务的礼仪管理要点

8.1 会展接待服务概述

8.1.1 会展接待服务的概念与特性

1. 会展接待服务的概念

会展接待服务是整个会展工作的重要组成部分，它是指围绕展会参加对象的接待和吃、住、行、游、乐等方面所提供的服务与安排。其内容涵盖了餐饮服务、酒店服务、旅游服务、商务服务、多媒体技术服务、外语翻译服务、广告宣传服务等。

会展活动专业性和综合性强，涉及面广，具体的主办工作和参展、参会工作都是由大量繁琐的细节组合而成，如会展报名、议题筛选、场馆选择、日程安排、现场布置、食宿安排等，都离不开接待服务工作。

会展活动本身是传递企业形象价值的过程。会展接待人员热情友好的态度和礼貌优雅的接待风度，接待活动的合理安排与顺利进行，这些都会给展会的参加者留下深刻的印象，有助于提高企业的知名度和美誉度，塑造展会举办方的良好品牌形象。

2. 会展接待服务的特性

会展接待服务具有规范性、实践性、多样性和礼仪性等特性。

1) 规范性

会展接待服务的规范性，是指展会接待的每一项内容、每一个环节都有具体的要求、流程以及相关的规定，接待服务必须遵守这些约定俗成或服务要求的规范。例如，接待服务中的礼仪规范，不仅约束着人们在展会交际中的言谈举止，而且，也是衡量会展接待服务工作者是否自律、敬人、合乎礼仪、彬彬有礼的尺子。

2) 实践性

实践性是会展接待服务的一大特征。会展接待的原则和道理蕴含在实际的行为当中。以大型集会活动为例，在大会开始前一小时一切准备工作应就绪，迎接与会人员入场。饮水处要备有充足的茶水，茶水随用随添，保证卫生安全。会议开始后，休息厅仍要保留一定的饮水台，保证与会人员随时用水。由于是大型集会活动，厕所用量很大，因此要设专人管理，经常进行清扫、保证清洁无味。会展接待服务的实践性要求，在具体的细节安排上要对接待工作的每一内容落到实处，使之"言之有物""行之有序"。

3) 多样性

会展接待服务工作是丰富多彩、绚烂多姿的。以常见的会见为例，因会见的内容、形式各有不同，所以在接待服务的安排上也有所区别。如个别约见，一般会涉及往来业务或商业机密等问题，其接待安排的特点是会见的范围小、保密性强；而大型接见可能是党政要员接见与会代表等情况，其接待安排的特点是参加会见的人数多、贵宾集中、场面隆重。

4) 礼仪性

现代会展接待，特别是国际性的会展接待，非常注重礼仪。礼仪具体体现为礼貌、礼节、仪表、仪式、礼俗等内容。在所有的会展接待礼仪中，庄重、规范的礼仪与服务意识的结合是最重要的。良好的服务意识是提供优质服务的基础。服务意识是对会展接待对象的一种提供热情、周到、主动服务的欲望和意识。得体、适宜并具有强烈个性色彩服务礼仪能给服务对象留下深刻的印象。

8.1.2 会展接待服务工作的原则

会展接待服务工作要遵循以下原则(如图8.1所示)。

1) 充分准备，有备无患

古人云：凡事预则立，不预则废，会展接待服务也是如此。随着社会经济的发展，会展接待服务要适应高等级的会议或大型展会、特别是国际展会的要求。从展会的组织方面来说，会展主题策划、项目可行性研究、联系展出场地，招展、招商、进行展位分配，组织开幕式，处置突发事件，进行展会后续服务等都需要及早做好接待服务方面的准备，以确保展会活动的顺利开展。

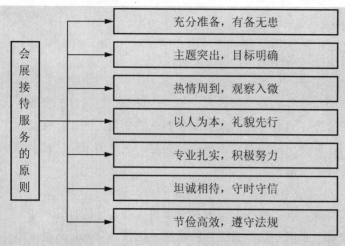

图 8.1　会展接待服务的原则

2) 主题突出，目标明确

对于参展商来说，展会是一个吸引客户的好场所。在对新老客户的接待服务上，展会工作人员都要做到主题突出，目标明确。一般来说，企业参展都会制定相应的参展目标，企业参展目标要靠展台工作人员的接待服务来实现的。由于展会时间上的限制，展位的接待服务人员必须做到主题突出的有效服务。

3) 热情周到，观察入微

热情友好的情绪具有感染人的力量，会展接待服务离不开热情与周到，笑脸相迎、为顾客着想是接待服务人员所必须做到的。即便是一些细节问题，处理得不好也会影响到展会的效果。黛丝瑞·奥瓦内尔在《会展：一门特殊的艺术》中这样写道。

"在展台上，我经常感觉是在蜡像馆。工作人员无精打采地靠在墙上，或者懒散地趴在柜台上，一动也不动。他们坐在原本为客人准备的椅子或高脚凳上，喝咖啡、抽烟，甚至还有人打电话。那胳膊呢？双臂交叉，那样令你垂头弯腰，更给人一种没兴趣的样子，使客人敬而远之。"

可见，作为展会的接待服务工作人员，一言一行、一举一动都至关重要。

4) 以人为本，礼貌先行

会展接待服务诉求以人为本，强调站在顾客的角度考虑问题。比如，展会的布局完全以展品大类来划分，方便观众参观；参观者刚踏进展馆就能得到一份用不同文字编成的会展服务手册或参观指南；展场内设就餐中心区、休息场所、便捷通道等。这些无微不至的服务理念，能充分展现会展优质服务的魅力。

礼貌用语是会展服务中接待工作人员用来向宾客表达意愿、交流思想感情和沟通信息的重要交际工具，是一种对宾客表示友好和尊敬的语言。会展服务接待工作必须讲究语言艺术。

以礼貌为基调的服务语言有 4 个要素：即以顾客为中心，热情诚恳的态度，精确通俗的语言，清晰柔和的表达。

5) 专业扎实，积极努力

会展接待服务中，工作人员应当不断积累生活经验，积极努力学习专业知识和技术。

掌握一定的专业技能，了解会展行业特定的行为规范或行为标准，只有这样，在进行展会服务时，才能做到掌握接待分寸，恰如其分、得体合宜。

6) 坦诚相待，守时守信

坦诚相待是会展接待服务中的基本原则。当用得体的话语表达出真诚的时候，就赢得了对方的信任，建立了信任的关系。值得注意的是，在接待服务过程中，如果不知道客户所提问题的答案，就不要任意编造。不要试图去反驳或误导潜在买家，而应承诺尽快找出答案，并在约定的时间予以回答。与客户一旦有什么约定，则千万要守时守信。

7) 节俭高效，遵守法规

会展活动其实也是一项消费活动。从场馆的选用、会展设施的使用到与会展者的吃住行和延伸服务的参观考察都需要花费。在整个接待服务过程中，要厉行节约，并自觉遵守国家与各级政府的相关法规条文。

8.1.3 对会展接待服务人员的素质要求

有人曾给展会服务工作人员概括出十大特点，即知识渊博、团队精神、自信、有进取心、精力充沛、创造性、热情、解决问题能力强、刻苦工作的意愿、诚实守信。其实这也正是对会展接待服务人员所要具备的素质要求。

1) 知识渊博

展会接待服务对工作人员尤其是企业参展人员知识结构的要求是多方面的。主要有：公司的相关知识、产品知识及应用、竞争产品的知识、展览知识、客户知识、业务知识、关系建立技巧、团队参展技巧、时间管理技巧、计算机辅助参展以及知识产权与法律知识等。从展会优质服务的角度来说，会展接待服务人员渊博的知识结构是基础。

2) 团队精神

现代企业要雇用的展会服务人员是那些具备很强适应性、愿意分担、将团体目标置于个人目标之上等无私行为的人。展会接待服务工作人员必须服从组织和领导，要如实地向领导报告或请示有关工作。尊重和维护上级的威信，有问题要及时请示，同时发挥主观能动性，尽自己最大的努力做好工作。

另外，本部门各成员之间应保持互相信任、团结和谐、心理相容，在人际交往中，应尊重别人、欢迎别人，营造和谐友好的工作氛围。

3) 自信

自信，是对会展接待服务人员素质的最基本要求，是取得会展工作成功的基石。自信就是高度的自我肯定，自我肯定是一个从业者喜欢自己的程度。会展接待服务人员只有相信自己的能力和力量才能敢于去竞争，敢于去拼搏，敢于去追求卓越，在会展人际交往中充分发挥自己的才能，抓住各种实际，塑造自己的形象。

会展接待服务工作人员必须相信自己，具有宽宏大度、容人容事的气量，善于同各种各样的人交朋友，能以豁达的态度，冷静地对待和处理服务工作中的挫折，不可斤斤计较一时一刻的得失。

为了激发他人的自信，必须自己做出榜样。相信自己的能力和信念，相信自己的产品和服务，从而勇敢面对会展服务与管理中的问题和挑战。

4) 有进取心

有进取心的人勇于承担责任，他们欢迎变革，创造变革，愿意并乐于承担随之而来的风险。会展接待服务人员必须要有积极的进取心。

5) 精力充沛

精力充沛的人，往往能做到勤奋工作，勇往直前。一个精力充沛的人也会被认为是充满活力的，这种行为还会影响到他周围的人。身体健康、精力旺盛是产生愉快情绪的原因之一。相反，健康欠佳、过度疲劳等容易产生不良的情绪。会展服务礼仪人员必须保持旺盛的精力，保证会展服务工作的正常进行。

6) 热情

热情是从业者从内心表达出来的兴奋与自信，是一种强有力的、稳定而深厚的情绪体验。会展接待服务人员对工作有了高度的热情，才能引起顾客的共鸣，让顾客对会展接待服务人员所说的话深信不疑。它能驱使观众自觉地参与到会展产品和服务的宣传中。表现热情的主要方法是赞美，但赞美要恰到好处，掌握赞美的分寸，把握时机，真诚、发自内心，这样才会让顾客真切体验到展会的高品质。

7) 诚实守信

诚实守信是会展接待服务的原则，也是会展接待服务人员的基本素质要求。在各种会展活动中，应按约定时间到达，万一因故不能准时参加或出席，应及早通知对方。

在正式的国际交往中，接到正式的邀请函则必须视情况给予答复。若邀请函上注有"R·S·V·P"(法文"请回答"的缩写)字样的，则不论参加与否，都要及时回答。若邀请函上注有"Regret Only"(英文"不能参加请答复")，不能出席则需立即答复。

8) 创造性

会展接待服务虽然有一定的规范、程式，但对于会展接待服务人员来说每时每刻都存在着责任、压力与挑战，这就要求从事会展接待服务的人员在职业素养中要有创造性的品质。创造性不仅能给展会服务工作带来新颖、有活力的方式，也同时是自己能力的表现。

9) 刻苦工作的意愿

会展服务工作中，会遇到很多艰苦的服务工作，如招展、招商、布展、宣传、推广等工作，不是所有问题都能事先预料到的，遇到难题就打退堂鼓，这会使客户的问题得不到解决，失去客户的信任。有的人会为自己找借口：我太年轻，所以我无法控制自己的情绪；我是女性，所以我无法承受客户对我的投诉；我学历高，服务工作对我来说伤害我的自尊……这些借口也许是事实，但它会影响服务人员的工作业绩，需要努力克服。

10) 解决问题能力强

会展接待服务人员应当具备敏锐的观察能力、灵活的反应能力、出色的表达能力和较强的控制能力等。具有较强的能力素质，在服务过程中，就能避免许多不必要的麻烦和问题。在与顾客发生冲突的时候，会展接待服务人员需要控制自己的冲动与消极的情绪，主动克服困难和解决问题。

8.2　会展接待服务中的时间管理

8.2.1　会展时间管理的概念

会展业是一种"和时间赛跑"的行业。一旦展会召开的时间确定并对外公布，就很难再改动，这也就意味着在展会召开的日期之前，所有的准备工作都应完成。在会展业，时间已经和成本、规模、品质一样，成为影响展会成功运营的要素之一。

会展时间管理是将时间看成是和市场、客户、质量与成本同等重要的成功运营的基本要素。因此，在安排展会各项工作时应充分考虑时间方面的需要以及各项工作在时间上的协调性，促进会展工作全面展开。

展会的管理者要对展会进行各项筹备和组织工作，在时间上要通盘考虑、统筹安排，使各项工作在时间的安排和进度上符合展会整体筹备和组织的需要，确保展会如期举行。

展会时间的管理既包括对会展整体筹备和组织的管理，也包括对会展活动各主要环节的管理。

从会展接待服务的时间管理上来看，主要是指在时间上合理安排会展的准备阶段、会展接待过程中以及展后服务等环节的工作。其服务目标是保证客户得到快速、及时、高效以及规范的会展服务。

8.2.2 会展接待准备阶段的时间管理

从时间上来看，会展准备阶段包括会展开幕前所有为开幕进行准备的筹备期。但一般的准备阶段特指会展接待服务方接受服务预定或参展商从开始布展到展会正式开幕这一段时间。

会展接待的准备程序一般包括接受会展预定、会展前协调、会展前所有接待工作的准备以及会展前检查等环节，如图8.2所示。

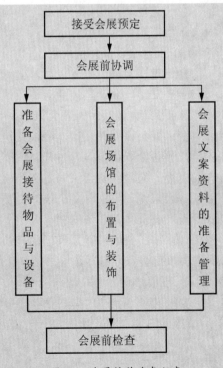

图 8.2　会展接待准备程序

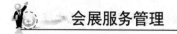

1. 会展前的协调工作管理

展会预订之后，不论是展会主办单位、会展服务方还是参展商，对会展筹备这段时间的管理都显得尤为重要。

下面来看会议和展览前的协调工作的时间管理。

1) 会前协调

会议接待工作涉及酒店、旅行社以及会议场馆的各个部门、各个岗位。会议前的准备工作是否到位，直接影响到会议的成功与否。

(1) 与会议组织者的协调。

会议接待的工作千头万绪，一般惯例，会议服务方最迟应在举行会议前4周从会议组织者手里获取相关合同、大会日程安排、席位安排等资料。

(2) 制定会议进程时间表。

会议进程时间表也称会议通知单、会议纲要、会议详细说明表或会议明细单。在这份时间表里，应将会议中的各项具体活动按照先后顺序逐日、逐小时地排列出来，包括各类会议活动、娱乐活动、用餐、休息、茶歇、鸡尾酒会、随行人员计划、预定步骤、结账、特别活动及其他需要注意的事项。

会议进程时间表一般要求在会议召开前2~3周完成，至少提前1周分发给有关会议服务人员和部门，并让有关的负责人签字认可。

每张会议进程时间表上都必须按年月日编上序号，特别是当日同时有几个会议举行的情况下，编号便于留存和今后查找客户资料。

会议进程时间表如有变动，必须按会议组织者已确认的更改内容修改后重新发出，并应及时通知相关接待服务部门。

(3) 制定会议具体活动表。

会议进程时间表出来以后，会议接待服务方还应制定会议具体的活动表来明确每项活动的服务安排。会议具体活动表应该至少提前1周送到各部门负责人手中。

(4) 召开会议接待预备会议。

在正式会议召开之前，会议接待服务方一般都会召开预备会议，如果是大型会议接待服务，预备会议甚至是月月开、周周开。从会议管理的角度来说，为确保会议接待服务工作的万无一失，预备会议室是必要的。

一般来说，出席预备会议的人员有：会议活动策划组织人员；负责会议接待服务的项目经理、负责会议业务的销售人员、财务总监、餐饮部、宴会部经理、厨师长；承办单位总经理；部门代表，包括预订部、前厅部、公关宣传部、客房部、礼宾部、工程部、总机房、保安部、康乐部等。

2) 展前协调

要成功举办一次大型展览，充分做好展前协调工作十分重要。

(1) 与主办机构的协调。展会的主办机构各不相同，从展会服务方来说，能尽早与主办机构接触，获得相关信息，就展会接待服务的各方面工作进行协调十分重要。一般展会的协调工作应于展会开始前6个月进行，大型展会的协调工作可能要提前1年或更长的时间。

(2) 与参展商和观众的协调。参展商与观众是展会的两个核心要素。展会接待服务的主要对象就是参展商与观众,因此,有关参展商与观众的信息需提前掌握,及早了解参展商与观众的服务需求,有助于接待服务工作的顺利开展。

(3) 与合作者的协调。成功的展会一般都会有相应的合作者。这些合作者或隶属于展会的组织结构,或属于展会的服务供应商、赞助商等。展前与这些合作者协调可以明确各自的责、权、利,以便顺利地开展展会的服务接待工作。

(4) 与新闻媒体的协调。现代展会越来越重视新闻媒体的宣传报道工作。展会承办单位负责人应考虑不同媒体的需要,把他们作为展会接待服务的对象,并主动向其咨询,请求合作,把他们当作真诚的伙伴,以求得他们的正面支持。

2. 会展前准备工作的时间管理

通过沟通与协调,按照展会的时间日程安排,展会的服务方需要做好会展前所有接待工作的准备以及会展前检查等环节的工作。

以展览为例,展前接待服务的准备以及会展前检查等环节的时间管理工作主要有以下几点。

1) 将筹展的确切起止时间通知参展商

由于从参展商布展到展会的正式开幕的时间极为宝贵,所以,尽早精确地通知参展商相关参展信息,有利于参展商合理安排布展工作。布展通知一般在"参展商须知"中都会标明,但为了重视这一问题,展会的现场往往会通过电子屏幕等方式,提醒参展商布展的起止时间。

2) 提醒参展商提供展位搭建的备审材料

为了确保展会的安全,会展以及安全消防部门都会要求参展商提供展位搭建的备审设计图纸,通过审查的展位设计才允许搭建。为了能在规定的时间完成相关审查,应尽早通知参展商做好准备。

3) 让参展商理解展位搭建截止时间的不可变性

展会开幕时间确定之后,是不可变更的。这就给参展商的展台搭建工作提出了挑战。展会服务方需要在这一点上做过细的工作,以求得参展商的配合与谅解。通常的作法是:逐一告知,对有困难的参展商及时帮助解决。

4) 加强布展现场管理

虽然展会的组织者和参展商都有筹备展会的时间计划,但如果展会布展的现场秩序混乱,也会影响到展会的整体声誉。展会的组织者必须加强布展的现场管理工作。通过现场管理,以确保布展工作全部按时完成。

3. 会展前的检查

会展前的准备工作任务重、事务杂、头绪繁多,服务工作人员即便责任心再强,也难免出现一些偏差。所以,会展前的检查工作十分重要,是展会服务工作的重要一环。

对会展前准备工作的检查主要分3类,即会展接待的物品与设施准备情况;会场、展馆的布置和装饰情况以及会展文案资料的准备情况等。

8.2.3 会展整体与接待服务过程中的时间管理

从展会时间管理的角度来说，展会的组织者不仅要对会展的各项具体工作如招展、招商、宣传推广、服务接待等进行时间管理，同时还要对展会的整体进度进行时间管理。

1. 展会的整体进度时间管理

对展会的整体进度进行时间管理需要注意的问题有以下几点。

1) 要有全局的观念

对展会的整体进度进行时间管理需要有全局的观念，从展会的总体进度出发，对展会的各具体事项进行监控；对展会的整体进度进行时间管还需要有动态的眼光，要能以变化的视角来监控各项具体事项的进展情况。

2) 会展服务要跟得上招展招商的需要

招展招商是任何展会都非常重视的环节，但一定要注意，不可将会展服务放在一边。要特别注意对会展服务、招展和招商这3项工作的进度进行监控。

3) 会展后勤工作要跟得上会展整体进展步伐

对展会的整体进度进行时间管理时，要特别注意对会展后勤工作的时间管理，使后勤工作能跟得上展会的整体时间进度。具体参见会展整体时间管理甘特图(相关链接8-1)，如图8.3所示。

相关链接8-1：

会展整体时间管理甘特图

相关链接8-1：会展整体时间管理甘特图

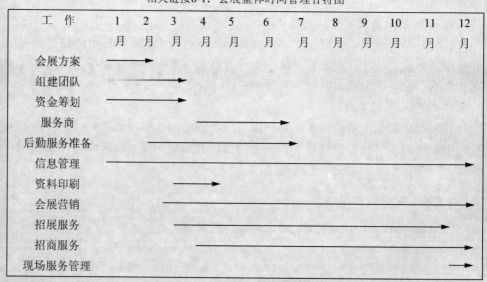

图8.3　会展整体时间管理甘特图

2. 展会接待服务过程中的时间管理

在整个展会接待服务的过程中，工作很多，其中最重要的有接站引导、报到签到、看望会见、食宿安排和作息时间、文艺招待和参观游览等环节。

1) 接站引导

(1) 接站。会展接待人员前往机场、码头、车站等迎接参加会展的人员，这项工作叫做接站。接站的主要工作程序有：确定迎接规格、组织欢迎队伍、树立接站标志、掌握抵达情况、热情介绍、主动握手、献花、陪车和注意安全保卫、准备新闻报道等。

会展接待人员应事先了解接站对象抵达的具体时间以及所乘的交通工具，并通知所有迎接人员提前到达迎接场所。特别要注意晚点抵达的代表，避免漏接。

(2) 引导。引导是指会展活动期间，接待服务人员为服务对象指引会场、座位、展馆、展区、展位、餐厅、住宿的房间以及所要打听地方的路线、方向、位置等。

所有接待人员，都应事先培训上岗。引导接待人员应在展会开始前1小时到达指定位置，随时准备服务。

2) 报到签到

报到和签到都是指会展参加对象到达举办地点时所办理的手续。在报到和签到的现场，会展接待人员要做的工作主要有：查验证件、登录信息、接收材料、发放文件、预收费用和安排住宿等。

需要注意的是，除了提前分发的会展文件外，其他文件应该在参加对象报到时一并发放。会议文件应按保密要求分类发放和管理。报到时应安排财会人员到现场预收费用并开具票据。要根据参加对象的身份和要求，合理安排住宿。接待人员应记录每个参加对象的房间号，以便联系。

3) 看望会见

看望与会见的主要接待工作有确定出面人、安排时间地点、陪同记录等。

看望的时间一般安排在报到之后、会展活动开始之前为宜，也可以安排在会展活动的前半段，但一般不应安排在即将结束时。会见的时间长短因人而异，如果会展的对象较多，时间相应则短些。

4) 食宿安排和作息时间

(1) 食宿安排。

饮食安排的总体要求是饮食卫生、规格适中和兼顾特殊人员。

饮食工作的基本程序有：制定饮食工作方案、预定餐厅、印制和发放就餐凭证、统计就餐人数、商定菜谱、餐前检查、餐后反馈等。

安排住宿的总体要求是住地要相对集中、距离会展场所要近、设施齐全、确保安全、规格适中、勤俭节约、合理分配、照顾特殊等。

住宿安排工作的基本程序有：制定住宿安排工作方案、统计住宿人数、分析住宿对象情况、确定预订房间数量、预订宾馆和房间、分发房间钥匙等。

(2) 安排作息时间。

会展活动作息时间是展会活动的指南，确定后，须告知全体参加者共同遵守。

① 作息时间的构成。会议活动的作息时间一般包括就餐时间、每天上下午的会议安排

(开始、结束和休息时间)、会议辅助活动时间，如娱乐时间安排等；展览活动的作息时间主要包括布展搭建作息时间、展览每天开放时间和闭馆时间、参展商进馆离馆时间、撤展作息时间等。

② 安排作息时间的要求。一般来说，制定会议活动作息时间的要求是围绕会议议题来进行的；而展览作息时间的安排既要从场馆安全出发，又要方便参展商。总的要求是应注重效率，科学合理地安排，但也要劳逸结合，保证参加者有充沛的精力参加会展活动。

③ 安排作息时间的一般格式。现代会展安排作息时间格式比较灵活，基本上可以分为条款式(参见相关链接8-2)与表格式(参见相关链接8-3)两种。

相关链接8-2：

第19届华交会时间安排

(一) 布展施工方案审查时间

请各分团于1月10日前将各参展企业的特装布展施工方案(包括效果图、平面图、电路图、搭建所用材料、结构尺寸及其他相关说明)报团部秘书业务组。团部将组织力量对各单位报送的施工方案进行审查，未经审定通过的方案不得施工。

(二) 布展时间

展位搭建：2009年2月25日8:30—18:00至26日8:30—18:00。

企业布展：2009年2月27日8:30—18:00至28日8:30—15:00。

(三) 审馆时间

2009年2月28日13:00。

(四) 封馆时间

2009年2月28日15:00。

(五) 开幕时间

2009年3月1日9:30。

(六) 展览时间

2009年3月1日至4日，9:30-18:00，5日，9:30-16:00，展览期间，参展人员须提前半小时进馆，闭馆后30分钟退场。

(七) 撤馆时间

参展企业撤展：根据大会规定，2009年3月5日16:00起至20:00止为各参展单位的撤馆时间，任何企业不得在此时间前撤馆。

搭建单位撤展：2009年3月6日8:30起至18:00止。

(八) 收费时间

第19届华交会的各项收费工作必须于2009年2月10日前完成。

会展接待服务管理 第8章

相关链接 8-3：

2009 第二届中国城市会展高峰论坛时间安排

2009年10月16日(周五)下午	
10:00 – 20:00	◆报到
15:00 – 17:00	◆观摩2009中国(杭州)国际文化创意产业博览会
17:30 – 19:00	◆2009第二届中国城市会展高峰论坛暨政府主导型展会创新发展论坛欢迎宴会

2009年10月17日(周六)上午	
2009第二届中国城市会展高峰论坛暨政府主导型展会创新发展论坛主题演讲(一)	
09:00 – 09:30	◆开幕式、大会致辞 ◆中国会展经济研究会领导致辞 ◆杭州市领导致欢迎辞 ◆商务部等重要领导致辞 ◆主持人：杭州市人民政府副市长张建庭
09:30 – 10:00	◆演讲主题：金融危机下世博会的挑战与机遇 ◆演 讲 人：上海世博局副局长朱咏雷
10:00 – 10:30	◆演讲主题：打造国际会议目的地，助推城市会展经济发展 ◆演 讲 人：杭州市人民政府副秘书长叶敏
10:30 – 10:45	茶歇
10:45 – 11:15	◆演讲主题： 2010年亚洲城市发展会展业面临的经济形势分析 ◆演 讲 人： 亚洲展览会联盟副秘书长，马来西亚会展协会会长 Jonathan
11:15 – 11:45	◆演讲主题：节庆活动——会展旅游市场营销的新亮点 ◆演 讲 人：ICCA出席嘉宾
11:30 – 12:00	◆演讲主题：澳门城市会展发展之路 ◆演 讲 人：澳门特别行政区政府旅游局长安栋梁

2009年10月17日(周六)下午	
2009第二届中国城市会展高峰论坛暨政府主导型展会创新发展论坛主题演讲(二)	
◆主持人：陈泽炎 中国会展经济研究会秘书长	
13:30 – 14:00	◆演讲主题：当前经济形式与广交会的使命 ◆演 讲 人：商务部领导
14:00 – 14:30	◆演讲主题：以会展活动为杠杆，促进内贸(外贸)工作发展 ◆演 讲 人：商务部商贸服务司(外贸司)领导
14:30 – 15:00	◆演讲主题：政府主导型展会面临的宏观环境分析 ◆演 讲 人：任兴洲 国务院发展研究中心市场经济研究所所长
15:00 – 15:15	茶歇

15:15 - 15:30	《政府主导型展会白皮书(2009)》介绍
15:30 - 16:00	◆演讲主题：以"外博会"为例分析如何创办政府主导型展会服务当地经济发展 ◆演 讲 人：陈仲球　中国会展名镇——东莞市厚街镇镇长
16:00 - 16:30	◆演讲主题：政府主导型展会的市场化探索与品牌塑造 ◆演 讲 人：全国著名政府主导型展会负责人
16:30 - 17:00	◆演讲主题：会展企业如何更好地服务政府主导型展会 ◆演 讲 人：品牌政府主导型展会服务商
2009年10月17日(周六)晚上　文艺演出	
20:00 - 21:30	观看第十一届中国杭州西湖国际博览会文艺演出
2009年10月18日(周日)上午　平行论坛	
平行论坛一：城市会展的创新发展与国际合作	
08:30-11:40	主要议题： ◆扶持重大会展项目，积极拉动内需 ◆网络展会的发展现状及发展趋势 ◆会展人才培养与国际交流
平行论坛二(圆桌论坛)：金融危机下政府主导型展会的创新与发展	
08:30-11:40	主要议题： ◆金融危机对政府主导型展会的影响 ◆会展服务企业如何服务政府主导型展会 ◆政府在政府主导型展会中的作用
11:45—12:15	◆2009第二届中国城市会展高峰论坛暨政府主导型展会创新发展论坛闭幕式
2009年10月18日下午——19日　全天　赴千岛湖和乌镇考察	

5) 文艺招待和参观游览

在会展活动中，为了增加展会气氛，使参加者具有增值服务的感受与体验，展会的组办方往往会安排文艺招待和参观游览活动。

在时间安排上，观看文艺演出或参观游览一般都在休会、休展期间，如晚上或休息天，不影响会展活动的正常举行。

6) 返离工作

会展接待服务工作必须有始有终，做好展会的返离工作十分重要。所谓返离，即闭会、闭展后参加对象的离会和返回。

会议结束后，一般会有结算费用、检查会场与房间、告别送行等服务工作。

展览闭馆后，为了维护撤展的现场秩序，使参展商安全、快速和顺利撤展，在时间管理上，要注意的是以下几点。

(1) 将撤展的确切起止时间准确地通知参展商。

(2) 让参展商理解撤展开始时间的不可变更性。

(3) 加强撤展的现场管理。

8.3　会展接待服务的礼仪规范与管理

礼仪是在社会生活中，由于风俗习惯而形成的人们共同遵守的品行、程序、方式、容貌、风度等行为规则和形式。礼仪可以沟通人们之间的感情，使人们感受到人格的尊严。健康、必要的礼仪可以赢得人们的尊重和爱戴，广交朋友。

会展服务礼仪是主办方或承办方在会展前的策划和准备，会展期间的接待、实施以及会展后续服务过程中展现出的一种行业规范。

会展服务礼仪是会展服务人员在会展服务活动中所表现出来的律己、敬人的良好品行、涉及穿着、交往、言谈、沟通、情商等内容。会展服务礼仪也是会展人员修养和素质的外在表现。

会展服务礼仪可分为日常交际服务礼仪和公共场合的交际服务礼仪。

日常交际服务礼仪主要指在非正式的会展服务场合的仪式和礼节，主要包括称呼、迎候、介绍、致谢、致歉、告别、拥抱等。

公共场合的交际服务礼仪主要是指正式的会展公关交际活动中常用的礼仪，包括宴会礼仪、晚会礼仪以及会展开幕、现场接待、各种配套服务等的礼仪。

8.3.1　常见的会展接待服务礼仪

在会展接待服务过程中，应注重礼仪，礼仪往往是接待服务人员内在素质和主办国、主办单位文明水准的体现。在涉外会展交往中，遵守国际惯例和一定的礼节，有利于我国的对外开放，有利于展现中国礼义之邦的风貌。

1. 交际礼仪

在会展活动中，常常能遇到结识新朋友的场合。结识朋友可以自我介绍，也可以由第三者介绍。为他人介绍时，要首先了解双方是否有结识的愿望，不要贸然行事。无论自我介绍还是他人介绍，都要做到自然。介绍他人时，要有礼貌地以手示意，而不要用手指指点别人。介绍也有先后之别，应先将身份低的、年纪轻的介绍给身份高的、年纪大的，把男士介绍给女士。

在介绍时，除女士和年长者外，一般应起立。但在宴会桌上、会谈桌上，可不必起立，被介绍者只要微笑点头，有所表示即可。交换名片也是互相介绍的一种形式，在送给别人名片时，应双手递出，面露微笑，眼睛看着对方，在接受对方名片时，也应双手接回，还应轻声将对方的姓名等读出，然后郑重地收存好。

2. 称呼的礼仪

国内的会展接待，可称呼对方的职务、职称、学衔，也可称呼"同志""先生""女士""小姐"。涉外会展活动对外国人的称呼应根据对方的习惯，一般对男子称"先生"对已婚女子称"夫人"，对不了解婚姻状况的女子或未婚女子称"小姐"。对男女服务员，分别称"先生""小姐"；对以"同志"相称的外宾，可同时冠以姓名或职衔，如"服务员同志"。

在非洲许多国家，无论年长或年轻的男子，对女子均要敬称"妈妈"，无论其结婚与否。

3. 握手礼仪

在会展活动中，一般是在互相介绍或会面时握手，握手表示欢迎，还有祝贺、感谢、互相鼓励等意义。在握手礼仪中要注意以下几点。

(1) 年轻者对长者、身份低的对身份高的，应稍稍欠身，也可用双手握住对方的右手以示尊敬。

(2) 一般应由主人、年长者、身份高者、女士先伸手，客人、年轻者、身份低者、男子应先问候对方，待对方伸手后再与其握手。

(3) 男子与女士握手时，轻轻握及手指部分即可。

(4) 男子在握手前应脱下帽子和手套，女士则不必。

(5) 当多人同时向自己伸手时，不要用双手交叉与人握手。

(6) 握手时应注视对方，微笑致意，或者致以欢迎和问候。

(7) 军人应先行军礼，然后再与对方握手。

4. 谈话礼仪

在会展交际的场合，与人谈话时，表情要自然，语言平易近人，表达得体，距离适中。说话时可适当作些手势，动作幅度不要太大，不能摇头晃脑，更不能用手指指点点、拉拉扯扯、拍拍打打。

参加别人谈话，要先打个招呼，别人在个别谈话时，不要凑前旁听；有人主动与自己说话，应乐于交谈；第三者参与谈话，应以握手、点头或微笑表示欢迎；若谈话中，有急事需离开，应向对方打个招呼，表示抱歉。

谈话时若超过3个人，应不时与在场的所有人攀谈几句，不要只同个别人谈双方知道的事情，而冷落其他人。如果所谈的问题不便让其他人知道，可另约时间谈。

在会展交际场合，如有人谈到一些不便谈论的问题，不应对此轻易表态。谈话内容一般不要涉及疾病、死亡等不愉快的事情。与外国人谈话不要随便问对方的履历、收入、家庭财产、衣饰价格等私人生活方面的问题，也不应随便询问外国妇女的年龄、婚姻状况。对方不愿回答的问题不要追根到底。对方对问题流露出反感时，应表示歉意或立即转移话题。不要随便同外国人谈论对方国内的政治、宗教、民族矛盾等问题。谈话时若要问候对方，应根据客人的习惯。对外国人一般不问"你吃饭了吗""你到哪里去"，而应用"早安""晚安"等问候语。告别时，可根据不同的对象选择不同的告别用语，如"很高兴与您相识，希望再有见面的机会""以后多联系"等。

5. 约会和拜访礼仪

在会展活动中，往往需要出面看望与会代表，会展服务人员也常常因联系安排会展活动约见或拜访与会方的代表和随行人员。一般来说，在主办方的办公地点安排会见，主人应提前在办公室或会见厅门口迎候。在第三地安排约会，主人应提前到达现场迎候。拜访和看望对方，应事先约定，并按时抵达对方住所。过早抵达会使对方因准备未毕而难堪；迟迟不到则让对方等候过久而失礼。因故迟到应向对方表示歉意。抵达时，如无人迎候，

会展接待服务管理 第8章

进门前应先按门铃或敲门,按铃时间不宜过长,敲门不宜过急过重,经主人允许后方可入内。

一般情况下,不要在休息时间打扰对方。如因事情紧急,不得不在休息时间约见对方,应在见面时先致歉意说明理由。

谈话应在室内进行,但主人未邀请进入室内,则可退到门外进行谈话。无论是礼节性的看望还是工作性的拜访,谈话时间不宜过长。告别时应有礼貌并感谢对方的接待。

6. 举止礼仪规范

举止应文雅、庄重、大方。举止常常通过动作、手势、表情、眼神等进行表现。一般认为,身体的某一动作都具有一定的象征意义,这需要会展接待人员深刻领会与把握,只有熟知身体语言的象征意义,才能在会展接待工作中取得良好的效果,详见表8-1。

表8-1 身体语言的象征意义

身体部位	动 作	象 征 意 义
手部	敞开手掌	坦率、真挚、诚恳
	掌心向上	诚实谦虚,不带威胁
	掌心向下	压抑、指示,带有强制性,
	双手插口袋	高傲
	双臂交叉	防卫、敌对
	拇指食指相擒	谈钱
	背手相握	自信、镇定、有胆量
	手心向下握手	支配性态度
	掌心向上握手	顺从性态度
	直臂式握手	粗鲁、放肆
	"死鱼"式握手	消极、无情无义
	双手夹握	热情真挚、诚实可靠
	捏指尖式握手	冷淡、保持距离
头部	点头	赞成、肯定、承认
	摇头	拒绝、否定
	扬头	傲慢
	侧头	感兴趣
	拍头	自责
肩部	耸肩	随便、无可奈何、放弃、不理解
脚部	双腿挺直	挑衅
	双腿无力	厌烦、忧郁
	手舞足蹈	兴奋
	脚步轻快	心情舒畅
	脚步沉重	疲乏、心中有压力
	交叠双足	有防范性
	张开腿部(男)	自信、豁达
	膝盖并拢(女)	庄重、矜持

续表

身体部位	动 作	象 征 意 义
眼睛	公务注视(前额-双眼)	严肃认真、有诚意
	社交注视(双眼-鼻尖)	和谐
	亲密注视(双眼-胸部)	亲昵
	撇视	兴趣或敌意
嘴巴	嘴巴一瞥	鄙视
	紧咬下唇	忍耐
眉毛	眯起双眉	陷入沉思
	眉毛扬起	怀疑或兴奋
面部	微蹙额头	认真对待
	脸部肌肉放松	遇到高兴事
	微笑	容易接近与交流

在身体语言里，服饰、仪态以及某些细节动作都可以作为沟通手段发挥着重要作用。这就需要会展接待服务人员掌握分寸，做到得体合宜。

此外，在会展相关活动中，服务人员不应大声喊叫，如有急事告知有关人员，应轻轻走上前去耳语或递纸条告知。引导参会对象时，应走在左侧稍前的位置，并侧着身子走路，拐弯时应用手示意，进门时应为客人打开门并让客人先进。平时和参会对象同乘电梯、进门或入座时，应主动谦让。

8.3.2 会议接待服务礼仪的基本规范

不同规格的会议其会务服务标准也各不相同，下面以各级代表会议为例，来看会议的场内与主席台的服务规程。

1. 场内服务

场内服务是指在会场内为与会者指路引座的服务工作。其工作规程有以下几点。

(1) 整理抽屉，擦桌面、椅子、地板，地毯吸尘，搞好场内卫生。保证温度适宜，空气新鲜。

(2) 按要求摆好指路牌和带有各种标志的牌号。

(3) 入场前一小时，统一着装，仪表整洁入岗、站位。站位时一般在各走道口的一侧，面向与会者。

(4) 指路时右手抬起，四指并拢，拇指与其余四指自然分开，手心向着客人，示意所指方向时说"请这边走"或"请那边走"。

(5) 熟悉场内区域座号，主动为与会者引座，做到准确无误，主动搀扶、照顾年老体弱者入座、站立、投票、上厕所等。

(6) 大会开始，站到工作座位上，站姿端正、大方、精力集中，认真观察场内动静，如有行动不便的与会者站起，要迅速前往照顾。换班休息时动作轻稳地迅速离开。无关人员一律劝其退场，保持场内秩序井然。

(7) 会间休息或休会时,要及时打开门帘,按规范要求站立在自己的岗位上,照顾与会者出入或退场。

(8) 与会者退场后,对按分工划分的责任区域认真仔细地进行检查,擦桌面,理抽屉,如发现遗失的东西,要记清座排号码,及时上交和汇报。

(9) 认真搞好当日收尾工作,妥善收存各种牌号,准备次日大会工作。

2. 主席台服务

(1) 搞好主席台上的卫生,理擦抽屉,擦桌子、椅子、地板,保持清洁。

(2) 明确主席台上的总人数,主要领导的座位和生活习惯及招待标准、工作要求。

(3) 按人数配齐茶具、棉织品、烟具、名签座、排次牌、文具等。认真烫洗茶具,严格消毒,达到安全、卫生标准。

(4) 穿好工作服,着装统一,仪表整洁,入场前一小时上岗,检查桌椅,摆放垫盘、茶杯(加好茶叶)、火柴、毛巾盘、名签座、便笺、铅笔、排次牌,要求距离一致,整齐划一。

(5) 垫盘、茶杯的花色图案要对正主人,茶杯把手向里,略有斜度(一般不大于90°和不小于45°)。

(6) 全部摆放毛巾。毛巾的叠法一致,排放整齐。

(7) 会前30分钟,从最后一排的服务员开始,按顺序排队,统一进入场内。倒水时步态平稳,动作协调,左手小拇指与无名指夹住杯盖,中指与食指卡住杯把,大拇指从上捏紧杯把,将茶杯端至腹前,右手提暖瓶将水徐徐斟入杯中,八分满为宜。然后将杯子放到垫盘上,盖上杯盖。

(8) 会前20分钟,统一检查茶杯。检查时用右手指的背面轻轻靠一下杯子,即可知道是否有水,发现空杯、裂杯和渗水的,要及时处理。

(9) 会前10分钟,按各自分工各就各位,照顾与会者入场、就座。对行动不便的与会者要帮助戴好耳机。

(10) 奏国歌时,听指挥统一上台,照顾自己所负责的搀扶对象起立、落座。

(11) 第一次30分钟续一次水,以后每40分钟续一次水(也可根据各地习惯的不同,适时续水)。对首长和报告人的用水,根据情况及时续水。续水时按顺序排队统一上台。

(12) 会议进行中,舞台两侧各设一人观察台上情况,处理应急事务。对中途退场或上厕所的与会者,要进行引导服务,必要时需跟随照顾。

(13) 收尾工作按顺序进行,撤杯盖,倒剩茶水,收茶杯,擦收垫盘,收回毛巾、名签座,并做好下次大会的准备工作。

3. 主席台座位安排

较为大型或重要的会议通常安排席卡,其颜色、规格、字体应统一。主席台的座位安排一般是尊者坐正中间,其左首为次尊者,右手再其次,以此类推(国际活动时以右为尊)。如果发言人席设在主席台上,一般位于台上最右侧,主持人在发言人席的左侧(如图8.4所示);如果在主席台外另设发言人席,则主持人席设在主席台的最右侧(如图8.5所示)。

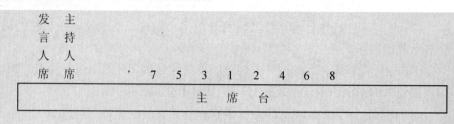

图8.4 主席台座位安排(一)

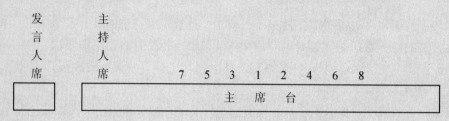

图8.5 主席台座位安排(二)

8.3.3 展览接待服务礼仪的基本规范

展览涉及的面很广,从展览工作的时间先后来看,展览服务可以包含展前、展中和展后3个时间段的服务工作。下面以展览会中的服务工作为例,来看展览服务礼仪的基本规范。

1. 展台接待礼仪

展台接待服务礼仪的基本规范有以下几点。

1) 殷勤接待顾客

展会现场可以分散人们注意力的因素有很多,比如噪声、音响、影像、表演……如何把来客吸引到展台并关注展品是一件难事,展台服务要做到殷勤接待顾客,争取最大效果。

2) 巧妙设计开场白

好的开场白应具备以下几个方面。

准备一些开放式、有利于话题深入的问题;引导顾客谈自己的工作或爱好;善于抓住顾客的注意力,引导他们关注展品;恰当介绍行业与产品信息,强调本企业产品的特色等。

如果已经锁定了目标客户,在进一步交谈时要注意问题的合理设计,通常有以下问题可灵活提出。

您有什么需要呢?

这次展会对您有意义吗?

您怎么会来参观这场展览的呢?

您对……产品熟悉么?您用过……品牌的产品吗?

哪些地方是您(想去的旅游佳境……)?

您在……方面的迫切需求是什么?

3) 学会倾听,深入谈话内容

一旦让某位顾客开口说话,那么接下来最重要的任务就是倾听。有人建议在展台上必须花80%的时间来倾听客户的意见,只用20%的时间进行讲解或提出解决方案。

深入谈话内容可以是了解顾客对产品感兴趣的程度、计划购买的日期以及他是不是最后的决策者等。

4) 提供给客户有用的信息

在与顾客之间建立了一定的信任关系后，应及时根据客户的基本购买动机(价值、享受、声誉、生活需要、避免损失等)及需要，向客户提供有用的商品信息，以促成客户的最终定夺。

2. 展台接待工作人员礼仪

展台工作人员的仪表非常重要，有调查显示，有80%以上参观展览的观众第一印象都来自展台工作人员。因此，展台工作人员要在穿着、仪容、举止、语言等方面特别注重礼仪规范。

1) 展台接待工作人员的十大戒律

(1) 不可以坐着。

(2) 不可以阻碍交通。

(3) 不可以吃东西或喝水/饮料。

(4) 不可以主动和走廊上的人搭话。

(5) 不可以和同展位的同事闲聊。

(6) 不可以把展位工作人员安排太多。

(7) 不可以把手叉到衣兜里。

(8) 不可以把所有资料都摆放出来。

(9) 不可以迟到或早退。

(10) 要随时面带微笑。

2) 语言沟通要求

展位工作人员对顾客常问的问题要准备好答案，要避免使用消极意义的词语，不应该说的词语有以下几种。

(1) 我不知道。

(2) 等一下。

(3) 我们做不到。

而应该说以下类似的话。

(1) 让我帮你查查看。

(2) 您可以等一下吗？

(3) 我们推荐您使用……看看。

3) 其他

展位工作人员应该穿标准工作服，把名卡戴在右侧，方便人们看清名字；由于展厅一般比较嘈杂，所以应该口齿清晰，语速适中；应该在第一时间就能判断顾客类型，然后决定是否需要进一步的交谈；应该在问了一些问题后，站在顾客的角度来定位所推销的产品或服务等。

3. 展览会模特礼仪

展览会的模特儿可以说是一道亮丽的风景线。模特儿可以帮助参展商在最短的时间内吸引来访者的视线。但是，展览会的模特儿也要具备一定的展会礼仪知识，这样才能帮助参展商更好地推广企业形象。

8.3.4 会展接待服务的礼仪管理要点

1. 会议基本礼仪要点

1) 肢体礼仪

(1) 衣着上不要穿看上去夸张的服装和令人分心的装束。

(2) 在非正式的交际场合中运用与正式场合中完全不同的手势、举止和声音来鼓励别人。

(3) 做一个积极认真的听众，必须始终注视着讲话者并加以记录。

2) 就座礼仪

(1) 等着服务人员将自己引导到座位上去。

(2) 通常会议主席坐在离会议门口最远的桌子末端。

(3) 主席两边是留给参加会议的客人和拜访者或高级管理人员的座位。

(4) 高级管理人员的身边坐着自己一方的人员。

3) 会场礼仪

(1) 一般与会人员要按时到会，遵守会议纪律。

(2) 开会时要尊重会议主持人和发言人。

(3) 当别人讲话时，应认真倾听，可以准备纸笔记录相关的内容或要求。

(4) 不要在别人发言时说话、随意走动、打哈欠等。

(5) 会中尽量不离开会场，如果必须离开，要轻手轻脚。

(6) 如果长时间离开或提前退场，应与会议组织者打招呼，说明理由，征得同意后再离开。

4) 发言礼仪

(1) 正式发言者，应衣冠整齐，走上主席台应步态自然，刚劲有力，体现一种成竹在胸、自信自强的风度与气质。

(2) 发言时应口齿清晰，讲究逻辑，简明扼要。

(3) 如果是书面发言，要时常抬头扫视一下会场，不能低头读稿，旁若无人。

(4) 发言完毕，应对听众的倾听表示谢意。

(5) 自由发言应讲究顺序和秩序，不能争抢发言。

(6) 发言应简短，观点应明确。

(7) 与他人有分歧，应以理服人，态度平和，听从主持人的指挥。

(8) 如果有会议参加者对发言人提问，应礼貌作答，对不能回答的问题，应机智而礼貌地说明理由，对提问人的批评和意见应认真听取，即使提问者的批评是错误的，也不应失态。

(9) 如果有讨论，最好不要保持沉默。

(10) 想要发言时应先在心里有准备，向主持人示意或直接提出要求。

(11) 反驳别人的观点时，不要打断对方，应等待对方讲完再阐述自己的见解，别人反驳自己时要虚心听取，不要急于争辩。

(12) 发言时不可长篇大论，滔滔不绝(原则上以 3 分钟为限)。

(13) 不可取用不正确的资料。

(14) 不要尽谈些期待性的预测。

(15) 不可做人身攻击。

5) 餐桌礼仪

- 请用筷——用膳时，主人为表示盛情，一般可说"请用筷"等话语。
- 直筷——筵席中暂时停餐，可以把筷子直搁在碟子或者调羹上。
- 横筷——将筷子横搁在碟子上，那是表示酒足饭饱不再进餐了。

2. 展览接待服务中的礼仪要点

1) 现场各环节迎接礼仪

(1) 会展代表到达现场时，迎接人员应提前在门口迎接，体现出主办方的热情，并主动问候，这是现场迎接礼仪的第一步。

(2) 迎接会展活动代表时，应全神贯注，注意与代表保持目光接触。为代表服务时，可遵循先主后次、先女后男的礼仪原则。

(3) 平等对待所有参加展会的代表，无论是国内同胞还是国外客商，应一视同仁。

(4) 现场介绍时，应依据礼仪规范，按照先主后次的顺序，表示对客人的尊重，并以职位的高低为先后进行介绍。

(5) 现场服务接待人员在处理投诉时要做到：耐心倾听、注视对方、保持微笑、礼貌提问、记录信息、给予答复和感谢对方。

2) 司仪礼仪

(1) 展览司仪着装应注意长短、松紧与体型相吻合，不能穿着过透或过露的服装。

(2) 展览司仪着装应与身份相协调，既要端庄大方、贴近生活，又不能浓妆艳抹，珠光宝气，以免拉大与观众的距离。

(3) 展览司仪着装应适合年龄，如果着装与年龄错位，势必造成观众反感，起到相反效果。

(4) 根据展会的特定场合，展览司仪着装一般应当较好配合展会气氛。

(5) 展览司仪的眼神应准确配合所展示产品的内容。

(6) 展览司仪的眼神应注重寻求与观众眼神的交流。

(7) 司仪可以运用双手做出各种动作来辅助语言表达，渲染气氛。

(8) 在开场称呼中，可按国际惯例称"女士们、先生们"，或"贵宾们、女士们、先生们、朋友们"，不必再加"同志们"。

(9) 司仪发言中的"欢迎""感谢"之类的句子尽量归纳精简，以足够为度，从而节省鼓掌次数，以免引起反感。

(10) 司仪需配翻译时，在断句、鼓掌时要注意控制好时间，以表示对外宾的尊重。

(11) 一位称职的司仪，应明确自身的角色，不应喧宾夺主，要在最短的时间里，通过自己的语言，把演讲者推销给听众，营造出一种友好融洽的展会气氛。

3) 演讲礼仪

(1) 保持精力。

(2) 正确着装。

(3) 注重姿态。

(4) 关注交流。

(5) 声音洪亮。

(6) 注重技巧。

(7) 表情自然。

(8) 服务周到。

(9) 讲究礼节。

4) 国际展会礼仪

(1) 要了解和尊重各国的特殊习俗。

(2) 见面要有礼有节，国际上往往在见面时，有互换名片的习惯。

(3) 参加会展商务活动时要守时，出席宴会应正点或提前二三分钟抵达。

(4) 参加宴请时要有礼节，告辞时要等主宾退席后才可退。

(5) 选择适当的称呼方式，国际上一般称呼女士、先生，对地位高的官方人士也可称"阁下"或其职位。

(6) 准备适当的礼品，国外大多数商业机构禁止送礼，要谨慎行事。

(7) 穿着服饰要合适，参加商务活动或宴请，正统的西服或领带是必要的。

(8) 交流方式要注意，切忌在交流时斜靠椅子，或窃语，或无精打采等。

典型案例

夏季达沃斯接待服务：细节决定成败

北方网专稿(记者霍艳华)：2008年夏季达沃斯论坛于9月27日、28日在天津滨海新区举办，有2 000多名引领世界经济浪潮的"新领军者"、大企业的总裁以及部分国家的政要云集天津。为了接待好这些贵宾，天津确定了泰达国际酒店暨会馆、万丽泰达酒店、滨海假日酒店、天保国际酒店、巨川国际商务酒店、天津瑞湾酒店、泰达中心酒店、华美酒店、胜利宾馆、今天国际酒店10家酒店作为指定接待酒店。

各家酒店迎宾气氛浓 升级硬件 细致周到

近两年来，滨海新区酒店业发展迅速，高星级酒店如雨后春笋般接连建成开业。此次签约达沃斯的10家酒店各具特色、各有优势，有功能完善的四五星级酒店，也有设施豪华而实用的经济型酒店；有知名的国际连锁酒店，也有实力不俗的单体酒店。可以说，借2008年夏季达沃斯论坛举办的契机，滨海新区酒店业向世界进行了风采展示。

为接待达沃斯论坛贵宾，各酒店都对内外部环境进行了整修。作为开发区最早一家对外资企业提供全方位服务的星级酒店，泰达中心酒店借服务达沃斯之机，再次对会议室、餐厅等处进行了装修，扩建了停车场，更换了客房的地板、地毯。

在10家酒店中，万丽泰达酒店将承担部分会议的接待工作，今天国际酒店将接待部分外籍工作人员，华美酒店将接待国内媒体。为了给客人的工作提供方便，各酒店都对网络进行了升级，使每个房间的宽带网速达到100MB/s，在公共区域实现了无线上网，并为使用电器的欧美客人准备了英式万能插座。

酒店积极准备中国美食服务外国宾客

今天国际酒店针对客人每天更换衣物数量较多的情况，为每个房间多准备了一些衣架，考虑到女士的衣物较多，一些房间内最多配备了12个衣架。

另外，为了让入住的宾客在紧张的工作之余得到放松，天津瑞湾酒店为每个房间开通了采自地下1 500米、恒温61℃的温泉水。

过语言关 全员不马虎

"这里有电熨斗吗？"今天国际酒店筛选了40个客人可能会提出的问题，做了一份英语问题预案，发给每位员工进行学习。

开展服务技能大赛

面对众多外国友人，语言关是每个参与服务的酒店必须经受的考验，为提高外语水平，各酒店采用不同方式加强了员工培训：华美酒店抽调英语、日语骨干，组成翻译小团队，每天进行2个小时的语言培训；万丽泰达酒店的外籍高管人员每周周一、周三对员工进行英语培训；泰达中心酒店将外语培训与人员绩效考核挂钩，这让一些不懂英语的老员工也开始从ABC学起，他们必须掌握30至50句英语日常用语；天保国际酒店聘请了英语培训公司，为员工进行了280课时的英语培训。同时，根据不同岗位，对培训内容有所侧重，比如，餐厅服务人员需要了解菜单、菜牌、菜品的原料和制作方法，前台的服务员需要了解天津的交通情况、景点位置和历史文化知识。同时，该酒店针对入住客人说法语、西班牙语较多的情况，聘请了十几位翻译人员配合员工服务。

"中国味""津沽韵"不能少

2008年夏季达沃斯论坛在津举行，这不仅使中国的企业得到触碰世界经济脉搏的机会，也为世界打开了一扇了解天津的窗口。在接待过程中，各家酒店也在细节处增添了中国元素，让各国来宾感受到浓浓的"中国味"。

达沃斯期间，各国宾客可在酒店内观看中国茶艺表演

天保国际酒店为即将入住的180多名宾客准备了具有天津特色的工艺品——泥人张；今天国际酒店不仅准备了京剧脸谱、剪纸等小礼品，还在每个房间配备了宜兴紫砂茶具，让各国来宾感受纯正的中国茶文化。

今天国际酒店总经理朱香玲说："目前，已经有部分达沃斯的外籍工作人员入住酒店。在这几天的接待过程中我们发现，外宾非常喜欢中国菜。比

如说，一位叫 Henry 的英国客人，他早餐品尝过天津包子后念念不忘，在晚餐的时候还特别询问有没有。有一道名叫'鲜虾木瓜银鳕鱼'的粤菜，也非常受欢迎，很多外国人每餐都点来吃。"

将"无国界服务"进行到底

"细节决定成败"这是酒店行业奉行的工作准则，由于达沃斯论坛的来宾人数多、规格高，要让每一位来宾感到满意，酒店的工作必须细致入微。

在采访过程中，记者发现很多酒店的服务都按照"无国界"的标准筹备，比如，咖啡的浓度、咖啡壶的品牌等，都按照外宾的习惯准备。对于各国的风俗禁忌，更要求每一位参与服务的工作人员牢记在心。

本 章 小 结

会展接待服务是整个会展工作的重要组成部分，其内容涵盖了餐饮服务、酒店服务、旅游服务、商务服务、多媒体技术服务、外语翻译服务、广告宣传服务等。会展活动中的诸多环节如会展报名、议题筛选、场馆选择、日程安排、现场布置、膳宿安排等，都离不开接待服务工作。会展接待服务具有规范性、实践性、多样性和礼仪性等特性。其中，会展服务礼仪是在会展实践中形成的人与人之间、组织与组织之间、国家与国家之间互相表示友好与敬意的外在行为规范和准则。从修养的角度来看，会展服务礼仪是从业人员内在修养和综合素质的外在表现。从交际角度看，会展服务礼仪是会展相关活动中人际交往中适用的交际艺术。从企业传播的角度讲，会展服务礼仪是会展企业、参展企业及其他相关组织塑造品牌、提升价值的方法与技巧。会展服务礼仪是具体而外显的，它要求会展从业人员要在穿着、交往、言谈等细节中表现出律己、敬人的良好品性。会展接待服务管理工作必须熟知会展服务礼仪规范，把握会展服务的特点，遵循会展接待服务的基本原则。

复习思考题

1. 名词解释：会展接待、会展时间管理。
2. 会展接待服务的特性有哪些？
3. 会展接待服务人员应具备哪些基本素质？
4. 简述会展前协调工作的管理要点。
5. 简述会展接待服务过程中的时间管理问题。
6. 常见的会展接待服务礼仪有哪些？试述会展接待服务礼仪的基本规范。

7. 阅读下列关于"剪彩的由来"材料模拟某一展会剪彩场景(接待、礼仪、流程……)，虚拟身份，做现场接待服务练习。

剪彩的由来

剪彩由来已久，可以追溯到 1912 年的美国，当时得克萨斯州的华狄密镇有一家大百货公司将要开业，开张这天的一大早，老板按当地风俗在开着的店门前横系一条布带，以防止公司开张前有闲人闯入。这时，老板的 10 岁女儿牵着一条哈巴狗从店里匆匆跑出来，无意中碰断了这条布带，等在门外的顾客以为这是该店为了庆祝开张而搞的独特仪式，便蜂拥而入，争先购物，公司的生意兴隆无比。不久，当分公司要开张时，老板想起第一次开张时的盛况，便有意让小女儿把布带碰断，效果果然又很好。于是，人们争先效法。这种仪式发展到今天就叫"剪彩"。

8. 阅读下列材料，具体说一说会展接待服务工作要遵循的基本原则。

党政机关国内公务接待管理规定
中办发[2006]33 号

第一条　为进一步规范党政机关国内公务接待工作，严肃接待纪律，减少经费支出，加强党风廉政建设，制定本规定。

第二条　本规定适用于各级党的机关、人大机关、行政机关、政协机关、审判机关、检察机关，以及工会、共青团、妇联等人民团体和参照公务员法管理的单位。

第三条　本规定所称国内公务，是指出席会议、考察调研、学习交流、检查指导、请示汇报工作等公务活动。

第四条　国内公务接待应当坚持有利公务、简化礼仪、务实节俭、杜绝浪费、尊重少数民族风俗习惯的原则。

第五条　党政机关举办会议应当严格履行报批手续，严格控制会议数量、规模和会期。应当充分采用电视电话、网络视频方式召开会议。

第六条　党政机关部门之间的参观学习、培训考察等活动要注意实效。党政机关工作人员不得参加各类社团组织、社会中介机构举办的营利性会议和活动。

第七条　党政机关不得违反规定到风景名胜区举办会议和活动，严禁以各种名义和方式变相旅游。

第八条　党政机关工作人员因公外出，应当按照程序履行报批手续。派出单位应当向接待单位说明公务活动的内容、时间、人数和人员身份。

第九条　接待单位应当根据公务活动需要制定接待方案，规范公务接待程序，提高服务质量，为公务活动提供服务保障。

第十条　接待单位应当严格按照接待标准提供住宿、用餐、交通等服务，不得超标准接待，不得用公款大吃大喝，不得组织到营业性娱乐、健身场所活动，不得以任何名义赠送礼金、有价证券和贵重礼品、纪念品，不得额外配发生活用品。

第十一条　接待对象需要安排住宿的，接待单位应当在定点饭店或者内部宾馆、招待所安排。接待对象应当在本级财政部门规定的住宿费开支标准上限以内，按照收费标准交纳住宿费，回本单位凭据报销。

第十二条　接待对象需要安排用餐的，接待单位应当按照当地财政部门规定的伙食标准安排，不得超标准安排用餐，提倡自助餐，一般不安排宴请。接待对象应当在本级财政部门规定的伙食补助费定额内交纳伙食费，回本单位凭据报销。

第十三条　国内公务接待中的出行活动应当集中乘车，减少随行车辆，严格按照规定使用警车，避免扰民和影响交通。接待单位不得在机场、车站、码头和辖区边界组织迎送活动。在接待活动中，应当严格控制陪同人员，不得搞层层陪同。

第十四条　接待单位应当严格执行业务招待费的支出标准，控制接待经费支出。接待单位必须按照规定标准收取应当由接待对象负担的各种费用，不得以任何理由和方式向所属单位和有业务关系的单位转嫁接待费用。

第十五条　各级党政机关应当加强对国内公务接待工作的管理，规范国内公务接待工作。财政部门应当加强对财政性接待经费的预算管理；机关事务管理和接待部门应当加强对预算执行的管理，整合已有的接待服务设施，利用社会服务资源，避免浪费和重复建设；审计部门应当加强对公务接待经费使用情况的监督；纪检监察机关应当加强对违规违纪问题的查处。

第十六条　各级党政机关应当严格遵守本规定，结合当地的具体情况制定相应的实施办法，明确规定公务接待的范围和相关开支标准。

第十七条　对违反本规定，在群众中造成不良影响的单位及有关人员，要按照党纪政纪的有关规定严肃处理。

第十八条　本规定由国务院机关事务管理局负责解释。

第十九条　本规定自发布之日起施行。

第 9 章 会展商务服务管理

本章导读

会展商务活动为会展的顺利举行提供极大的支持。一般而言,在会展活动中,商务服务是指为参展商和观众的商务目的而服务的,如信息咨询等;或者为展会本身而服务的,如展览场地的选择等。随着现代会展业的不断发展,会展商务服务不仅涉及展会现场的商务服务,而且延伸到如电子商务服务、会展商务旅游服务以及其他展会商务活动服务等新的形式。电子商务服务是会展业自身发展的需要,为会展服务提供了一条更为便捷、互动、有效的商务通道,它将代表着会展业未来的发展方向。切合会展主题的参观、考察、游览项目可以使得展会的效果更加彰显。会展商务旅游是促进会展业和旅游业良性互动的新型、高端的会展延伸服务形式,同样有着广阔的发展前景。

知识要点

- 会展商务中心的概念
- 会展商务服务的规范
- 电子商务服务的概念
- 电子商务服务的管理
- 会展商务旅游的概念
- 会展商务旅游服务的主要环节
- 会展商务旅游服务的过程管理

9.1 会展商务中心与服务规范

9.1.1 会展商务服务的概念

广义的会展商务服务,既包括发生在展会现场的租赁、广告、保安、清洁、展品运输、仓储、展位搭建等专业服务,也包括餐饮、旅游、住宿、交通、运输等相关行业的配套服务。可以指展会现场所涉及的商务服务,也可以指展会商务的延伸服务,如电子商务服务、会展旅游服务以及其他展会商务活动服务等。狭义的会展商务服务是指会展商务中心所提供的服务。

会展场馆内一般都设有商务中心,如图 9.1 所示。商务中心就是对商务交往过程中的各种商业信息进行加工、制作、传输的地方。

商务中心所提供的服务内容较为广泛，包括打字、计算机文字处理、传真、复印、国际国内长途直拨电话、计算机上网服务、预订酒店及机票、旅游咨询等服务；有些场馆内还提供印制名片、制作和印制宣传资料、设计和印刷小型海报、预订会议室或洽谈室等服务。在会展活动中，商务中心能为展会商务活动的顺利进行提供极大的方便。

图 9.1　会展场馆的商务服务中心

1. 文印、名片服务

一般来说，展会开始前大多数需要用的资料都是先期准备好的，但是在展会进行过程中，难免会有一些材料需要临时复印、打印。这种情况在展览中更为常见，参展商和客户之间会发生大量的商务活动如达成合作意向书、签约等。许多文件都是要当场制作且备有附件的。所以，文件复印、打印是展会商务服务必须包括的内容。

在展会活动中，以名片的方式互留个人信息和联系方式快捷、准确。因而，不论是参展商还是观展者，不论是会议活动的主办者还是与会者，出于交流沟通的需要，必须大量印制名片，且常常会遇到名片不够而需要临时加印的情况。因而制作名片也是展会商务中心所要服务的内容之一。

大型展会的商务中心一般配有专业设备，可自行设计制作名片。如商务中心无相应设备，则应事先约好广告制作公司等在展场边或进场服务。

2. 通信服务项目

展会过程中的通信服务主要包括电话服务、传真服务和网络服务等。

1) 电话服务

这项服务包括本地电话服务和长途电话服务，一般按国家标准收取服务费用，如需加收手续费，需要有当地批准的明确标准。

2) 传真服务

传真的使用在现代商务活动中越来越普遍，展会中的参展商和观众往往需要和公司总部进行一些文件、合同、信函、稿件以及图表等信息的传送，所以展会组织者应提供传真服务。国内传真收费按页计价。

3) 网络服务

展会必须提供网络服务，方便客户查询信息以及收发邮件等。具体费用应按当地批准的标准收取。

3. 办公用品销售

办公用品包括纸、笔、本、文件夹、名片盒、计算器、胶带、剪刀、回形针、信封、电池、优盘等很多种类，由于展会现场往往与城市或商业区有一定距离，人们在各种展会活动中，经常有对办公用品的需求，从对顾客着想的角度来说，这项服务是必需的。

9.1.2 会展商务服务的项目分组

大型展会的商务服务，按服务项目会有不同的分组，主要有以下几种。

1. 注册组

主要负责注册表、参观者接待记录表等的服务工作。

2. 文书组

主要负责文书事务工作处理、公函、信件往返的处理等事务。

3. 翻译组

主要负责翻译人员的遴选、联络与协调以及翻译设备器材安排、联络等。

4. 总务组

主要负责会展场地签约事宜、各会议室座位安排、纪念品、奖牌、资料袋制作统筹、会展资料运送至会场及运回的安排以及会场办公室、商务中心、办公设备用品安排等。

5. 物流组

主要负责厂商进展、撤展协调、展材运输安排以及展品运输安排等。

6. 会场搭建布置组

主要负责搭建商安排及联络、视听设备租用联络及协调、工程人员的沟通协调、现场设备使用状况掌控、现场布置时间及相关事宜协调安排、布置物检视、验收、展品、展位安全的投保等。

7. 会场便利设施组

主要负责指示牌的设计布置、电话、传真、打印、复印以及取款机和银行代理处的相关服务(详见"文印、名片服务项目""通信服务项目")。

8. 推广组

主要负责开幕式、闭幕式组织安排、平面广告、海报、招贴制作、新闻发布会的安排与协调、新闻媒体及刊物报道的接洽、电视、广播采访报道的安排以及记者会安排等。

9. 住宿、旅游、餐饮组

1) 住宿小组
(1) 展会旅馆洽谈、议价、签约。
(2) 展会贵宾、演讲者、工作人员住宿房间安排。
(3) 旅馆住房事务协调。

2) 旅游小组
(1) 参加会展旅游安排协调。
(2) 旅行社洽谈。
(3) 旅游人数统计。

3) 餐饮小组
(1) 晚宴酒会安排。
(2) 午餐安排。
(3) 茶点安排。
(4) 餐饮安排协调。

9.1.3 会展商务服务的规范

会展业是服务业的一种，服务水平的高低是评价一个展会成功与否的重要标志之一。会展商务服务如各种文件的编印、官方网站的建设、展会信息与咨询、邮寄与快递、旅游、交通、餐饮、银行业务、保险、代办业务等都是展会服务中不可分割的部分，这些工作做得好，能有力地支持展会的成功举办。会展商务服务的每一内容都有其操作的规范，下面以展会商务中心中常见的服务内容来看会展商务服务规范问题。

1. 复印服务

(1) 主动问候客人，受理复印业务。
(2) 核对客人的复印文件、张数、型号及规格等。
(3) 复印操作。
(4) 清点复印张数，按规定价格计算费用，办理结账手续。
(5) 根据客人要求，若装订，注意按文件原文的顺序。

2. 打字服务

(1) 主动问候客人，介绍收费标准。
(2) 了解客人原稿文件，了解客人打印要求以及特殊格式安排。浏览原稿，检查是否有不清楚的字符。
(3) 告诉客人大概的完成时间。

(4) 文件打出后，应请客人校对。

(5) 修改后，再校对一遍。

(6) 将打印好的文件交给客人。根据打印张数，开单收费。

(7) 询问客人是否存盘及保留时间。若无需保留，则删除该文件。

3. 接发传真服务

1) 发送传真

(1) 主动问候客人，问明发往地区。

(2) 查看客人提供的传真号码，核对。

(3) 事先向客人说明收费标准。

(4) 发送传真。

(5) 传真发出后，将"OK"报告单与原件一起交给客人。

(6) 按会展中心规定收取费用，开具票据。

2) 接收传真

(1) 认真阅读来件信息，确认收件人姓名及房号，并将"OK"报告单与来件存放在一起。

(2) 填写"商务中心日传真来件报表"。

(3) 电话通知客人有传真来件；开出账单交总台收银处。

(4) 确定传真送达，若查无此人应及时请示经理，做出处理，收费按相关规定。

4. 代办服务

1) 贵重物品寄存服务

金银首饰、大量现金、手提电脑等寄存服务，一般由会展中心收款处负责，有的会展中心由大厅服务处负责。

2) 代客邮寄、运送物品

代客邮寄、运送物品时务必问清收件人的详细地址、联系方式等。应按客人要求，及时准确寄送，费用一般由客人先行垫付，寄送后凭回条或收据结算。对于易燃、易爆及违禁物品要拒绝寄送。

3) 代收邮件

从异地寄来的物件，因客人不能自取而委托代取时，会展中心服务人员应问清取件的地址、单位名称，然后携带委托的相关证件，前去代领取。注意办理签收手续。

4) 代购物品服务

代购物品前，要问清物品的名称、型号、款式、颜色、规格、价钱等，比较贵重的代购物品要填写代购单，再确认无误后方可代为购买。一般免收手续费，代购物品交接时，要有签收手续。

5) 寻找客人

寻找客人一般由接待总台服务员负责，若需在广播系统寻找，要问清寻找客人的姓名、特征、单位等细节。

9.2 会展电子商务服务与管理

9.2.1 会展电子商务服务的概念与种类

电子商务是指人们利用电子手段进行商业、贸易等活动，是商务活动的电子化、网络化和数字化。一般概念的电子商务有 3 种基本模式即 B2B(Business To Business)指企业与企业之间通过互联网进行产品、服务以及信息交换的电子商务；B2C(Business To Consumer)指商家对消费者的电子商务，也就是通常所说的商业零售；C2C(Consumer To Consumer)指消费者与消费者之间的电子商务。

所谓会展电子商务服务是指会展企业、会展场馆、参展商通过 Internet 为主的各种电子通信手段为会展产品消费者开展的一种新型会展商务服务。

在电子商务狂潮的推动下，办展机构已经意识到利用网络服务的重要性。如"第十三届上海国际汽车工业展览会"上就有太平洋汽车网、搜狐汽车、网易、TOM 等电子商务服务商的身影。

会展电子商务主要涉及两个方面：一是面向会展市场，以市场活动为中心，包括网上信息发布、网上会展企业洽谈等；二是面向会展企业内部，实现会展企业内部的电子商务。

按照电子商务服务的内容分，可以将会展电子商务服务分为会展电子商务的售后服务、会展电子商务的物流服务、会展电子商务的金融服务以及会展电子商务的个性化服务等。按照电子商务对传统会展业介入程度的不同，可以将会展电子商务服务分为不完全的会展电子商务服务和完全的电子商务服务两类。

不完全的会展电子商务服务是指在会展运作过程中，部分地借助电子商务方式为会展服务，实现网上广告、订货、付款、货物递交、售前售后服务，以及市场调查分析、财务核算、生产安排等一项或多项内容的服务。

完全的电子商务服务是指网上会展、会展的组织、举办等各个环节都实现了电子化、组展商和观展者之间的交流主要通过互联网进行，有人预计，它代表着会展产业未来的发展方向。

9.2.2 会展电子商务服务的具体内容

1) 利用网络技术为展馆服务

会展电子商务在为展馆服务的主要内容有以下几点。

(1) 展会前：运用网络进行会展门票的远程预订、展会观众胸卡制作等。

(2) 展会中：运用网络进行观众现场登记、个人信息显示、智能卡身份识别、现场人像制作、现场观众信息统计传输。

(3) 展会后：会展观众数据整理、会展观众详细统计分析、展馆远程参观访问、展会现场摄像直播、大屏幕网屏等应用。

利用网络技术建立展馆电子商务平台，可以提供展馆展示、服务介绍、展馆服务预订、展会发布、展会报道、展会统计分析、展览论坛、新闻中心、客户服务中心(如图 9.2 所示)等服务。

图 9.2 展会的客户服务中心

电子商务服务离不开网络平台的建设，可靠、先进的信息网络系统是现代会展中心不可缺少的组成部分。根据会展中心网络的功能和用途，可分为数据中心、高速接入网、管理者计算机网络、参展商计算机网络以及公众计算机网络等。

2) 利用网络技术为展会组织者服务

会展电子商务在为展会组织者服务的主要内容有以下几点。

(1) 展会前：建立展会的电子商务平台，发布展会信息，有效利用网络优势进行展会推广、展会招商、展位预定、服务合作、服务预定、参展商信息发布、网络观众预订、网络调研等，建立包含多功能的大型数据库等。

(2) 展会中：展会现场新闻报道、信息发布、展会现场图片传播、摄像直播、展会现场观众登记统计分析、观众条码识别胸卡制作、观众信息识别管理，参展商、观众统计信息发布等。

(3) 展会后：对数据库展会信息资源整理、展会信息资源数据库提交、展会信息资源详细统计分析、展会成效成本统计分析、网络展会系统管理等。

另外，展会组织者还可以为参展商和观众特制电子参展证，通常用磁卡或带条形码的材料制作。

3) 利用网络技术为参展企业服务

会展电子商务在为参展企业服务的主要内容有以下几点。

(1) 展会前：展会查询、展会比较、展位预定、服务查询预定等。

(2) 展会中：现场报道、展台摄像、网络展会、网络企业路演等。

(3) 展会后：网络展示、展台布置、展品特效、在线交易等。

需要指出的是，在利用电子商务平台进行网络报名时，可以让出席者直接在网络上填

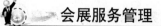

写申请表，在网络上浏览会议详情，自动统计出席者人数，自动监控财务交易。

在利用电子商务平台进行住宿安排时，应引导代表团在网上预定旅店，可以把免费团体住宿安排应用软件、网上预定工具和报名数据库结合起来使用。

在利用电子商务平台进行旅行安排时，可以让会员在网上作旅行安排。如果参加者能够在网上预订机票，那么机票预订系统应该自动将打折率考虑在内。

在利用电子商务平台进行会议服务时，可以给任何地点、任何人作讲演、在线软件、产品演示说明；可以让会议中任何人观看、编辑发言人的各种电子文档；向所有与会者播放发言人计算机里的多媒体文件；发言人带领其他与会者共同浏览网页；发言人计算机里的任何应用程序可以共享，对方可以进行各种操作；使用桌面控制功能进行远程技术支持；视频功能使会议更人性化；VOIP 语音功能可以节约大量的电话费用。以上所有功能都是实时、交互的，会议中的任何人都可以同样实现。

9.2.3　会展电子商务服务的管理

会展电子商务主要是通过因特网从事会展交易、服务活动，其安全性一直是客户非常关注的。因而，Web 网站安全、交易服务安全的管理是十分重要的。

1. Web 网站安全管理

会展企业的 Web 网站主要提供对外服务的功能，如果 Web 网站的安全受到威胁，将会直接影响到会展企业内部会展电子商务服务的管理运作。Web 网站的安全重点是授权访问、隔离和保证服务。需要注意的问题有以下几点。

(1) 为了保护会展企业内部的数据资源系统，防止来自因特网的黑客或非法用户的窃取和破坏，需要将内部网络与外部网络隔离起来。

(2) 路由器是连接内部网络和外部网络的主要设备。

(3) 防火墙是保护内部网络和 Web 网站最重要的部件，选择防护性能优异的防火墙软件是保护 Web 网站和内部网络的必备条件。

2. 交易服务安全管理

如果没有安全保障的网站，将产生极为严重的后果，造成客户的经济损失。电子商务的安全支付有多种解决方案，其中，SET 是最具代表性的。

1) SET 安全支付采取的安全技术

电子商务的安全支付方式的 SET 协议是一种保护客户和商家利益的解决方案，也是目前最安全、最完整的支付方案，同时也是最复杂的。很多电子商务网站都采用 SET 支付方式。它是建立在数据加密的基础之上，采用消息摘要、数字签名、数字信封、双重签名、数字认证的技术。

2) SET 的支付过程

SET 支付过程由认证中心对交易中的消费者、商家和银行的支付网关的数字证书进行认证，通过认证后会发出允许交易的指令，否则将取消该次交易。商家收到确认信息后，通知消费者，将商品或服务交给消费者实现交易。商家向银行请求支付，银行将货款从消费者的账户转账到商家的账户上。

3. 拒绝服务管理措施

拒绝服务攻击是因特网上对 Web 网站常见的一种攻击形式,服务器或站点遭受攻击后不能正常服务。预防拒绝服务通常采取的管理措施有以下几种。

(1) 在服务器上使用通信过滤器过滤掉违反常规的数据包。
(2) 给防火墙和网关软件增加抵御拒绝服务的软件包。
(3) 对数据包的长度进行溢出判断,对于可能引起溢出的数据包直接过滤掉。

9.3 会展商务旅游服务与管理

9.3.1 会展商务旅游服务

1. 会展旅游的概念

一般认为,会展旅游的概念有广义和狭义之分。广义的概念是把会议、展览、节事活动作为旅游活动的一种特殊类型,而狭义的概念是指会议、展览、节事活动之余所伴随的观光、休闲活动。确切地说,会展旅游是为会议、展览、节事活动举办提供会场之外的且与旅游业相关的服务并从中获取一定收益的经济活动。

会展旅游产业链是会展产业链和旅游产业链相互结合的结果,会展旅游是会展产业链的一个重要组成部分,是会展服务的发展和延伸。举办展会时,参展商和观众参加展会是主要目的,参加会展旅游只是参加展会活动的一种延伸和补充。办展机构或参展商在安排会展旅游服务时,一定要注意到会展旅游不能脱离展会而存在,它只是依托展会并服务于展会的。

国际旅游业市场细分中有一个"会展及奖励旅游"的市场(MICE),即 Meetings(会议)、Incentives(奖励旅游)、Conventions(大会)、Exhibitions(展览),并包括节日庆典和体育赛事为主题的节事(Events)在内的旅游形式。由于对会展概念界定的不同,对 Incentives(奖励旅游)本书不展开讨论。

会议旅游是人们由于会议的原因离开自己的常住地前往会议举办地举行的旅行和短暂逗留活动,以及这些活动引起的各种现象和关系的总和。

会议旅游服务从付费方式来看一般有全包服务、半包服务以及单项服务几种方式。

全包服务是指从交通票务、迎送、住宿、会务费、餐饮到所有的旅游活动,以一个价格报出并做出统筹安排,一旦购买,与会者就不必再为选择旅游活动项目而分心,也不必为经费的花费安排费脑筋或由于参加会议时所携带的费用不足而烦恼。购买全包服务比分别购买单项的旅游服务项目更经济划算,购买者常常可以获得一定额度的优惠。

半包服务是指与会者除会务费必须缴纳以外,在交通票务、迎送、住宿、餐饮以及各项旅游活动中省略某一项或几项。

单项服务是指与会者除交纳会务费外，不再预先购买交通票务、迎送、住宿、餐饮和各项旅游活动项目。这一类与会者往往自己安排住宿和迎送，对于餐饮、交通票务以及旅游项目却可能以单项的形式临时购买。

展览旅游和展览活动服务的主要对象是参展人群，如参展商和观众，也为伴随参展的家属提供服务。参展商不同于一般的旅游者，他们通常有较强的独立性，追求的是放松和自由自在。他们参加展览活动的区域性比较集中，参加旅游活动多为就近或顺道旅行。

节事活动是指举办地(国家或城市)组织的系列节庆活动或有特色的非经常发生的特殊事件。西方学者的研究成果看，关于节事旅游有两种提法，一为"Event Tourism"，中文译为"事件旅游"；一为"FSE Tourism"，中文译为"节事旅游"。前者泛指所有类型节庆而引发的旅游活动，后者强调节目和特殊事件分别引发的旅游活动，即节日旅游和特殊事件旅游两种类型。

节事旅游者的第一角色一般是某个主题节事活动的参与者。比如，观看世界杯足球赛事的球迷，首先以球迷的角色出现在这个节事活动中。在时间充足的前提下会做出旅游的选择。

概括起来说，会展旅游是指借助举办的各种类型的会议、展览会、博览会、交易会、招商会、文化体育、科技交流等活动，吸引游客前来洽谈贸易，观光旅游，进行技术合作、信息沟通和文化交流，并带动交通、旅游、商贸等多项相关产业发展的一种旅游活动。

2. 会展商务旅游的目的

会展商务旅游主要有两方面的目的：一是商务考察；二是观光休闲。

1) 商务考察

早期的旅游研究者提出商务旅游的概念，他们认为：商务旅游是以经商为目的，是把商业经营与旅游、游览结合起来的一种旅游形式。据统计，全球商务旅游约占旅游者总数的1/30。

所谓商务考察，就是以收集有关商品的市场信息，了解有关市场行情为主要目的的商务活动。

据调查，参加展会的参展商和观众有90%以上是商务人士，这些商务人士对展会具有贸易、展示、信息和发布的四大功能各不相同。如果参展商和观众觉得在展会上获取的东西还未达到他参加此次展会的全部目的，那么，他就有亲自去市场看一看的愿望，于是商务考察的需求就产生了。

参展商和观众进行商务考察的主要目的是收集市场信息和了解市场行情，一般来说，商务考察活动安排在展会前或展会中为宜。

2) 观光休闲

以观光休闲为主要目的的会展旅游主要集中在会展结束之后，在展会前和展会中比较少见。这种会展旅游主要是为了在游览风景名胜古迹等旅游景点的过程中使得参展人员放松身心，增长见识(参见相关链接9-1)。

会展商务服务管理 第9章

相关链接 9-1：

瑞士达沃斯

以召开世界经济论坛而闻名的达沃斯，风光绮丽。达沃斯旅游局的麦克先生介绍说，旅游是达沃斯的第一大支柱产业，旅游收入居瑞士各城市的第三位，因为这里有独一无二的自然风光，还有完善的各种体育及旅游设施。达沃斯是欧洲的滑雪胜地，每年旅游收入50%来自于冬季。达沃斯的会议旅游也占全年很重要的地位，每年的会议旅游占全国旅游总收入的8%~10%。这里的体育、旅游设施60%是州或当地政府兴建的，其余为私人公司兴建。当人们走进达沃斯会议中心时，发现里面的建筑装修并不像人们想象的那么豪华，但这里的音响及其他设施却是世界一流的。达沃斯每年的国际性和地区性会议较多，每年在这里召开的国际会议有35个，地区性会议170个。为什么这个拥有一万多人的小城能成功举办世界经济论坛？瑞士联邦旅游局驻北京的首席代表张雯佳说："达沃斯举办的世界经济论坛之所以成功，主要是依靠当地优美的自然风光，完善的旅游设施和成功的商业运作，此外，达沃斯还有多年丰富的会议旅游承办经验。"

观光休闲可以说是展会的一种延伸，尤其是在一些国际性的展会中，有许多参展商和观众来自不同的国家、地区，他们对当地的风土人情可能是有所耳闻但没有目睹，展会结束后的观光休闲活动恰好迎合了他们的心理需求。

随着我国会展经济的发展，会议和展览旅游活动迅速发展。目前我国作为举办国际会议、展览旅游的目的地已逐渐被人们了解，在亚洲乃至在世界已具备了一定的知名度，并形成了一些会展旅游中心城市。

会展中心分为地区性会展旅游中心、全国性会展旅游中心以及国际性会展旅游中心。目前我国尚未形成国际性会展旅游中心，北京、上海、广州已成为公认的全国性会展旅游中心。地区性会展旅游中心其辐射范围仅限于城市的周边地区，体现为某一特定产业服务功能，如宁波服装节、珠海的航空展、哈尔滨的边境地方经济贸易洽谈会等。

9.3.2 会展商务旅游服务的主要环节

会展商务旅游活动十分复杂，在服务与管理中须考虑诸多的细节。

1. 策划

会展商务旅游服务工作要想做的成功，精心策划是第一步。在进行策划会展旅游项目及线路时要考虑以下几方面。

(1) 切合会展主题。参观、考察、游览的项目要尽可能与会展活动的目标和主题相适应。如召开展览搭建方面的专题研讨会应该组织参观知名的展示材料生产工厂、基地等相关地方。

(2) 照顾对象的兴趣。参加旅游的对象可能会有不同的兴趣、擅长和要求，在具体会展旅游项目和线路策划时应当充分考虑到。要尽可能地安排大部分参加对象感兴趣的项目。参加对象兴趣不大或毫无兴趣，则策划该旅游参观项目就没有意义了。

(3) 接待能力。要考虑参观、考察、旅游的当地是否具有足够的接待能力。如果接待能力有问题，则应改变或取消该项活动，以免效果不好，事倍功半。

(4) 内外有别。有的项目不宜组织外国人参观游览，有的项目参观时有一定的限制要求。策划安排时应了解有关规定，做到内外有别，注意做好保密工作。有些项目则需要报经有关部门批准。

2. 安排落实

会展旅游项目确定之后，应及时与接待单位取得联系，以保证会展旅游项目的顺利实施。

制定详细计划，安排参观游览的线路、具体日程和时间表，并明确告知参加对象，让他们做好思想准备和物质准备。大型会展活动安排应当在会议通知、邀请函中加以说明，并列明各条观光项目和线路的报价，以便参加对象选择。落实好车辆，安排好食宿。安排车辆时，细到座位数都必须考虑到，细节决定成败。准备必要的资金和物品，如摄像机、对讲机、团队标志、卫生急救药品等。人数较多时应事先编组并确定组长，明确责任。旅游项目也可委托旅行社实施，但必须选择信誉好、价格合理的旅行社，并签订合同。

3. 过程管理

会展业的发展离不开吃、住、行、游、购、娱 6 个要素，会展旅游服务与管理应依这六大要素为主要对象(详见 9.3.3 节"会展商务旅游服务的过程管理")。

4. 陪同与导游

组织会展旅游项目一般应当派有相当身份的领导人陪同。除必要的工作人员外，其他陪同人员不宜过多。每到一处，被考察、参观单位应派有一定身份的领导人出面接待欢迎并作概况介绍。游览名胜一定要配备导游。陪同外宾参观游览，还应配备翻译人员。

每参观游览一处，应由解说员或导游人员作具体解说和介绍。介绍情况时，数字、材料要确切。向外宾介绍情况时，要避开敏感的政治、宗教问题，保密内容不能介绍。对外宾不宜用"汇报""请示""指示""指导""检查工作"等词语。

5. 突发事件管理与评估

会展旅游难免会遇到突发事件、各类安全事件等危机问题，必须加强这方面的管理。

参观游览，安全第一。如参观施工现场、实验室等要事先宣布注意事项，如在有一定危险的旅游景区游览，一定要告知每一个参加者，确保安全。每到一处参观旅游，开车前要仔细清点人数，避免遗漏。

会展旅游评估是对会展旅游服务各个环节、工作和效果进行系统的、深入的评价和总结。评估工作的意义在于为判断会展旅游服务工作效率和效果提供一定的标准，并为以后的会展旅游服务工作的决策和优化提供客观依据。其目的是总结经验、发现问题、改进工作和提高效率。

9.3.3 会展商务旅游服务的过程管理

吃、住、行、游、购、娱是会展商务旅游服务的六大要素，会展商务旅游服务的过程管理就是围绕这六大要素进行的管理。

1. 餐饮住宿管理要点

1) 会展商务旅游饮食安排要点

(1) 准备工作。主要有：统计参加会展旅游人数；了解参加会展旅游人员的基本情况；研究旅游目的地及当地餐饮情况；等等。

(2) 制定饮食工作方案。饮食工作方案的制定要点有：就餐标准；就餐时间；就餐地点；就餐形式；就餐人员组合方式；就餐凭证；保证措施；等等。

(3) 预定餐厅。要考虑：餐厅的大小是否合适；餐厅的卫生条件是否达标；饭菜品种及质量；餐厅与景点的距离；价格是否合理；等等。

(4) 统计就餐人数。根据会展旅游活动签到情况，分组统计，最后汇总。

(5) 商定菜谱。要考虑的因素有：在经费预算的框架内；营养结构科学合理；考虑到宗教信仰、民族饮食习惯；选择具有地方特色的饭菜；等等。

(6) 餐前检查。围绕质量、份数、卫生状况等进行。

(7) 用餐服务。主要有以下几点。

餐桌布置：餐桌饰品、桌布、餐巾、调味瓶等。

安排就座：VIP 餐桌、席卡等。

收取餐券：如使用餐券，要有序收取。

上菜形式：自助餐、半自助餐、法式、俄罗斯式、装盘等。

控制环境：通风、灯光等。

(8) 餐后反馈。主动听取用餐者意见，及时改进。

2) 会展商务旅游住宿安排要点

(1) 制定住宿工作方案。需要考虑：宾馆的地点、规格、费用以及房间分配原则等问题。

(2) 统计住宿人数。包括：参会/展代表；记者；参会/展人员的随行人员；会务工作人员；等等。

(3) 分析会展旅游人员情况。要适当照顾女性、年长者或职务较高者；分类安排；考虑特殊要求；等等。

(4) 确定预订房间的数量。考虑会展旅游者的人数和具体情况；考虑管理和服务的具体需要；预订若干会客厅；预定若干大小适中的会议室；等等。

(5) 预订宾馆。需要考虑：宾馆的容纳量；价格是否合理；房间布局是否集中；设施是否良好；留有一定余地，以备急用；等等。

(6) 分发房间钥匙。由会务工作人员和宾馆工作人员一起操作。

2. 旅游交通管理要点

会展商务旅游交通管理的主要内容如图 9.3 所示。

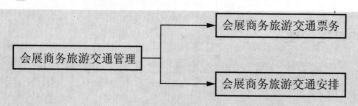

图 9.3　会展商务旅游交通管理的主要内容

1) 会展商务旅游交通票务服务要点

(1) 航空票务。

预订机票：了解旅游者信息、航空服务公司信息，填好"飞机票预订单"。

购买机票：证件要齐全(现金或支票、有效身份证、护照等)，核对机票与乘机人姓名、航班、起飞时间、票价金额和前往目的地等。

退订、退购机票：及时办理手续，以减少损失。

补票与机票变更：机票丢失须及早挂失，需变更航班、日期、舱位等需提前 48 小时提出变更申请。

(2) 铁路交通票务。

预订火车票：了解旅游者和列车两方面信息，提出预定计划(数量、种类、车次、抵达站名)。

购买火车票：根据约定，持现金或支票购买。

退票：按铁路部门有关规定办理，交纳相应退票费。

车票签证：在开车 6 小时前办理，直达特快车票和新型空调车票、卧铺票不办理改签业务。

变更路线：及早提出变更声明，办理相关手续。

(3) 公路交通票务。

了解旅游汽车服务公司(车型、数量、费用)；签订租车协议；与汽车公司总调度室联系核实车辆情况；将车型、驾驶员信息等通报旅行社或接待部门；等等。

(4) 水运交通票务。

预订船票：逐项核对船票的日期、离港时间、航次、航向、乘客名单、船票数量、船票金额；及时办理增购或退票手续；等等。

2) 会展商务旅游交通安排要点

会展旅游交通贯穿整个会展旅游过程，会展主办方要对整个活动的旅游交通尽可能全面、周到地安排，其要点有以下几点。

(1) 带队人员的指定。

(2) 考虑是否提供特殊饮食？

(3) 旅游者中是否有人存在健康问题？

(4) 会展方是否提供接站服务？

(5) 如何计算费用？

(6) 预计搭乘人数是多少？

(7) 需要多少辆车？

会展商务服务管理 第9章

(8) 导游的确定与服务。

(9) 上车时间、地点。

(10) 是否使用公交线路或提供接送服务?

3. 会展商务旅游服务其他要素的管理

(1) 游览安排。要及时与接待单位联系;安排参观、游览路线、具体日程和时间表告知参加者;准备好必要的物资(照相机、对讲机、团队标志和急救药品等);落实陪同人员(陪同外宾参观游览还应配有翻译);介绍情况。

(2) 娱乐安排。要考虑:娱乐项目的费用;娱乐节目的内容;娱乐的时间;娱乐专业演出公司的选择;娱乐节目安排协议的签订;等等。

(3) 购物安排。要为旅游者提供当地购物中心信息;以旅游者自愿为原则;等等。

总之,由于目前我国从事会展的企业还没有形成专业化的会展组织者(PCO),或者仅仅处于PCO的初级阶段,会展商务旅游的组织接待管理等都还不成熟(参见相关链接9-2)。今后随着国际会展的增加,会展业培训体系的建立和国际会展人才的引进,专门从事会展的专业化公司的出现,会展商务旅游服务管理的水平也将大大提升。

相关链接 9-2:

中国会展旅游服务与管理存在的问题

1. 市场化不够

1) 没有形成PCO、DMC完整的接待服务体系

国际会展业的成功经验表明,会展组织者(PCO)、目的地接待者(DMC)分工体系是会展旅游业发展的重要内容,但我国目前无论是会展旅游企业还是政府都较关注目的地接待者(DMC),都对会展中最为重要的会展组织者(PCO)缺乏认识。

2) 政府主导会展旅游业发展中,行政干预过多

会展业在发展的初级阶段必须有政府的主导,但是政府在什么层次上主导,参与到什么程度,这些根本问题没有解决。政府干预过多,导致会展业非市场化,主要在对场馆建设等方面参与过多,而对会展管理体系、服务体系建立等方面参与较少。政府组织的一些会展不计成本,使得很多会展公司对这些会展业务敬而远之。

3) 我国的会展市场目前还是单一买家市场

德国等会展大国的会展业之所以能够保持世界领先地位,一个重要原因就是其会展地本身就是国际大都市,开办展览的受众对象是国际化的。但我国的大都市还没有成为国际化的大都市,参观展会的受众几乎是清一色的国内客人,因此,不是针对国内买家的会展一般不会在我国举办。这是限制我国国际会展业发展的重要原因。

4) 会展业还没有独立成为一个产业

由于我国会展业曾经是由一些非市场化的发起单位和部门全部或部分垄断，这些单位和部门还没有意识到中介公司提供服务的效率会更高。因此，会展业在目前还处于一定的垄断阶段，会展业还不能称为一个独立的产业。

2. 外部环境亟待改善

会展旅游业作为都市旅游的重要组成部分，其发展尤其依赖外部条件的完善，但目前我国会展旅游业发展的外部条件还不健全。

1) 法律、法规不健全

日本等国为发展会展旅游业曾设立了《通过促销和举办国际会议等振兴国际旅游法》，但我国旅游行政管理部门还没有从扩大国际旅游业的角度，以法律、法规的形式促进会展旅游业的发展。此外，我国举办会展的法律、法规也十分不健全，目前仅有1995年9月22日对外经济贸易合作部的《关于出国(境)举办招商和办展等经贸活动的管理办法》。

由于法律、法规不健全导致目前我国会展业比较混乱，主要表现在：重复办展、会展内容混乱、受众对象不明确、举办会展的中介公司良莠不齐等。目前，上海与会展业务有关的企业已有1 920家，其中主营会展业务的企业511家，具有一定规模的企业近百家。北京地区经外经贸部审批的具有举办国际展览会资格的单位134家，在北京工商部门登记注册的具有经营会展业务的公司1 700余家。

2) 审批手续复杂

由于法律不健全，我国举办会展的审批中人为因素过多，审批手续繁杂，有的会展审批时间长达一年以上。这也是旅游企业不愿意介入会展旅游业的重要原因。

我国对会展审批审慎主要是基于国家安全等方面的考虑，其实目前国际会展大部分是科学和商业性的，与政治等方面关系不大。根据ICCA 2000年统计，国际会议从专业上划分，比例从高到低依次是医学类(32%)、科学类(13.6%)、工业类(8%)、技术类(7.4%)、教育(4.7%)农业类(4.%)，以后才是社会科学、经济教育、商业管理、生态环保等。因此，适当简化、放宽审批手续是不成问题的。

3) 城市环境有待改善

会展旅游业作为都市旅游业的重要组成部分，其发展受制于国际旅游城市的发展。目前我国就连北京等城市距离国际旅游城市的标准还有相当差距，这严重阻碍了会展旅游业的健康发展。

3. 重硬件轻软件，重展轻会

目前我国省会城市和大型城市几乎都将会展业作为其经济发展的增长点，并将重点放在场馆等硬件设施的建设上。但会展旅游业的发展，绝不仅仅依赖场馆的建设，其发展更依赖于软环境的规范化、国际化等。

按照国际上对会展及奖励旅游业的认识，包括了MICE的4个方面。且先不提奖励旅游，会展旅游业至少应是会议和展览并重，但是目前各地在开展会展旅游业研究的过程中非常重视展览而忽视会议。

比如，北京市政府研究室做的《北京会展业发展研究报告》中几乎只字未提会议的问题，通篇都是展览业的情况。形成这样的局面可能与人们对会议的顾虑有关，其实根据上述分析，国际会议大都集中在科学研究方面，大可不必神经过敏。

4. 国际化品牌的会展少

世界上会展业发达的国家或地区，举办的大都是世界著名会展，如米兰国际博览会、巴黎博览会等，但在我国除广交会等会展有一定的世界性影响外，绝大多数会展都是临时的、国内的。

5. 对会展业缺乏科学研究

当前，我国对会展旅游业的研究还处于初级阶段，对会展旅游业各方面还没有形成统一的认识。最大的问题是没有建立一套科学的统计指标体系，导致统计口径混乱，无从分析会展业的范围、效益等。比如，会展业对经济的贡献程度从 1∶4 到 1∶10 各种说法不一。这严重阻碍了会展旅游业的健康发展。

(来源：中国网 作者：戴学锋)

典型案例

网上西博会

为进一步加快中国杭州西湖国际博览会的科学发展，创新办会模式，以会展信息化带动西博会的国际化、专业化、市场化、品牌化发展，扩大西博会"发展会展业和招商引资的平台，精神文明建设的载体，老百姓和中外游客的节日"效应，经西博会组委会研究决定，由市西博办牵头创新策划实施"网上西博会"。计划经过 3～5 年努力，把网上西博会办成"永不落幕的博览会"，成为彰显杭州"电子商务之都、生活品质之城"的重要载体。

目前，网上西博会已完成平台搭建集成工作，在线测试情况良好，在 2008 年 10 月 19 日举办的"2008 中国城市会展高峰论坛——纪念中国当代会展 80 周年活动"开幕式上正式开通，接受广大网民的访问浏览。

1. 网上西博会的主要内容

网上西博会是应用互联网技术，着眼国际，依托西博会的实体会展活动搭建的一个三维可视型(如 3D 地图、3D 建筑等)涵盖西博会主要内容的在线访问平台，随着不断发展和建设，将能够为参与网上西博会的展商、买家、游客、市民提供各种西博会的服务信息；为西博会的相关组织机构、展商企业提供面向访问者宣传互动的快速通道，实现网上西博会的网络展示、营销推广、电子商务和公共服务等功能。

网上西博会以"穿越历史时空,畅游精彩西博"为主题口号,将互联网与现实会展相结合,突出欣赏与体验特色,按照西博会的"过去、现在、未来"成3大板块。

体验西博会是根据1929年的历史资料用三维虚拟技术实现情景再现,网民可以在该板块进行漫游体验,感受1929年西博会八馆二所三处场馆及其博览盛况。全景西博会则依据杭州三维虚拟地图,将所有西博会及杭州会展的信息资讯以多种形式和手段进行加载,为网民提供各种信息服务。

西博直播室集文字直播视频直播服务,同时,汇聚了2000—2007年所有西博会的精彩影像,让更多的人通过网络分享和回眸精彩西博。网聚西博会是网上西博会的休闲区域,将结合西博会的内容以及网民的兴趣设计安排娱乐互动内容。

网上西博园代表了虚拟世界的西博会,园区以杭州城标为蓝本搭建,内容则按照第十届西湖博览会的九大生活序列进行规划建设,网民可以在园区内漫游,亲身感受迈入"钱塘江时代"的国际西博会在新蓝海上扬帆起航的情景,如图9.4所示。

图9.4 虚拟西博园

2. 网上西博会的亮点介绍

1) 创新西博会的办会模式

通过"网上西博会",将延伸扩大西博会的"平台""载体"和"节日"效应,实现5点突破。一是运作模式升级。依托丰富的西博会现实展会资源,通过"虚拟化、融合和在线协作"的互联网特征,让"线上"与"线下"西博会相得益彰,升级西博会运作模式。二是传播手段更新。采用3D展示、流媒体、电子政务、电子商务、网络营销等信息技术手段,在线展示精彩西博,并与观众形成良好的互动关系。三是参与渠道更宽。观众通过上网漫游,可以按各自爱好选择在线观看自己感兴趣的西博会内容,不受时空条件限制。四是受众范围更广。网上西博会突破会展活动受场地制约的观众数量限制，让全球更多观众"同聚西博，共享文明"。五是市民游客参会更方便。网上西博会将提供门票销售、参会指南、温馨提示等服务，让市民和游客参会更方便。

2) 体验西博会的精彩内容

1929年首届西博会的情景再现：从石塔儿头沿外湖新建马路往西行到西博会大门……网民借助网络只要操作手中的鼠标就可以边欣赏1929年西博会会歌边感受西博会八馆二所三处场馆及博览会的盛况。同时，通过对西湖的实地查看，以及大量西湖博物馆、西博会博物馆馆藏书籍、照片的查阅，主办方还推出了许多1929年西博会旧影和1929年西博会掌故，包括大批未正式公开过的1929年西博会老照片及历史资料。

其中纠错等功能的开发则是充分考虑到了与网民的互动，让网民体验1929年首届西博会之外更能参与到网上西博会的建设中来。

在西博直播室中，汇聚了2000年恢复举办西博会以来的每届西博会的大量精彩图片及视频，以及历年烟花大会和开幕闭幕式的图片专辑。本次图片的发布可以说是西博会图片、视频信息有史以来最全面、最正式的一次统一亮相，能让更多的人通过网络分享和回眸精彩西博。

3) 共享西博会的信息服务

全景西博会以西博会的举办地为蓝本，用三维地图建立的以西博会及杭州会展为主题的全景西博会。对有关西博会及杭州会展、活动信息在地图上的特定建筑区块用文字、图片、视频等形式进行信息加载，同时，对指定场馆进行真三维演示，包括场馆外部和内部的漫游以及展览类西博会项目的具体资料介绍；另外，为了方便网民前往，对特定线路做了设计，网民可以在地图上沿着绘制出的黄色路线指向，从常用位置到达钱江新城、各场馆等；票务信息功能则直接开发了网上电子售票系统，用户可以在网上查询票的种类、价格、数量及地图上对应的场馆内位置，方便购买。后期的建设中还将帮助相关企业开展包括文字、图片、视频的展示，并利用多种形式和手段对西博会及杭州会展的信息进行加载，提供多样的数据服务。

4) 畅想西博园的发展宏图

网上西博园以杭州城标为蓝本搭建虚拟园区，按照"休闲生活、美丽生活、舒适生活、数字生活、创业生活、文化生活、健康生活、创意生活、学习生活"九大生活概念进行规划建设，内容包含了"赏烟花大会、触摸开幕式、畅游西博园、品鉴艺博会、观美丽生活、流连游艇展"等，其中"赏烟花大会、触摸开幕式"直接把烟花大会和开幕式搬到了网上，人们可以坐在计算机前通过观看视频和漫游进行感受，而"畅游西博园、品鉴艺博会、观美丽生活、流连游艇展"则把实体展览会搬到了网络上，用全景和三维真正实现了网上博览会。让会展人士可以不限天气、不限交通、不限时间、不限费用，自由地选择合适的时间，能足不出户地参与展览会。

(来源：杭州市人民政府新闻办公室)

会展服务管理

本 章 小 结

在会展商务服务中,展会现场所涉及的商务服务,尤其是展会商务中心、展会客户服务中心等的服务应以高质快捷、价格合理为标准,尽量满足参展商和展会观众的商务需求。在展会商务服务中,电子商务服务工作越来越受到展会主办机构、参展商的重视,展会观众对展会电子商务服务的要求也越来越高。会展商务旅游服务以及其他展会商务活动服务可以看作是展会商务服务的延伸服务项目,它是展会成功不可分割的因素,值得重视。

复习思考题

1. 名词解释:电子商务、会展旅游。
2. 会展商务中心一般应提供哪些服务?
3. 大型展会的商务服务,按服务项目有哪些不同的分组?
4. 会展电子商务主要涉及哪几个方面?
5. 简述利用网络技术为展会组织者服务的主要内容有哪些。
6. 试述会展电子商务的安全管理问题。
7. 试述会展旅游服务的过程管理要点。
8. 会展活动是一种服务型的活动,服务的水准往往决定会展活动的成败。会展主办机构要想在激烈的市场竞争中立于不败之地,向与会展、参展者提供满意的服务是不可缺少的。阅读下列材料,具体说一说汉诺威信息技术展成为品牌展的关键因素,尤其是在商务服务方面,有哪些值得借鉴的做法。

汉诺威信息技术展的服务管理

为了使观众有更多的机会进入各展厅,更好地满足参展商与客户洽谈和交易的需求,2002 年汉诺威信息展展期从 7 天增加到 8 天。同时,组织者规定不满 15 岁的参观者只能在周日与展会最后一天参观,其他时间则谢绝进入,为的是把更多的参观机会留给专业人士,残疾人还可享受到半价的优惠待遇。

展会组织者还提供了极为便捷的交通服务。组织者为展会修建了一个可容纳 1 150 辆汽车的多层停车场和一座可以直通展会场馆及东侧停车场的 30 米宽的天桥。此外,有轨电车可直接从汉诺威火车站到达展览中心,两条郊区路线分别可达到展览中心的北边和东边。由于展馆面积太大,主办者还特意在 27 个展馆间开通了几条免费巴士路线,以方便参观者乘坐,不同的路线还用不同的颜色标在站牌和车窗上,以方便搭乘。

为方便参展商,这次展会还特别提供了网上的在线预订服务,参展商可以通过互联网快速方便的预订展会的相关服务信息，从而为展前的准备工作节省了大量的时间。展会还特设参展服务中心(ASC)，在展会举办前和举办期间为参展商提供综合服务，帮助其解决有关安全保卫、停车、会议室、办公区、技术和通信服务等方面的问题。

同时，展会的现场组织工作也有条不紊。各展馆间、每个展馆的各个展位间的设计布局合理，十分利于参观。展会餐饮的安排也合理、方便，参观者既可以在各个展馆内部专门开辟的正规餐厅去享用精美的快餐，也可以去展馆外不远处的各种风味餐厅慢慢品味佳肴。

第 10 章 会展安保清洁服务管理

本章导读

展会是一项大型的公众参与性活动,安全问题十分重要。在进行展会管理时,必须重视展会的安全保卫工作。展会的安保工作主要包括消防安全、人员安全、展品安全以及公共安全等。展会清洁服务包括两个方面的内容:从时间上来看,展会清洁包括展位搭建和布展时的垃圾清理、展会开幕后的清洁和撤展时的垃圾清理;从空间上看,展会清洁包括展位内的清洁和展馆通道及公共区域的清洁和环境卫生。其工作流程、管理的方法与侧重点也有所不同。

知识要点

- 会展安保清洁服务的概念
- 会展安保人员的一般要求
- 会展安保清洁人员安排
- 会展场馆安保工作程序
- 会展清洁工作的操作流程
- 会展安保清洁的规范与管理

10.1 会展安保清洁服务概述

10.1.1 会展安保服务概述

国家对安保人员有统一的岗位职责要求,从 2001 年 6 月 1 日起,全国保安人员陆续换着由公安部统一式样的保安服装和标志。保安服装颜色男女统一为中宝灰色,衬衫颜色为浅宝蓝色。保安新式服装既明显有别于军队和警察的服装,又充分体现保安人员统一着装是加强保安队伍正规化建设的具体措施,也是确保保安人员更加有效地协助公安维护社会治安秩序,保障服务区安全的需要。保安人员服装上的标志有胸标、领花、帽徽和级别臂章,如图 10.1 所示。

对讲机是保安员常用的无线通信设备。超小型频率合成调频手持对讲机是保安行业最常用的一种,它性能优良,使用灵活,体积小,功能多,用途十分广泛。尽管产品型号有

图 10.1 安保人员的服装、配置

多种多样，但原理基本相同，一般都由发射机和接收机两部分组成。频率范围一般为 136～150MHz 和 150～174MHz。

展会安全保卫工作一般包括展会治安秩序管理、消防安全管理及意外事故的查处等方面的内容。一般大型展会活动都会专门成立展会保卫办公室，负责会展场所和重要活动安全保卫工作的组织领导，包括制定各种保卫方案和措施，协调各级公安部门行动，为展会创造安全良好的社会环境；指导各参展商做好自身的安全保卫工作；做好展馆的防火工作；维护展会现场及其附近道路交通秩序，保障交通畅顺；负责发放内宾证件和车证等。

所谓安保服务也就是保证所管辖展会环境范围内的安全、稳定秩序的服务。安保人员服务范围包括防盗、消防、应急、捷运、停车场及车库管理等内容。

10.1.2 对会展安保服务人员的一般要求

1. 较高的业务水平

由于安全保卫工作是一项政策性很强的工作，所以，保安人员要有较高的业务水平。安全保卫人员在平时应注意学习，使自己有较强的政策观念和政策水平，在处理问题时，既要有原则性，有要又一定的灵活性。

2. 高度的事业心和责任感

会展安保工作许多是流动性的工作，要有高度的事业心和责任感。对治安安全保卫工作要有敏感性，积极主动维护展会的治安交通秩序，做好防盗、防火、防抢、防破坏、防治安灾害事故工作。

会展安保人员要认真学习有关法规和各项政策纪律，增强法制观念和政策、纪律观念，自觉地遵守法纪和执法。敢于与一切不良行为作斗争，发现违法犯罪分子要积极奋勇擒拿。

3. 仪容整洁规范

在仪容要求方面，会展安保人员男保安员蓄发不得露出帽外，不准留大鬓角、胡须，帽檐以下头发不得超过 1.5cm。女保安员发辫不得过肩、不得烫发。保安员着装制服时不准围围巾、戴手套。女保安员，工作时不准戴耳环、项链、戒指和发网、发带等装饰品，不得描眉、涂口红、抹胭脂、染指甲。不得把口罩带系在帽子上；不戴时应将口罩取下来，不能挂在胸前。保安员着制服时，只准佩带公司统一颁发的奖章、证书，不得佩戴其他徽章。佩戴证章时一律戴在上衣的左上方。各种会议、展览时临时制作的出入证或工作证，也只限于在会议上和展览场所佩戴。保安员必须严格按着装规定，统一着制式服装。基本要求是：规范、配套、整洁。

(1) 规范。着制式服装，是着装的最基本要求。保安不能私自改制服装，也不能在制服外面套自购的风衣、皮夹克、羽绒服等便服。必须按规定佩戴帽徽、领花、肩章，这也是保持仪容严整的重要方面。

(2) 配套。服装按季节分为冬夏服装。按照规定，帽子、上衣、裤子必须配套穿着，不得将在不同季节的制服随意混穿，更不允许与便服混穿。

(3) 整洁。系好风纪扣，衣扣要扣好，内衣下摆不得外露。不得挽袖、卷裤腿、披衣、敞怀。衣帽鞋袜要经常洗换，保持干净。服装保持清洁、平整，上岗前要扣好纽扣，系好

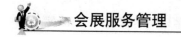

风纪扣，打紧领带。

安保人员的坐姿，应有一种庄重挺拔，稳如泰山的美感。那种跷二郎腿，或歪头趴坐的姿态，是绝对不允许的。齐步是保安员常用的步伐，要求走直线，精神饱满，身体稳当，步伐雄健有力，动作有明显节奏。保安员在日常值勤时也要注意走路姿态，不准袖手、背手和将手插在口袋里，不准边走边吸烟、吃东西，或者边走路边随意说笑。

10.1.3 会展清洁服务的概念

展会尤其是大型会展场馆占地面积大，功能区域多且分散，因此，会展的清洁服务工作难度也较大。展会清洁服务包括环境卫生和日常清洁卫生两方面的工作。

1. 环境卫生工作

环境卫生又包括场馆外部环境卫生和场馆内部环境卫生。

场馆外部环境卫生的范围有场馆建筑物外墙和屋面、人行道路、广场、室外楼梯和平台、室外餐厅、草地、垃圾站、沟渠、外部绿化养护、停车场及车库清洁、大楼外部保养等。有些场馆还设有水池、喷水池、人造小溪等，也需要进行卫生管理。

场馆内部环境卫生包括各楼层和各展厅及会议室地面、墙面、玻璃、茶水间、停车场、公共厕所、楼梯、各类门、电梯、餐饮区、室内天花、立柱、楼道开关、垃圾箱、灯具以及内部绿化保养等卫生工作。

2. 日常清洁卫生工作

根据会展活动的周期，大型会展的日常清洁服务一般分筹展、展中和撤展 3 个阶段。

筹展的清洁卫生工作主要有进行场馆卫生检查、制定展会活动的卫生管理计划、确定人员分工与责任区域、制定每个岗位的工作任务和责任以及对相关人员进行岗位培训等。

展中阶段是人流最为密集的阶段，也是最容易发生卫生安全事故的阶段，因此，应按照清洁卫生计划，严格地进行清洁卫生管理，确保展会期间清洁卫生工作的顺利开展。

撤展阶段清洁卫生的重点是将场馆环境恢复到与展前的状况一样，以迎接下一个展会。

除了以上 3 种情况之外，还有一种特殊的情况，即当展会期间出现了流行疾病，或者参加活动人员中出现了流行疾病疑似患者时。对这种情况，必须加强对环境卫生的管理，严格控制流行疾病。

展会清洁卫生部门一般会对清洁人员提出工作要求，清洁人员必须服从领导，听从分配及管理。必须热爱自己的本职工作，能吃苦耐劳，不怕脏、不怕累，全心全意地投入到自己的本职工作中。

清洁人员在工作内容上，总的来说是要及时清除生活用品垃圾，并送运到指定位置。根据负责区域的不同具体要求也不同。下面举例说明。

负责管理服务区周围墙壁无乱贴乱画、乱拉乱挂，并监督车辆及杂物存放到指定位置。

厕所保洁人员要保持地面干净，无脏物、积水、烟头、纸屑及废弃物。保持门窗、墙壁清洁，无蜘蛛网、积灰、无乱帖乱画现象。要保证厕所无痰迹、便溺，爱护厕所公共设施。卫生纸筐，每天要清理一次，讲究清洁。保持厕所通风良好。

对各种清洁用具，要注意保养、维修，并妥善保管，以延长其使用期。

需要指出的是,所有提供展会清洁服务的人员必须经过卫生部门的健康体检,合格后方可上岗工作。发现患有"五病"(即痢疾、伤寒、病毒性肝炎、活动性肺结核、化脓性或渗出性皮肤病)以及有碍公共卫生疾病的人员,应及时调离岗位。

10.2　会展安保清洁人员安排与工作流程

10.2.1　会展安保清洁人员安排

展会安保清洁人员的配备,需要根据展会的规模大小、展会的类型、展会的重要程度等诸多因素综合考虑。人员安排得合理可以提高效率、节约成本。

1. 人员安排

一般来说,规模在 5 000 平方米的展会,需配备 7~8 名清洁人员,10 名安保人员。如果展会中的特装摊位比较多,那么,清洁人员需多配 2~3 名。对于人流量特别多的品牌或专业展会,则安保人员需要多配一些。

2. 安保清洁人员组织结构图

展会安保清洁人员的安排可采取两种方式,即以岗位和以区域来划分。
(1) 以岗位来划分的安保、清洁组织结构图如图 10.2 和图 10.3 所示。

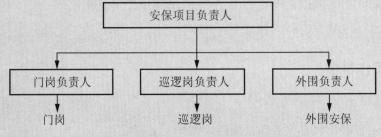

图 10.2　以岗位来划分的安保组织结构图

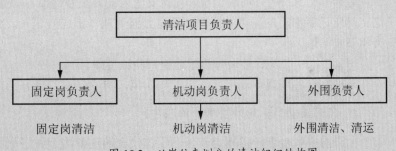

图 10.3　以岗位来划分的清洁组织结构图

(2) 以区域来划分的安保、清洁组织结构图如图 10.4 和图 10.5 所示。

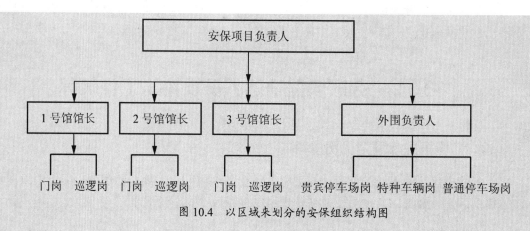

图 10.4 以区域来划分的安保组织结构图

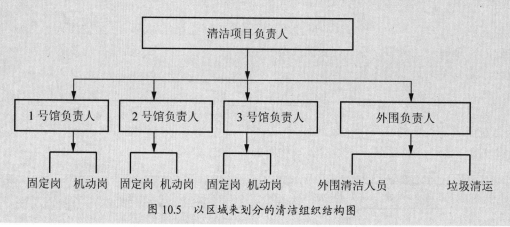

图 10.5 以区域来划分的清洁组织结构图

10.2.2 会展场馆安保工作程序

1. 会展场馆内安保工作程序

上岗前自我检查，按规定着装，仪容仪表端正整洁，做好上岗签证。

精神饱满，站姿端正，真诚微笑，规范认真地执行安保任务。

遇到不明身份者，问清情况，与保安区内的人员及时联系，办理有关手续后方可入内。建立岗位记事本，发现可疑情况，不论如何处理，都应有记录。做好交换岗和交接班的口头和书面汇报。

每天 24:00 点以后必须有礼貌地执行验证工作。

严格执行各项规章制度，严肃工作作风，树立保安的良好形象。

2. 门卫流动岗、场外安保工作程序

上岗前自我检查，按规定着装，仪容仪表端正整洁，做好上岗签名。

精神饱满，勤巡逻、勤观察、勤思考，发现衣冠不整者和其他闲杂人员阻止其入内。

维护保卫区内地交通秩序，指挥和疏导进出车辆，引导要及时，手势要规范。

会展安保清洁服务管理 第10章

遇有运输车出入,进门时间清来车单位和目的,出门时要验看出门证(出门证需方部门签证,各手续完备才能放行)。

建立岗位记事本,发现有异常情况,不论如何处理,都应有记录。做好交换岗和交接班的口头和书面汇报。

3. 巡视稽查工作程序

上岗前自我检查,按规定着装,仪容仪表端庄整洁,做好上岗签名。

巡视范围包括主楼各层楼面、员工通道、男女更衣室、各处通道。

按责任路线巡视检查,登楼至高,徒步下楼,呈 S 形巡视,发现问题及时解决。遇到大问题通知领班,巡视中严防死角。

巡视中应思想集中,通过看、听、闻、问,发现问题及时向领班汇报。巡视时还得注意消防设施及器材。

巡视时见被保安人员要主动打招呼问好,有礼貌地回答被保安人员的问询,实行文明服务。

建立岗位记事本,发现有异常情况,应记录备案,做好交接班的口头和书面汇报。

接到治安、火警报警,应及时赶到现场,了解情况,做出正确处理。

4. 地下车库安保工作程序

上岗前自我检查,按规定着装,仪容仪表端庄整洁,做好上岗签名。

精神饱满,进行车库安全服务,停车合理,指挥规范,队形整齐。

经常巡视已停车辆,发现车辆门、后盖未锁或玻璃窗未摇上的,应及时予以锁好、摇上。

外来车辆实行停车收费,泊位在临时车道上,原则上每小时 10 元。具体收费标准另定。

建立岗位记事本,发现有异常情况,应记录备案,做好交接班的口头和书面汇报。

在有客人出入的公共活动区域,设立禁止车辆停放标志,发现有车滞留,告知驾驶员立即开到指定地点停放。

5. 展会安全防范

了解展会有关安全方面的规定和防范措施十分重要。下面是参展商在展会安保中应该注意的一些事项。

1) 展前

是否有完整的突发事件处理方案?

是否有救生系统和火警系统?

紧急出口是否明显标示、通畅无阻并能正常使用?

展览会期间,该设施是否提供医疗服务?如果没有,最近的正规诊所或医院在哪里?

该设施是否有公众广播系统以便紧急事件发生时可以及时通知?

该设施是否符合 ADA(Ada 语言最初设计是为了构建长周期的、高度可靠的软件系统。它提供了一系列功能来定义相关的数据类型(Type)、对象(Object)和操作(Operation)的程序包(Package)标准?

该设施是否经历过自然灾害(如飓风、台风、地震等)?如果是,它们是怎样处理这些情况的?

会展服务管理

该设施和参展商下榻的酒店内部或附近是否有治安问题？

该设施或酒店内部和附近哪些地方应该尽量少去？

在展览会期间如何控制和管理观众、展位工作人员、基建人员等的出入？这些措施是否有效？

该设施外部和停车场的照明是否足够？

该设施如何保证设备在展前、展中和展后的安全。

2）展中

贵重物品和重要物品要放在展览设施所提供的封闭区域或保险箱内。经常检查储物区的安全情况，保证贵重物品或设备得到有效保护。可以了解一下该区域内是否有警报器、监控器以及安全巡查人员。

白天展位开放后也要时刻提高警惕，不要使之处于无人看管状态。展览会管理部门不对在展位中被盗的物品负任何责任。为保护展位和昂贵的设备，可以考虑使用保密电缆、标签、螺丝钉、尼龙搭扣和警报器等物品。

如果想雇用安全人员，那么要找一家信誉良好并已经在保险公司投保的公司。应该向他们提供明确的书面安全职责要求和发生紧急事件时的联系方式。

如果需要大量的安全人员，那么要参照国家在这方面的有关规定详细说明自己的具体标准、报酬和对保安人员行为表现的要求。要和负责设施安全的工作人员密切合作，当出现安全问题时，无论事件大小，都要向他汇报。

3）在展览会外

出了展会现场不要把展会证件戴在外面。对周围环境要时刻保持警惕。走路时要表现出自信。对问题或场合感觉不妙时，要相信自己的直觉。不要单独行走，晚上要待在照明良好的商业区。据报道，两个人在一起的时候，被袭击的可能性要下降 70%，3 个或更多人在一起要下降 90%。

不要佩戴贵重珠宝和手表，不要携带值钱的物品。

要确定酒店所有房间的锁都可以正常使用并学会正确使用。不要给陌生人开门。要留意房间最近的紧急出口的位置。如果遇到有人威胁，要先遵从他的要求，然后报警。

10.2.3 会展清洁的工作流程

1. 筹展阶段

（1）对场馆内外环境的全面清洁。

（2）对公共区域的物体表面消毒，包括公共区域的地面、墙壁、电梯以及经常使用或接触的物体表面，如门窗、柜台、桌椅、门把手、水龙头、话筒、洗手池、卫生间等。

（3）场馆内外排水系统的清洁。

（4）打开门窗通风，保持场馆内的空气清新。使用空调系统的，应保证送风安全、通畅。必要时对空调或通风系统中的过滤器与滤网、排风扇进行清洁消毒。

（5）大型会议前，应对座位套、扶手套等纺织物品清洗消毒，保持清洁。

（6）必要时，在展馆开始之前可对展馆进行全面的空气消毒。

（7）在场馆内外进行一次全面的杀虫灭鼠工作，防止场馆内出现昆虫、老鼠等。

(8) 及时将布展垃圾清除出场。
(9) 进行馆内外的绿化维护。

2. 展中阶段

(1) 随时保持展馆内外的环境整洁，地面无废弃物。每天闭馆后要对地面和墙面进行卫生清洁、消毒，特殊时期还需要对展馆内进行空气消毒。
(2) 特别注意厕所卫生，随时清洁。
(3) 对公共用品进行清洗、消毒，如电梯扶手、柜台等。
(4) 会议室茶具每客一换，清洗后消毒。
(5) 对场馆内的公共电子设备如计算机的键盘、鼠标、公用电话话筒等每天进行消毒。
(6) 垃圾要及时清运到垃圾中转站。
(7) 及时清理餐饮残余物，避免食物的残渣撒漏。
(8) 加强自然通风，展会闭馆后开窗换气，开馆前利用风机、空调、换气扇等全面换气。
(9) 会展场馆内张贴禁烟标志，吸烟室内要及时清洁。
(10) 密切关注参与人员的身体状况，尤其是在传染病易发时期，有情况及时上报。

3. 撤展阶段

(1) 将撤展后遗留的垃圾进行分类整理，回收和清运出馆。
(2) 洗刷地毯与地面，修补地面或墙面的损伤。
(3) 对场馆进行全面清洗与消毒。
(4) 修复场馆周围设施及绿化，及时撤走活动造型花坛，清洗花坛地面，确保不留痕迹。
(5) 全面清除沙井、明沟内污物，疏通下水管道并进行消毒。

10.3 会展安保清洁服务规范与管理

在会展的安保清洁服务工作中，安保工作可以说是展会的生命线，任何展会的安保工作出了问题，都会直接影响到展会的成功。会展安保人员的服务规范(清洁服务规范参见10.2节相关内容)与管理也将直接影响到展会的安保质量。

10.3.1 会展安保人员的服务规范

1. 纪律方面

坚持工作岗位，尽职尽责，不准擅自职守。
维护国家、集体、公民或客户的合法权益。
严格遵守客户单位的规章制度。
保守国家秘密、保卫工作的秘密及客户提出的需要保密的事项。
不得找借口，无故不履行合同的义务。

2. 礼节礼貌

遇见领导或上级时，应当敬礼。在本单位内对经常接触的领导和上级可不敬礼，但要点头示意。

参加集会，听到奏国歌、国际歌时，应自行起立。升国旗时，队列中的领导干部和未列队的干部，保安人员应行举手礼。

佩带武器和执行任务时，不准喝酒；着保安制服时，不准在公共场合饮酒；在任何情况下不得酗酒滋事。

保安人员要使用礼貌用语，执勤遇到客人时必须做到让路、微笑、问好。

有自我约束能力，不违章违纪。

服从领导分配，指挥。

严格遵守考勤制度，不迟到，不早退，不擅自替换班。

端庄稳重，尽职尽责。

有自我管理意识，处理问题要有耐心。

因公到客户单位或家中，进门前应打招呼，进门后要举止端正，说话和气，注意礼貌。

对来办事人员，要热情接待，恳切接谈。

3. 门卫安保工作规范

门卫保安要对出入人员进行严格验证，并依据客户单位有关会客登记制度严格履行登记手续，严禁无关人员入内。

对出入人员和车辆所携带、装运的物品、物资进行严格的检验、核查，以防止私自将危险物品或将客户财务夹带出门。

疏导出入车辆和行人，清理门卫责任区内无关人员，保证车辆进出通畅，人员出入有序。

配合有关部门做好来人来访接待工作，遇有来访人员确有要事需办理时，要及时做好传达工作。

4. 安保守护工作规范

保护人身安全，即由保安员通过对守护对象的住宅、办公场所的守护而保护人身安全。

保护财产安全。保安员保护财产安全工作的重点是做好防火、防盗、防破坏等工作。

维护客户单位的正常秩序。保安人员对发生在守护范围内的各种有碍会议论坛或展览进行的情况应尽快采取措施予劝阻、制止，防止事态扩大。

5. 安保巡逻的工作规范

维护巡逻区域内和保护目标周围的正常治安秩序。

预防、发现、制止各种违法犯罪行为。

及时发现各种可疑情况，抓获现行违法犯罪嫌疑人。

检查、发现、防范各方面的漏洞。

突发事件或意外事故的处理。

6. 会展现场安保的工作规范

保护会展现场的保安人员要有高度的责任感，工作必须认真细致。

要有严明的组织纪律观念,并严格按照现场保护要求履行职责。

要注意保守现场的秘密,不得随意向无关人员泄露现场发现的与犯罪或事故有关的痕迹物证情况。

提高处理紧急情况的能力,对于遇到的各种紧急情况,均应沉着、机警,迅速采取果断措施,既达到抢救的目的,又切实起到对现场的保护作用。

保安人员应有针对性地向围观群众宣传教育,以取得群众的理解、支持和配合,从而为现场保护提供更有利的条件。

7. 监控中心岗位职责

监控中心自我检查,按规定着装,仪容仪表端庄整洁,做好上岗签名。

安保监控,消防报警系统昼夜开通,设立24小时监控值班岗,全面了解和严密监视保卫区的安全状况。

当班员工要密切注意屏幕情况,发现可疑情况定点录像。在大堂、客梯、楼面及要害部位发现可疑情况要采取跟踪监视和定点录像措施,并通知有关岗位上的保安人员,另行注意或询问盘查,同时向保安部报告。

发现火灾自动报警装置报警,应立即通知使用人(保卫科)和保安巡视,迅速赶赴报警现场,查明情况。如是误报,应在设备上消除报警信号。

与工作无关人员,不得擅自进入监控室,持有介绍信并在有关领导的陪同下方可入内,并做好登记手续。

建立岗位记事本,发现有异常情况,应记录备案,做好交接班的口头和书面汇报。

进入监控中心必须换拖鞋,保持室内整洁,严禁吸烟,严禁使用电水壶及其他明火,设备与操作台上不得堆放杂物。

监控中心人员必须保持充沛精力,以高度的责任感认真观察,不得随意向外人提供保卫区监控点,消防设备等安保方面的详细资料。

10.3.2 会展清洁服务管理

大型展会的清洁卫生管理一般分对清洁卫生服务人员的工作规范管理、对参展商和对活动参与者以及公众的管理。

对清洁卫生服务人员的工作规范管理按照工作流程的基本要求(参见 10.2 节相关内容)进行质量管理。

对参展商,一般展会的管理规定如下。

展览会布、撤展期间,标准展位和公共区的清洁工作由会展服务商负责(展板、展具清洁除外),特装展位的清洁由参展商自行解决。展览开展期间,参展商应保持展位内的清洁,并将垃圾倒入指定的垃圾箱内,会展服务商负责清运垃圾和展馆公共区的清洁工作,同时提供展位内按面积清洁的有偿服务。

为了有效管理,有的展会会收取特装清洁押金:布展前特装展位须向组办方(会展中心)交纳清洁押金;在撤展期内参展商须将展位内的装修垃圾清理带走,不得将垃圾遗弃在展馆内及展馆外围区域;清理完毕之后展馆现场人员确认签字,参展商凭确认单取还清洁押金。参展商或向组办方(会展中心)缴纳相应的垃圾清运费,由组办方(会展中心)派人清洁。在规定时限内未撤除物品将作为无主物品处理,押金不予退还。

对活动参与者以及公众的清洁卫生管理,展会的组办方(会展中心)一般会订立相应的卫生管理公约,要求大家共同遵守,如:严禁在会展场馆内随地吐痰、乱丢果皮、纸屑等杂物,严禁在场馆内吸烟;严禁向地毯或地面上倒水或其他液体;严禁在洗手间、围板、地面及展馆其他设施上张贴、刻画等。

10.3.3 会展安保服务管理

为了维护展会的良好秩序,防止各类事故的发生,确保展会安全,会展安全保卫部门一般都会依据社会治安有关管理规定,制定相关管理规定,其内容主要包括以下几点。

(1) 全体与会人员须高度重视安全工作,自觉遵守展会各项规定,共同维护展会秩序。加强宣传教育和管理,提高与会人员安全防范意识,确保展会安全。

(2) 实行安全保卫责任制,按照"谁主管、谁负责"的原则,制定安全保卫方案措施。对负责展会安全服务的工作人员实行绩效考核,严格按照考核要点、考核指标进行考核(参见表10-1、表10-2)。

表 10-1 展会安全保卫部经理绩效考核表

考核项	绩 效 考 核				
	考核要点	考核指标	权重/%	考核主体	考核资料来源
1. 部门规章制度建设	编制单位安全保卫相关规章制度,报领导审批通过后,组织部门员工落实并予以监督	规章制度有效执行率达到__%	15	总经理	安全保卫部
2. 会展安全管理方案制定	根据会展规模、特点,制定安全管理方案,编写安全预算,配备所需的安全设备和安全人员	领导满意度评价在__分以上	15	总经理	安全保卫部
3. 会展安全管理与监督	指导并监督安全管理方案的贯彻落实;在会展过程中,对安全保卫人员的工作进行监督;对意外事件进行及时有效的处理	安全意外事件处理及时	30	总经理	安全保卫部
4. 与保安服务方的联系	与保安服务方建立良好的关系,确保保卫人员及时到位	保卫人员到岗及时	20	总经理	安全保卫部
5. 部门人员管理	负责部门日常工作的安排、业务指导与监督;负责下属人员的招聘、培训、考核等工作	部门员工考核综合评分在__分以上	20	总经理	行政人事部

表 10-2　展会安全保卫部安全员绩效考核表

绩 效 考 核					
考核项	考核要点	考核指标	权重/%	考核主体	考核资料来源
1. 会展安全管理方案执行	配合部门经理执行安全管理方案，并负责方案的执行	安全管理方案执行率达到__%	30	部门经理	安全保卫部
2. 保安培训	根据会展安全的需要，对保安人员进行培训	保安人员培训工作完成率达到__%	25	部门经理	安全保卫部
3. 保安人员管理与监督	在部门经理的统一安排下，负责对保安人员的工作状况进行监督和管理	问题发现、处理及时	25	部门经理	安全保卫部
4. 会展现场安全检查	对进出会展的人员、物品进行例行检查，防止危险品进入或展品被盗等	例行安全检查次数不少于__次/日	20	部门经理	安全保卫部

(3) 各专题展厅应成立保卫组，由各专题展厅承包单位的一名领导担任组长。同时，要配备一定数量的专职保卫人员，协助展会做好安全保卫工作。

(4) 从布展至撤展结束，所有进入会展中心的人员须将有效的大会证件挂在胸前，服从和配合保卫人员检查。除免检人员外，其他与会者均需主动自觉服从和配合门卫查验证件和安全检查。不准将证件转借他人和带无证人员进馆。

(5) 妥善保管好展样品和个人随身物品。每天闭馆前，要将贵重样品存放展柜或保险柜内或采取其他有效保护措施，并由专人负责看守和管理，参展商应按时进馆，并不要提前退馆，以确保展样品安全。

(6) 陈列的管制刀具等展样品需入柜上锁或固定在展板上。展会期间要有专人看护，妥善保管，开、闭展时要清点数目，防止被盗。

(7) 剧毒品、易燃易爆和放射性等展样品，只能使用仿制代用品，严禁携带实物进入展馆。

(8) 展样品的陈列须按规定摆放，任何单位和个人不得将展、样品摆出展位外的任何地方。要服从展会检查组、保卫人员的检查纠正。

(9) 布展期间，运送展样品的汽车进入会展中心后，按指定地点临时停放，卸货后即驶出会展中心。搬运展样品出展馆时，须凭展会的放行条，经门卫人员查验后放行。

(10) 进入会展中心的汽车须服从交通管理人员的指挥，按规定路线行驶，按指定位置停放。

(11) 展会期间，凡拾获的各种物品应及时送交展会安保处处理，不准自行保管和擅自处理。

典型案例

中非合作论坛北京峰会的安保工作

2006年11月1日至6日,"中非合作论坛北京峰会"在北京举行。此次"峰会"是新中国成立以来我国主办的规模最大、规格最高的一次国际活动。其重要性毋庸讳言,安保工作更是不允许有一点差错。"峰会"安保工作无疑是对北京警方的一次考验。

1. "峰会"安保115个分预案确保万无一失

此次"峰会"共有40多位非洲国家领导人以及非盟委员会负责人、联合国秘书长代表和各国部长等3 500人出席,分别入住23处宾馆、饭店,涉及行车路线120多条,总长1 785公里。如何保证代表住地、代表车队经过的线路以及会场的安全万无一失,是北京警方很早就着手研究的问题。

2006年10月16日下午,北京市公安局召开电视电话会议,部署"中非合作论坛北京峰会"期间的安全保卫工作,并成立了峰会安全警卫总指挥部。社会面控制、重点地区阵控、社会交通疏导、服务保障安保、处置突发事件、通信保障等8个指挥部同时成立。

针对与会者住地多、路线多、临时现场多且不易掌握的情况,相关部门在充分调研、反复踏勘现场的基础上,有针对性地制定了警卫措施,确立了"全面部署、重点加强、点面结合、以面保点、严密措施、内紧外松"的原则,并研究制定了《中非合作论坛北京峰会安全保卫工作总体方案》以及各项分方案、预案共115个,明确了各参战单位的主要任务、职责分工和具体工作要求,确保了安保工作的有序开展。

在此基础上,2006年10月26日下午,北京警方又专门召开"峰会"安全保卫工作专题汇报会,听取了各单位落实情况汇报,有针对性地作了进一步部署。期间,北京市公安局领导分别带队到一线实地检查了安保工作落实情况,局属各职能部门、各分县局也迅速行动,根据工作实际,进一步细化方案措施,确保各项安保责任到人、措施到位。

在与会代表住地,警方在前期对各住地外围部署常规警戒控制措施的基础上,对与会非洲国家领导人住地实施居住楼层和代表团专用车场的双封闭控制。与会代表住地的警卫对象上下车点和水、电、气、热、空调、电梯等196处重点要害部位,以及大堂公共区等重要区域,均落实了24小时专人看护,同时对各住地外围200米内非停放区域停放的车辆进行清离。

对各国领导人集体活动路线,采取全程警卫,主干线顺行一侧清空两条车道,分时分段滚动控制。对大会堂会场外围,划分警戒区、控制区和疏导区进行控制,分区实施真空、半真空管控,并提前落实外围制高点和社会面的控制工作。同时,部署防暴阻截车、武装机动备勤车、消防车、排爆车和民警、武警机动力量在会场外围备勤,做好应对突发事件的准备。整个安保警卫工作，北京警方共出动警力4.8万余人。

2. 防恐处突演练加预警掌握主动

针对有可能发生的恐怖暴力事件，北京警方以防范恐怖暴力袭击为重点，制定了专门的处突方案，并部署处突执备勤警力4 511人(民警2 511人，武警2 000人)，随时做好处置各类突发事件准备。同时，组织258名专业安检力量，全面落实大会堂现场、20多处住地、31个安检点的邮件、人身、场地、物品、车辆以及地下管线的防爆安检和排爆备勤。

"峰会"召开前夕，安检工作所需的安检门、X光机以及手持金属探测器、防爆毯、防爆罐、机动车底检查镜等设备已经全部到位并调试完毕。

为充分检验"点""线"警卫工作落实情况，10月16日、27日，该局围绕"峰会"代表的住地、路线和大会堂现场外围专门进行了两次安全警卫演练，从指挥协调、联勤联动、交通疏导、住地、现场外围警卫、通信保障等方面检验了前期工作准备和落实情况，为实战积累了丰富经验。

针对可能出现的不法分子趁机滋事闹事、捣乱破坏的情况，北京警方以提高发现和控制能力为目标，充分运用多种侦查手段，多渠道搜集各类情报信息，启动了情报会商机制，加强综合分析，并按照奥运标准开展了风险评估，切实做到了提前预警，掌握主动。

为确保"峰会"服务保障安全高效，北京警方与住地饭店逐一签订了安全责任书，对101处重点要害部位进行了安全大检查，对14 639名饭店员工进行了政审，对饭店外租单位、常住户进行了背景审查和安全教育；针对大会堂会场、20余处住地、路线以及周边2 643家单位反复开展了消防安全检查，共发现并消除火险隐患2 202件；对水、电、气、热等"峰会"服务保障单位进行了安全检查，落实了抢修看护力量；对4家"峰会"食品供应企业及40辆食品运输车辆进行了安全检查，对350名参加服务的职工进行了政审，并严格了食品化验和48小时留样备检制度；对700余名上会司机进行了政审和安全教育，对671辆会议用车进行了安全检修、检测，保证车况良好，特别是对警卫对象用车，逐一落实了24小时现场看护和安检措施。

3. 社会面控制81万"红袖标"筑起群防群治

"峰会"期间，在北京的大街小巷，随处可以遇见胳膊上佩戴着"红袖标"的人员，他们当中既有保安、环卫工作人员、停车场管理人员，也有街道、社区的人员。2006年11月3日，记者在公主坟地区换乘公交车时，一位佩戴着"红袖标"的协管人员告诉记者，"红袖标"是派出所给的，还有的是街道和社区发的，"让我们发现异常情况，立即上报。"

北京市公安局新闻办提供的数据显示，全市共有81万群众投入"峰会"的安全保卫工作，其中专业协警力量9.8万人，义务协警力量71.9万人。白天城八区中，东城、西城、朝阳、海淀四个区每天保证有"红袖标"总数40%的群众在重点地区、路段、部位、社区和街面值守，其他城区每天同一时段

会展服务管理

保证有"红袖标"总数30%的群众在社区和街面值守。环城带和远郊区县每天同一时段保证有"红袖标"总数20%的群众在社区和街面值守。

发动群众参与到"峰会"安保工作中来的同时，警方启动了超常规巡控方案。记者注意到，"峰会"期间，北京街头的警力明显增加。尤其在长安街沿线，以及与会代表住地附近的立交桥、路口、公交车站附近随处都可以看到巡逻执勤的民警。

4. 交通疏堵半数以上公车禁止上路

"峰会"期间，北京市民普遍感受到了首都交通的顺畅、快捷。原来上班要一个小时左右的路程，现在连40分钟都用不上。北京市交管局指挥中心提供的数据也验证了这一点，几天来，北京市交管局的流量监测图上，时速在20公里以下的拥堵路段明显减少。2006年11月2日当天，在交管局指挥中心接到的拥堵报警下降80%的基础上，11月3日的拥堵报警再度大幅下降，北京市民享受到了京城道路少有的畅通。

这一方面得益于广大市民的理解与配合。另一方面也是削减交通流量的举措起到了作用。此前，北京市政府向市民发出了致首都市民的一封信。市政府恳请市民在"峰会"期间尽量选择乘坐公交、地铁等公共交通工具上下班、上下学或外出；注意收听、收看有关信息，尽量避开长安街、东西二环路、机场高速公路等外宾主要行车路线和交通勤务高峰时段；遇有外宾车队通过时，请你自觉服从交通民警指挥，主动避让，确保安全；号召市民严格遵守交通安全法律法规，自觉维护交通秩序，当好东道主。

发动群众的同时，北京对各类危化品运输车辆、外埠进京车辆、施工车辆进行严格限行管理，同时按照驻京中央、国家机关、部队、企事业单位50%，市属各机关、单位以及外省市各级驻京机关按照80%的控制指标封存公车，合并公务用车、减少出车频率；实施错峰上下班、中小学提前放学，减少远郊车辆进入市区等措施，并号召市民乘公交车或骑车出行，减轻社会交通压力。

通过以上措施，削减出行公车45万辆，其中市属37.6万辆、中央在京单位4万辆、军车3.5万辆。同时，召开了北京周边省市交管部门会议，在"峰会"期间对外埠进京车辆进行严格管控，进一步强化"护城河"工程，有力缓解了北京的交通压力。

本章小结

在会展活动中，各种突发事件，如流行疾病、自然灾害、人为破坏、突发性伤亡事故等随时可能发生，这些突发事件不仅能导致会展的延期或夭折，更重要的是它将带来不可预见的极其严重的后果，造成轰动社会的影响。因此，及早预测，周密计划，措施得力，规避风险是对展会安保服务的基本要求。展会的清洁卫生工作一方面涉及展会的形象问题，但更重要的是涉及会展活动参与者的安全问题。清洁卫生服务工作做得好，给展会提供一个优雅、整洁和安全的环境，能使人流连忘返，印象深刻。在展会的安保清洁服务管理中，展会现场的安全保障、对突发事件的及时处理、客户对展会秩序的满意度、展会环境整洁卫生等内容是重点。

复习思考题

1. 名词解释：安保服务、清洁服务。
2. 对会展安保服务人员的一般要求是什么？
3. 会展活动的日常清洁卫生工作有哪些？
4. 简述会展场馆安保工作的程序。
5. 简述会展清洁工作的流程。
6. 试述会展清洁服务管理的要点。
7. 试述会展会展安保服务管理的主要内容。
8. 在垃圾处理上，2005年日本爱知"世博会"的做法是值得学习的。阅读下列材料，指出爱知"世博会"的环卫设施和垃圾处理可供展会借鉴的地方。

日本爱知世博园区的环卫设施和垃圾处理

日本爱知世博园区占地面积约173公顷，公共卫生设施数量按每天进场人数约15万人次的计划设置。园区内共设置垃圾箱站(废物箱)约13处、公共厕所约62座；垃圾收集、处理设施主要有各展馆区回收站(馆区存储场)、园区垃圾集中处理站(主存储场)等。

根据规划，日本爱知世博园区固体废弃物处理的目标是实施无排出的运营，特别在推进3R(回收、减少排出、再生利用)方面是世博园区运营计划中环境方面的要点，通过实施相关措施，预计垃圾可减少67%左右。

一、垃圾收运处理系统各流程的运作情况

1. 垃圾实行分类收集

爱知世博园区设有一条连接6个全球共同展区单元的道路，称为全球环路，全长2.6千米，在这条全球环路上走一圈，便可看遍整个主会场。垃圾箱站基本都设置在全球环路上，垃圾实行分类、袋装收集，垃圾主要分类为食品废弃物、纸类、铝罐、塑料瓶、一次性筷子等可燃垃圾和其他垃圾等，共约6类，每个垃圾箱站分别设置12个垃圾分类收集桶(每一类别分别设置2个收集桶)，每个垃圾箱站都设置有分类投放宣传、指示牌，并有自愿者指导游客如何分类投放各类垃圾。

垃圾箱站的垃圾，由工作人员收集后用收集推车或小型牵引车送至附近展馆区的回收站(馆区存储场)，该回收站可对分类垃圾进行计量，然后再用运输车辆将废弃物集中运到园区内设置的垃圾集中处理站(主存储场)。

2. 园区垃圾分类处理系统

爱知世博园区垃圾清洁处理系统的建立和运作由爱知世博协会外包给日本通运公司。垃圾处理系统大致分为3个层次。

1) 垃圾的分类回收

各展馆区的垃圾回收站(馆区存储场)主要对分类收集的垃圾进行回收处理,其主要工作是进行垃圾的分类回收。

各展馆区的垃圾回收站是按统一标准配备的,每个垃圾回收站设在各展馆区的背面,内部配置包括:一个小型生活垃圾暂存冰库、一个垃圾分类重量记录分析系统、一个除臭机、若干个具有除臭隔板的垃圾暂存箱以及小型垃圾箱等。管理人员为1人,8小时轮班。垃圾站开放时间为 9:30 至 22:30。

垃圾回收站的基本工作流程是:对运来的垃圾进行检查,如果已经分类(多数情况下),将分类垃圾进行称重,磅秤将自动记录分类数据,之后,将生活垃圾(如剩余食物等)存入小型冰库(目的是防止食物快速腐化并产生大量异味),其他分类垃圾放入各自除臭暂存箱内(如铝罐为一类,塑料瓶为一类等)。如果送来的垃圾没有分类或分类有误,则需要进行人工再分类,并记录来自哪个展馆,以便及时通知改进。

垃圾处理时间为:各展馆区内的公共场所垃圾,随时进行处理;各展馆的垃圾则在闭馆后运来进行处理。

2) 园区垃圾的集中分类处理

园区内设有一个集中处理整个园区垃圾的场所,也叫园区垃圾集中处理站(主存储场),该站占地面积较大,主要功能是根据垃圾的分类进行加工处理,如对可回收垃圾进行再利用前的分选、压缩等中间处理,再由运输车外送进行相应的处理处置。

3) 园区垃圾的园外处理

主要是对园区内无法处理的垃圾以及园区内处理加工过的部分垃圾运送园外进行处理、处置,或是将处理后的垃圾(可回收利用的)出售给外面的相关垃圾处理加工公司。有些垃圾,如游客丢弃的雨伞等物品,现有园区内处理系统无法处理,只得按城市垃圾处理的一般原则进行处理(分类后运出园区外的城市垃圾处理中心)。

二、各展馆区垃圾特点

爱知世博园分为亚洲馆区、中南美洲馆区、欧洲馆区和东南亚馆区,各馆区均设有垃圾回收站,但从各馆区垃圾回收站的垃圾回收情况,可以看出各展馆区回收垃圾的不同性质和特点。如亚洲展馆区的回收垃圾,有机垃圾量比较大(主要是剩余食物),所以冰库往往被堆满,同时亚洲展馆区回收的垃圾要进行再分类,工作量比较大,而欧洲馆区回收的垃圾铝合金罐头盒和塑料瓶比较多,往往需要更多的暂存箱。

三、垃圾的异味处理

垃圾的异味处理,在夏季尤为重要。爱知世博园区垃圾系统采取的措施,除了垃圾回收站采用冰库、除臭机以及带有除臭功能的暂存箱外,还注重在运输过程中防止异味的泄漏,包括垃圾运输车上设置了两道密封系统,减少在装卸垃圾过程中的异味扩散。另外,垃圾运输车本身带有水箱,垃圾装装卸完成后,立即进行现场冲洗,除掉在地面的少量垃圾并尽快除去异味。

四、公共厕所

爱知世博园区共有厕所约 62 处。供参观者使用的公共厕所约 35 处,其中青少年公园地区约 33 处,海上地区 2 处;协会(2005 年日本国际博览会协会)管理设施内的厕所共计设置约 27 处,其中青少年公园地区约 17 处,海上地区约 10 处。

公共厕所一般为单层建筑,有附建式和独立式两种,附建式较多的是与公共服务设施和小商店相结合,公共厕所的外观和色彩与周围景观的特色基本融为一体。公共厕所男女厕位比例均按 1:1.5 设置,每座厕所都设置了供残疾人和老人等行动不便者使用的无障碍通道和专用厕位间,专用厕位间面积较大,残疾人使用的轮椅可直接进出,坐便器旁边设有专用扶手,有自动冲洗设备;专用厕位间还设置了有栏杆的婴儿睡位,可供怀抱婴儿的人员使用;为方便母亲带小男孩如厕,在女厕所内还设置了供小男孩使用的小型小便器。公共厕所均不收费,厕所内部非常整洁卫生、无异味,内部配置了洗手盆、洗手液、卫生纸、烘干机、擦手纸、挂衣钩、废物箱、供女性化妆使用的坐椅等,总体感觉是方便、舒心,充分体现了人性化服务。

(作者:冯肃伟,何群凤)

第 11 章 会展场馆经营服务管理

本章导读

会展场馆是开展会展活动的物质基础和基本条件，其服务经营管理的好坏直接影响会展业的发展。由于会展场馆的建设往往投资巨大、回报周期长，所以一般都是由政府投资兴建。随着会展市场的日趋国际化，合资、民资建馆的形式也已经出现。与此同时，会展场馆的服务经营管理也逐步走向市场化，形成了国建国营、国建民营、合资建管以及民建民营等经营管理模式。根据会展场馆的不同特点，采取合理、有效的现代化服务经营管理手段，发挥会展场馆在城市会展经济中的重要作用，是对现代会展企业的基本要求。

知识要点

- 会展场馆的概念
- 会展场馆的经营服务目标
- 会展场馆的设施设备管理
- 会展场馆的运营管理模式
- 会展场馆经营的服务创新
- 会展场馆经营的标准化管理

11.1 会展场馆经营服务概述

11.1.1 会展场馆的概念

一般的会展场馆是指举办会展的场所总称。具体来说，会展场馆是指从事会议、展览以及节事活动的主体建筑和附属建筑，以及相配套的设施设备和服务，它由硬件和软件两部分组成。场馆中的"场"，是场地，一般指室外区域；"馆"。即馆所，一般指室内区域。因此，会展场馆可以分成室内的会展和展览中心，以及露天的会议和展览场地。

"场"和"馆"在管理上有较大的不同。由专业人员对会展场馆与设施设备进行管理，是保证会展活动正常进行的基本条件，也是会展业发展的重要依托。

改革开放以来，我国会展业迅速发展，场馆建设呈大型化、智能化趋势。就展馆来说，到 2009 年，我国已有 150 多个展览中心，可用展馆面积多达 600 万平方米以上。展馆面积的总量已超过了有"展览王国"之称的德国。

在会展的硬件设施上，各地的展馆数量、面积都在不断地扩张。以上海为例，20 世纪

80 年代前，上海仅有一个展馆——上海展览中心，其面积不过 2.2 万平方米。20 世纪 90 年代上海的展览场地设施建设进入了一个快速发展阶段。尤其是于 2001 年正式开业的新国际博览中心，大大地改变了上海会展场馆不足的问题。上海新国际博览中心于 2010 年全面建成后，室内展览面积将达到 20 万平方米，室外面积达 13 万平方米。目前，上海现有可供进行各种展览、展示、展销活动的较大场馆、场所有 12 个，其中，9 个主要场馆可供展示的总面积 23.5 万 m^2，见表 11-1。

表 11-1 上海 9 个主要展览馆面积

序号	场馆名称	面积/m^2
1	上海新国际博览中心	103 500
2	上海光大会展中心	31 400
3	上海展览中心	21 743
4	上海世贸商城	21 600
5	上海国际展览中心	12 000
6	上海农业展览馆	7 600
7	东亚展览馆	4 500
8	上海国际会议中心	2 738
9	上海汽车会展中心	30 000

我国大多数的会展中心同时具有举办展览和会议以及活动的功能，因尚无权威的统计口径，如果将可以举办会议、展览以及节事活动的场所都统计在内的话，我国会展场馆的面积与规模还要大得多。

11.1.2 会展场馆的经营服务目标

从总体上来说，会展场馆的经营服务目标主要有：为各种会展活动提供一个合适的场地和舒适安全的环境，并在此基础上提供高效的服务，满足会展活动的组织者、参加者、会展场馆工作人员以及租用场馆办公的物业使用者等各方面的需要。实现一定经济效益和社会效益。场馆经营还要做好合理的规划，搞好会展场馆建筑本体以及场馆内部设施设备的建设和维护工作，做好场馆的环境绿化、保护、清洁、安全、消防等基本工作，最大限度地发挥场馆的物业使用价值，提高场馆的保值增值。

从根本上来说，会展场馆的最大目标是为客户举办会展活动提供最优的软硬件服务。因而，从这个意义上来说，会展场馆的经营服务目标应该是围绕客户界面的服务目标。

1. 会展活动项目的数量和质量情况

举办会展活动项目的数量和质量情况，可以说是评价会展场馆经营水平的重要指标。一个会展中心举办多少数量、多大规模、多高层次的会展活动体现着展会的主办单位对会展中心的认可程度。

会展业发达的会展中心，是以其举办展会的数量，尤其是质量取胜的。如汉诺威拥有世界上两个最大的博览会——"汉诺威工业博览会"和"信息及通信技术博览会(CEBIT)"。每届 CEBIT 的参展商约 7 200 家，展出面积 365 000m^2。法兰克福有世界上最著名的"消费品博览会(Ambiente&Tendence)""国际汽车——小轿车展览会(IAA)""国际礼品展览会"和国际"卫生—取暖—空调"专业展览会,以及每年秋季举行的法兰克福书展,据悉,该书展最大的亮点是进行外文书的版权交易,每年全世界约有70%的版权交易是在法兰克福书展上签订的。

我国以北京、上海、广州为中心的会展业发达地区,会展场馆的使用率较高,基本处于饱和状态。而内陆省份有些会展场馆的使用率只有10%左右,空置率高,效率较低。

2. 客户满意度

客户满意度是一个综合指标,按照评价的类别可分为以下几种。

(1) 按客户类别分为主办单位的满意度、采购商(买家)满意度、参展商满意度、专业人员的满意度、观众(参会人员)的满意度等。

(2) 按服务项目的类别可分为硬件设施满意度、保安服务满意度、工程服务满意度、环境卫生满意度等。

会展场馆方一般是在每次展会活动过程中或展会活动结束后,采取随机抽样的方式进行调查,以获得客户满意度的结果。随着展会评估第三方市场的逐步成熟,越来越多的客户满意度数据将由展会评估的第三方提供。

3. 回头客比率

回头客比率是指会展场馆的使用者有无再次使用的意愿与实际行动。场馆的回头客包括组展商、参展商、客商、参会者、搭建商和观众等。回头客的比率高低直接反映出客户层面的经营效果。

4. 客户投诉率

客户投诉率的高低是从另一个方面反映了会展场馆的经营状况。对客户投诉率进行评价时,不要只停留在数量上,要注重对投诉内容进行分析。在实际操作中,一般是将客户投诉分为不同的等级,如严重问题、一般问题和轻微问题等,在评价客户投诉率时,对不同层次的问题赋予不同的权重,这样评价才科学合理。

11.1.3 会展场馆的设施、设备管理

设施、设备是会展场馆服务产品的硬件依托之一。会展场馆的管理者应合理地使用各种设施、设备,对常用的设施系统进行足够的维护保养、修理和更新,防止设备和系统发生故障,保证它们的正常运作。

1. 会展场馆的设施、设备管理的方法

现代会展场馆及其设施、设备的管理是一项系统工程。系统管理、全员管理和制度管理是基本的管理方法。

(1) 系统管理方法是要求会展中心要用系统的观点和方法进行场馆和设施设备的管理,管理要求形成一个分工明确的组织系统,把场馆和设施设备管理工作纳入各级领导的职责之中,并落实逐级责任制和岗位责任制。

(2) 场馆和设施设备的维护量大,技术工作分散,在管理过程中,应该让所有的员工

都认识到自己对场馆和设备管理的责任，进行全员管理。

(3) 严格管理是保证会展场馆及其设施设备在会展活动期间正常、高效运行的基础，而严格管理必须依靠完善的制度来规范。这就要求，一方面要注重制度建设；另一方面，在管理上要抓制度的贯彻落实。

2. 展览场馆的设施、设备管理

大型会展场馆内的主要设备主要有给排水设备设施系统、卫生设备设施、消防设备设施、供冷、供暖、通风设备设施以及供电照明系统、弱电设备系统、运输设备系统、防雷和接地装置等。

1) 给排水系统的管理

场馆的给排水系统是指建筑物内部附属设备设施中各种冷水、热水、直饮水和污水排放的工程设备设施总称，包括供应水和排放废水两个系统。

(1) 供水系统的维护管理。场馆供水设备通常包括供水箱、供水泵、水表和供水管网4个方面的设备，其中，供水泵是供水系统维护和保养的重点。

一般来说，水泵每半年要进行一次全面养护。主要内容有：检查水泵轴承是否灵活；检查压盘根处是否漏水；检查电动机与水泵弹性联轴器有无损坏；检查机组螺栓是否紧固；检查中央控制柜系统；等等。

此外，还要对电机以及相关的阀门、管道和附件进行保养；水池和水箱应每半年进行一次养护，确保安全、清洁、正常供水。

(2) 排水系统的维护管理。场馆排水系统是指用来排除生产、生活污水和屋面雨雪水的设施设备，它包括排水管道系统、通气管系统、清通设备设施、抽升设备设施、室外排水管道等。室外排水管道应每半年全部检查一次；排水、雨水井、化粪池每季度全面检查一次；场馆外喷水池每月要检查一次；上、下雨水管每月、雨季前检查一次，确保流水畅通无阻塞。

2) 消防系统的管理

消防系统由火灾自动报警系统、灭火系统、防火系统和排烟系统组成。

(1) 对自动报警系统要进行定期检查，防止火灾发生时不能报警。对温感(烟感)探测器最好每半年测试一次。报警控制器连接了所有的探测器，应频繁地对其进行检查保养，通常每周检查一次。

(2) 灭火系统和防火系统也是消防设备、设施管理的一个重点。室外消防栓每季度全面试放水检查，每半年养护一次，要检查消防栓玻璃、门锁、栓头、水带、连接阀门是否完整，"119""消防栓"等标志是否齐全等。

排烟系统包括自然排烟、机械排烟、加压排烟和自然与机械并用排烟等方式。要定期对排烟系统进行检查、测试。

消防安全问题涉及人的生命以及财产安全，十分重要。除对消防系统的日常维护与管理之外，还需要定期进行消防演习，以提高对火灾的防范意识。

3) 供冷、供暖和通风系统的管理

会展场馆一般都会配有供冷、供暖和通风系统。场馆内的供暖设备、设施可分为热水供暖和蒸汽供暖，这些供暖设备一般在我国北方地区采用，而大部分的场馆采用的是通过空调系统供冷、供暖。

(1) 供冷、供暖系统维护管理。空调设备维护管理主要是对中央空调及设备设施定期养护和及时维修，以确保中央空调设备、设施各项性能完好，保证设备正常安全运行。空调设备设施的维护管理技术性较强，因此，每年的年底就要制订下一年度的维修养护计划。维修养护的计划主要包括：维修养护项目的内容、具体实施维修养护的时间、预计的费用、所需的备品、备件等。

空调设备设施的养护维修主要是对冷水机组、冷却塔、冷却风机盘管、水泵机组、冷冻水管道、回风道以及各类阀门和仪表进行养护维修。

(2) 通风系统管理。通风系统管理主要体现在对通风系统的卫生管理上。2006年2月，国家卫生部颁布了《公共场所集中空调通风系统卫生管理办法》(参见相关链接 11-1)，会展场馆的通风系统管理应参照执行。

相关链接 11-1：

《公共场所集中空调通风系统卫生管理办法》(节选)

第一条 为了预防空气传播性疾病在公共场所的传播，保障公众健康，依据《中华人民共和国传染病防治法》、《公共场所卫生管理条例》和《突发公共卫生事件应急条例》，制定本办法。

第二条 本办法适用于公共场所集中空调通风系统的卫生管理。其他场所的集中空调通风系统参照本办法执行。

第三条 公共场所集中空调通风系统(以下简称集中空调通风系统)应当符合《公共场所集中空调通风系统卫生规范》和有关卫生标准的要求。

公共场所经营者应当采取措施，保证本场所集中空调通风系统符合前款要求。

第四条 集中空调通风系统的新风应当直接来自室外，严禁从机房、楼道及天棚吊顶等处间接吸取新风。

进风口应远离建筑物的排风口、开放式冷却塔和污染源，并设置防护网和初效过滤器。

送风口和回风口应当设置防鼠装置，并定期清洗，保持风口表面清洁。

第五条 空调机房内应保持清洁、干燥，严禁存放无关物品。

第六条 集中空调通风系统应当具备下列设施：

(一) 应急关闭回风和新风的装置；

(二) 控制空调系统分区域运行的装置；

(三) 空气净化消毒装置；

(四) 供风管系统清洗、消毒用的可开闭窗口。

第七条 新建、改建和扩建的集中空调通风系统应当进行预防空气传播性疾病的卫生学评价，评价合格后方可投入运行。

已投入运行的集中空调通风系统应每两年对其进行一次预防空气传播性疾病的卫生学评价，评价合格后方可继续运行。

卫生学评价应当符合《公共场所集中空调通风系统卫生学评价规范》的规定。

第八条 集中空调通风系统应当保持清洁、无致病微生物污染，按照下列要求定期清洗：

(一) 开放式冷却塔每年清洗不少于一次；
(二) 空气过滤网、过滤器和净化器等每6个月检查或更换一次；
(三) 空气处理机组、表冷器、加热(湿)器、冷凝水盘每年清洗一次；
(四) 风管系统的清洗应当符合集中空调通风系统清洗规范。

开展集中空调通风系统清洗的专业机构应当具有专业技术人员、设备、技术力量，并符合《公共场所集中空调通风系统清洗规范》的要求。

第九条 公共场所经营者应按照本办法的规定做好集中空调通风系统的卫生管理工作，建立健全集中空调通风系统卫生管理制度，定期开展检查、检测和维护，并建立专门档案。

档案应当包括以下内容：

(一) 卫生学评价报告书；
(二) 清洗、消毒及其资料记录；
(三) 经常性卫生检查及维护记录；
(四) 空调故障、事故及其他特殊情况记录；
(五) 空调系统竣工图；
(六) 预防空气传播性疾病应急预案。

第十条 预防空气传播性疾病的应急预案应包括以下内容：

(一) 发生空气传播性疾病后对集中空调通风系统进行应急处理的责任人；
(二) 不同送风区域隔离控制措施、最大新风量或全新风运行方案、空调系统的清洗、消毒方法等；
(三) 集中空调通风系统停用后应采取的其他通风与调温措施。

……

第十八条 《公共场所集中空调通风系统卫生规范》《公共场所集中空调通风系统卫生学评价规范》《公共场所集中空调风管系统清洗规范》由卫生部制定并发布。

第十九条 本办法的术语含义如下：

集中空调通风系统：为使房间或封闭空间空气温度、湿度、洁净度和气流速度等参数达到设定要求，对空气进行集中处理、输送、分配的所有设备、管道及附件、仪器仪表的总和；

风管系统：集中空调通风系统中用于处理和输送空气的风管、风口、空气处理机组及其他部分；

空气传播性疾病：以空气为主要传播途径的疾病。

第二十条 本办法颁布实施前已经投入运行的集中空调通风系统不符合本办法第六条规定的，应当自本办法施行之日起一年内达到要求。

第二十一条 本办法自2006年3月1日起施行。

3. 会展场馆建筑电气工程设施设备管理

会展场馆建筑的电气工程设施设备管理主要包括供电及照明系统管理、弱电设备系统管理、运输设备设施管理以及防雷、接地装置管理等。

1) 供电及照明系统管理

(1) 场馆供电系统管理。对供电设备设施的管理，国家已经制定了相关的法规进行规范，如 1996 年国务院颁布的《电力供应与使用条例》，明确规定了电力供应企业和电力使用者在保障供电，维护供电、用电秩序，安全、经济、合理供电、用电等问题，场馆供电系统管理应参照执行。

除此之外，场馆管理者还应根据大型会展场馆的特殊性制定供电设备管理规范，运用现代化的管理方式和先进的维修养护技术，进行供电设备设施的管理和服务。

(2) 场馆照明系统管理。大型会展场馆的照明系统包括正常照明、应急照明、障碍照明、值班照明以及景观照明灯。照明系统管理的基本要求是安全稳定、经济合理、绿色照明以及维护保养方便等。

在具体管理工作中，会展场馆工程管理人员应根据照明维护和管理制度，严格执行，确保安全，按章管理。

2) 弱电设备系统管理

弱电一般指直流电压在 24V 以内的供电，或者将以安培为单位的电气工程称为强电系统，而将以毫安为计量单位的称为弱电系统。

大型会展场馆的弱电系统主要包括通信系统、场馆广播系统、有线电视系统、计算机网络系统、屏幕显示系统、同声传译系统等。

(1) 通信系统。大型会展场馆的通信系统包括固定通信系统、移动通信系统和专用集群通信系统(无线对讲系统)。通信系统是为满足会展活动期间对通信容量的需求，在管理上宗旨是要为参展商、买家、观众和主办方等提供方便、快捷、高效的通信服务。

(2) 场馆广播系统。会展场馆广播系统包括过道、会议室、地下停车场、展厅以及会展场馆外的整个系统。其功用是发布紧急通知，如发生意外时，可通过广播系统引导疏散人群。广播系统还可以为会展活动提供背景音乐，为展会营造一个休闲、优美的环境氛围。

会展场馆广播系统要求有足够的声压级，声音应清晰，声场应均匀。为了便于管理，会展场馆广播系统需要分成不同的区，在每一个区内，广播扬声器的总功率不能太大。各区内的广播有全自动分区控制器控制。

广播设备要有专人管理，无关人员不得进入广播控制室。发现问题，要及时维修。

(3) 有线电视系统。会展场馆内的有线电视系统主要功能有接收有线电视频道节目，通过摄像机、调节器播放自办的宣传节目，通过场内设置的摄像机、交换机等闭路电视系统实现防盗、防火、报警、监视等。

有线电视系统应严格按各项操作和维护规定管理，专门的技术人员应定期对线路和设备进行检测维修，抢修故障，管理仪器，并做好工作日志、事故及处理情况记录、检修记录，建立和完善检修、技术设备档案、用户档案，确保各项资料完整翔实。

(4) 计算机网络系统。计算机网络系统能为会展场馆管理者、使用者提供高效、安全的信息服务。管理的重点是对计算机网络系统功能的检测与维护。

(5) 屏幕显示系统。会展场馆的屏幕显示系统是场馆内信息发布的平台。管理要求保证所有视频图像、计算机画面清晰、稳定，完全动态实施时，不出现延迟现象等。

(6) 同声传译系统。同声传译系统是用来解决国际会议中多国交流障碍问题。同声传译系统一般采用无线红外同声传译，其工作原理是利用红外线传输进行语言分配。

红外同声传译系统一般由传译员控制台、红外线发射主机、红外线辐射器和耳机等组成。管理的要点是确保使用顺畅、无干扰等。

3) 运输设备设施管理

会展场馆中的电力运输设备主要是用于展会活动参加者和参展物品等的运输。按用途可分为乘客电梯和载货电梯两类。

(1) 电梯设备的运行巡视监控管理。电梯设备的运行巡视监控管理是由电梯机房值班人员定时对电梯设备进行巡视、检查，发现问题及时处理的管理方式。电梯机房值班人员至少每日应对电梯进行一次巡视，发现非正常情况应及时采取措施或报告主管部门。

(2) 异常情况处置管理。当电梯出现异常情况时，电梯机房值班人员应冷静处理，果断采取措施并及时报告。如遇火灾，应设法立即按动"消防开关"，疏导乘客，切断电源灭火；当电梯坑道浸水时，应将电梯停于水淹的上一层，切断电源，堵水除湿；当电梯抖动、有声响或有异味时，应立即停止设备使用，并放置故障指示，尽快维修。

(3) 电梯机房管理。电梯机房管理是电梯控制的重要场所，闲人免进。要注意对电梯机房的防风雨、防雷电、防火花等的管理。确保正常运行。

(4) 电梯档案管理。为了了解电梯运行的整体情况，会展场馆应建立电梯档案。包括每部电梯的原理图、安装图、电梯安全记录、巡视记录、维修记录等。

4) 防雷、接地装置管理

防雷、接地装置管理应设专职或兼职人员负责。应建立管理制度，对防雷装置、安装、年间测试记录等均应妥善保管，避免责任事故的发生。

11.2 会展场馆的运营管理模式

随着会展经济的发展，以往"国有国营"的展馆建设和经营模式正在逐渐改变，会展场馆呈现国建民营、民建民营、合资建管、国建外管等多样化的建设经营模式。

11.2.1 政府投资，委托或授权经营管理模式

政府投资，委托或授权经营管理模式一般是由政府部门直接设立一个事业单位来管理会展场馆。

会展场馆投资大，投资周期长，私人资本一般不愿承担如此大的投资风险，所以，世界上大多一流的展览中心都是由政府投资兴建的。

例如，德国汉诺威展览中心(Hannover Exhibition Center)，这座世界上最大的展览设施就是由政府投资兴建的。汉诺威展览中心整个场地占地100万平方米，共27个展馆，室内展览面积达到49.8万平方米。最新落成的27号展馆位于展场西南角，展览面积为31 930

平方米。政府除直接投资场馆建设以外，还投资改善场馆周边停车设施，建立发达的公路和轨道交通网，从而使汉诺威展览中心成为国际市场交流的最佳场所。

我国的广交会场馆所采取的就是政府主导型经营管理模式，这种管理模式就是地方政府不惜投入巨额财政资金，直接参与展馆与展会的运营管理。广交会迄今为止仍是中国规模最大、层次最高、商品种类最全、到会客商最多、成交效果最好的综合性国际贸易盛会，成为中国外贸出口的"晴雨表"，但大而全的展览格局、过度的政府媒体宣传、对市场信号反应迟钝、产权模糊等管理"软肋"亟待改进。

11.2.2 提高效益，"民营公助"的管理模式

目前，世界上会展场馆的利用率普遍不是很高，只有少数的展览场馆是饱和的，而大多数的展览场馆都处在30%利用率以下的"吃不饱"状态。因此，世界上大多数展览场馆是难以做到自负盈亏甚至盈利的，只有为数不多的展览场馆能够做到。为了改变这一状况进而节省开支，各国展览场馆普遍实行"民营公助"的管理模式。

"民营公助"的管理模式，并不是说政府放手不管，因为展览场馆自身的赢利能力毕竟有限，所以，采取适当的政府补贴手段和社会资助政策还是非常必要的。政府的财政补贴并不是没有条件的，如英国政府在确定补贴项目和规模时，主要考虑的因素是就业，一个场馆或展览项目得到资助数额的多少往往取决于其解决就业的能力，并且资助款项一般不是一次发放，而是随着工程或项目进展的情况分期支付，这样就可以进一步达到监控的目的，从而保证工程或项目能够实现就业目标。

11.2.3 协调发展，发挥行业协会作用的管理模式

在市场经济条件下，政府对会展行业的管理更多的是依靠行业协会来完成。政府通过授权使各专业行业协会在业界内具有绝对权威，而行业协会通过建立行业规章制度和自律机制来完成行业内的管理和协调职能。

依靠各专业行业协会进行管理和协调的模式在发达国家比较流行。例如，法国依托海外会展委员会技术、工业和经济合作署（CFME—ACTIM）对会展经济进行行业协调和管理。是CFME—ACTIM法国政府授权管理会展经济的行业组织和权威机构，代表法国政府行使宏观管理职能，发挥行业协调功能。

另外，法国国际专业展促进会规定：同一个专题的展会只接纳一个，条件必须是法国质量最好的展会。这些展会，都是法国最知名的国际性专业展会，规模大，国际性强。促进会为了向这些展会提供国际促进业务，在近50个国家和地区建立办事处。这些办事处的任务是在各自负责的国家和地区为这些展会开发形式多样的促进业务。

11.2.4 借助外力，合资合作管理模式

我国许多城市支持和鼓励国外著名展览公司在当地投资，设立独资经营或合资合作经营公司。例如，上海新国际博览中心就是由德国汉诺威、杜塞尔多夫、慕尼黑3家展览公司与上海浦东开发区合资建成，德方拥有50年的经营管理权。中国国际贸易中心也是中外合资企业，由合资公司投资并负责经营管理。

11.2.5 拓展空间，场馆经营与自办展结合的模式

德国展览场馆经营管理模式代表了世界先进水平。德国的展馆经营模式为：展览场馆不仅可以经营场地出租及其相关业务，而且还能从事自办展。展览馆既是主办者，也是展览场地的经营者。这种制度安排使德国的展览业起点高，展览会场成为名副其实的展览"百货公司"，陈列和出售各种最新、最专业的"商品"，如，各种展览商品、展览信息、展览评估、展览策划等。在德国，展览会场提供全方位服务，包括银行、邮局、海关、航空、翻译、日用品、商店、餐馆，整个服务体系成为一座城中城。这些先进的经营管理方法和管理理念也使德国成为世界第一会展强国。

场馆经营与自办展结合的模式拓展了展览场馆经营的空间。国内一些场馆的经营者已经认识到了这一点，场馆从事自办展、管理输出等模式解决了展览场馆利用率不高、经济效益低下的"老大难"问题(参见相关链接11-2)。

相关链接 11-2：

上海国际展览中心的经营管理模式

上海国际展览中心有限公司(Intex Shanghai Co., Ltd.)是由上海虹桥经济技术开发区联合发展有限公司、中国国际贸易促进委员会上海市分会所属上海市国际展览有限公司及英国 P&O 公司，共同投资建立的上海首家引进国外一流管理模式和经验的展览场馆公司，是全国首家获得 ISO 9001 认证的国际性展览馆。主营业务有以下几种。

1. 场馆租赁

上海国际展览中心两层楼面积 12 000 平方米。设计现代的国际展览空间配备有先进的宽带网络、多功能会议室、数字化监控设备等多种展览配套服务设施，为国内外展商提供了一流的展示舞台。底楼 9 米的厅高满足了展商制作高展示物和眉板设计的需要。中心与周边的酒店、商务楼、休闲设施及便利的交通构成了一个成熟的会展商务区域，是高质量中型展会的理想举办地。

2. 自办展

上海国际展览中心还是一个主办、承办国际展览会的专业展览公司。自 1998 年以来成功主办、承办了"中国国际展览和会议展示会""中国国际花卉园艺展览会""中国(上海)国际乐器展览会""中国国际城市轨道交通展览会""中国国际隧道与地下工程技术展览会"等项目。目前，这些项目均在行业内树立了影响，其中乐器展和花卉展已成长为目前国内最大的专业品牌展览会。

3. 管理输出

凭借一流的经营理念及专业化的管理队伍，上海国际展览中心与上海国际展览有限公司和宁波新上海国际物业管理有限公司共同投资，设立了宁波国际会议展览中心管理有限公司，并于 2003 年起受宁波市政府委托，正式开始经营管理宁波国际会展中心，提供以 ISO 9001 为核心的全套管理输出。

2006 年 3 月，上海国际展览中心将其展馆管理输出业务进一步向前推进，即与香港展览会议场地管理中国有限公司合资成立管理公司，接受郑州市政府委托，经营管理郑州国际会展中心。

11.3 会展场馆的服务创新与标准化管理

会展场馆服务是以提供会展活动服务的方式向参加者提供交流、参观、欣赏、娱乐、交易和休息等服务的综合性服务。从服务的内容上来说，现代会展场馆服务不仅是一般的物业服务，更包含着会展组织管理、展商招待管理、展台展具管理以及综合服务管理等内容。从会展场馆服务管理的方式方法上来说，现代会展场馆服务更趋向于服务的创新和管理的标准化。

11.3.1 会展场馆经营的服务创新

1. 从传统服务到科学服务

会展场馆的经营服务也是一种生产，而且是组展商、参展商、观众及配套服务商共同参与的生产。除了具有服务的一般规律外，还存在着许多特殊性。光靠传统的公关、微笑、礼仪等不能完全解决现代会展场馆的多元化发展问题。因此，深入认识服务经济的规律，研究会展场馆自身的服务对象及其需求，推进场馆服务管理的科学化，可以说是场馆创新发展的一个重要内容。

2. 从被动接待到主动设计

接待来展是会展场馆的主要经营业务。但随着会展场馆经营的竞争加剧，场馆经营者必须变被动为主动，主动参与展会的生产与消费，切实研究组展商、参展商、观众的需求，对场馆的经营进行主动设计，才能在竞争中立于不败之地。

会展场馆服务的主动设计体现在走国际化、规模化之路，努力完善场馆服务的各个环节，建立与相关产业联合的会展中心企业集团；积极整合外部资源，加强与相关企业的合作，协调政府主管部门与组展单位的关系；实行管理输出等新的管理形式。

3. 从直线管理到网络管理

在组织结构上，目前国内大多数展会场馆实行的是职能型或职能兼事业部制的管理组织体系。总体上是垂直的、直线式的管理体制。从理论上来说，项目管理的诸多理念、实务与会展场馆服务管理有着密切的内在联系，值得借鉴。从国际成功的场馆管理经验上来看，采用职能型与矩阵式相结合的组织结构，是一种发展趋势。由垂直到扁平、由直线到网络的管理应当是会展场馆服务创新的一个新方向。

11.3.2 会展场馆的标准化管理

1. 关于 ISO(国际标准化组织)质量认证体系

ISO 成立于 1946 年，总部设在日内瓦，其成员国有 100 多个国家。ISO 下设 200 多个技术委员会(TC)，专门从事国际标准的制定和推广工作。在英国标准 BS5750，加拿大标准 Z299 和其他一些国防及核工业标准的基础上，ISO 专门从事质量管理和质量保证的技术委员会 TC176(ISO/TC176)于 1979 年开始着手制定 ISO 9000 族标准，并于 1987 年正式发布。ISO 9000 族标准在 1994 年进行了第一次技术性修订换版，目前普遍使用的标准就是 ISO 9000：1994 版。

ISO 9000 族标准主要由 5 个相关的标准组成。

ISO 9004-1 是一个用于企业内部质量管理的指南性标准，不拟用于合同、法规或认证。该标准阐述了一套质量体系基本要素，供企业根据各自所服务的市场、产品类别、生产过程、顾客及消费者的需要，选择使用。

ISO 9003：如果供方仅通过最终的检验和试验来保证符合规定的需要时，采用这一标准。

ISO 9002：该标准不仅包括了 ISO 9003 的全部要素，而且还更深入地扩展了 ISO 9003 条款的细节。ISO 9002 的目标是防止制造不可接受的产品(服务)，防止不正确的安装。它还提供了反馈机制，出现问题，能够采取纠正和预防措施。

ISO 9001：就质量保证模式而言，这是一个最全面的标准。该标准除了各项要素的要求同 ISO 9002 一致外，还增加了设计要素。

ISO 9001、9002 和 9003 包含着一些共同的要求，如：定期校准试验和测量设备；使用适当的统计技术；产品标识和可追溯的体系；保存记录的体系；产品搬运、储存、包装、防护和运输的体系；检验和试验的体系及处理不合格品的体系；充分的人员培训；等等。

2. 会展场馆的 ISO 认证

1) 目的

(1) 指导会展场馆在展会服务过程中的质量工作。

(2) 向社会和客户及相关方面表明场馆质量工作的能力。

(3) 通过管理体系的有效应用，保证会展场馆在展会服务过程中符合客户和相关法律法规的要求，提高客户的满意度。

(4) 作为质量管理体系，认证机构对场馆质量体系注册审核和监督审核的依据。

2) 建立过程

会展场馆质量体系的建立过程如图 11.1 所示。

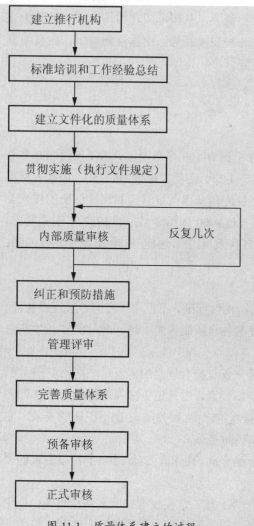

图 11.1　质量体系建立的过程

3. 会展场馆的 ISO 认证的现状与前景

随着我国市场经济和会展经济的发展，越来越多的会展企业涌现出来，但不管这些企业是场馆、会展公司，还是会展服务公司，都有着本身的局限性，现阶段会展企业的管理方式以及产品服务质量存在较多问题。近年来，国内会展场馆认识到了竞争的严峻，不少城市展馆纷纷通过或开始着手准备通过认证。会展企业把目光投向了 ISO 9000 认证等，想通过国际认证提高服务管理水平。

需要指出的是，ISO 9000 认证运行的是国际统一的标准，但要运用到行业中来，还必须找到与行业的结合点。由于会展行业缺少统一的标准，即使一些认证公司已有相关业务，也多是为国内展会接受国际认证做咨询工作。由于没有成型的认证市场，更难有对认证工作的监管，所以国际认证与会展行业的"结合点"还有待将来进一步研究完善。

贯彻实施 ISO 9000 质量管理体系标准是会展场馆实行科学化管理、完善管理结构的重要举措。通过建立和强化质量管理的监督制约机制，完善和规范管理制度，提升管理水平和服务质量。

通过 ISO 9000 认证,对会展场馆来说具有里程碑意义,标志着会展场馆的管理水平和服务水平迈向新高。有远见的企业会以认证为契机,内强素质,外塑形象,不断提升自身管理水平、追求精品服务质量、创建一流服务品牌,从而提升展馆核心竞争力。

4. 推行 ISO 14000 认证,促进生态场馆建设

生态场馆作为一个全新的发展模式,已逐渐为各国会展界认同接受。推行 ISO 14000 认证是实施会展场馆可持续发展战略的重要举措。根据 ISO 14000 标准,环境管理体系审核的实施可分成启动审核、审核准备、实施现场审核以及编制审核报告等阶段。

环境管理体系认证的基本思想与运行特点是着眼于持续的改进,重视会展场馆的生态环境质量,强调管理者的承诺与责任,立足于全员意识、全员承诺、全员参与、系统化、程序化、规范化管理。推行 ISO 14000 认证,可以节约能源和资金,减少环境责任事故的发生,使会展场馆经营管理活动更符合国家环境保护法规要求,促进生态场馆建设,从而加快中国会展场馆经营管理的国际化步伐。

典型案例

苏州国际博览中心的服务经营管理

作为苏州会展"皇冠"上的一颗"明珠",苏州国际博览中心为促进苏州会展业健康快速发展,成功地形成了招展与办展"两条腿走路"的发展态势。

1. 区位优势:苏州会展与苏州经济共振腾飞

近年来,随着苏州外向型经济的蓬勃发展,目前已经成为中国经济发展最快,最具竞争力的城市之一。世界 500 强企业已经有 100 家落户苏州。苏州区域经济优势凸显,正成为 IT、汽车零部件、模具、精密机械、包装等产业的生产基地。

苏州地区快速增长的经济,给展览业带来更大的发展机遇,而场馆的设施则直接关系到展览会能否正常运作。苏州的产业优势和地缘优势将吸引越来越多的品牌展会落户苏州,而苏州国际博览中心的落成,恰恰给这些高规格的展会今后落户苏州增加了颇具分量的筹码。

苏州除有经济优势、区位优势、展馆优势之外,最突出的在于其产业优势。作为世界制造业中心之一,苏州已经形成了电子信息、精密机械、轻工业、食品制药等较为完整的产业链。其中,苏州 IT 企业集聚,众多公司前来投资,台湾最大 20 家电子企业中,已有 16 家投资苏州。苏州生产的显示器、主机板、笔记本电脑产量均已占全球重要份额,IT 已成为苏州第一大产业。正是基于对产业优势的充分认识,苏州国际博览中心把市场开发重点放在了工业类展览,充分联合区域产业和市场资源来招展、办展。

2. 高屋建瓴：一流场馆闪亮登场

苏州国际博览中心占地面积共18.86万平方米，总设计建筑面积25.5万平方米。其中，室内展厅面积12万平方米。其规模在江苏首屈一指，在整个华东地区也仅次于上海新国际展览中心。自2004年正式运营以来，已先后接待了参展企业3 500家，展览面积约36万平方米，参观人数近100万人次，举办展会活动近40多个，先后举办了第三届苏州住宅产业博览会、第二届苏州国际工业博览会、第八届中国国际洁净技术设备展览会暨论坛、中国首届人力资源博览会等5个大型展览会。短短的一个月内，博览中心就接待了近40万的国内外宾客。

苏州国际博览中心按照精简、高效、高标准的原则组建经营管理的专业团队，引进了国际先进的经营模式、管理经验和服务理念。每一位员工都经过严格挑选和展会服务培训，公司部门主要骨干还专门赴国外先进展览城市参加专业会展培训。从国际化标准起步，提供五星级会展服务，为您营造国际一流会展环境！这是该公司一直贯彻的经营理念。

3. 创新模式：自办展场馆经营的生命力

在充分考虑借鉴国际会展场馆成功运营模式的基础上，苏州国际博览中心已初步摸索出一条适应苏州实际的场馆运营模式，自办展已成为苏州国际博览中心会展场馆经营的主要业务，走出了一条自主创新发展之路。中心自建以来就成立了苏州国华展览有限公司，目前设有国际合作部、业务部、信息中心等五大部门，下设亚太项目部、欧洲项目部和出展部等部门。目前全面开拓自办展和合作办展项目，已有苏州住宅产业博览会、苏州国际工业博览会、中国国际洁净技术展览会、中国国际数字城市技术与设备博览会、中国人力资源博览会等多项展会，形成了较为稳定的展会资源。

这些自办展中，除了中国国际洁净技术论坛展览会、苏州国际工业博览会是参与合办的老牌展览会之外，其余都是新开发的展览项目。中国国际洁净技术论坛展览会，作为国内洁净室行业最早的专业学术交流活动，目前已成功举办了8届。苏州国际工业博览会经过前2届的培育，规模不断扩大，影响不断增强。博览中心能吸引老牌的展会落户并参与举办，这对整个苏州会展业来说，本身就是一个认可。新项目的开发和顺利举办，则说明了苏州会展业的潜力巨大。

在新开发的展览项目中，将把苏州住宅产业博览会与中国首届人力资源博览会作为今后培育的重点。"住博会"放眼整个长三角区域的地产行业，至今已成功举办三届。每年分春秋两届举办，分别在"五一"和"十一"期间举办，以住宅展示为主体，配合文艺表演、名家书画展、极限运动表演、攀岩、摄影比赛等丰富多彩的系列活动，形成"博览嘉年华"这样一个概念，丰富市民的文化生活，成为苏州市民休闲娱乐的好去处。

4. 核心竞争力：年轻、专业化活力团队

苏州国际博览中心总经理陈刚认为：在当今展馆阵营内，竞争异常激烈，加大改革创新力度，营造富有活力的体制平台，遵循市场化、专业化、国际化的原则，建立以人为本的核心竞争力将是博览中心发展的根本。此次招聘就是为了挖掘、吸引展览人才，吸纳新鲜血液，引进国内外的会展业专业人才进入到苏州会展行业，以此来提高苏州会展管理的水平与理念。业内人士也纷纷表示：本次招聘活动不但提升了苏州国际博览中心的形象，对中国会展业更是一次不小的触动。会展业未来的竞争归根结底还是人才的竞争，目前博览中心平均年龄在27岁左右，本科、硕士以上学历的员工占85%。苏州国际博览中心的创新运营模式和有竞争力的团队，有望使苏州博览中心在会展论坛中后来居上。

(来源：中国贸易报)

本章小结

会展场馆是会展活动的主要场所。按照会展场馆的功能划分，可以将会展场馆分为展览馆、会议中心和大型会展中心等类型。大型会展中心包含展览、会议、办公、餐饮、休憩等多种功能，是现代较流行的会展场馆类型。会展场馆的经营服务目标需要合理规划，为各类展会活动提供适宜的场地与舒适的环境，并且，场馆经营需要实现一定的经济效益和社会效益。在经营上，一方面是要对会展场馆的销售额、利润、经营范围等进行考量；另一方面，会展场馆内部经营服务的协调与效率、创新能力、场馆的形象及其无形资产的增长等也是需要重视的因素。随着会展业的不断发展，改善会展场馆的服务设施、增强会展场馆的活力，扩大服务范围、提高服务质量，从而提高会展效益，已成为会展场馆服务经营管理的重要目标。

复习思考题

1. 名词解释：会展场馆、ISO 认证体系。
2. 会展场馆的服务经营有哪些基本目标？
3. 会展场馆的设施设备管理有哪些主要方法？
4. 简述展览场馆的设施设备管理问题。
5. 简述会展场馆建筑电气工程设施设备的管理问题。
6. 试述会展场馆运营管理的主要模式。
7. 谈谈对会展场馆经营服务创新问题的理解。
8. 如何经营好展馆，为客户提供一个优质的服务平台，高交会展览中心创造的全新服务体系引起了业界极大的关注。随着国内会展业的迅速发展市场竞争达到了前所未有的激烈程度,高交会展览中心兼收并蓄了国际国内先进的展览经验和展览项目的运作模式,通过流程重组和再造,推出了高于行业标准、富有自身特色的服务系统。阅读下列材料,具体说一说高交会展览中心全新服务体系的内涵。

深圳高交会展览中心推出"一站式"服务

深圳高交会展览中心客户服务中心宣告成立后,为主办单位和参展商提供"一站式"服务,使高交会展览中心的服务水平实现了新的飞跃。

所谓"一站式"服务,是将商务、海关、工程、货物运输等机构一揽子集中起来为主承办机构、参展商提供一条龙服务。这种服务大大方便了参展商、卖家以及主承办单位,减少了许多不必要的环节。在硬件设施上,新推出的客户服务中心占地面积为600平方米,在设计上以简洁、方便、快捷、优雅为原则,充分发挥了计算机网络技术的功能和作用。在设计思想上强调通透、简单、环保,充分体现了大方、国际化的特点。整个客户服务中心划分为迎候区、办公区、商务区、登录区、洽谈室等几个部分。其中的4个备用办公室可供主办单位(或组委会)作现场办公之用,这样就解决了主办单位找不到展馆职能部门的麻烦,也解决了参展商因对场地陌生而找不到组委会和展馆工作人员的麻烦,充分体现了人性化的设计思想。

客户服务中心将以服务窗口的形式对外提供服务。客户服务中心为主办单位提供的服务项目包括展馆租赁、会务预订、展位搭建、消防报建等,为参展商提供的服务内容主要包括展具租赁、展品运输、仓储等。此外客户服务中心还提供票务、酒店、商务等配套服务,同时还为主办单位、参展商提供量身定做的个性化服务。

高交会展览中心客户服务中心的负责人说,成立客户服务中心最直接的作用体现在3个方面:一是建立和完善自己的服务体系和服务标准,通过提升服务在全国起到带头作用;二是培养一支各个岗位有机合作的展览服务队伍,形成多兵种协同作战的能力;三是将人的服务素质和服务技能提高到一个新的高度。

高交会展览中心通过流程再造,建立起了一套高标准的、以客户服务为导向的展览服务体系。改造后的服务流程将贯穿于整个展会的展前、展中和展后各个环节。展前,为主办承办机构提供包括对政府的有关政策规定、批文申报、市场分析等等内容的立项咨询;在项目确立和签订租馆合同之后,客户服务中心将组成项目团队主动介入,并提供主、承办机构和参展商所需要的一切服务。场馆、主承办机构、承建商以及配套服务商是一个利益共同体,为参展商提供最优质的服务是大家共同的目标。

据悉,高交会展览中心不断加大国际业务和对国际资源的拓展力度,吸引了全国各地的展馆纷纷前来交流取经。目前,高交会展览中心设在德国和美国的办事处已正式成立并开始运作,并同德国、美国、新加坡、日本、韩国等国际同行建立了友好互动关系。展览中心将利用这些丰富的国际资源(包括庞大的资讯数据库资源),为主、承办机构和参展商提供海外买家邀请、海外宣传推介等服务;此外,展览中心还将学习和借鉴世界第四大展览跨国集团——科隆展览有限公司的服务模式及经验,引进其先进的管理经验和服务模式,积极推动深圳展览服务与国际接轨,带动会展管理和会展服务质量的全面提升;将与德国杜伊斯堡公益中心、深圳大学联合开展会展教育及培训的合作,为我国会展业的发展培养高素质会展服务人才。

第12章 会展财务管理

本章导读

会展财务管理是会展组织者组织财务活动、处理财务关系的管理工作。会展财务管理包括会展活动财务的指标与分析、会展财务的预算管理、会展的资金筹措与成本控制等方面的内容。在会展的筹备过程中,有大量的资金收入支出,如何规划、组织和控制这些资金的筹集和使用,使资金发挥最大的效用,是会展服务管理的一项重要工作。要做好这项工作,就必须对会展财务管理的内涵、流程、要求等有深入的了解。

知识要点

- 会展财务管理的内涵
- 会展财务分析指标与方法
- 会展财务部门的绩效考核
- 制定会展预算的过程
- 会展组织者预算
- 参展商预算
- 会展的资金筹集
- 会展的成本控制

12.1 会展财务管理概述

12.1.1 会展财务管理的内涵

会展活动的运行需要大量的资金。由于会展活动的收入与支出往往不能同步,在会展不同的阶段,资金的形态也会发生变化,从而形成资金的流动。这一方面要求会展活动的管理者或主办者要有较强的经济实力,保证有充足的资金流动经营展会;另一方面,需要对会展活动资金的筹集、投放和分配等进行管理工作。

会展财务管理就是会展活动的组织者组织财务活动、处理会展活动中财务关系的管理工作。

会展财务管理的对象是资金及其流转。财务管理会涉及收入、成本和利润等问题。在会展财务管理中,成本和费用是资金的耗费,收入与利润是资金的来源。

会展财务管理主要包括对投资、筹资、资金运营以及资金分配等的管理。

财务管理环节是财务管理工作的步骤与一般工作程序，会展财务管理环节一般包括：规划预测、财务决策、财务预算、财务控制、财务分析以及业绩评价与激励等。

12.1.2 会展财务管理的指标与分析

1. 会展财务分析指标

会展财务分析的指标通常有 4 大类：盈利能力指标、运营能力指标、偿债能力指标和发展能力指标。

1) 盈利能力指标

用来分析会展活动盈利能力的分析指标主要有：主营业务利润率、成本费用利用率、总资产回报率、净资产收益率和资本保(增)值率等。其中，通过分析主营业务利润率可以发现会展经营理财状况的稳定性、面临的危险和可能出现的转机迹象；分析成本费用利用率可以反映展会主要成本的利用效果，增强展会进行成本控制的着力点等。

另外，在盈利能力指标分析中，还包含着对社会贡献率和社会积累率的分析等。

2) 运营能力指标

会展运营能力是指展会基于外部市场环境的约束，通过内部人力资源和其他资源的配置组合而对财务目标所产生作用的大小。会展运营能力分析一般从人力资源运营能力的分析和生产资料运营能力的分析两个方面进行。

(1) 人力资源运营能力的分析主要指标为劳动效率，它是展会主营业务收入净额与平均职工人数的比率，反映展会人力资源的效率。

(2) 生产资料运营能力分析的主要指标有应收账款周转率、存款周转率、流动资产周转率、固定资产周转率和总资产周转率等。

3) 偿债能力指标

会展偿债能力是指展会偿还到期债务的能力，包括短期偿债能力和长期偿债能力。用来衡量短期偿债能力的指标主要有流动比率、速动比率和现金流动负债率等；用来衡量长期偿债能力的指标主要有资产负债率、产权比率、已获利息倍数和长期资产适合率等。

4) 发展能力指标

会展发展能力指标是指展会在生存的基础上扩大规模、壮大实力、做大做强的能力。分析展会发展能力的指标主要有营业增长率、资本积累率、总资产增长率、固定资产成新率、3 年利润平均增长率和 3 年资本平均增长率等。

2. 会展财务分析方法

会展财务分析方法主要有 4 种：趋势分析法、比率分析法、因素分析法和差额分析法。

1) 趋势分析法

趋势分析法是通过对比两期或连续数期财务报告中的相同指标，确定其增减变化的方向、数额和幅度来说明会展财务状况和经营成果的变动趋势的一种方法。这种方法具体如下。

(1) 比较重要财务指标。将不同时期财务报告中的重要但相同的财务指标或比率进行定基动态比较或进行环比，直接观察其增减变动情况和幅度，分析发展趋势，预测发展前景。

(2) 比较会计报表。对资产负债表、利润表、现金流量表进行比较，计算和比较有关项目变动的绝对额以及相对额。

(3) 比较会计报表项目构成。计算出会计报表中各组成项目占总体指标的百分比，从而比较各组成项目的变动情况并分析其变化趋势。

2) 比率分析法

比率分析法是把某些彼此存在关联的项目加以对比，计算出比率并据此确定展会经营变动情况的一种分析方法。常用的比率指标有构成比率、效率比率和相关比率等。运用这种方法，能把在某些条件下不可比较的指标变为可以比较的指标。

3) 因素分析法

因素分析法又称因素替代法，是用来确定几个互相关联的因素对分析对象影响程度的一种分析方法。使用这种方法要注意因素分解的关联性和连贯性。

4) 差额分析法

差额分析法是利用各个因素的实际数与基准数或目标值之间的差额，计算各个因素对总指标变动影响程度的一种分析方法。它是因素分析法的一种简化形式。

12.1.3 会展财务部门的绩效考核

不同的会展企业，财务部门的岗位设置也各有差别，按照财务部门的一般岗位设置，下面分别来看财务部经理、会计、出纳以及审计岗位的绩效考核。

1. 会展财务部门经理的绩效考核(见表12-1)

表12-1　会展财务部门经理的绩效考核

绩 效 考 核					
考核项	考核要点	考核指标	权重/%	考核主体	资料来源
1. 财务规章制度的编制与管理	根据会展行业特点及本企业实际情况，组织建立并完善各项财务管理制度，并组织实施	财务制度有效执行率达__%	5	总经理	财务部
2. 财务审计管理	负责建立和完善企业财务稽核和审计等内部控制制度，并监督其执行情况	审计工作每年进行__次	10	总经理	财务部
3. 日常财务工作管理	定期对企业的财务工作进行考核、督促、检查，提高财务部工作效率	执行情况综合评价在_分以上	20	总经理	财务部
4. 财务监控	审核、控制企业各项费用的支出；对财务预算计划的执行进行监督，对各项费用、资金使用进行监控	年度财务效益指标完成率达到__%	30	总经理	财务部
5. 筹资融资	根据经营计划，组织资金筹集、供应和管理；疏通融资和投资渠道，满足企业经营发展需要	融资任务完成率达到__%以上	10	总经理	财务部
6. 财务分析	每月、每季度审核各种会计报表和统计报表，对企业当期经营情况进行财务分析，提出财务改进方案	财务分析报告准确率达到__%提交及时	20	总经理	财务部
7. 部门内部管理	负责下属人员的选拔、配备、日常工作指导、培训、考核等		5	总经理	人事部

2. 会展财务部门会计的绩效考核(见表12-2)

表12-2 会展财务部门会计的绩效考核

考核项	考核要点	绩 效 考 核 考核指标	权重/%	考核主体	资料来源
1. 编制会计报表	每月、每季按时做好各种会计报表，对各类会计报表存档管理	报表编制及时，准确率100%	10	部门经理	财务部
2. 账目登记与核算	设置总账和明细分类账户，及时记账，定期审核收支账目	账目登记核实及时，差错率小	20	部门经理	财务部
3. 成本核算	依照管理制度，对企业各项业务进行核算，编制成本报表	成本核算准确率达到__%	20	部门经理	财务部
4. 会计稽核工作	按规定审核会计单据，定期检查、审核银行、库存现金和资产项目	相关账目准确率达到__%	10	部门经理	财务部
5. 纳税申报	依照法规负责按月进行纳税申报，办理相关税务手续等	申报及时，准确率达到__%	20	部门经理	财务部
6. 固定资产、低值易耗品管理	及时掌握资产变更情况，准确完成固定资产增减变化的核算及折旧、报损、报废等账目处理	账目处理及时；账目处理准确率达到__%	10	部门经理	财务部
7. 会计清算工作	按照规定，负责企业与供应商以及客户债权债务的清算工作	清算工作完成率达到__%	10	部门经理	财务部

3. 会展财务部门出纳的绩效考核(见表12-3)

表12-3 会展财务部门出纳的绩效考核

考核项	考核要点	绩 效 考 核 考核指标	权重/%	考核主体	资料来源
1. 现金支付	按规定审核各类原始凭证，准确、及时完成现金收付及报销工作，同时开具或索取相关票据	年度内，现金收付工作及时；差错率为__%	30	部门经理	财务部
2. 登记日记账	及时登记现金日记账和银行日记账，每日进行现金账款盘存，填写现金日报表，并提交原始凭证	账目登记及时，准确率达到__%	20	部门经理	财务部
3. 现金提存与保管	按规定提取、送存和保管现金，及时准确完成清查现金与银行存款工作，保证账账、账实相符	按时完成率达到__%；差错率为__%	20	部门经理	财务部
4. 工资发放与有关款项报销	按期发放工资，并及时汇总，编制凭证记账；按规定具体负责有关款项报销	工资发放准确率达到__%；报销工作差错小	20	部门经理	财务部
5. 凭证管理	保存管理每月会计原始资料，及时归档，凭证完整	凭证完整率达到__%	10	部门经理	财务部

4. 会展财务部门审计的绩效考核(见表12-4)

表12-4 会展财务部门审计的绩效考核

考核项	考核要点	考核指标	权重/%	考核主体	资料来源
1. 财务收支审计	根据企业年度审计计划对各项财务收支、专项资金的使用与核算情况进行审计,发现问题及时通报	财务收支审计结果准确率达到__%	20	部门经理	财务部
2. 经营成果审计	根据年度审计计划对企业经营成果的真实性、准确性合法性进行审计,及时提交审计报告	经营成果审计结果准确率达到__%	20	部门经理	财务部
3. 专项审计	负责或参与企业重大经营活动、重大项目、重大经济合同的审计及其他审计活动,如专案审计等	审计结果准确率为__%	20	部门经理	财务部
4. 管理审计	对企业内部管理制度进行审计,以检验其是否健全、严密和有效,并审计其执行情况,按要求提交审计结果报告	管理审计结果准确率达__%	20	部门经理	财务部
5. 配合外部审计	根据相关制度规定,配合外部审计机构进行必要的调查取证工作	外部审计评价在__分以上	20	部门经理	财务部

12.2 会展财务预算管理

会展财务预算是会展项目组织者在计划期内反映会展活动有关现金收支、经营成果和财务状况的预算。从会计学的角度来看,收入是指在会展实施过程中所形成的经济利益的总流入,支出(费用)则是指在会展实施过程中经济利益的流出,而利润亦即通常所说的经济效益则是收入与支出之间的差额。要实现展会的经济效益,必须从会展筹划开始,制定一个合理的会展预算,并在会展进行过程中,严格按照预算进行操作,只有这样,才能保证参与会展的各方获得预期的经济效益。

12.2.1 制定会展预算的过程

会展的各项费用,可分为固定费用和可变费用。固定费用不随参展人数变动,即使实际收益少于预期收益时也不变。如印刷和邮寄宣传资料的费用、场馆租用的费用等。可变费用会根据出席人数或其他因素的变动而变化。餐饮费是典型的可变费用,实际支出的餐饮费取决于实际到会的人数。

展览费用按照是否直接计入预算,可以分为直接费用和间接费用。直接费用是指为筹办展览直接开支的费用,各个展览项目之间会有比较大的差异。展览直接费用由展览项目有关人员负责管理,属于展览项目工作的一部分。展览的间接费用是指为筹办会议花费的人力、时间以及从其他预算中开支的费用。在有些会展的预算中,间接费用不计入预算。

会展预算是会展前期管理的一部分,必须结合办展(参展)具体目标,有计划、有步骤地进行。

第一步,明确办展(参展)的具体目标。如实现成交额2亿美元,参观人数达到1万人,树立参展企业的形象等。在明确具体目标的基础上,才能着手会展预算,只有能实现会展目标的预算才是合理的、成功的预算。

第二步,收集信息。有3类信息需要收集,即过去的预算数据、会展所需商品的新价格信息、通货膨胀的相关信息。其中,要注意通货膨胀的信息,因为预算制定离会展正式举办有一定的时间间隔,对可能的物价上涨做未雨绸缪的准备,可以保证会展经费充足。

第三步,拟订预算。在以上3大类信息的基础上,对需要支出的各种费用和可能取得的各项收入进行详细的列表分析,根据总预算做必要的调整,可以制定出相对精确的预算,来指导会展工作(参见相关链接12-1)。

相关链接 12-1:

会展支出预算表

支出项目 \ 季度	一	二	三	四	全年
营销费用					
会议展览场地租赁费					
会展项目管理费					
提供各项服务费					
其他费用					
费用总计					

第四步,公布预算,征求意见。预算草案成型后,要征求各方的意见,有几个原则要注意:一是选定一个人负责全部直接开支,明确费用标准和使用的权限及范围,交代清楚展出目标和预算额,向全体筹备人员说明;二是不轻易改变授权,不轻易改变被授权人的决定;三是不要保密,要将预算限额告之有关的人员,包括外部的承包商,参考各方的意见,可以使预算更加合理。

第五步,修正预算。由于预算是通过估计指定的,难以保证准确,需要不断地调整。一个耗资不菲的会展,其预算至少每两个月要检查一次,发现问题就及时进行调整,使之符合实际情况和需要。必须说明的是,改变预算是很正常的,但任何改变都应有充分的理由。如果理由成立,即使会造成额外的开支,甚至损失,都要坚决改变。最好的方法是仔细调研、认真核算、周密安排。而且,要注意的是,改变预算的时间与会展开幕日期越近,可能产生的额外费用越高。

12.2.2 会展组织者预算

由于会展的类型和层次不同,其办展主体参差不齐,预算的内容、范围和支出总额有天壤之别。如奥运会、世博会的主办者是一个国家,需要举国参与,投资以亿计;而一个产品推介会的主办者只是单个企业,花费可以不足万元。基于会展的复杂性,只能针对各类会展的共性,即举办不同类型会展所共同关注的项目进行预算分析。

1. 会展支出

会展活动主要包括会议、展览及节事活动等内容,其预算情况有所不同,以会展和展览的基本支出为例。

通常而言,会议预算包括以下几个方面。

1) 交通费用

交通费用可以细分为:出发地至会务地的交通费用;会议期间交通费用(会务地交通费用,包括住宿地至会所的交通、会所到餐饮地点的交通、会所到商务交际场地的交通、商务考察交通以及其他与会人员可能使用的预定交通费用);欢送交通及返程交通费用(航班、铁路、公路、客轮及住宿地至机场、车站等)。

2) 会议室/厅费用

具体可细分为:会议场地租金(场地的租赁已经包含某些常用设施,譬如激光指示笔、音响系统、桌椅、主席台、白板或者黑板、油性笔、粉笔等,但一些非常规设施并不涵盖在内——比如投影设备、临时性的装饰物、展架等,需要加装非主席台发言线路时也可能需要另外的预算);会议设施租赁费用(如投影仪、笔记本电脑、移动式同声翻译系统、会场展示系统、多媒体系统、摄录设备等,租赁时通常需要支付一定的使用保证金,租赁费用中包括设备的技术支持与维护费用);会场布置费用;其他支持费用(包括广告及印刷、礼仪、秘书服务、运输与仓储、娱乐保健、媒介、公共关系)等。

3) 住宿费用

对于会议而言,住宿费可能是主要的开支之一。正常的住宿费除与酒店星级标准、房型等因素有关外,还与客房内开放的服务项目有关——譬如客房内的长途通信、洗换、迷你吧酒水、一次性换洗衣物、互联网、水果提供等服务。会议主办方应明确酒店应当关闭或者开放的服务项目及范围。

4) 餐饮费用

会议的餐饮费用可以很简单,也可以很复杂,这取决于会议议程需要及会议目的。主要包括以下几种。

(1) 早餐。通常是自助餐,当然也可以采取围桌式就餐,费用按人数计算即可(但考虑到会议就餐的特殊性及原材料的预备,所以预计就餐人数不得与实际就餐人数相差到15%,否则餐馆有理由拒绝按实际就餐人数结算,而改为按预定人数收取费用)。

(2) 中餐及午餐。可以采取人数预算的自助餐形式,按桌预算的围桌式形式。如果主办方希望酒水消费自行采购而非由餐馆提供,餐馆可能会收取一定数量的服务费用。

(3) 酒水及服务费。通常,如果在高星级酒店餐厅就餐,餐厅是谢绝主办方自行外带酒水消费的,如可以外带酒水消费,餐厅通常需要加收服务费。在高星级酒店举办会议宴会，通常在基本消费水准的基础上加收 15% 左右的服务费。

（4）会场茶歇。此项费用基本上是按人数预算的，预算时可提出不同时段茶歇的食物、饮料组合。承办者告知的茶歇价格通常包含服务人员费用，如果主办方需要非程序服务，可能需要额外的预算。通常情况下，茶歇的种类可分为西式与中式两种：西式基本上以咖啡、红茶、西式点心、水果等为主；中式则以开水、绿茶或者花茶、果茶、水果、咖啡、水果及点心为主。

展览费用一般可划为 4 大类，见表 12-5，并根据不同特点、标准提出分配比例和备用比例。

表 12-5　一般展览费用预算

类　　别	用　　途
场地租用	包括设计、施工、场地租用、展架租用或制作及搭建和拆除、展具制作和租用、电源连接及用电、电器设备租用及安装、展品布置、文图设计制作及安装等。这部分费用可能占总预算的 35%～70%
展品运输费用	包括展品的制作或购买、包装、运输、装卸、仓储、保险等。这部分开支因距离远近、展品多少而不同，可能占总预算的 10%～20%
宣传公关费用	包括宣传、新闻、广告、公共关系、联络、编印资料、录像等。这部分开支可能占总预算的 10%～30%，其收缩性较大。有些展出者在宣传、广告、公关、编印资料等方面有专门的预算，展览宣传等工作是整体宣传工作的一部分，在这种情况下这类开支项目可以列为间接开支项目
作人员费用	行政或人员开支是一个比较复杂的类别，展览间接开支大部分发生在此处。如正式筹备人员和展台人员的工资是展出者的经常性开支，虽然不从展览预算中开支，但是，从管理角度看，为了计算展览工作效率和效益，必须计算人员开支。行政后勤的直接开支费用主要有人员的交通、膳食、住宿、长期职工的补贴、人员培训、人员制服、临时雇员的工资等方面的支出。这部分费用可能占总预算的 10%～20%

作为会展的组织者，会展场地租用和与会人员的住宿问题是一项主要的开支，因此在预订时要注意以下问题：会展地点收费如何计算；是否有淡季折扣；工作日和双休日是否有区别；是否需要押金；有哪些附加收费；哪些费用可以延期支付；客房的价格是否稳定；是否有免费使用的房间；会展预定的宾馆对迟到的客人如何安置；会展地点接受哪些货币；是否可以用信用卡消费；会展场地是否可以预定；是否要求保险。

节事活动等会展费用可以参照会议、展览方案分类逐项安排。预算要列明开支项目、预算额、实际开支额。为了说明特殊情况，可以添加一个备注栏。为了精确控制，有的预算者还列出预算额和实际开支额的差额比例以及占总额的比例，这两种比例对以后做预算有很大的参考价值。

细致周密的预算可以提高工作质量和效益。成功的会展往往连续举办，因此每次预算都将作为重要的历史资料，成为以后举办会展的参照样本。

2. 会展收益

会展的组织者除了对会展的支出项目进行规划，还应该仔细审视收益项目。当然，有的展会不以赢利为目的，主办者只要把预算额全部合理支出即可。收益项目的考察和管理，

会展财务管理 第12章

能够帮助组织者冲销费用，对整个会展活动进行全面把握。

收益项目的来源比较简单，主要有以下几项。

1) 拨款

对拨款进行合理的使用，节省不必要的开支，是一种最简单的收益来源。

2) 参展商注册费

它是参展商为参加会展所支付的摊位及报名费。这类收费额必须经过细致精确的计算，保证能够冲抵组织者在展场预订、行政及后勤等项目上的支出。否则，参展摊位越多，组织者亏损额越大。

3) 门票收入

门票不仅能为组织者带来收入，更是一项衡量会展影响力的重要指标。在确定门票金额时，应主要考虑参观者接受程度。通常，专业性较强的展会观众人数较少，参观者中专业观众(Professional Visitor，从事专业性展览会上所展示产品的设计、开发、生产、销售、服务的观众，以及用户观众)比例较高，对门票价格不敏感，可以收取较高的门票；非专业性展会观众人数多，有一定的价格敏感性，门票宜定低价；还有一些具有公益性质的会展，甚至完全免费对公众开放。门票价格的确定应以达到预期的观众数量为基本原则。

4) 出售展品、纪念品的收入

对于文化商品交流类的展会，展品、纪念品的销售是组织者的一项重要收入。所出售的展品和纪念品要保证质量，其价格要与会展本身的定位协调一致，过高的价格影响销售量，过低的价格则有损会展的品位。

5) 广告、赞助

会展计划的重要内容之一，就是通过各种渠道使相关行业的企业提前了解会展情况，鼓励其参展，对著名企业要特别关注，以争取它们对会展赞助和在会展中投放广告。

会展不仅能为组织者带来利益，还能为会展举办地的相关产业产生巨大的拉动作用。把会展的相关产业拉动值计入预算，有利于组织者更好地把握会展效益。

12.2.3 参展商预算

参展商制定会展预算，需要全面考虑开支项目，在保证参展效果的基础上，使预算费用得到最大限度的使用。

1. 基本预算项目

参展商预算的项目比会展组织者少，大致由9个项目组成。

(1) 照明、电源及其他服务。组织者一般会指定电气承包商，安装、出租电气设备。如果企业经常参展，可以考虑自己购买设备，但是增加了运输费，安装费和电费仍需要支付。设备操作示范可能需要用水、煤气、压缩空气等，要事先了解清楚有无供应，并掌握价格。

(2) 展架、展具、地毯。展架、展具可以租用，经常参展的企业也可以自己购买。最好租用地毯，虽然地毯不贵，但自己购买并反复使用的麻烦很多。一些展览会也不铺地毯，企业如果觉得使用地毯效果好，就买最便宜的地毯，会展结束以后就丢弃。

(3) 电话。租用电话可以方便企业自己联络，提高工作效率，也能作为交际手段让潜在顾客使用，有助于提高参展效果。

(4) 文图、道具、办公用品。企业需要为展台专门制作文字、图表，这是必要的开支。企业演示用的道具及办公用具，由于租用价格贵，自备为佳。

(5) 展览资料。会展资料中包括公司介绍、产品介绍、报价单等内容，有的项目可能印在整个会展的会刊上，但详细的产品信息和报价，公司应该专门印刷。

(6) 展台清洁。一般清洁费包括在场地租金内，如果不包括，清洁费也不会太高。如果展台面积不大，可以在晚上闭幕以后自己清扫，不要等到来日开展前再清扫。无论自己清扫或雇佣别人，不要忘记展品的清洁和保养。

(7) 联络、差旅、工作人员食宿及补贴。在决定参展前，实地考察有利于做好设计、宣传、运输工作。展台人员的食宿要尽早与组织者联系，以争取折扣。因为会展期间，参展企业和参观者很多，客房费、餐费都可能上涨，提前预订可以降低成本，避免出现问题。

(8) 展品运输和保险。参展企业可以自己运输展品，如果展品多，最好由专业物流公司安排。展品运输的时间要计算好，太早太迟都会导致额外开支，但保证开幕时展品到齐是最基本的要求。展品要注意小心包装、搬运，尤其是反复使用的展具、办公用品更要注意。参展企业都必须办理保险。有的公司只需要办理手续，将保险从正常经营范围扩大到展览项目、参展人员和展品上，不需另外付费。如果保险费需要另付，可以从组织者推荐的保险公司中择优选择。

(9) 接待客户。通常的展台，尤其是大展台要给坐下来洽谈的客户提供饮料，甚至正餐。企业要与组织者事先联系，为展台配备冰箱、茶具、咖啡具等设备，或者提供临时的会客场所。如果公司距离展场近，可以使用自己的设备；否则可以租用场地设备。

2. 强化预算项目

在考虑基本项目的基础上，为了保证参展商获得满意的参展效果，还需要强化一些预算项目。

(1) 坚持进行效果评估。会展连年举办，参展商对参展效果的评估也需要每年坚持进行。效果评估的费用即使在经济形势严峻的情况下也不能减免。参展之后，应该跟踪特定时期销售额的变化，掌握各个展会的投资回报率。中断了跟踪评测，使会展数据失去连续性，将影响数据的可比性，这是得不偿失的。

(2) 举办客户联谊会的费用不能减。很多正规公司在参展期间或前后，都会举行一个面对面的交流会，参加人员包括客户代表、公司管理层和销售市场部门负责人。集中约见客户的回报率是相当高的。平时管理层乘坐交通工具拜访分散在各地的客户，通常每天每人只能安排一次会见，但展览会期间，可以集中安排管理者分别与多位客户见面。客户联谊会的费用，与其巨大的回报相比，性价比绝佳。

(3) 现场演示的费用要保证。参展商向参观者展示产品的方式有很多，如印刷品、影音资料等，但是能带给参观者"身临其境"感觉的是现场产品演示，对于潜在顾客而言，当场试用更能刺激其购买欲望。参展商每次在现场演示上的投入在 1 200～2 000 美元之间，但调查数据显示，这些钱花得"物有所值"。

(4) 必要的公关费用要保留。参展商在展会期间的传统性的招待会或赞助活动要保留，这一方面是加强与客户交流的重要手段，也能为企业带来持久不变的良好信誉，树立企业一贯坚持的形象。

12.3　会展的资金筹措与成本控制

12.3.1　会展的资金筹集

资金筹措是运用各种渠道获得资金的方式，它是会展活动的主要收入来源。为了保证展会活动的正常经营或扩大经营的需要，必须具备一定数量的资金。会展企业要考虑从多种渠道，用多种方式来筹集资金，并且要考虑资金的期限使用长短，附加条款和使用成本的大小等。一般来说，会展活动的主要筹资方式有商业赞助、市场开发和负债筹资等。

1. 商业赞助

赞助是企业公关活动形式的一种。它的主要特点：一是赞助是一种商业行为；二是赞助可以表现为现金支付，也可以是非现金的实物或服务；三是赞助商通过赞助活动，从中得到回报。

商业赞助的主要程序如下。

1) 赞助专项调研

赞助之前应做好深入细致的调查研究，调查会展项目本身的公共关系状况、经济状况、商业回报情况如何，赞助商是否有能力提供赞助等。在此基础上，研究赞助项目的必要性、可行性和有效性。

在决定是否需要商业赞助，通常需要考虑以下几点。

(1) 会展活动是否需要赞助，需要多少赞助。

(2) 支持这项活动的内部和外部条件是否充足。

(3) 是否有足够的企业或机构愿意提供赞助。

2) 开发赞助商

开发赞助商主要有两种方式：一是社会公开方式，二是内部定向方式。

(1) 社会公开方式是指会展项目组织者公开向社会各类企业、机构或个人招标，以获取商业赞助的形式。这种方式具有不确定性，一般来说，影响力较大的会展项目如奥运会、世博会等的赞助通常采用这种方式。

(2) 内部定向方式是指会展项目根据自身情况，有针对性地选择赞助商，通过商业谈判获取赞助并给赞助商相应回报的形式。这种形式的赞助商一般为该行业内的领袖。赞助成本相应较低，但风险较大，如果龙头企业不愿合作，赞助活动往往就会落空。

3) 推销赞助建议书

赞助建议书是一份关于会展项目具体情况和赞助具体事项的书面材料，包括对会展项目的背景说明、组织者的资源情况、其他赞助商的相关证明材料、本次赞助的基本情况、赞助商可以得到的利益、赞助商需要接受的财务责任、赞助行为记载方式、赞助建议书接受的时间和日期、仲裁条款等。

4) 签订赞助合同

在确定具体赞助事宜之前双方要就很多问题进行谈判。在谈判时，管理者一定要注意谈判技巧，既要表示合作的诚意，又要在原则性问题上不能让步。经过多轮的谈判确定了主要具体事宜，明确了双方的权利和义务后，需要商定并签署合同。

2. 市场开发

市场开发是指以会展项目的标志、名称、形象等所有知识产权的转让为条件，从而获得所需资金、物资、技术和服务的行为。市场开发是大型会展项目的主要收入来源。一般来说，市场开发收入主要包括以下几个方面。

(1) 赞助收入。
(2) 供应商收入。
(3) 电视转播权收入。
(4) 特许经营收入(生产和零售)。
(5) 捐赠收入。
(6) 主题文化活动收入。
(7) 票务收入。
(8) 邮品纪念币收入等。

大型活动的市场开发，如奥运会通常会制定周密的开发计划与细则(参见相关链接12-2)。

相关链接 12-2：

北京奥运会的市场开发

第一部分　北京2008年奥运会赞助计划

北京2008年奥运会的赞助计划是最为全面的一揽子计划，产品类别众多，营销期长达五年。赞助企业享有使用2008年奥运会，中国奥委会和中国奥运代表团品牌进行市场开发的权利。该计划力求巩固、加强和保护赞助企业的特有权利。

一、宗旨

北京2008年奥运会赞助计划的宗旨为：

(1) 遵守《奥林匹克宪章》，遵循奥林匹克理想和北京2008年奥运会"绿色奥运，科技奥运，人文奥运"的理念；

(2) 推动奥林匹克运动的发展，提升北京2008年奥运会和中国奥委会在国内外的形象与品牌知名度；

(3) 确保北京2008年奥运会获得充足、稳定的组织经费和可靠的技术和服务支持；

(4) 为中外企业提供独特的奥林匹克市场营销平台，鼓励中国企业广泛参与，通过奥运市场营销提高企业形象和产品品牌；

(5) 为赞助商提供优质服务，使他们获得充分的投资回报，帮助赞助企业与中国奥林匹克运动建立长期的合作伙伴关系。

二、赞助层次

对北京 2008 年奥运会的赞助包括国际和国内两个方面：国际奥委会第六期全球合作伙伴计划在国际范围内对整个奥林匹克运动提供支持，包括支持北京奥运会。北京 2008 年奥运会赞助计划在主办国范围内对举办 2008 年奥运会提供支持。

北京 2008 年奥运会赞助计划包括 3 个层次：北京 2008 年奥运会合作伙伴；北京 2008 年奥运会赞助商；北京 2008 年奥运会供应商(独家供应商/供应商)。

每个层次设定了赞助的基准价位。在同一层次中，不同类别的基准价位由于也会有所差异，以体现不同行业之间的差别。具体价位将在销售过程中向潜在赞助企业做出说明。

北京奥组委的各级赞助商将为奥林匹克运动在全国的发展作出贡献；通过在技术、产品和服务等方面的赞助，支持北京奥组委的筹办工作，支持 2008 年奥运会的举办，支持中国奥委会以及中国奥运代表团。不同层次的赞助商享有不同的市场营销权。赞助商在主办国地域范围内享有市场开发的排他权(包括共同排他权)。

三、赞助商权益

赞助企业向北京奥组委、中国奥委会和中国奥运代表团直接提供有力的资金和实物支持。作为回报，赞助企业将享有相应权益。主要回报方式有：使用北京奥组委和/或中国奥委会的徽记和称谓进行广告和市场营销活动；享有特定产品/服务类别的排他权利；获得奥运会的接待权益，包括奥运会期间的住宿、证件、开闭幕式及比赛门票，使用赞助商接待中心等；享有奥运会期间电视广告及户外广告的优先购买权；享有赞助文化活动及火炬接力等主题活动的优先选择权；参加北京奥组委组织的赞助商研讨考察活动；北京奥组委实施赞助商识别计划和鸣谢活动；北京奥组委实施防范隐性市场计划，保护赞助商权益等。

根据对奥林匹克运动和北京奥运会贡献的价值不同，合作伙伴、赞助商和供应商享有不同的权益回报。

四、赞助销售

(一) 销售方式

坚持"公开、透明、公平"原则，根据行业的不同情况采取以下不同的销售方式。

(1) 公开销售：公告销售通知或公开征集企业赞助意向。
(2) 定向销售：向具备技术条件的企业发出征集赞助邀请。
(3) 个案销售：直接与符合技术条件的企业进行销售洽谈。

（二）销售步骤

主要采取以下步骤进行销售。

(1) 北京奥组委将征集情况知会企业或向企业征集赞助意向。

(2) 企业提交赞助意向书。

(3) 北京奥组委评估机构进行企业资格评审。

(4) 北京奥组委销售机构与企业洽谈赞助方案。

(5) 企业提交正式的赞助方案。

(6) 北京奥组委评估机构提出赞助商候选人。

(7) 北京奥组委确定赞助企业，报国际奥委会批准。

在实际操作中，以上步骤可根据需要增加或减少。

（三）销售进度

鉴于不同层次的赞助商对奥运会贡献的价值不同，销售进度也将体现投资差异。首先开始合作伙伴的销售。但根据销售进程，有可能同时进行不同层次的销售。

具体安排：

合作伙伴：2003四季度~2004四季度

赞助商：2004二季度~2005二季度

独家供应商/供应商：2004四季度~2007二季度

五、赞助商选择标准

选择赞助企业时，主要参照以下标准。

(1) 资质因素。赞助企业必须是有实力的企业，是行业内的领先企业；发展前景良好，有充足的资金支付赞助费用。

(2) 保障因素。能为成功举办奥运会提供充足、先进、可靠的产品、技术或服务。

(3) 报价因素。企业所报的赞助价格是选择赞助企业最重要的考虑因素之一。

(4) 品牌因素。企业具有良好的社会形象和企业信誉，企业的品牌和形象与奥林匹克理想和北京奥运会的理念相得益彰，产品符合环保标准。

(5) 推广因素。企业在市场营销和广告推广方面投入足够的资金和做出其他努力，以充分利用奥运会平台进行市场营销，同时宣传和推广北京2008年奥运会。

第二部分 特 许 计 划

一、奥运会特许计划

奥运会特许经营是指奥组委授权合格企业生产或销售带有奥组委标志、吉祥物等奥林匹克知识产权的产品。为享有这一权利，特许企业将向奥组委交纳一定的特许权费，以此对奥运会作出贡献。

奥运会特许计划旨在推广奥林匹克理念和奥运品牌，为公众提供接触奥运的机会，激发奥运热情。历届传统的特许产品有纪念章、T-恤衫、棒球帽等具有庆祝和纪念意义的产品。如今的特许经营计划已发展成为一个完整的设计统一、品种丰富、品质优秀的商品计划，更好地宣传和推广奥运会的整体形象。

二、北京 2008 年奥运会特许计划

(一) 北京 2008 年奥运会特许计划的宗旨

广泛传播奥林匹克精神，树立北京奥运会、中国奥委会的品牌形象；大力弘扬中国文化，宣传北京特色；努力为优秀中国企业参与奥运会市场开发提供机会；积极推广"中国制造"优质产品，打造"中国制造 ＝ 高品质"品牌理念；最大化地为北京奥运会筹集资金。

(二) 运营模式和发展阶段

北京奥运会特许经营计划将继续弘扬、推广奥林匹克品牌，同时加入中国元素、北京特色，塑造出独特的北京奥运品牌。在确定特许产品类别和品种时将紧紧围绕以上品牌内涵。

整个计划将围绕品牌管理的思路设计和管理特许产品，采取细分市场的营销策略，开发出高、中、低端不同层次的产品，以定位不同的目标顾客群。

整个计划由两部分组成：国内计划和国际计划。国内计划将在 2003 年下半年开始。国际计划在雅典 2004 年奥运会结束后开始。

特许产品的设计和制作都将遵循奥组委和中国奥委会编制的有关标志的图解手册和使用指南，这些手册中清楚地标明中国奥委会商用标志和奥组委标志及徽记的使用规范。

1. 选择特许企业

在选择特许企业(生产或销售)时，将坚持以下原则：

通过市场调查、资质评估、实地考察等方式选择特许企业。

重点考察内容包括资金实力、生产能力、质量管理、设计能力、环保标准、防伪措施、营销策略、销售渠道、物流管理、售后服务等。

特许企业应有相应的财务能力按时交纳特许权费。

采取阶段性签约的模式。合同期满后，要对特许经营商生产和经营情况重新评估，以决定是否续约。

2. 特许权费的收取

对于每个特许企业都将收取入门费和最低保证金。入门费不得抵扣特许权费，最低保证金可抵扣特许权费。

(三) 奥运会邮、币计划

1. 奥运会纪念邮票计划

奥运会纪念邮票计划将包括 3 个具体项目：普通邮票项目、个性化邮票项目和邮品。题材以体育(奥林匹克运动、国际奥委会形象、组委会形象、中国奥委会形象、奥运会项目、火炬接力、开闭幕式等)、文化(中国传统文化，北京传统文化和人文景观)、比赛场馆等内容为主。

整体计划在 2003 年年底开始，时间跨度为 5 年。

2. 奥运会纪念币计划

奥运会纪念币计划包括纪念币和流通币两个部分,题材以体育(奥林匹克运动、国际奥委会形象、组委会形象、中国奥委会形象、奥运会项目、火炬接力、开闭幕式等)、文化(中国传统文化,北京传统文化和人文景观)、比赛场馆等内容为主。

纪念币项目以金币、银币等贵重金属币为主;流通币项目主要是铜币、镍币、纸币等。

纪念币计划也在2003年年底开始,2008年结束。

(来源:2008北京奥运会官方网站)

3. 负债筹资

负债筹资包括借款、发行债券以及以商业信用形式获得短期资金使用权等筹资方式。

借款是向金融机构和其他组织进行资金筹集,并支付相应利息的方式,分长期贷款和短期贷款,需办理相关担保手续。

商业信用是通过应付账款、应付票据、预收账款等形式来筹资的一种方式。商业信用的优越性在于容易取得,成本较低,有时甚至没有,是会展项目的一种非常好的筹资方式。

12.3.2 会展的成本控制

1. 会展成本控制的内涵

成本控制是指在会展活动实施过程中依据活动成本预算,努力将活动实际成本控制在活动预算范围之内的管理工作。会展项目费用控制原理如图12.1所示。

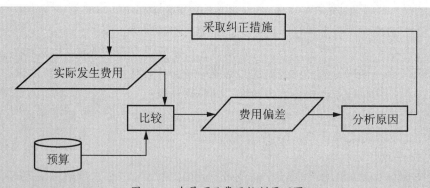

图12.1 会展项目费用控制原理图

会展成本预算简单地说,就是通过开源和节流,使项目的净现金流(现金流入减去现金流出)最大化。在会展项目准备期,开源一方面表现为扩大项目筹资渠道,保证项目能够筹集足够的资金,另一方面,表现为增加项目收入;节流则一方面表现为使融资成本或代价最低,最节省地实现项目的必要功能,另一方面则表现为控制项目经营成本。

2. 会展成本控制的程序

会展成本控制的一般程序包括制定标准成本、执行标准成本和检查考评等步骤。

1) 制定标准成本

制定标准成本是通过精确的调查、分析与技术测定而制定的，用来评价实际成本、衡量工作效率的一种预计成本。标准成本是成本控制的基准，会展活动成本控制主要是通过实际发生的成本与标准相比较来监督成本控制情况。如果实际发生成本大于标准成本，这说明出现了超支；如果实际发生成本小于标准成本，这说明活动成本出现了节约。

2) 执行标准成本

执行标准成本是指根据标准成本执行并控制展会筹备各阶段、各环节和各事项的成本费用支出，随时发现是节约还是超支，并预测未来发展趋势，及时采取措施，把偏差控制在一定范围。

由于种种原因，实际成本会与标准成本不符，它们之间的差异，称为成本差异。成本差异是反映实际成本脱离预定目标程度的信息，也是采取措施、纠正偏差的原因。

3) 检查考评

发现成本差异之后，需要通过调查研究、找到原因、采取纠正行动。在检查考评阶段，要判明责任归属，奖优罚劣；并采取措施防止不利因素重复发生，同时总结经验和教训，改进成本控制的方法与标准。

检查考评之后，一般需要编制成本控制报告。成本控制报告是成本控制的最终结果，主要内容是关于实际成本的资料、控制目标的资料以及两者之间的差异和原因。报告的内容应与其责任范围一致，报告要简明、清晰、实用。

在实际操作过程中，以上步骤循环往复，构成会展成本的控制循环环。对不足之处要及时调整，成本控制方法也会逐渐趋于合理。

3. 参展商会展成本控制的方法

对于参展商来说，不仅需要全面考虑各项支出，还应该控制预算、降低成本。主要方法有以下几种。

1) 尽早行动

"凡事预则立，不预则废"，参展商一旦决定参展，需尽早预定公司的展台，尽早设计、运输和搭建展台，尽早预定客房和餐饮。尽早行动可以节省费用。

2) 合并运输

如果公司有多个部门有外地展览事宜，可以将所有部门的会展设备清单合并在一起，这样公司可以把所有的物品进行协调、统一运输。

3) 协商获得更好的价格

首先要了解展馆价格的详细信息，然后可以向组织者直接提出价格协商要求。更好的价格永远都需要进一步商谈。

4) 减少或停止派发宣传资料

如果公司的产品变动频繁，更新宣传资料的费用将是一笔巨大的开支。可以用商业明信片代替宣传册，在明信片上印刷公司的网址及电话号码，这不仅节省了印刷成本，还减少了印刷品运输的费用。在互联网运用日益普及的今天，这种做法将得到更多公司的认可。

5) 取消赠送样品

在会展上追逐免费样品的人，可能并不是公司的目标客户。大多数美国的中小参展商用于免费样品的投入，通常占到整个参展成本的 8%～12%。

6) 节约展位装饰投入

有的公司喜欢租用一些花草树木来装饰展位，需要此项服务的参展商，要尽量做到节约，而又不影响展台的品位。

7) 减少触摸屏等检索设备的使用

触摸屏可以方便参观者查找信息。如果公司已有的印刷品和多媒体宣传手段，能使参观者在短时间内获取足够的信息，不至于使他们长时间等待，那就没必要安装太多的信息检索设备。

典型案例

出国展览经费支出管理暂行规定

第一章　总则

第一条　为加强出国展览经费支出的管理，提高资金使用效益，根据财政预算管理改革的精神和《外交支出经费管理暂行办法》、《关于临时出国人员费用开支标准和管理办法的规定》，结合出国办展的实际情况，特制定本办法。

第二条　出国展览经费是指由中央财政核拨，以中国政府或部门的名义组织出国参加世界博览会或其他国际展览开支的专项业务经费。

第三条　出国展览经费必须按规定用途，专款专用，不得挤占和挪用；不得用于本办法规定范围以外的支出。

第二章　财政补助的出国展览类型和经费支出内容

第四条　财政补助的出国展览类型：

一、展示中国改革开放取得成就、体现政府行为的展览，如世界博览会等；

二、为配合外交工作的开展，在未建交国家及外交关系不稳定国家举办的展览；

三、为配合国家外贸市场多元化发展战略，开拓国外新兴市场而举办的展览；

四、为配合国家产业发展政策的需要，开拓高科技产品国外市场而举办的展览。

对市场已趋成熟的专业性博览会和不符合上述要求的展览，原则上采用市场运作的方式办展，财政不再补助。

第五条　出国展览经费支出内容：

一、展览组织人员费用，即展览组织人员在国外发生的膳费、宿费、公杂费(含市内交通费)和城市间旅费等；

二、展馆费，即展馆租金、展馆水电费、通信联络费、卫生安全费、租用花草费等；

会展财务管理 第12章

三、展台(摊位)施工费，即展览道具制作、租赁费、展台搭建施工费、设计图纸费、图片制作费、音像设备租赁费等；

四、展品运输费，即展品仓储、报关、运输、保险等费用；

五、广告宣传费，即在媒体刊登广告、制作宣传资料、举办记者招待会及其他宣传活动所发生的费用；

六、展品费，即参加成就展性质的世界博览会、展览会，必须由组织单位购买、制作展品而发生的费用；

七、其他费用，指由于工作需要临时雇佣翻译、主办必要的宴请等开支的费用和其他不可预见的费用。

第三章 出国展览项目的立项与审批

第六条 组织展览单位应根据我国外交、外经贸工作及国家产业政策的需要并考虑国家财政承受能力，本着"统筹兼顾、保证重点"的原则，需提前1年，制定下年度出国展览计划(项目)，经外交部、外经贸部、财政部会签后，报国务院审批。

第七条 以中国政府名义参加世界博览会等大型国际展览项目，需提前3年作为特殊项目单独立项，经外交部、外经贸部、财政部会签后，报国务院审批。

第八条 配备展团人员应体现精简、效能的原则。出国展览组织人员配备计划由展览业务部门和人事部门根据工作需要共同确定，经财务部门审核后报本单位领导审批；企业参展人员由出展业务部门确定，经费由参展企业自行负担。

第四章 出国展览费用预算的编报

第九条 单位财务部门和展览业务部门，应根据国务院批准的年度出国展览工作计划(项目)和有关费用标准，按照编制部门预算的要求，共同编制年度出国展览经费总预算，并连同本单位年度收支预算，一并报财政部审批。

出国展览经费预算应全面、客观、真实、准确，不得随意估列。

第十三条 出国展团费用预算，按以下原则编制：

一、展团组织人员费用。按实际批准的人员数量、境外天数和财政部规定的因公临时出国费用开支标准进行计算；

二、展馆费。根据不同国家和地区的实际情况，采取多种途径争取优惠价格；

三、展台(摊位)施工费。根据展览会的具体情况，采取公开招标的方式确定施工单位，签订施工合同，严格工程成本核算；

四、展品运输费。通过公开招标的方式，选择实力强、信誉好、价格合理的运输公司；

五、广告宣传费。根据展览会的不同性质和需要，选择宣传效果好、影响力大、价格合理的宣传方式；

六、其他费用。本着勤俭节约的原则，实事求是地编制预算。展馆租金、展台施工费、展品运输费以及广告宣传费预算，均需以正式签订的合同或协议为依据编制。

第十四条 展团的国外费用预算，经展团领导、展览业务部门负责人及财务部门审核后，报单位领导审批。

第五章 展团费用支出的管理

第十五条 展团会计出国前凭批准的费用预算到财务部门办理领款手续。

第十六条 展团领导和会计要对各项费用支出严格把关，确保展览经费合理使用。各项费用支出必须严格按展团预算及合同执行。

第十七条 各项费用支出应以原始发票作为报销依据，发票应用中文注明业务内容、数量、金额等相关内容并有经办人签字。金额较大的开支要由团长签字。如遇有特殊情况不能取得原始单据，应由经办人填写支出证明单，注明日期、用途、数量和金额等内容，由经办人、证明人签字并报展团领导批准后，方可报销。

第十八条 展团要严格控制宴请的次数和人数，确因工作需要进行的宴请，应按照财政部规定的标准，扣减参加宴请人员的伙食费(早餐按伙食包干标准的20%、午餐和晚餐按伙食包干标准的40%扣减)。

第十九条 因特殊情况而造成超过预算的支出，由经办人写出说明，并经展团领导和展览业务部门领导签字后方可报销。个人理发、洗衣、配眼镜、游玩门票、照相洗相、长途电话等费用，一律不予报销。

第二十条 展团会计应做到账目日清日结，根据原始单据填制记账凭单，同时登记明细账试算平衡。及时清点现金，做到账实相符。

第二十一条 展团会计在国外期间要及时对往来款项进行清理，回国前要将暂存款、暂付款结清，个别未清账款要将单据留底，回国后交财务部门处理。

第二十二条 展团会计应在回国后3日内交回展团结余经费，并在7日内办理报账。

第二十三条 单位财会部门对出国展团各项经费开支按照预算和有关规定严格审核，对展团开支超过预算范围和标准的，应责成有关人员写出书面超支原因和情况，由展团领导签字后报本单位领导审批。

第二十四条 财务部门对每个展团的经费支出要进行专项核算，如有结余，可作为调剂资金使用；各个展团经费支出，原则上不得突破该展团的经费预算，确因特殊情况突破的，经财务部门审核，单位领导批准后，可在本单位展览经费总预算中调剂安排。

第六章 出国展览经费决算与监督考核

第二十五条 年度终了，财务部门要编制展览经费决算，对展览经费预算执行情况进行全面的分析总结，提出改进展览经费支出管理的意见和措施。年度展览经费如有结余，应结转下年专项使用。出国展览经费决算应连同本单位年度财务收支决算，一并报财政部审批。

第二十六条 单位要建立出国展览经费内部稽核制度，对内部稽核工作的职责内容方法和要求进行明确规定，以保证科学有效地对凭证、账簿、报表进行审核，对决算进行内部审计。

第二十七条 建立出国展览信息反馈和效益考核制度。每一展览结束后，展览业务部门应对展出效果进行量化统计和全面客观评估，对重点展览、重点参展企业要跟踪问效。每一年度结束后，应对全年出展情况进行认真总结。

第二十八条 向参展企业收取的摊位费，其收入和使用按照财政部有关外事服务收入管理的规定办理，并在预、决算中加以说明。

第二十九条 财政部在加强日常财务监督检查工作的基础上，结合决算批复工作，对资金的使用情况进行全面检查、审核，发现不符合财经法规的，有权予以纠正，情节严重的按照有关规定进行严肃处理。

第三十条 本办法由财政部负责解释。

第三十一条 本办法自2001年1月1日起施行。

第十条 组织展览单位应根据财政部批复的出国展览年度预算，重新编制各展团具体出国展览经费预算，并报财政部备案。

第十一条 展团原则上应配备专职会计人员，负责展览项目的国外经费预算编制、经费支出管理及回国报账等财务工作。

第十二条 展团出国前，会计与出展业务人员应根据本展团年度预算，共同编制详细的出国展览费用预算。

(来源：财政部)

本章小结

会展财务管理是关于会展活动资金的筹集、投放和分配的管理工作。在会展财务管理工作中，会展财务预算是非常重要的环节。由于会展项目的特点，不同的会展项目其收入支出的内容不尽相同，在编制会展项目财务预算时，要根据不同的会展项目类型来编制。不同的会展活动，其资金的筹集方式也不同。一般的会展活动资金筹集方式主要有：商业赞助、市场开发、接受捐赠和融资等方式。影响较大的会展项目，因赞助商获取的商业回报高，所以容易通过商业赞助筹集到相应的资金，市场开发效果也较好。会展财务预算在执行的过程中，由于各种原因会产生偏差，有些是正常的变更，但有些事异常的变动，需要管理者对各项费用进行监控，以达到项目的目标。随着现代会展业的不断发展，将越来越需要加强对会展企业自身的运营管理。对会展财务部门的管理应该采取绩效考核，这也是现代企业管理中最基本的管理方法。

复习思考题

1. 名词解释：会展预算、商业赞助。
2. 会展财务管理的一般环节包括哪些内容？
3. 会展财务部门的绩效考核要点是怎样的？
4. 简述会展财务管理中的指标与分析。
5. 简述会展预算的一般制定过程。
6. 试述会展资金筹集的主要渠道。
7. 试述会展成本控制的基本程序。
8. 了解参展费用的结构是做好参展预算的前提。阅读下列材料，具体说一说制定国外参展预算的依据与步骤。

怎样正确预算参展费用

参加国外展览的费用包括场地费用、展位搭建、展品运输和人员费用四大块，另外还有报名费、会刊登记费、杂费等相对数额较小的费用。

欧洲的展览会公布的场地价格一般是指光地价格，曾经有向博览会直接报名的展商误以为付了场租费就万事大吉了，到了现场才发现自己只有一块没有任何基本装修和道具的光地。AUMA 认证的展览会都还有每平方米 0.6 欧元的管理费用，博览会在收取净场地租金的时候一般还预收每平方米 15～20 欧元的服务费押金。这项预收服务费指抵扣在参展时发生的和展览公司各项费用，如电费、接电费、插座费、人工费、租赁道具费、清洁费等杂费，一般基于上届展览会平均服务费用标准。德国展览会的所有报价都需加收 16%的增值税，如果公司自行报名参展索要 $20m^2$ 单价 150 欧元的场地，那么在确认报名后，参展单位收到的场地费付费账单将是(150+0.6+20)×1.16×20＝3 957.92 欧元而不是 3 000 欧元。另外，博览会报名费、会刊登录费也是依据各个展览会的标准而有所不同，均需列入成本预算中。

展位搭建是一笔可高可低的预算，如果要节省费用，可以用最简单的装修，如果要体面而有风格，自然花销不菲。如果希望节省成本又醒目实用，参加展团统一施工是最好的选择。而且即使在中国馆内，各个参展商的特殊展示要求组织者都可以尽量照顾到。很多有实力的国内公司非常注重参加境外展时的公司形象，不惜花重金从国内送去展架及搭建工人。其实，与在国外寻找适合的搭建公司做装修方案并搭建展位相比，前者的费用支出及所消耗的人力、物力并不少，语言方面的障碍也可通过值得信赖的组展公司得以克服。京慕公司就曾借助自己熟识的德国搭建公司的资源优势，为多家国内大型企业提供了满意的展位设计与装修服务。

随展团运输展品对参展企业来说是比较便捷并节省成本的途径，组展公司报出的展品运输价格，通常分为海运(按照体积：××元/立方米)、空运(按照重量：××元/千克)两种方式，包括从指定仓库集货起直至博览会展台的全程运输费、仓储费、报关手续费等费用。

展商只要根据自身运输的展品情况结合相应的报价，即可提前计算运输成本。需要注意的是，因为展品类别或参展国别、地域的不同，展览品的关税额度也有各自的规定，组展公司会根据当地海关的要求提前报价，并指导展商如何计算关税开支。

人员费用则是往返交通加境外餐饮、交通及住宿等境外生活开支，组展公司通常会详细列出各项费用的预算情况。

总之，只有真正地了解了参展的费用结构，参展公司才会在自己参展或通过组展公司两者间做出适合自己的选择。

第 13 章 会展客户关系管理

本章导读

会展客户关系管理是一种管理策略。实施会展客户关系管理的企业的组织结构、工作流程、技术支持和客户服务都以会展客户为中心，协调和统一企业与客户之间的交往，以便获取、发展、留住有价值的客户，挖掘潜在客户，提高客户满意度，培育会展客户忠诚度以实现企业盈利的最大化。可以说，会展客户关系管理是会展企业应对激烈市场竞争的盈利战略，是以企业与客户的互动过程为基础的企业战略创新观念。同时，会展客户关系管理又是通过对不同客户的差异化管理，来实现会展企业利益的。会展客户关系管理的核心是要全面理解会展客户创造价值的过程。如果不能全面理解会展客户的价值创造过程，会展企业很难与客户建立一种互利双赢的关系。

知识要点

- 会展客户的概念
- 会展客户关系管理的作用
- 会展客户关系管理的技术支持
- 会展客户关系管理主要内容
- 会展客户关系管理的策略
- 会展客户跟踪服务管理

13.1 会展客户关系管理概述

13.1.1 会展客户的概念

随着会展业市场竞争的日趋激烈，与客户建立和保持长期良好稳定的合作关系显得越来越重要。会展客户至少包含参展商、观众和会展服务商 3 个方面。

1) 参展商

参展商在会展客户群体中处于核心地位，是办展单位的主要经济来源。参展商在行业中的影响力和代表性直接关系到展会的层次与品位，是否具有高质量的参展商往往是一个展会成功与否的关键，所以，参展商是会展客户管理的中心环节。

作为会展客户的核心群体，参展商不仅指现有参加展会的客户，还包括目标客户。目标客户是指由于种种原因目前还没有参加展会，但他们将来可能会参加。这些群体是将来展会扩大规模、提高档次的重要客户来源。因此，在做会展客户关系管理工作时，目标客户也是不能忽视的。

2) 观众

观众是展会的另一核心群体。和参展商一样，观众也分现有观众和目标观众。现有观众是已经来参加展会的观众，目标观众是将来可能会参加展会的观众。目标观众是会展扩大规模和层次的基础，在规划客户关系管理时，应该充分重视对目标观众的管理。

从参展商的角度看，对观众的管理，一般还会有专业观众和一般观众的分类管理。专业观众是展会潜在的客户，很可能在展会的平台上变为直接的客户；而普通观众，包括一些行业媒体，不一定带有商业目的，但在进行客户关系管理时也是不能缺少的。

3) 会展服务商

会展服务商是指展会的配套服务公司，如展览公司、设计搭建公司、广告公司、运输代理公司、旅游代理公司、指定接待酒店和指定安保机构等。会展服务商可以代理完成展会的专门事项，会展服务商往往会代表展会去和参展商、观众打交道，可以说，会展服务商服务水平的高低直接影响到展会的形象。所以，从会展的组织角度来看，会展服务商是非常重要的客户。

值得指出的是，会展活动是一个庞大的系统工程，客户关系也是相互的。因此，会展主办者、会展场馆以及相关的会展活动支持部门如政府机构、科研机构、保险、海关、防疫、法律咨询部门等都可以构成会展的客户关系，如图13.1所示。

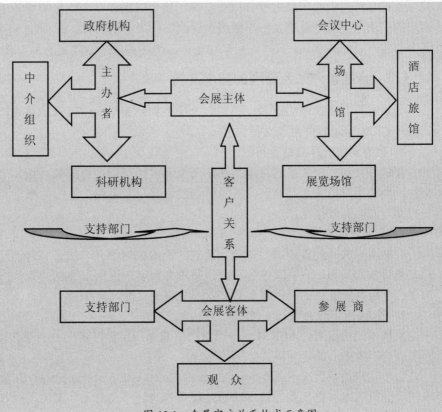

图13.1 会展客户关系构成示意图

13.1.2 会展客户关系管理的作用

进行会展客户关系管理能实现会展与客户之间的合作，共荣共赢。对于会展的举办方来说，会展客户关系管理能起到增加销售、提高服务质量、降低销售成本、提高客户满意度等作用。

1) 增加销售量、提高服务质量

会展客户关系管理是一种以客户为中心的服务管理，在信息技术的支持下，通过分析客户的不同需求，制定出有针对性的服务营销计划，为客户提供个性化服务。这样，不仅有助于提高会展服务质量，而且还可以提高展位、门票等的销售量。

2) 降低销售成本

有效的会展客户关系管理可以降低销售成本。主要表现在：一方面，可以留住更多的老客户；另一方面，可以减少开发新市场的成本。

研究表明，开发一个新客户的成本比留住一个老客户的成本平均要高出 5 倍。因而，会展客户关系管理工作的重要目标是要留住老客户，减少老客户的流失，从而降低销售成本。

在开发新市场的时候，通过会展客户关系管理系统提供的信息资料进行分析、整理、更新，有利于市场开发人员识别有价值的潜在客户，避免盲目性，节约开支。

3) 提高客户满意度

作为展会的重要客户——参展商与观众，其参加展会的主要需求可以通过对会展客户关系管理系统提供的信息进行分析而获得。展会组织者以个性化的服务手段，来满足不同客户的需求，使客户能增加参展效果，达到参加展会的目标，从而提高客户满意度，实现展会与客户之间的双赢。只有这样，与客户之间的关系才能固定下来，展会才能长盛不衰。

13.1.3 会展客户关系管理的技术支持

会展客户关系管理的技术支持来自 3 个方面：会展经营管理战略支持、会展营销战略支持和 CRM 应用软件系统支持。

1) 会展经营管理战略支持

要做好会展客户关系的管理工作，需要会展经营管理者提高认识，从战略的高度予以支持。要让所有的员工都有客户关系管理的理念，制定相关的行为准则，在具体操作和管理控制方面能有效执行。

2) 会展营销战略支持

会展客户关系的管理需要融合到会展营销的战略中去。从会展营销的角度来看，与客户之间有效的沟通，只有通过各种营销手段并为客户提供个性化的服务，才能赢得客户的信任。会展客户关系的管理需要会展营销战略的支持。

3) CRM 应用软件系统支持

从技术的角度来说，CRM 是一个管理信息系统，它以客户中心理念为基础，支持企业实现以客户为中心的管理模式。

会展客户关系管理(Exhibition Customer Relationship Management，ECRM)是一种借助于现代计算机技术和电子商务技术，通过最有效的客户关系管理来实现企业的核心竞争力的经营战略。

办展机构以客户为中心,以客户全面满意为目标,通过收集和管理客户信息,了解并适应客户不断变化的需求,从而有针对性地提供个性化的服务,以此来培养和加强客户忠诚度,达到与客户精诚合作、实现双赢的最高境界。其核心思想是将客户作为最重要的企业资源,通过完善的客户服务和深入的客户分析来满足客户的需求,保证实现客户的目标价值。

CRM 应用软件系统可以有效地把各个渠道传来的客户信息集中在一个数据库里,从而实现会展客户关系管理的目的和作用。例如,使用 CRM 应用软件系统进行客户信息处理,可以完成对客户信息的查询、新增、修改、保存、删除,同时还可以将客户信息以 Excel 格式导入或导出数据库,如图 13.2 所示。

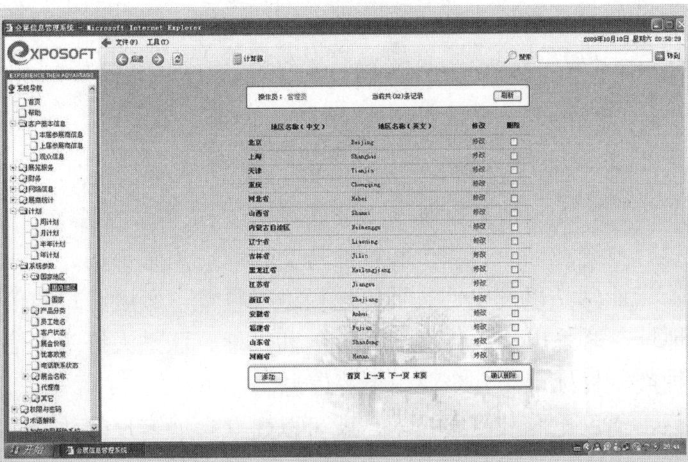

图 13.2 客户信息处理界面

通常,会展客户关系管理的目的和作用主要有:提高服务质量、提高客户满意度;提供跟踪服务、培养客户忠诚度;激发盈利潜能、创造客户价值;提高管理水平、降低销售成本;提高展会收益、获得最大利润;等等。运用会展客户关系管理(ECRM)系统,并且能够在会展企业各部门之间共享这一资料数据库,将大大提高与客户之间的沟通、互动与交流,如图 13.3 所示。

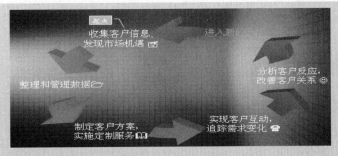

图 13.3 会展客户关系管理的一般流程

13.2 会展客户关系管理的内容

一般来说，会展客户关系管理主要包含 3 个方面的内容：客户信息数据库的建立、客户关系的建立与维护以及与客户交流信息。

13.2.1 建立客户信息数据库

客户关系管理首先要明确服务管理的对象，从办展机构的角度来说，会展客户主要是指参展商和观众；从参展企业的角度来说，客户主要是指各种类型的客商，包括国内外客商以及服务供应商等，要为客户服务，进行客户关系管理，必须要搜集关于他们的完整资料，即建立客户信息数据库。

1. 参展客户信息数据

参展客户的信息数据包括企业信息、人员信息以及展出信息等。

参展客户的有关信息可以通过行业企业名录、商会和行业协会、政府主管部门、专业报刊、同类展会、外国驻华机构、专业网站以及电话黄页等途径进行收集，参展客户的信息数据除了要收集他们的名称、地址、联系电话、传真、E-mail 和网址、联系人等基本信息外，还要收集关于他们的产品种类、目标市场、企业规模等信息。

收集到上述的各种信息数据后，借助电脑和网络技术，就可以建立参展客户的数据库了。建立这个数据库要注意以下几点。

1) 提出数据分类标准并按标准对数据进行分类

在给数据分类时，既要考虑行业产品的分类特点，又要考虑招展的需要，还要考虑数据库使用的便利性。例如，家具行业可以分为家居家具、办公家具等；服装行业可分为职业装、休闲装、童装等。分类标准确定后，要严格按该标准进行分类，为建立数据库做准备。

2) 确定数据库基本字段

数据库的每一条信息最后一般是以表格的形式出现的，所谓基本字段，就是该表格中基本不变的项目，如"企业名称"就是一个字段，在这个字段下，可以填进 N 个企业具体的名称，"地址""电话""传真"等也可以作为字段。数据库基本字段是对数据分类进行具体执行，它决定着数据检索的便利性。

3) 选择合适的软件

数据库的建立是借助于计算机和网络技术来实现的，要根据数据量的大小，在充分考虑速度、安全性、便利性和容量以及成本的基础上，选择合适的软件来编数据库应用程序。

4) 输入目标参展商信息

有些数据库的数据量很大，可多达几万或几十万条，在输入数据时，要注意确保输入的准确性。

2. 参观客户信息数据

参观客户也可以称为展会的专业观众，采集参观观众数据样本，特别是专业观众和境外观众的资料，主要途径是通过展会报到处和客商登记与观众注册登记表来完成。

1) 现场实时取样

从每天展会现场得到的现场数据进行统计。

2) 登记表登记

根据专业观众进场前的登记进行统计。

3) 网络注册取样

利用展会专业网站开通的网上电子登记系统，将所需取样的内容制成表格，以电子请帖的形式提供给观众填写。将取样的文字内容编入其中。

4) 展会身份识别信息管理软件

借助相关的客户管理软件来进行信息收集工作。

值得注意的是，参观客户信息数据库的建立要注意确保信息准确、更新及时；数据分类科学，易于查找与检索。

对观众信息的描写主要有以下几点。

(1) 基本信息，包括观众的姓名、性别、年龄、国籍、属地、单位、部门、职务等信息和电话、手机、传真、E-mail、邮址等通信联系信息。

(2) 需求信息，根据所采集到的信息，对每个观众进行定义，尤其是根据观展目的和个人主要需求进行定义，颇具现场实用价值。

(3) 行为信息，观众在展会现场进出各场馆、访问各展台、参加有关会议和活动等观展行为，使目前的信息技术可以方便地采集到的重要信息。此类信息对展会和展后的有关服务管理都具有重要价值。

13.2.2　客户关系的建立与维护

制定具体的管理策略来推进客户关系的发展，与有潜力的客户建立互相信任的合作关系，这是会展的举办者进行会展客户关系管理的根本出发点与最终目标。客户信息数据库建立之后，会展的举办者进行会展客户关系管理的重要内容就是根据客户信息，区分客户类别，针对不同的客户类型，投入不同数量的资源，采取不同的管理措施。参见13.3节相关内容，在此不赘述。

13.2.3　与客户交流信息

实现有效的信息交流是建立于保持企业与会展客户之间良好关系的途径。展会的举办方与客户信息沟通的主要内容有两个方面：一是展会的举办方充分利用现代信息技术手段及时将展会的产品与服务信息提供给参展商、观众以及会展服务商，并给予这些客户以技术支持与良好的售后服务；二是展会的举办方需要从展会参加者那里收集到关于客户对展会评价与建议的重要信息。展会客户所反馈的信息，既是衡量组展企业承诺实现程度的重要指标，又是组展商及时发现展会举办过程中出现相关问题的重要途径。如何处理好客户的投诉，维护客户的利益，赢得客户的满意与信任，对于展会来说非常重要。

13.3 会展客户关系管理的策略

会展客户关系管理的过程实际上就是会展企业与客户建立关系与引导关系健康发展的过程。从实施步骤上看,一般的会展客户关系管理都会从客户细分、关系发展、资源分配以及关系健康发展等方面进行。在实际操作中,留住老客户、开发新客户、建立会展信息反馈机制以及会展客户跟踪服务管理等是常见的策略。

13.3.1 留住老客户

留住老客户可以保持会展企业的竞争优势。成功的会展企业会把留住老客户作为企业与自己发展的头等大事来抓。

老客户维护的有效途径和方法主要有以下几种。

1. 明确客户需求,培养忠诚客户

(1) 采取更多优惠措施,如数量折扣、赠品等;经常和顾客沟通交流,保持良好融洽的关系和和睦的气氛。

(2) 特殊顾客特殊对待。美国哈佛商业杂志发表的一篇研究报告指出:多次光顾的顾客比初次登门的人可为企业多带来20%~85%的利润。所以善于经营的会展企业要根据客户本身的价值和利润率来细分客户,并密切关注高价值的客户,保证他们可以获得应得的特殊服务和待遇,使他们成为忠诚客户。

(3) 提供系统化解决方案,不仅仅停留在向客户销售产品层面上,要主动为他们量身定做一套适合的系统化解决方案,在更广范围内关心和支持客户的发展。

2. 和客户建立良好关系

与客户的感情交流是会展企业用来维系客户关系的重要方式,日常的拜访、节假日的真诚问候、婚庆喜事、过生日时的一句真诚祝福、一束鲜花,都会使客户深为感动。会展企业需要快速地和每一个客户建立良好的互动关系,为客户提供个性化的服务,使客户在购买过程中获得产品以外的良好心理体验。

3. 深入与客户进行沟通

客户的需求不能得到切实有效的满足往往是导致会展企业客户流失的最关键因素。一方面,会展企业应及时将企业经营战略与策略的变化信息传递给客户,便于客户工作的顺利开展。另一方面,要善于倾听客户的意见和建议,建立相应的投诉和售后服务沟通渠道,鼓励不满顾客提出意见并及时处理,并且从尊重和理解客户的角度出发,站在顾客的立场去思考问题,采用积极、热情和及时的态度。

4. 培养忠实的企业员工

忠实的员工才能够带来忠实的顾客。要保持客户的忠诚必须从员工着手。主要策略有以下几点。

(1) 注重员工培训、教育，为企业员工提供发展、晋升的机会。
(2) 为员工尽可能创造良好的工作条件，以利于他们高效地完成工作。
(3) 切实了解员工的各种需求，并有针对性地加以满足。
(4) 提倡内部协作的会展企业文化，倡导团队合作和协作精神。

13.3.2 开发新客户

新客户是展会宝贵的后备资源，也是展会未来的发展空间，新客户数量的多少决定着展会未来可能发展规模的大小，也决定着展会发展后劲的大小。善于开发新客户对每一个展会都具有重要的意义。

1. 在目标市场中寻找潜在客户

包括参展商和观众在内，一个展会的客户数量常常高达数万。新客户的开发方法是：通过市场细分选定特定的目标市场，经过特定的渠道在目标市场中收集目标客户资料，将这些资料建立客户数据库，通过聚类分组办法将客户按展会的需求分成不同类群，再通过数据挖掘技术，从大量的数据中发掘有用的信息，寻找到展会的潜在客户。其步骤主要有：确定目标市场、收集客户信息、通过聚类分组和数据挖掘技术找到潜在客户等。

客户数据库中的目标客户资料可能上万条，有时候可能达十几万条，为了准确掌握哪些信息是有用的，哪些信息是无效的，人们可以先通过将客户进行聚类分组来分析、统计和归类客户的行业属性、产品特性和需求特点，然后通过数据挖掘技术来筛选出符合展会定位需求的潜在客户，并将他们作为展会开发新客户的来源。

2. 与潜在客户沟通

与潜在客户沟通的策略主要包括以下几点。

1) 确定与谁沟通

哪些是潜在的参展商；哪些是潜在的观众；潜在参展商主要生产什么产品；潜在观众主要采购什么产品；这些潜在的参展商和观众都分布在什么地方，各有什么特点；等等。

2) 确定预期沟通目标

潜在客户从最初接触展会信息到最后决定参展(参观)一般会有知晓、认识、接受、确信、参展(参观)等反应过程；尽管潜在客户可能不会在初次接触后就参展(参观)，但只要围绕目标不断沟通，潜在客户就有可能最终变成新客户。

3) 设计沟通信息

沟通要达到预期的目标，必须根据展会的优势和特点，结合客户的需求来精心设计沟通的信息。不同内容的信息对不同的客户所起的作用大不相同。

4) 选择沟通的渠道

与客户沟通的渠道很多，如报纸、杂志、电视、互联网、电子邮件、广播、人员推销、公共关系、赞助、营业推广等，要根据潜在客户接收信息的渠道偏好来选择合适的沟通渠道。

3. 将潜在客户转化为现实客户

与潜在客户进行卓有成效的沟通是将潜在客户转化为现实客户关键的第一步，但这还不够，展会还要通过各种手段促进他们向展会现实客户的转化。在促进潜在客户向现实客户转化的过程中，展会必须做好以下几点。

1) 重视客户的需求

展会必须从客户的需求出发，强调展会的特点和品质与客户需求之间的一致性，潜在客户才会逐渐接受该展会。

2) 完整地传播展会信息

展会可以通过精心策划的、多渠道和多途径的展会营销来完整地向潜在客户传播展会的信息，使潜在客户对展会有一个全面而完整的认识，从而促进他们参展(参观)。

3) 尽量降低客户的成本付出

客户参展(参观)展会的成本包括货币成本、时间成本、精力成本和心理成本。展会应全面考虑降低客户的参展(参观)成本。

4) 重视与客户的每次接触

展会与客户的接触通道包括人员接触和媒体接触两种，对于不同的客户，展会可以选择不同的接触通道。不管以哪种通道与潜在客户接触，展会都要解决两个重要问题：一是最能影响潜在客户信息传递的关键通道是什么；二是最能影响潜在客户参展(参观)决策的关键通道是什么。

5) 了解客户的参展(参观)阻力

展会要及时了解潜在客户所面临的参展(参观)阻力是什么，并及时采取措施，对展会营销和客户沟通策略进行有针对性的调整，尽量消除潜在客户的参展(参观)的阻力，促使他们参展(参观)。

6) 尽量提供参展(参观)便利

由于多数潜在客户没有参加本展会的经历，他们对如何参加本展会，如何办理各种参展(参观)手续，如何解决参展(参观)期间的食、住、行等问题基本不了解。展会要站在潜在客户的角度考虑如何解决这些问题，如何将解决这些问题的信息传递到潜在客户手中，让他们以最便捷的方式来参展(参观)，只有这样，潜在客户才会充满信心地前来赴会。

13.3.3 建立会展信息反馈机制

办展机构与参展商和参观观众的合作不是一次性的，而是长期的。一次交易的开始正是下一次新的合作的开始。反馈机制就是建立在会展主办方与客户之间的桥梁。所以，主办方应及时提供和反馈展会信息，以便吸引和鼓励他们积极参展，同时做好参展的各项准备。

主办方应主动联系媒体这一反馈信息的渠道，向他们提供各种资料，供他们选择发表，争取他们的支持。媒体报道可以进一步扩大展会的影响。

会展信息的通报应当具有连续性。展会发布反馈信息的内容大体包括以下几个方面。

(1) 展会的历史和宗旨。

(2) 展会的近期业绩，包括各种统计数据。

(3) 展会主办者及其办事机构。

(4) 预定的展出项目、其主题时间以及筹备进程。
(5) 展馆及展位，以及已经预定的展馆、展位。
(6) 展馆的各种设备和附属设施。
(7) 招商引资办法及实施细节。
(8) 展会交通情况。
(9) 展会的其他配套服务项目(如接待、食宿、布展等)。

以上会展信息可以在互联网上发布，面向全体客户。对于重点客户还应当寄发纸质文档，以期引起注意。会展还应当设有专门的咨询机构，以解答客户的疑难，提供有关信息。

13.3.4 会展客户跟踪服务管理

会展客户跟踪服务是会展工作的延续和重要组成部分，是实现会展目标和价值，最终达到营销目的的主要工作阶段。

好的跟踪服务工作，其实就是要建立一个有效的"跟进"系统，要制定出细致的服务计划，并在展出活动的同时进行。只有建立了良好的跟进系统，会展过程中的信息收集工作才有意义。如果在展会上和潜在客户进行了良好的接触，对他进行了全面的产品展示，在他离开之前向他许诺将在会展后很快和他联系，这些都会在潜在客户的心目中建立良好的印象，但接下来很重要的工作则是通过跟踪服务，最终达到营销目的。

展会结束后，各种服务工作不应该马上结束。许多发达国家，在展会结束后仍主动、积极为参展者提供信息、做好服务，值得借鉴。概括地说，会展客户跟踪服务其实就是在展会结束之后，一如既往地为客户提供方便和解决问题。

会展客户跟踪服务管理的内容主要有以下几个方面。

一是为展会实施期间的未了事宜服务，如展会参与人员的洽谈与参观安排、海外展品留购的手续、一些没结清费用的了解等。

二是展会信息，如展会期间的相关数据汇总、展客商新的需求和市场信息收集等。

三是解答疑问，如对展客商要求展会进出馆时间安排充裕、展位费价格国内外一致等各种问题进行解答。

四是整理展会的资料，包括对展客商名录、媒体的宣传报道以及征询意见等资料进行汇总、整理，并编印成册。

五是与客户建立良好的沟通合作关系。

展会结束意味着新的展会的开始，大型展会如奥运会、世博会要提前一两届来准备。会展企业应及时将本届展会的总结情况、下一届的准备情况、企业的其他相关信息等及时向客户发布。信息发布的形式是多种多样的，如电话、网络、当面沟通、展会刊物以及书面信件等。对不同的客户，其沟通方式也有所不同，如对国外的客户，采取网络沟通比较适合，对本地的客户，可以采取当面沟通的方式，这样更容易增加双方的感情。

在展会过程中收集到了大量的潜在客户信息，直接致函可以使企业在最短的时间里和他们取得联系。邮寄计划应当认真地统筹考虑，订立现实可行的目标和严格的最后截止日期。

对潜在客户可以是一封简短的信，对他们给予本企业展位的关注表示感谢，并强调在参展时对他们所说的产品和服务的优越之处。为了尽快得到答复，也可以用传真或电子邮件的方式来寄件。在信的结尾处，可以向客户承诺在近期进行更细致的访问。接着，应当按顺序寄发一系列商务信件。每封信的内容都要有所不同，要强调产品和服务的特性、特征。信函的设计要有创造力，必须抓住收信人的注意力。美国的一项调查显示：第一份资料(从展台上得到)，1周内有8%的参观者阅读；第二份资料(参展企业邮寄)，45天内有13%的参观者阅读；第三份资料(参展企业邮寄)，90天内有17%的参观者阅读；第四份资料(参展企业邮寄)，5个月内有21%的参观者阅读；第五份资料(参展企业邮寄)，8个月内有25%的参观者阅读；第六份资料(参展企业邮寄)，11个月内有28%的参观者阅读；第七份资料(参展企业邮寄)，14个月内有33%的参观者阅读。调查还显示，由参观展会导致的实际成交有20%是在展会之后11～24个月之间达成的。

由此可见，展会的跟踪服务工作以及后续寄发资料工作的频率对成交有着相当大的作用。

会展客户跟踪服务采取个性化的服务往往能收到良好的效果，如对客户提供的信息由展会高层人士亲笔签署回信表示感谢，对他们提出的意见或建议表示感谢，并采取相应的措施。还可以定期举办一些联谊及相关活动，并邀请重要客户包括相关媒体、政府官员、专家等，请客户对企业及新展会的准备进行指导及评价。对客户的重要活动如公司成立纪念日、新产品研发成功、主要联系人过生日等，都应打电话或寄贺卡以表示祝贺。

典型案例

长沙会展业CRM

与国外发达的会展业相比，我国会展业的组织管理水平还相对落后，很多办展企业和组织者缺乏对CRM的认知，无法改善与客户的沟通技巧，忽视客户需求，导致客户资源逐步流失。

长沙作为我国中部中心城市，不论是经济条件、区位条件还是文化条件，都具有相当多的优势。虽然长沙会展业起步较晚，却已拥有部分全国知名的展会品牌，然而面临产业发展过程中不可避免的问题时，如何有效合理地留住忠诚客户，实现以产品为中心向以客户为中心的转换，长沙面临着极大的挑战。

1. CRM及会展业CRM概念阐述

CRM思想起源于美国，是企业的一项商业策略，其重要特征是实现经营管理流程以客户为中心，将客户作为最重要的资源，从而将客户信息转化为客户关系的循环过程，并以此为手段来提高企业的获利能力、收入和客户满意度。

会展业CRM的本质是围绕展会营销而进行，为会展营销服务，以提升服务品质。为会展组织者提供全方位的客户视角，赋予它更完善的客户交流能力和最大化的客户收益率。期间需要会展企业采用各种策略，建立并保持与客户的关系，进而形成客户忠诚。

2. 长沙会展业CRM现状及问题分析

(1) 缺乏CRM意识，客户满意度低，客源流失严重。

会展企业在竞争激烈的市场环境中，最关键的问题就是与客户的关系相处得如何。虽然现在国内不少会展企业已逐渐意识到接受CRM并付诸实践的必要性，但长沙作为会展新锐城市，虽然也力求打造中国会展名城，却几乎没有一家会展企业真正应用和实施CRM工程。大部分缺乏CRM意识，甚至一些企业根本不知CRM为何物，以客户为中心的思想没有得到体现，也缺乏正确的客户管理方法。展会结束后，能主动与客户交流以获得反馈信息的企业很少，就算是大型活动如金鹰节等，也仍热衷于以传统的方式，加大广告投入或传统营销渠道去组织潜在客户。大部分企业忽视客户的个性化需求，很少关心客户是否在展会中受益、对展会有何看法等，并且在展中不能兑现展前承诺，服务不周，展后沟通不够，导致大量客户流失。而且随着展商消费观念与维权意识的不断加强，许多展会都出现了展商对服务和展会质量的投诉，现有客户的忠诚度无法得到有效提升，客户资源的培育和巩固处于非常被动的局面。

(2) 缺乏管理技术创新，不能有效利用客户资源，逐渐丧失竞争优势。

在长沙会展业持续发展，场馆建设与大型展会开展得如火如荼的同时，整体的管理水平却不尽人意，面对不断出现的竞争对手缺乏应对。尤其长沙的会展业正处于发展期，最初有限的展会规模使得企业相对容易地了解到客户的需求，为企业赢得了好的口碑。但随着客户不断增加，许多企业对客户的掌控能力就急剧减弱，而且长沙多数会展企业现有的管理技术根本不能满足大量客户的管理和个性化要求。每次展会过后，只是简单地整理客户名片，将资料存储在计算机，没有真正地将其提炼成有价值的客户信息。企业也无法让每个员工都有效地分享客户信息与资源，员工更不知道如何运用客户资料为管理和营销服务。这都使得企业容易造成信息丢失，一些已具备一定知名度的成功展会逐渐丧失竞争优势，很难获得具有品牌忠诚度的客户。

(3) 企业资源能力相当有限，员工与客户参与不够，CRM开发基础相当薄弱。

现阶段会展业导入CRM系统仍十分昂贵，它要求企业在客户与市场调查，以及信息收集上投入巨额资金，这成了长沙会展企业实施CRM的瓶颈。同时会展业的信息一般每年都以20%～35%的速度在变化，这也要求企业要随时更新客户信息，使CRM系统的实施能确实提升客户价值。然而现阶段长沙会展业的组织规模并不大，以中小型企业为多，很难有支付能力。而且大多企业由于起步晚，专业性不强，营销体系也不完善，现有的管理能力不足以承担实施CRM的要求。加上专业人才的缺乏，人力资源能力远未达到CRM要求的水平，CRM的专业咨询机构的支持协助也几乎是一片空白，并且部分会展企业在尝试导入CRM时，完全忽视客户的参与，只单纯着眼于解决企业内部的问题，也没有对员工进行必要的培训与理念的灌输，对于客户关系的改善与员工效率的提高几乎发挥不了作用，只是做做表面文章。

3. 长沙会展业CRM对策分析

(1) 引入并积极贯彻CRM管理思想，提高客户关怀与客户满意度，减少客户流失。

长沙会展企业首先要在思想上统一认识，积极倡导，并借助一定制度将CRM思想贯彻到员工的工作流程中。CRM理论权威Don Peppers和Martha Rogers博士曾指出："如果企业能将客户流失率减少5%，利润将会有100%的成长。"这就要求会展企业全面收集、充分分析客户信息以识别和把握市场机遇，向目标客户提供定制化服务以吸引其注意力。在展期及展后都要保持与客户的联系，收集反馈意见与建议，追踪其需求变化，以便进一步提高质量，也可不断改善会展企业的客户关系，减少客户的流失。

(2) 组合不同资源，提高管理与服务水平，为CRM的实施提供保障。

信息时代，客户要求会展企业提供优质快捷的服务，大多会展企业也采取各种措施积极应对。如香港会展业不仅具备一流的设备，服务也备受国际同行称赞。在展会开始时，政府官员通常会到现场进行政策、法规解答，银行会到现场服务。这样不仅使与会者能做成更多的生意，也使他们对中国香港特区有更多了解。同时，主办者还与酒店、旅游机构密切合作，有效地建立了企业与客户的良好关系。

长沙的会展企业应该吸取先进的管理与服务理念，适当调整企业组织结构，使其业务流程适应CRM的实施。同时购买适当的硬件和软件设施，有效整合内外部资源，进行员工培训，规范内部操作，制定合理的工作流程和相关服务，以及与之配套的制度，提高员工整体素质、服务意识和服务水平，全面协调企业与客户的业务活动，在最短得时间内力争用户满意，为企业的市场拓展提供支持。

(3) 导入CRM系统，科学利用与整合客户资源。

长沙大多数会展企业人员规模不大，而日常的工作又需要他们与国内外客户保持日常接触，太多的不确定因素与异常复杂的业务处理要求企业要更好地导入CRM系统，充分利用客户资源和信息，来适应长沙会展业未来管理与服务水平的发展。

因此企业应按展会类型及规模对现有展商进行分类管理，重新确定和扩大客户档案内容，专业化地对不同类型客户进行全方位管理。同时运用现代信息技术等科学手段建立客户、展会信息处理系统，从各类展会及行业协会将零散的客户信息进行整合，使其成为有价值的客户资源和市场资源，真正最大限度地发挥信息对展会营销与管理服务的作用，建立以展商和观众为主体的客户关系管理系统，为客户提供最佳的展会产品和相关服务，并在此基础上逐步建立真正意义上的CRM系统。

随着长沙会展企业逐步向品牌化、国际化的方向发展，以及行业竞争的日益同质化，客户与企业之间的关系越来越重要。实施CRM，提高客户满意度和忠诚度已经成为了长沙会展企业目前刻不容缓的任务。因此要求企业以客户为中心，全方位满足客户需求，不断创造更新、更好的产品界，提高长沙会展企业的核心竞争力，实现企业与客户的双赢。

(作者：文岚)

会展客户关系管理 第13章

本 章 小 结

本章从客户信息数据库的建立、客户关系的建立与维护以及与客户交流信息等方面对会展客户关系管理的相关策略进行了阐述。在会展业的管理链中，客户管理是重要一环。会展组织者不能只从自身的角度考虑会展活动的举办，还应该从客户——参加者的角度，根据客户的需求举办符合客户意愿的会展活动。这就要求会展组织者对会展的参加者进行科学的客户管理。忠诚的客户是会展活动持续发展的关键，没有忠诚客户的参与，会展活动就不可能获得健康的发展。会展服务管理者必须充分了解客户的需求，发挥客户在会展服务过程中的重要作用，提高客户的满意度，增强客户的信任感，培育忠诚的客户，同时也需要不断开发新客户，与客户建立、保持一种长期发展的关系。

复习思考题

1. 名词解释：会展客户、CRM。
2. 会展客户关系管理有哪些作用？
3. 建立参展客户信息数据库要注意哪些问题？
4. 简述会展客户关系管理中的技术支持问题。
5. 简述会展老客户维护的途径与方法。
6. 试述与会展潜在客户沟通的主要策略。
7. 试述会展客户跟踪服务管理的主要内容。
8. 阅读下列材料，具体说一说中国贵州国际绿茶博览会留住老客户的秘诀。

茶博会"老"参展商的新收获

在2009中国贵州国际绿茶博览会(以下简称茶博会)的众多参展商中，来自贵阳的张学仁可以说是位"老"参展商了。他和他所代表的企业——乌当高寨茶场，这个月已经是第三次参加各类茶业盛会了。在本次博览会上，乌当高寨茶场的王牌产品——安吉白茶获得了不少订单。

老张说："我们经常参加各地举办的博览会，因为参加展会能为企业带来价值，能满足我们宣传企业产品、树立企业形象、促进贸易的需求。在这次博览会中，主办单位与我们之间的信息传递非常好。"

据悉，为让参展商不虚此行，主办方提供了一系列专业、周到的服务，并将参展商进行有针对性的对接，以利于他们在展会这个平台上达成信息交流以及长期的合作。在这次

会展服务管理

博览会上,老张结识了来自正安县的新客户,新客户先进的管理经验、解决劳动力不足的高招都让他受益匪浅。

说起参加本次博览会的收获,老张说:"我们做的是茶叶中的精品,但是以前只懂得种茶,在对外宣传方面有明显的欠缺。当时,客商看到产品后觉得包装档次低,加上产品没什么名气,都不愿给我们下订单。后来,通过和其他客商的沟通,学习他们的先进经验,我们改进了产品的包装设计,改变了营销策略,现在茶场的产品最高卖到了每斤3 800元。"

第14章 会展服务质量与品牌形象管理

本章导读

会展服务管理的最终目标之一,就是努力提高展会的服务水平和质量,使客户对展会的服务满意。展会服务质量的好坏,不是展会自己说了算,展会服务质量管理,应更多地站在参展商和观众的角度来考虑问题。如果会展活动的组织者想创建品牌展会,并试图满足会展潜在顾客对优质服务质量的追求,那么,就必须首先使参展商和观众建立起较高的展会期望服务,然后为他们提供可感知的优异的会展服务质量。优异的服务质量不仅能引起顾客良好口碑的产生,保持客户始终处于被刺激的状态,也有利于促进与顾客之间保持长期的合作关系,有利于会展品牌形象的管理与维护。

知识要点

- 会展服务质量管理的概念
- 会展服务质量的评价标准
- 会展服务质量的目标管理的实施流程
- 会展服务质量的目标分解与过程控制
- 会展品牌形象管理的基本策略
- 会展品牌形象与知识产权保护

14.1 会展服务质量管理概述

14.1.1 关于服务质量

服务质量是服务管理的核心,服务质量之所以引起人们的重视,有以下几点原因。

(1) 服务业在社会经济中的地位与日俱增,目前,全球范围内国民生产总值的 60%左右来自服务业,服务贸易在国际贸易中的比重达到 25%以上,服务业的国际投资近年来也取得了迅速发展。

(2) 提高服务质量已经成为企业竞争的重要手段。自从 1992 年国际标准化组织将服务质量体系国际认证纳入正式管理范围后,越来越多的企业认识到,在市场总额日益饱和的条件下,提高服务质量对于改善顾客关系、维持市场份额具有十分重要的意义。

(3) 提高服务质量可以改善企业的经营绩效。特别是当多家相同服务的企业在一个比较小的范围内竞争时,提高服务质量就显得更为重要。

服务质量是一种特殊的产品质量，这种产品质量是在与客户接触的条件下形成的，是通过顾客的主观感受表现出来的。所谓服务质量，就是一组服务特性满足服务要求的程度。服务质量不仅取决于组织所提供的服务特性，而且取决于顾客对其服务的满意程度的主观感受。顾客满意程度是评价服务质量的标准，顾客满意程度越高，顾客所感受到的服务质量就越好；顾客满意程度越低，顾客所感受到的服务质量就越差。具体可参见下列公式。

$$服务质量 = 顾客满意程度 = \frac{顾客感受}{顾客期望值} \times 100\%$$

相对与产品而言，服务本身具有多种特殊性，从而决定了服务质量是一个抽象的概念。服务质量是通过顾客对服务的感知而决定的，因此，服务质量又是一个复杂的集合体。对服务质量的衡量，并不是指测量服务这一指标，而是对构成服务质量的多个具体要素——服务质量体系进行评价。

14.1.2 服务质量体系

服务质量体系是指为实施服务质量管理所需的组织结构、程序、过程和资源的总和，或由组织结构、程序、过程和资源四大要素共同构成的服务质量总体。组织结构包括组织机构、职责及其相互关系，资源包括人员、资金、设施、设备、技术和方法。服务质量体系为实施服务质量管理而建立、运行和完善，并以满足服务质量方针和目标为目的。根据服务质量体系功能差异分为服务质量管理体系和服务质量保证体系，前者主要功能是通过四大要素有效配置以提高服务质量管理水平，后者主要功能是通过四大要素有效配置以实现和保证目标客户的质量期望。

14.1.3 会展服务质量管理的基本观点

1. 会展服务质量管理的目标是客户满意

由服务质量的定义可知，服务质量与顾客满意是等价的，因此，服务质量管理的目标是顾客满意。在会展服务质量管理中，主要通过3种途径实现客户满意的目标。

(1) 在保持会展客户期望水平不变的条件下提高会展服务质量水平，尽可能地满足客户对会展服务质量的要求。

(2) 通过广告等活动影响和引导客户的期许，使会展客户的期望保持在合理的范围内。

(3) 适当提高会展客户的期望值，但是要较大幅度地提高会展服务质量。

2. 会展服务质量管理的全面性

会展服务质量管理的全面性主要体现在以下几点。

(1) 会展服务产品质量的全面性。在会展宣传、招展、招商、接待服务、现场服务、展台服务以及会展跟踪服务等每一个服务的环节，都要确保质量，不断将会展服务的结果与标准进行比较，发现偏差及时纠正和消除。

(2) 参加会展服务质量管理人员的全面性。无论是会展服务管理人员，还是一般员工，都要树立质量第一的服务意识，在整个会展服务过程中，充分发挥积极性和创造性，全身心投入到会展服务质量管理的过程中。

会展服务质量与品牌形象管理 第14章

3. 坚持会展服务管理的基本原则

会展服务质量管理应遵循以下原则。

(1) 有始终如一的会展服务质量改进目标。
(2) 不断采取新的理念，防止会展服务出现质量问题。
(3) 将会展服务管理的重点放在服务过程的改进方面。
(4) 取消仅靠价格奖励的经营活动。
(5) 持续不断地改进服务系统。
(6) 建立现代化的监督机制，增强员工服务的自信心。
(7) 消除恐惧，通过鼓励员工交流问题和表达思想消除恐惧感。
(8) 消除部门间的壁垒，鼓励通过团队和采用质量控制循环方法解决问题。
(9) 建立现代化在职培训制度，开展教育培训和自我完善提高活动。

4. 会展服务质量管理的成本观

会展服务质量与成本有直接的关系，一般质量成本包括损失成本(缺陷成本)、鉴定成本、预防成本：①损失成本是指服务中的缺陷引起的成本；②鉴定成本指为发现不符合标准的服务或为确保服务质量而进行的检查、实验等所支付的费用；③预防成本指为防止服务质量问题而支付的费用，包括计划、培训、质量控制过程中发生的费用。会展服务质量管理应合理地控制各种成本之间的比例，以达到最佳的质量管理效果。

5. 会展服务质量管理的重点是预防

会展服务质量管理强调"防患于未然"，重在减少和消除产生服务缺陷的原因，将会展服务质量缺陷消灭在萌芽状态。

6. 会展服务质量管理是一个持续改进的过程

应当将会展服务质量管理看做是一个持续不断地满足客户需求和期望的过程，不断地完善服务质量。

14.2 会展服务质量目标体系管理

14.2.1 会展服务质量评价标准

从 20 世纪 80 年代开始，贝利等西方学者从可靠性、响应性、能力、可接近性、有礼貌、有效沟通、可信度、安全性、理解顾客以及有形性等方面提出衡量顾客期望与服务质量的标准。这些标准概括了顾客期望的基本内容。依据这些内容，在会展服务质量的评价中，下面从有形性、可靠性、互动性、保证性(信誉、安全)以及感情交流性等几个方面来看会展服务质量管理的指标体系问题。

(1) 有形性。有形性是指会展服务的实体设施、设备、环境、人员外表以及服务中与客户的实体接触内容。

(2) 可靠性。可靠的会展服务是客户所期待的，它是指会展服务方可靠地、准确地履行服务承诺的能力。会展企业应当通过"可靠"的服务来建立信誉。

(3) 互动性。互动性是指会展服务管理系统及时了解客户的需求并能迅速做出反应的能力。会展服务方应随时为顾客提供快捷、有效的服务。

(4) 保证性(信誉、安全)。保证性是指服务员工所具有的知识、礼节以及表达自信与可信的能力。会展服务人员的友好态度与胜任工作的能力，能够增强顾客对展会服务质量的信心和安全感。

(5) 感情交流性。感情交流性是指会展服务管理系统对顾客个性化需求的关心和注意程度。它强调对客户要有特别的关注，做到换位思考，使整个服务过程富于人情味。

会展服务质量管理的指标体系与评分标准见表 14-1。

表 14-1　会展服务质量评价指标体系与评分标准

指 标 名 称	指 标 权 重
1. 有形性要素	30%
会展服务机构设备的先进程度	10%
会展服务机构员工姿态与仪表	10%
会展服务机构的设备与服务水平的匹配程度	10%
2. 可靠性指标	20%
会展服务机构履行承诺的程度	8%
会展服务机构对顾客需求的态度	7%
按照服务标准提供服务的程度	5%
3. 对客户要求的反应速度	10%
4. 服务保证	25%
会展服务机构员工的可信赖程度	10%
员工具备回答顾客问题的能力	8%
员工乐意帮助顾客的主动性	7%
5. 感情交流性	15%
员工对顾客个性化需求的关注程度	5%
会展服务机构工作时间方便顾客的程度	5%
员工了解顾客具体需求的能力	5%

会展服务质量评价指标是一个参考性框架，具体使用中可以根据实际工作需要进行调整，如指标数量的多少和具体含义、指标的权属分配及评分标准等。具体使用是由顾客给服务机构打分。

14.2.2　会展机构服务质量目标管理的实施

会展服务质量的目标管理的实施流程如图 14.1 所示。

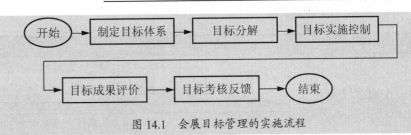

图14.1 会展目标管理的实施流程

会展服务质量的目标管理是一个循环过程,在一定时期的目标实现后,要根据新的情况制定新的目标,开始新的目标管理过程。目标管理过程的每个环节是相互联系、互相制约的,要注意对会展服务质量体系的各个阶段(见表14-2)系统管理。

表14-2 会展机构服务质量体系的各阶段内容

服务阶段	包含内容	涉及部门
会展前服务质量	信息收集、广告宣传、场馆租赁、展位销售、会展邀请、信函发送、证件办理、展台设计、场馆设计、搭建布置、设备租赁、设备安装、特殊展品设计制作、展品采购包装运输、活动安排等	信息管理部、策划部、外联部、招商部、创意设计部、会展服务部、特装制作部、工程管理部、物流部
会展中服务质量	礼仪引导、票务登记、人员接送、食宿安排、开幕仪式、现场服务、安全保障、展品保护、信息系统维护、实时统计、设备维护、现场翻译记录、突发事件处理等	信息管理部、会展服务部、物流部、安全保卫部
会展后服务质量	会展后人员疏散、观光旅游安排、会展信息归档整理、会展跟踪服务、展台拆除、人员派送等服务	信息管理部、会展服务部、工程管理部、物流部、安全保卫部

14.2.3 会展服务质量的目标分解与过程控制

会展服务机构的总体目标确定以后,要将其分解到各个部门(见表14-3),各个部门再将本部门的目标分解到每个员工。

表14-3 会展机构各部门服务质量目标体系

目标层次	目标项目	包含项目
会展机构总目标	服务质量目标	满足参会者、参展者、参观者的各种需求,提供高质量的服务,降低投诉率,提高服务机构形象
各部门服务质量目标	策划部	信息调研及主题策划、会展内容策划、会展项目推广、广告宣传策划服务、公关服务、突发事件及时处理等服务
	外联部	会展场馆租赁、会展旅游等联系
	招商部	客户联络邀请、招展服务、信函发送、回执回复、会展赞助等服务
	设计部	场馆设计、展台设计、展品陈列设计、音响灯光设计等
	服务部	证件办理、现场接待、入场登记、会场服务、翻译速记、引导参观、配套服务、票务管理等服务

续表

目标层次	目标项目	包含项目
各部门服务质量目标	信息部	客户系统登记、现场网络运行维护、现场信息收集、会展后期信息加工编辑等服务
	安保部	会展现场巡视、现场秩序维护、会展现场安全保障等服务
	工程部	展台搭建、拆除、设备安装、控制维护等服务
	物流部	采购会展所需物资、会展所需物品运输服务等
个人目标	服务质量	客户满意度、礼仪掌握程度等

会展服务机构的各个部门在分解服务质量目标时，部门经理应先向本部门员工说明团队和个人的工作目标，接下来与员工一起讨论工作目标，明确目标考核标准及工作职责范围，从而形成各部门的服务质量目标体系。

一般来说，会展服务机构可以通过以下两种方式进行服务质量目标管理的过程控制。

(1) 组织内部人员进行过程监督控制。会展服务机构可以组织专门的质量监督部门，对会展各项服务进行质量检查，及时指出服务工作中存在的问题，以实现全面优质服务。进行检查时应及时做好记录，填写《服务质量追踪检查表》(见表14-4)，及时反映各部门员工服务质量目标的完成情况。

表14-4 服务质量追踪调查表

部门	服务项目	会展前期服务质量	会展中期服务质量	员工形象	现场设施设备运转情况	会展后服务跟踪质量	安全状况	投诉情况
策划部								
外联部								
招商部								
创意设计部								
会展服务部								
信息管理部								
安全保卫部								
特装制作部								

(2) 外部人员参与反馈意见。在会展质量目标管理过程中，通过对客户反馈建议进行控制，能使服务机构不断发现自身的不足以及客户的需求，及时改进，精益求精。

14.3 会展品牌形象管理

14.3.1 会展品牌形象问题

品牌既是会展组织者的一面旗帜，也是会展竞争优势的重要来源。品牌展会正受到越来越多的重视。

会展服务质量与品牌形象管理 第14章

1. 会展品牌与品牌展会

会展品牌是能使一个展会与其他展会相区别的某种特定的标志，它通常是由某种名称、图案、记号、其他识别符号或设计及其组合构成的。

一个展会经过营造，具有自己的品牌定位、内容、优势与个性，得到参会者的一致认可，那就成为品牌展会了。

所谓品牌展会是指具有一定规模，能代表这个行业内的发展动态，能反映这个行业发展的趋势，能对该行业有指导意义并具有较强影响力的展会。

2. 展会品牌形象

展会品牌形象是指参展商和观众所得到和理解的有关展会品牌的全部信息的总和。展会品牌所包含的各种信息经过参展商和观众的感知、体验和选择，形成了展会在他们心目中的品牌形象。

可见，展会品牌是展会品牌形象的基础，展会品牌形象是对展会品牌的诠释，是对展会品牌意义的体验，是对展会品牌符号的理解。

展会品牌的有形展示主要集中在品牌名称、展会 Logo 和标识语 3 个方面。它们是一个有机整体。

3. 建立品牌展会的要素

品牌展会具有超常的价值，拥有品牌展会是一个会展企业赖以生存和发展的根本。有没有品牌展会，有多少品牌展会，是衡量一个城市展会水平高低的标志之一。

建立品牌展会的要素有以下几点。

1) 坚持长期的品牌战略

有代表性的展会并非短期行为，培育一个品牌展会并不容易。要建立一个品牌展会需要经过 10 年、20 年乃至更长的时间，品牌展会不能只追求短期经济效益，而应在知识、经验、能力、社会资源诸多方面逐步积累，形成长期稳定的增长。会展企业必须要有长远眼光，敢于投资，敢于承担风险，精心呵护，耐心培育，急功近利只能适得其反。

2) 代表行业的发展方向

代表行业的发展方向是品牌化的重要标志，它体现展会的专业性和前瞻性。能代表行业的发展方向的展会就会有明确的目标市场和目标客户，就能提供几乎涵盖这个专业市场的所有信息，展会提供的信息越全面、越专业，观众就越积极，参展企业也越踊跃。

3) 权威协会与代表企业的支持

在国际上，政府一般不干预企业办展，展会的成功与否，多取决于行业协会和各行业内主要企业的支持合作。由于权威行业协会的参与，一方面可以增加展会的声誉和可信度，另一方面，对于整个展会的招展、宣传和组织以及保证展会的高质量都会带来很大的好处。

4) 引进先进的管理经验

会展业要向国际市场进行开拓，在管理方面要积极吸取国外的先进管理经验，他山之石可以攻玉。在引进国外管理经验的时候，应该考虑到它的实用性和可持续性、可移植性。工程技术和自然科学可以说是没有国界的，但管理科学不仅有共性，还有它的特殊性，要

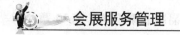

考虑到中国特色，考虑到时代的发展。

5）配合强势的媒体宣传

新闻媒体宣传是建造品牌的一个重要环节。在国外，有些展会即使是已经很火爆，甚至展位已满，他们也会继续作宣传，以强化品牌。如德国慕尼黑的许多大型展览会的组织者，他们不断在世界各地进行宣传，吸引参展商和专业观众。对于参展潜力比较大的国家，都专门派代表前去宣传、介绍相关展览。很多宣传资料都是一本小册子或一本书，内容包括历年展会的回顾，而且会介绍整个欧洲甚至整个世界某一行业的发展趋势与动态。不少的会展企业有自己的商业网站，有的还同时经营商业出版社，各自拥有数百种专业期刊，不断地为品牌的维持做强有力的宣传。

14.3.2 会展品牌形象管理的基本策略

1. 制定品牌发展战略

要建立品牌展会，最重要的一点是展会的经营者与管理者要有牢固的品牌观念，要制定长期的品牌发展战略。这其中，制定相关的措施、法规，提高会展市场的规范化水平十分重要。欧美国家会展业的规范化发展离不开政府和行业协会，尤其是行业协会起着突出的作用。举办会展，国际上通行的是备案规则，主办者提出申请，在会展协会备案即可。我国目前尚没有全国统一的展会管理部门和行业自律组织，有关展会的各项规范化程度都较低，因而，借鉴国外经验，应尽快制定相关的法律法规，组建全国性的行业协会，充分行使行业协会"服务、代表、协调、自律"的职能，为展会的品牌建设铺平道路。

2. 走专业化、集团化发展之路

目前我国会展企业的基本特点是规模较小、专业性不强，这对引进高科技手段和修建先进的场馆设施是一个阻碍，因而造成组展范围受到限制，办展质量不高，竞争力和市场占有率较低。经济全球化对会展产业的发展模式，特别是管理模式提出了更高的要求。从会展经济发达的国家来看，越来越多的行业协会开始寻求与专业公司合作，有的甚至把展会业完全移交给专业的展会公司，专业化程度越来越高。

随着我国会展经济的全球化，会展企业面临的国内外市场竞争日益激烈，集中力量发展大型会展企业集团，对推进会展业改革和促进展会品牌化具有重要意义。我国会展企业应采取诸如资产重组、上市经营、参股控股、兼并收购等多样化的资本经营战略，跳出仅靠内部积累成长的圈子，实现快速扩张，成就我国的展会名牌。

3. 加快国际化进程

展会的国际化是建立品牌展会的重要保证。例如，在国际展会界，UFI(国际博览会联盟)资格认可与"UFI"使用标记已成为名牌展览会的重要标志。展会的国际化主要表现在两个方面：一是展会的国际化程度，即展会、展商的国际化；二是展会运作的国际化。

按国际公认的标准，在商业展览会中，要有20%以上的展出者、观众来自国外，广告宣传费要有20%以上用在国外。因此，招展、招商的国际化是展会组织者需要精心策划的问题。在展会运作国际化方面，展会题目的出售与收购以及通过展会企业的合作共同开拓展会市场是一种趋势。随着国际展会公司进入中国市场，这种国际化的运作方式将会得到加强。

4. 提升经营服务和管理理念

要建立品牌展会，提升会展企业的经营服务和管理理念是一项根本性的基础工作，展会服务是否专业化也是品牌展的另一个标志。根据客户的需求量体裁衣是服务营销的最高境界。专业的展会服务包括展会公司的整个运作过程，从市场调研、题目立项、营销手段、观众组织、会议安排和展会现场服务的迅速高效直到展会后的后续跟踪服务，服务的内容应有尽有。对会展企业来说，不仅要转变经营观念，而且要树立明确的企业服务管理目标，将企业所提供的服务组合起来形成独特的"产品"，运用到服务的每一个环节中去。

5. 打造网络展会品牌

因特网为展会提供了附加值，它延长了展会的生命，使人们在展前和展后都可以对展会进行研究。因特网使得展会的组织者能够向观众提供所需要的各个阶段不同的信息，能向观众进行互动式的宣传。

目前在国际上，网上会展成为新亮点。它将传统的商务流程电子化、数字化，以电子流代替了物流，大大减少了人力、物力，降低了成本，提高了效率。网展将组织者、参加者和观众通过网络联系起来，摆脱了时空限制，为会展带来了更大的发展空间。我国的会展业应该充分利用网络的信息资源优势，在现实世界之外打造知名的中国会展网络品牌。

14.3.3 会展品牌形象与知识产权保护

1. 会展知识产权中的问题

常见的会展知识产权问题主要有以下几个方面。

1) 展会侵权

所谓展会侵权是指：在展会市场中，一个好的展会一经出现，立即引来定位、内容、市场、题目完全一致的展会在全国泛滥。这种克隆展会的结果是同类展会过多、过滥，好的展会被分流，差的展会充斥市场，无序的竞争让参展商和观众无所适从，造成所谓的"会展泡沫"。雷同的展会在主题定位、办展内容上存在着明显的重复，造成行业市场间的无序竞争，肆意进行恶意压价，牟取利润，往往只有几十个展位就挑起一个展会，导致本该整合的资源过于分散和流失，无法让参展商与观众正确选择。

2) 专利侵权

专利的特点是具有专有性。专利经过法定程序获得后，即受法律保护，所有权人享有排他的权利。未经权利人许可，任何人不得为生产经营目的擅自使用、生产、销售或进出口专利产品，否则即构成侵权。展会上的专利侵权有外观设计专利侵权、展品被仿冒和新产品被抢先申请专利等形式。

展会的聚集效应给企业提供了一个最快捷的展示新技术、推广新产品，树立行业地位的大好机会。然而，随着展会在行业中的市场作用日益显著，那些颇具个性化特点的展品在吸引众多专业人士与买家的同时，也吸引来了不少别有用心的仿冒者。仿冒者不少都是通过展会获得某一创新产品的信息，然后对其进行"改头换面"或直接仿造。有些新研发出来还未申请专利的产品，一旦参展，便已对参展人员公开，有些企业便趁此机会将别人未申请专利的参展产品进行恶意抢先申请，这样就会造成原权利人无法申请专利的尴尬局面。

3) 商标侵权

商标的主要功能在于区分不同的商品生产者或经营者所生产或经营的同一或类似商品之间的制造差别，便于消费者区分商品生产厂家和经营单位。商标经申请注册后，所有权人也享有排他的专用权，其他人未经许可不得使用。

近年来，展会商标侵权行为相当常见，尤其是模仿国际知名品牌商标在展会上更是屡见不鲜。

4) 软件侵权

这是一种比较新型的侵权行为。在我国举办的展会上，常有使用盗版软件的现象。表现在现场以演示为目的的计算机盗版软件和展品本身使用的盗版软件，以及销售盗版光盘等现象。

此外，在展会中，常见的还有专有名称侵权、招展过程中的虚假广告宣传、盗用其他单位名称办展以及在著作权方面的设计图纸侵权等。侵权行为严重的干扰了会展经济的健康发展。

2. 会展品牌形象的保护

一般来说，展会的知识产权问题，在国际上，政府、司法、主办单位、行业协会是知识产权保护的有效力量，这些渠道互为补充、相辅相成，才能收到良好的效果。为了解决展会知识产权问题，维护展会的品牌形象，应做好以下几个方面的工作。

1) 健全法律法规，建立展会市场良性运行机制

在我国知识产权保护的执法体系中，完善的司法与行政途径依赖于政府功能的健全。对于政府来说，制定相关的法律法规，建立会展经济市场化运行机制，将会展纳入到法制的轨道上来十分重要。

为了整顿外贸经济秩序，保护商标所有人的合法权益，加强对各类对外经济贸易展览会参展企业商标使用的管理和监督，明确主办单位、组团单位、参与机构、参展企业等各方在各类对外经济贸易展览会期间的商标管理责任，1995年9月1日对外贸易经济合作部发布了《在各类经济贸易展览会期间加强商标管理工作的通知》，对会展期间的商标管理工作做了明确的规定。

2006年，商务部、国家知识产权局、国家商标局、国家版权局等部门联合出台了《展会知识产权保护管理办法》，对展会知识产权保护起到积极推动作用(参见相关链接14-1)。

相关链接14-1：

展会知识产权保护办法(节选)

第一章　总　则

第一条　为加强展会期间知识产权保护，维护会展业秩序，推动会展业的健康发展，根据《中华人民共和国对外贸易法》、《中华人民共和国专利法》、《中华人民共和国商标法》和《中华人民共和国著作权法》及相关行政法规等制定本办法。

第二条 本办法适用于在中华人民共和国境内举办的各类经济技术贸易展览会、展销会、博览会、交易会、展示会等活动中有关专利、商标、版权的保护。

第三条 展会管理部门应加强对展会期间知识产权保护的协调、监督、检查，维护展会的正常交易秩序。

第四条 展会主办方应当依法维护知识产权权利人的合法权益。展会主办方在招商招展时，应加强对参展方有关知识产权的保护和对参展项目(包括展品、展板及相关宣传资料等)的知识产权状况的审查。在展会期间，展会主办方应当积极配合知识产权行政管理部门的知识产权保护工作。

展会主办方可通过与参展方签订参展期间知识产权保护条款或合同的形式，加强展会知识产权保护工作。

第五条 参展方应当合法参展，不得侵犯他人知识产权，并应对知识产权行政管理部门或司法部门的调查予以配合。

第二章 投诉处理

第六条 展会时间在三天以上(含三天)，展会管理部门认为有必要的，展会主办方应在展会期间设立知识产权投诉机构。设立投诉机构的，展会举办地知识产权行政管理部门应当派员进驻，并依法对侵权案件进行处理。

未设立投诉机构的，展会举办地知识产权行政管理部门应当加强对展会知识产权保护的指导、监督和有关案件的处理，展会主办方应当将展会举办地的相关知识产权行政管理部门的联系人、联系方式等在展会场馆的显著位置予以公示。

第七条 展会知识产权投诉机构应由展会主办方、展会管理部门、专利、商标、版权等知识产权行政管理部门的人员组成，其职责包括：

(一) 接受知识产权权利人的投诉，暂停涉嫌侵犯知识产权的展品在展会期间展出；

(二) 将有关投诉材料移交相关知识产权行政管理部门；

(三) 协调和督促投诉的处理；

(四) 对展会知识产权保护信息进行统计和分析；

(五) 其他相关事项。

第八条 知识产权权利人可以向展会知识产权投诉机构投诉也可直接向知识产权行政管理部门投诉。权利人向投诉机构投诉的，应当提交以下材料：

(一) 合法有效的知识产权权属证明：涉及专利的，应当提交专利证书、专利公告文本、专利权人的身份证明、专利法律状态证明；涉及商标的，应当提交商标注册证明文件，并由投诉人签章确认，商标权利人身份证明；涉及著作权的，应当提交著作权权利证明、著作权人身份证明；

(二) 涉嫌侵权当事人的基本信息；

(三) 涉嫌侵权的理由和证据；

(四) 委托代理人投诉的，应提交授权委托书。

第九条 不符合本办法第八条规定的，展会知识产权投诉机构应当及时通知投诉人或者请求人补充有关材料。未予补充的，不予接受。

第十条 投诉人提交虚假投诉材料或其他因投诉不实给被投诉人带来损失的，应当承担相应法律责任。

……

第三十一条 参展方侵权成立的，展会管理部门可依法对有关参展方予以公告；参展方连续两次以上侵权行为成立的，展会主办方应禁止有关参展方参加下一届展会。

第三十二条 主办方对展会知识产权保护不力的，展会管理部门应对主办方给予警告，并视情节依法对其再次举办相关展会的申请不予批准。

第七章 附则

第三十三条 展会结束时案件尚未处理完毕的，案件的有关事实和证据可经展会主办方确认，由展会举办地知识产权行政管理部门在15个工作日内移交有管辖权的知识产权行政管理部门依法处理。

第三十四条 本办法中的知识产权行政管理部门是指专利、商标和版权行政管理部门；本办法中的展会管理部门是指展会的审批或者登记部门。

第三十五条 本办法自2006年3月1日起实施。

(来源：商务部)

2) 提高管理水平，树立品牌保护意识

维护会展品牌，提高展会品牌的管理水平，建立企业知识产权的战略与策略十分重要。会展企业首先要树立品牌保护意识，要把品牌的知识产权视为品牌资产的核心。这样，企业才能在品牌经营过程中密切关注市场发展动向，不断进行创新，增强品牌的竞争力，从而维护企业自身的利益。

3) 培育核心竞争力，创造不可模仿的品牌价值

企业对会展品牌的保护，最重要的是利用各种资源，提供优质的产品和服务，实行差异化战略，培育核心竞争力，使品牌具有不可模仿性。企业一旦形成不可模仿的会展品牌，不仅能够有力地排斥其他企业的模仿，抑制展会的侵权现象，而且还可以保持与提升会展的品牌竞争力。

4) 发挥行业协会作用，营造展会品牌保护的良好环境

行业协会是一种社会中介组织，是行业管理的主体。行业协会作为非营利社团组织，主要职能是根据国家法律和协会内部规约，制约和协调会员个体行为，为企业提供信息、研究、培训等方面的服务，充分发挥政府和企业之间的桥梁作用，以促进产业的整体健康发展。

虽然我国目前仍无统一的会展行业协会，不过在会展经济较发达的北京、上海、广东等地已相继成立了会展行业协会组织。据会展业发达国家的经验，行业协会在审定展会内容、监督展会服务、核查展会信誉以及会展品牌保护等方面具有重要作用。

如AUMA(德国展览与博览会协会)为制止会展雷同、保护名牌会展，对会展名称给予

类似商标的保护。AUMA还根据章程要求，在会议、展览的类别、展出地点、日期、展期、周期等方面进行协调，保护了参展商、组织者、参观者多方面的利益。

会展行业等行业协会需要建立会展品牌保护的自律制度，制定会展品牌保护的自律规则，加强协会成员单位的会展品牌保护知识培训，协助执法部门查处会展中各种侵权案件，制止不正当竞争行为，营造会展品牌保护的良好环境。

典型案例

上海新国际博览中心服务质量管理体系

在当前国内展览业竞争日趋激烈的新形势下，大力抓好服务工作已为许多会展企业所关注，它是一个企业建立和维系核心竞争力的重要因素。作为会展产业链的关键环节，展馆无疑是一个综合服务平台，是一种由固定的有形设施(它覆盖了展览中心各个角落和空位的有形物体，甚至包括了展厅内的温度和湿度)加上无形的服务(展览中心员工向顾客提供服务时所表现出的行为方式，包括员工的服务技巧、服务方式、服务态度、服务效率、职业道德、团队精神、礼节仪表等)所组成的综合体。

上海新国际博览中心(SNIEC)——中国第一个中外合资建立和运营的展馆，不但吸收了国际先进的展馆设计理念，同时也引进了国际先进的管理模式。自2001年11月开业到2003年年底，SNIEC共举办了84场展览会，展览销售面积约达190万平方米，与会参展商和观众分别达到39 070家和300余万人。2006年，SNIEC共举办69个展会，产值已达4亿多元。2008年，SNIEC年度展览会总数达到80多个，年度总展览销售面积达到386.05万平方米。SNIEC的成功除了得益于优越的地理位置，更重要的是与其长期奉行的"服务立馆"的理念是分不开的，在实践中，SNIEC的人性化服务常常体现在以下几个方面。

1. 以顾客为中心

场馆依存于顾客。顾客是决定场馆生存和发展的最重要因素，服务于顾客并满足他们的需要应该成为场馆生存的前提和决策的基础。为了赢得顾客，场馆必须首先深入了解和掌握顾客当前的和未来的需求，在此基础上才能满足顾客要求并争取超越顾客期望。为了确保场馆的经营以顾客为中心，场馆必须把顾客要求放在第一位。顾客的满意和认同是展馆赢得市场，创造价值的关键。

2. 持续改进

持续改进应当是组织的一个永恒目标。质量管理的目标是顾客满意。顾客需求在不断提高，因此，场馆必须要持续改进才能持续获得顾客的支持。另一方面，竞争的加剧使得场馆的经营处于一种"逆水行舟，不进则退"的局面，要求场馆必须不断改进才能生存。结合展览过程中出现的问题，SNIEC

长期以来坚持服务质量持续改进计划，例如，曾有位外商提出来，展馆南入口大厅与班车停车点距离较远，遇到下雨时，到会客商淋湿了非常尴尬。SNIEC采纳了他的意见，在停车点的南入口大厅安装了雨棚；还有，考虑到展馆间距离较远，以及观众在参观展会一段时间后大多比较劳累，SNIEC增设了馆内免费穿梭电动巴士，并在东侧连廊下加装休息坐椅，给观众、参展商创造了一个和谐的参观休息环境。此外，在展览的淡季，通常还会针对性地进行一些技术改造项目，包括广场车道路面翻修、空调系统改造、监视系统改造、建造更人性化标识引导系统等。所有这一切的改进措施都是以方便顾客为出发点。

3. 质量测评

高质量的服务是通过有效的控制过程来实现的。为了能发现服务中的问题和提出改进意见，SNIEC建立了服务测评机制，例如，以问卷调查的方式对参展商、观众和主办者实施定期的顾客满意度调查，以便能够及时了解他们的需求以及对当前服务的评价。将服务质量测评工作变成提升SNIEC服务质量的催化剂和助推器。另一方面，是加强与国际一流会展中心的合作和交流，通过与标杆场馆的对照，来进一步提升自身的服务品质。例如，2003年11月7日，上海新国际博览中心与新达新加坡国际会议博览中心(Suntec Singa-pore)、日本会展中心(Nippon Convention Centre Inc)宣告正式成立亚太会展场馆战略联盟(Asia Pacific Venues Alliance, APVA)，目的在于加强三方在客户服务、市场营销、运营管理、设施技术、研究等领域中的合作与交流。从某种意义上说，此次战略合作为上海新国际博览中心提供了一个学习和吸收国际先进服务理念和经验的机会。

4. 教育培训

优良的硬件设施是客户服务的基础，而优良的服务则能为公司创造更多的利润。亚太地区的一流展馆有很多，例如，香港会展中心、新加坡展览中心等。从硬件设施上来说，几个展馆都不分上下，因此，如何提高软件服务的质量就成了增加展馆竞争力的关键。作为软件服务中人的因素——展馆服务人员所表现出来的思想、行为和意识可以说直接反映了展馆的服务质量，影响着展商和观众的消费心理和对展馆的印象。所以，推行多层次、多种类、多规格的服务培训，充分发挥和保持服务人员的潜力是十分必要的。

上海新国际博览中心教育和培训的目的有以下两个方面。

第一，加强服务人员的服务和质量意识，牢固树立"顾客为先，质量第一"的思想。

第二，提高服务人员的专业技能，增强服务技巧和效率。

例如，SNIEC曾多次聘请国际专业管理培训机构并基于展商、观众和主办者的反馈意见，对客户服务第一线的员工进行有针对性的教育和培训，如搭建过程中员工的讲话态度，对那些不理解的客户如何处理等。结合实际和

会展服务质量与品牌形象管理 **第14章**

具体事例进行培训，使员工感到仿佛是现场情景的再现，或未来可能遇到情况的假设，实用性很强，同时，增强了员工对场馆文化的理解和认同，最终的目的是让服务人员以他们的精心工作、热情周到的服务、友好和事事相助的态度以及运用娴熟的服务技能和技巧，让每一位与会客商在经历 SNIEC 服务的过程中真正体验到一种宾至如归的感觉。

本章小结

顾客一向看重质量，所以质量理应成为服务管理者优先考虑的问题。会展服务质量管理的目标是客户满意，因而，在会展宣传、招展、招商、接待服务、现场服务、展台服务以及会展跟踪服务等每一个服务的环节，都要确保质量。无论是会展服务管理人员，还是一般员工，都要树立质量第一的服务意识，在整个会展服务过程中，充分发挥积极性和创造性，全身心投入到会展服务质量管理的过程中。应当将会展服务质量管理看做是一个持续不断地满足客户需求和期望的过程，不断地完善服务质量。

现代会展经济发展的一个重要趋势，是市场份额越来越向最有价值的品牌集中。创建品牌展会越来越受到重视。在塑造会展品牌的过程中，必须要树立品牌保护意识，保护展会的知识产权，防止品牌侵权行为对展会造成不利的影响。

复习思考题

1. 名词解释：服务质量、品牌展会。
2. 会展服务质量管理应遵循哪些原则？
3. 会展服务质量管理主要通过哪些途径实现客户满意的目标？
4. 简述会展服务质量的评价标准。
5. 简述会展会展机构服务质量体系各阶段的内容。
6. 试述会展品牌形象管理的基本策略。
7. 试述解决展会知识产权问题，维护展会品牌形象应做好的工作。
8. 阅读下列材料，具体说一说 Bio Fach 在走向全球的品牌创建过程中，其服务质量保证与品牌维护的成功之处。

Bio Fach——一个由德国本土走向全球品牌展会的质量保证

Bio Fach (World Organic Trade Fair) 是由德国纽伦堡展览公司举办的国际有机产品贸易展览会，每年 2 月举办一届。与在德国举办的其他一些国际知名展览会(如 CeBIT、ANUGA、Ambiente&Tendence)相比，早在 2004 年 Bio Fach 就已有 1 882 家参展公司、28 624 平方米净展出面积以及 4 天展期内近 3 万名参观者。这个展览会在有机产品行业中居于全球领先地位,成为纽伦堡展览公司的品牌项目。在展会的质量管理与品牌维护方面,Bio Fach为人们树立了一个成功的范例。

1. 严格准入制度的确立——专业展览会质量的保障

Bio Fach 在运作之中的成功之道在于它在举办之初就对参展企业确立了严格的准入制度,以严格的展商资格审查来确保展览会的高质量。因为 Bio Fach 的唯一卖点,即所有展品都一定是有机产品。如果失去了这一本质特征的话,那么它与普通的食品展、化妆品展就没有什么区别了。如果那样的话,与德国历史悠久的科隆食品展,法兰克福、杜塞尔多夫的专业化妆品展览会相比,纽伦堡展览公司毫无竞争优势可言。因此确保参展的都是有机产品就成为保证这个展览创意成功的关键。

Bio Fach 项目组参展商严格准入的基本政策是:只有事先出示产品属于有机产品的国际认证证书,参展商才能从项目组获得 Bio Fach 的展位。对于国际认证证书,项目组有非常严格的规定。只有固定的几个国际性组织签发的认证证书才能获得认同。例如,农副产品需 IFOM——国际有机农业行动联盟(the International Federation of Organic Agricultural Movements)签发的认证证书。在展览会期间,项目组也会安排有关专家现场审查,如果发现展品之中有超出其有机产品认证范围的,都将不允许继续展示超范围的内容。

由于 Bio Fach 展品本身的特性,使得其对参展商资格审查异常严格。但是对任何一个专业贸易展览会而言,只有保证了参展商的质量,才能吸引大量专业观众,从而互相促进,使展览项目蒸蒸日上。

2. 从本土走向全球——专业展览会的发展前景

这些年 Bio Fach 项目也经历了从德国本土走向海外的一个全球化发展过程。现在 Bio Fach 已经成为包括 Bio Fach 德国纽伦堡、Bio Fach 日本东京、Bio Fach 美国华盛顿和 Bio Fach 巴西里约热内卢在内的遍及四大洲的项目体系。这得力于纽伦堡展览公司的子公司纽伦堡全球展览公司(Nuernberg Global Fairs GmbH,NFG)的努力。这是德国展览业的发展趋势。当我国展览业也具备了一定知名品牌项目的时候,这项发展经验也值得我们借鉴。在 Bio Fach 走向海外的过程中,有以下两个问题是将展览会推向海外市场时值得我们注意的。

1) 如何正确选择目标市场

Bio Fach 的实践首先是基于市场和购买力——如选择美国和日本办展就是基于这个考虑。有机产品由于在生产、运输、包装等全过程中要求很高,这样生产成本必然就会比大规模普通产品来得高。通常有机食品的价格要比普通食品高 20%～30%。有机乳制品要高 10%～30%,有机鸡蛋通常要高 30%～40%,有机肉类、肉制品(如香肠)要高 50%～60%。

美、日两国国内市场购买力强,成为 Bio Fach 向海外发展市场定位的首要决定因素。其次是考虑产品和生产厂商,如在巴西办展就是基于这个考虑。巴西及南美是有机产品生产厂商集中的地区,尤其是咖啡等产品。因此对于广大欧洲、北美的采购商而言,实地了解这些当地生产商十分重要。在巴西办展正好可以满足这样的需求。可见 NFG 在 Bio Fach 项目全球化的过程中有所侧重地考虑了销售、生产两个不同环节。

2) 如何针对海外市场不同特点采取不同的做法

这一点在日本市场上反映最为明显。日本市场传统文化等都与欧美差别很大。因此 Bio

Fach 在日本举办，就必须根据本地特殊情况采取一些与在纽伦堡、华盛顿时不同的做法。具体表现有：为推动参展商参展、观众前来参观而印制的宣传品有所不同。针对日本的宣传册，除了包括为欧美市场印制的资料的全部内容之外，还加印了有机产品的概念，有机产品的益处等基本知识的介绍。在欧美，有机产品这一概念已经被比较广泛地接受，因此没有必要再介绍。但在日本，这个概念还没有那么普及，有必要推动客商、观众了解。因此将展览会推向不同的海外市场，应该有针对性地依据客户、市场状况设计内容、文字不同的宣传品。

此外，纽伦堡 Bio Fach 是一个完全针对专业客商开放的专业性贸易展览会。但在日本通常周四、周五两天仅对专业客商开放(但有普通观众也难以拒绝，这是日本本地文化决定的)，周六和周日向普通观众开放。让普通观众入场可以有助于普通观众认识有机产品，提升有机产品在大众心目中的地位，而在欧洲就已经没有这个必要了。

(来源：中国会展)

第15章 会展危机管理

本章导读

危机是未来的不确定性对企业实现其经营目标的影响。对于会展业来说，一些突如其来的国内外政治、经济、文化和社会事件会严重干扰甚至阻碍会展活动的正常进行。更有甚者，来自于会展现场的一些突发事件，对会展活动往往会有极大的破坏作用。因而，会展危机管理是任何展会都必须充分重视和认真对待的问题。要对会展危机进行有效的管理，办展机构就必须了解举办会展活动要面对哪些危机，以及对这些危机应该采取怎样的管理措施。

知识要点

- 会展危机的特点
- 会展危机的类型
- 会展危机管理的原则
- 会展危机管理的预警机制
- 会展危机管理的"RCRR模式"
- 会展经营中的危机管理
- 会展危机管理中的保险投入

15.1 会展危机的特点与类型

15.1.1 会展危机管理的概念

学术界关于危机的定义有多种，概括起来看，危机是一个引起潜在负面影响的、具有不确定性的大事件，这种事件及其后果可能对组织、人员、产品、服务、资产和声誉造成巨大的损害。可以说，危机是一个决定性的瞬间；是危险和巨大困难的时刻；是一个转折点；一个重要情形，这一情形的结局决定这是好的或者是坏的后果的发生。

危机管理又名风险管理，是指如何在一个肯定有风险的环境里把风险减至最低的管理过程。其中包括了对风险的量度、评估和应变策略。理想的危机管理，是一连串排好优先次序的过程，使当中的可以引致最大损失及最可能发生的事情优先处理，而相对风险较低的事情则压后处理。

会展是一项参展企业多、参与人员复杂、人流高度集中的大型公众活动，它对环境、场所等都具有很强的敏感性，危机事件必定会对会展活动的举办产生巨大的影响。会展危

会展危机管理 第15章

机事件一旦发生,影响范围将涉及主办方、参展商、观众、媒体等利益相关主体。

会展危机管理是应对会展危机的有关机制。具体指会展企业为避免或者减轻危机所带来的严重损害和威胁,从而有组织、有计划地制定和实施一系列管理措施和应对策略,包括会展危机的规避、会展危机的控制、会展危机的解决与会展危机解决后的复兴等不断学习和适应的动态过程。

会展危机管理就是要在偶然性中发现必然性,在会展危机中发现有利因素,把握会展危机发生的规律性,掌握处理会展危机的方法与艺术,尽力避免会展危机所造成的危害和损失,并且能够缓解矛盾,变害为利,推动会展活动的健康发展。

15.1.2 会展危机的特点

美国的墨菲法认为:"凡事只要有可能出错,就一定会出错。"也就是说,麻烦总是会到来。会展业的危机可以归纳为:会影响参展商、观众、相关媒体等主体对会展的信心,甚至会扰乱会展继续正常运营及盈利的非预期性事件。它具有突发性、危害性、紧急性和不确定性等特点。

1) 突发性

危机往往都是不期而至,令人措手不及,会展危机发生的时候一般是在办展机构毫无准备的情况下瞬间发生,给会展活动带来的是混乱和惊恐;突发性是会展危机的起因性特征。如 SARS 危机和甲型 H1N1 流感等重大意外性事件,其影响范围之广、速度之快是前所未有的。它令人感到意外和突然,也给人们带来惊恐和不安。

2) 危害性

危害性是会展危机的结果性特征。重大的会展危机往往造成会展终止,有的还会造成巨大经济损失和社会负面影响。如 2008 年全球金融危机给会展活动以及整个会展产业的发展都带来严重的影响。

3) 紧急性

会展危机的突发性特征决定了会展机构对危机做出的反应和处理的时间十分紧迫,任何延迟都会带来更大的损失。会展危机的迅速发生会引起各大传媒以及社会大众对于这些意外事件的关注,使得相关会展机构必须立即进行事件调查与对外说明,尽量降低危机对会展业的影响与危害。

4) 不确定性

危机事件爆发前的征兆一般不是很明显,难以做出预测。危机出现与否与出现的时机是无法完全确定的。不确定性是会展危机的本质性特征。具体到某届展会,组展者很难预料危机何时发生,从何处发起,其危害有多大,范围有多广,持续时间有多长,损失有多少等,真可谓"危机无处不在,危机随时可能发生"。只有树立全面的危机管理理念,创建科学的会展危机应急管理体系,着力于从"大处着眼,小处着手",加强预测预报,加强综合治理,才能使会展防患于未然,并能顺利举办和可持续发展。

15.1.3 会展危机的类型

当展会拉开序幕,来自四面八方的人群相聚而至,会展危机也就相伴而来。如会展活动场馆的规模和区位事件(社会治安状况、周边交通环境、场馆设施条件等);当地的气候条件和变化；会展活动的时间和性质、特征的变化；会场的食物、水、饮品、与会人数、现场消防和动力安全等，随着各种变量因素的积累和变异，将会产生各种难以预测和控制的后果。

根据不同的标准，可以对会展危机进行不同的分类。通常，按危机产生的动因将会展危机划分为内在危机与外在危机两大类。

1. 会展内在危机

会展内在危机主要是指在会展活动过程中，由于经营不善、管理不到位、主办机构财力不足、参会合作者严重失误或中途退出等所造成的管理失控和混乱，从而导致会展活动陷入困境(见表15-1)。

表15-1 会展内在危机类型

类 型	细 分
竞争环境危机	潜在竞争者的挑战、同行竞争的威胁等
会展机构经营危机	管理危机
	营销危机
	会展场馆危机(包括会展设施与设备)
	财务危机
	展品危机
	人力资源危机
	信誉与形象危机
其他危机	谣言传播、媒体误导、新技术挑战等

在会展经营层面的危机中，会展场馆危机主要指场馆和展位设施所引起的危险、盗窃、抢劫、爆炸，观众参观时人流拥堵所造成的倒塌伤害以及火灾、漏电、严重污染等事件。这些危机的产生大多属于管理层面上的问题，应加强管理，制定出会展各项管理职能和规章制度，不断提高会展管理人员的综合素质和与会者的文明素质。

属于运营层面上的管理危机，也称为经营危机、财务危机或合作危机。值得指出的是，会展业中的盲目扩张、恶性竞争、弄虚作假等错误行为，是造成会展危机产生的祸根，应该引起高度重视。

2. 会展外在危机

会展外在危机(参见相关链接 15-1)主要指公共安全危机。会展外在危机需要以政府部门为主体的公共部门做出决策，会展相关部门应密切配合，想方设法积极化解危机。

会展外在危机包含由自然因素、社会因素以及公共卫生事件等因素造成的危机。

1) 自然因素危机

由自然因素引起的危机，诸如突然发生地震、海啸、飓风或暴雨、洪水等重大自然灾害，这是办展者无法抗拒的，当属不可控制范畴。为了防范这些危机，办展者一定要加强与政府相关管理部门的信息沟通，一旦获悉可能产生的此类危机，会展活动要做好时间调整，及时更改会展日期或变更场地，直至被迫终止而避开危机的发生。

2) 社会因素危机

这里主要指经济秩序和社会宏观环境变化而导致的危机。如社会经济衰退、通货膨胀、游行示威、罢工罢市、政治动乱以及恐怖威胁和战争波及等。这些来自社会环境的巨大冲击，是任何办会者都难以抗拒的，故称之为不可控制的危机。但组展者如能从国家政府部门提前获得危机信息，则可采取应急措施把危害降到最低点。

3) 公共卫生事件

主要包括传染病疫情、群体不明原因疾病、食品安全和职业危害、动物疫情以及其他严重影响公众健康和生命安全的事件。

相关链接 15-1：

中国—东盟博览会的危机管理问题

中国—东盟博览会是同中国—东盟自由贸易区一起成长的，因为自由贸易区建立之初，需要一个各成员国开展贸易、投资和经济技术合作的交流平台，以此促进贸易区的建设。可以说，中国—东盟博览会的举办和自由贸易区的建设紧密相关。中国—东盟博览会可能出现的危机主要有以下几点。

1. 政治危机和冲突

首先，在后冷战时期，东盟已经从一个冷战的联盟发展到一个强调区域合作和融合的政治、经济合作组织，在此时期，中国和东盟面对迅猛发展的经济要求在政治上采取了更加互信的态度，但是，仍然可能在我国台湾和南海问题上产生矛盾。同时，东盟内部也存在着政治的摩擦，如马来西亚和新加坡之间或者马来西亚和菲律宾之间的冲突与矛盾，而对此矛盾与冲突，东盟内部也显示了处理内部问题机制的落后和不完善。尽管东南亚友好合作条约早已对处理这些问题做了根本的规定，但仍没有成员国间的冲突可以通过这个协定来得以调节。

其次，中国和东盟几个国家(越南、菲律宾、马来西亚、文莱和印尼)在南海问题上存在着领土划分问题的争端，虽然中国一再强调"主权在我，搁浅争议，共同开发"和通过协商共同解决南海问题，但是，对中国来说，我们面对的是整个东盟，而非单独一个国家。另外就是台湾问题，中国和东盟国家均已建立外交关系，这就意味着，东盟诸国都承认"台湾是中国领土不可分割的一部分"，但是，在具体对待台湾问题上，东盟国家内部也存在着变数。

2. 经济方面矛盾

在中国和平崛起的历史进程中，对外经济战略成为我国当前在崛起的初级阶段的首要战略。在此阶段能否克服经济结构雷同和同质竞争的状况，当前还不能作出定论。而且据国际经验表明，经济一体化的贸易创造远小于预期，而且难以协调各成员国的利益关系。

在自由贸易区建立的过程中，由于中国与东盟国家在经济发展水平上很接近，双方在产业结构和贸易结构上也非常相似，而且在国际分工体系中也同处于一个层次，特别是在一些劳动密集型企业的生产和出口上，如纺织、服装等产业上重合度更高。整体上看，双方的竞争性是大于合作性。因此，在中国—东盟自由贸易区建设中，双方在经济合作中获利的空间被缩小，甚至导致在利益分配上产生冲突。

3. 文化方面冲突

一般而言，文化是"一个民族的生活特色、风俗习惯、情感素质、审美方式、思想内容、语言思维等心理结构在文化中的综合体现"。从区域文化层次上看，在东南亚地区近30年的经济发展与文化交流基础上，东盟国家一直努力促进和培养东盟意识，但这种意识还是很薄弱的，还没有达到主体间价值互适的状态，东盟一些国家依靠区外大国的力量来平衡区内的力量关系正说明了这一点。

另外一个文化冲突的根源是东南亚的宗教的多元。只有谨慎地处理敏感的宗教问题，才能促进东亚各国的认同，推进东亚国家在区域合作方面深入开展，发挥东亚地区的整体优势，维护东亚的整体利益。

4. 突发事件危机

展览会期间的危机事件包括：违反展会规定拍照、录影、侵权盗版、虚假宣传广告、展品丢失、被盗等。突发性的安全事件如火灾、人员伤亡、传染病的流行；暴力事件的发生如爆炸威胁、恐怖主义事件；示威游行及其造成的冲突，如在展览会上法轮功分子、台独分子的破坏活动；会展期间由于食品卫生处理不当造成的大规模人身伤害；自然灾害的发生，如天气、地震、海啸等。这些事前非可控和不可抗拒危机的出现，会给会展带来不可估量的负面影响。

15.2 会展危机管理的原则

掌握处理危机的原则可以指导人们准确、及时、顺利地处理会展危机。这些原则可概括为以下几点。

1. 以人为本

会展活动的特征之一是人流汇集，特别是大型会展活动，往往会有数以万计的参加者聚集现场。人的生命与安全高于一切，当会展活动发生危机并危及人的生命安全时，应当将人的安全放在第一位，进行全力的救援与救助，尽可能将人员伤亡的数字降到最低。

会展危机管理 第15章

2. 快速反应

快速及时的应对是危机管理的一条基本原则,尤其是在事关会展参加者的健康与安全方面的危机,如紧急医疗事件(食物中毒、昏迷、中暑、心脏病、有害气体中毒等);火灾;犯罪行为;恐怖主义活动等。处理这类危机的关键点往往稍纵即逝,如不能敏锐把握,有效处置,危机所产生的后果则难以想象。必须快速反应,采取果断有力的措施控制危机的发展。

3. 预防为先

会展危机管理重在预防。建立科学、严谨、周密、系统的会展预警机制是有效控制会展危机的关键。会展危机管理需要政府、会展企业、会展行业协会等各部门分工协作,共同努力。政府应建立社会方面的公众经济安全体系,在会展业危机应急机制中扮演主要角色,制定和完善应对会展危机的法律法规;会展企业应树立危机意识,增强自身抵御危机的能力,加强会展业的危机公关;会展行业协会通过加强与会展各参与主体的合作,开展危机对会展业损害的调查研究,作为政府与企业之间的联合体,应及时出台防范危机的一系列措施;规范和指导会展业的健康发展。

作为会展活动的组织者,在危机没有发生的时候就必须事先做出响应和恢复计划,对员工进行危机处理的培训,并且联合相关机构、社区做好准备,以预防可能出现的危机。

4. 积极应对

积极是赢得时间、争取主动的心理动力。在危机事件出现时,危机管理者需要及时出击,在尽可能的时限内遏制危机苗头。当危机威胁紧逼,冲击在即,危机管理者需要全面考虑,不能小视任一方面。危机处理中有"黄金48小时原则",就是说,危机发生后,必须力争在两天之内解决,向公众阐明时间的原委、经过和处理结果,以避免谣言滋生、扩大事态、对会展企业的形象造成更大的伤害。处理危机的基本态度应诚恳,对问题是非分明,若是自身的责任绝不推诿。

5. 全面管理

全面危机管理的原则可以概括为"全过程、全阶段、全员、全方法"。会展危机的管理者需要从结构、技术、人员以及组织等方面对会展危机进行管理。会展危机管理强调参与团队工作,责任到人,促使所有员工设法为保证安全、避免危机的产生而努力。

15.3 会展危机管理的策略

15.3.1 建立会展危机管理的预警机制

每个办展单位都不希望有危机事件发生在自己举办的展会上,但有些危机事件的发生往往难以预料。这就需要想方设法对危机事件进行预防,建立会展危机管理的预警机制可以说是会展危机管理的第一步。

在会展危机的管理和预防上,展会组织者通常会采取以下手段。

(1) 进行会展危机预测分析。
(2) 制订会展危机应急计划。
(3) 成立会展危机管理委员会。
(4) 印制会展危机管理手册。
(5) 确定会展危机组织发言人。
(6) 事先同传播媒介建立联系。
(7) 建立处理会展危机关系网。
(8) 做好会展组织内部培训工作。

此外,建立判断危机是否发生的信息化识别指标性预警系统和电子预警系统也是非常重要的手段。

15.3.2 会展危机管理的"RCRR模式"

会展危机管理者要未雨绸缪,对危机情境要防患于未然,但是,在危机发生时,要进行及时有效的信息沟通,同时对危机做出正确的反应,控制危机蔓延并将危机最小化,使得危机能得到有效控制,然后尽快使受危机影响的工作进程恢复到正常状态,这种方法可以称做是会展危机管理的"RCRR模式",如图15.1所示。

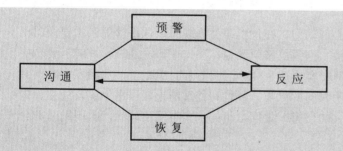

图 15.1　会展危机管理中的"RCRR模式"

在会展危机管理的"RCRR模式"中,预警即"未雨绸缪、防患于未然",是危机管理的最优化原则。会展组织者必须有一支危机管理团队,制定明确的团队人员职责范围,经常审核危机管理的政策及对策,或在专家的指导下定期举行模拟危机管理培训。

良好的危机管理人员应该熟悉展会的业务流程,并能够制订一个具体的、有针对性的、可操作性强的危机管理计划,计划的制订应该咨询专业的危机管理专家的意见。反应是会展危机的处理阶段,管理者保持冷静理性,迅速按照危机管理计划将所有人员布置到位,控制现场,控制负面影响的扩散。

对于公共事件危机,尤其是突发事故,应把事故情况及组织对策告诉全体员工,使员工同心协力共渡难关。如有人员伤亡,应立即通知其家属,并提供条件满足家属探视、吊唁的要求,组织周到的医疗和抚恤工作,由专人负责;如果是设备损失应及时清理。

发生公共事件危机后,首先,对受害者应明确表示歉意,慎重地同他们接触,冷静地倾听受害者的意见和他们提出的赔偿要求。然后，应该同他们坦诚、冷静地交换意见，同时谈话中应避免给人造成推卸责任、为本组织辩护的印象。

保持所有信息渠道的畅通，注意各个方面的配合协调，及时将处理的进程与结果公布于众，以求展会的形象及早恢复到危机发生之前的状态。

沟通是会展危机管理中十分重要的环节，具体是指要做好与媒体、公众等社会各方的沟通。应做好以下工作。

1. 尊重并赢得媒体的理解和支持是危机管理的重要工作

在危机中要把握好第一时间原则和信息控制原则，进行辟谣和有效控制信息，恢复公众信心，从而掌握危机处理的主动权。

媒体对事件的报道，其本身的倾向性意见非常重要，因此必须采取必要的公关措施，防止少数媒体的意见成为公众观点，避免在事件的是非曲直尚未明晰的情况下造成"既成事实"的趋势。在网络发达的时代，尤其不应忽视网络媒体的重要作用。网络媒体由于其市场化运作，在舆论导向方面限制比较少、不严谨、同时它具有复制成本低、传播速度快、传播效应大、负面报道发表频率高、受众面广甚至某种程度上可以造谣等特点，因此必须在第一时间主动与媒体进行直接的、面对面的沟通。

2. 在与社会公众的沟通中，要显示出组织者负责任的形象

如果危机涉及人员伤亡，应真诚地表示同情，并立即采取行动。对公众态度要坦诚，传达的信息必须准确、清晰，争取公众的理解。以一种富有人情味、积极解决问题的态度来对待危机受害方。

3. 最大限度地通过调解或其他方式消除影响

及时沟通、快速反应是为了避免在发生危机事件后，继续成为新闻的炒作点。处理危机时，要体现对人的关怀，在决策时要当机立断。采取盛气凌人、缺乏人文关怀等非理性的行为都无助于危机的解决，只会疏远公众，加剧危机的恶化，使负面影响扩大。

4. 尽快与上级主管部门和关键领导进行有效沟通

对专业性比较强的展会而言，其属商业活动，但是国内很多展会具有国际性的影响，具有外事工作的某些特点，因此与上级主管部门建立有效沟通系统，在危机的处理过程中可以获得正确的政策指导和工作支持。

15.3.3 展会经营中的危机管理，要抓住展商和观众两个核心

在会展经营中的危机管理方面，可以说，危险和机会是并存的。善于管理，危险就可能转化成机会。一个会展企业的管理危机的能力是其管理水平和快速反应力的体现；一次有效的危机处理，会提升参展商、观众等各方面对展会组织者的信心，增强信任感。而危险和机会转化的过程则为会展品牌的提升创造了机会。面对危机坚持应对理念，服务好参展商和观众是最重要的。

在应对会展经营中的危机方面，通常的做法有以下几种。

(1) 成立危机管理小组，查找并发现组展过程中可能出现的疏忽及遗漏，提供相应服务。

(2) 在交通、医疗卫生、安全、饮食等诸多方面，与合作方确立可行性方案，并通过联席会议保持沟通。

(3) 提请交通管理部门成立交通指挥中心，确保临时交通管制造成的道路受阻不会因此影响展商以及观众的出行。

(4) 在安保方面安排警力执勤和专业保安人员，确保展馆安全万无一失。

(5) 在客户服务方面，与有关各方在现场成立投诉机构，现场受理并解决临时发生的突发性事件，解决展商的困难。

(6) 在宣传方面，加大宣传，与媒体保持良好沟通，提醒观众在适当的时间以恰当的方式参观等。

此外，还需要特别注意：物流和人流管理、展会现场管理、展会同期活动及接待、保安措施、知识产权保护及法律服务、投诉及争端处理、保险及责任等问题。

可以说，危机促进变革，危机能增强竞争力，危机也是企业锻炼的好机会。在危机面前，适者生存。

15.3.4 会展保险的适当投入

从危机管理的角度而言，保险是一种风险转移，通过这一机制，众多的经济单位结合在一起，建立保险基金，共同对付意外事故。面临风险的经济单位，通过参加保险，将风险转移给保险公司，以财务上的小额支出代替经济生活中的不确定性。

在会展危机管理中，适当投入保险可以补偿风险损失。主办方可以通过投保增加行业竞争力。特别对于一些规模小、成立时间不长的会展企业而言，有了保险公司的承保，会给参展商以足够的信心。研究表明，通过投保手段来转移风险，可以大大减少风险的种种不确定性。

会展保险的购买通常的基本流程如图 15.2 所示。

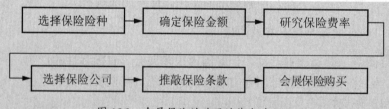

图 15.2　会展保险的购买的基本流程

决定会展保险需求的关键首先是风险评估，在选择保险之前要弄清会展中可能遇到的危机问题；其次，在会展保险中，最受关注的应该是责任范围，应注意责任保险单增加包括第三方及观展者人身伤害与财产损失的相关条款。

在会展经营管理中，保险支出是很正常的支出，关键是要能清楚有效的保险范围。有备无患，多一份保险，就多一份放心。

会展危机管理 第15章

典型案例

调整展会策略 深圳礼品展促全行业升级应对危机

1. 应对危机，深圳礼品展促全行业升级

根据国家海关的相关统计数据显示，机电、礼品、鞋帽等劳动密集型产品，是在金融危机中受影响最严重、出口增速减缓最为明显的行业，"转型、升级、内销"成为这些行业最关注的话题。

礼品全行业受到冲击，国家、协会和企业都在寻求各种解决办法，作为国内规模最大的深圳礼品展同样也不例外，不仅率先实施了品牌升级，同时针对市场变化调整展会策略，携手礼品企业及时转舵，备战寒冬。

2. 礼品业亟需拓展新兴市场渠道

广东是国内礼品出口的重要基地，受欧美市场需求疲软的影响最明显，但当地许多企业早已习惯了来料加工的经营方式，一些企业主坦言，虽然国内市场有机会，但塑造品牌、给产品定位、打通渠道和资金支持等问题，都是企业转型绕不过的坎，每一道坎都不容易过。

同样，长期专注于国内市场的礼品企业也亟需开拓新市场，如俄罗斯、东欧、东南亚及南美的市场潜力就很大，近年来礼品需求一直呈上升趋势。对此，商务部副部长姜增伟就曾指出，希望企业学会"两条腿走路"，能够在开拓国外市场的同时，抓紧研究内销。

以中小规模为主的礼品企业要突破资金、品牌和渠道之困，单枪匹马显然难以做到，政府、协会及民间组织则能帮助企业抱团发展。深圳礼品展凭借多年积累的经验，充分发挥行业资源整合优势，对企业最关注的渠道开拓、品牌展示和设计开发等项目都进行了升级，为参展商提供了高效的展示和服务平台。

连续多年参加深圳礼品展的上海一家人、北京怡莲等国内礼品龙头企业都表示，参与这样大规模的专业展会，他们在获得扩展市场机会的同时，也能与国内外采购商交流准确、有效、可靠的产品信息，实现互利双赢。

内外销结合既能提高企业的抗风险能力，也能增强企业在国内外市场上的议价权，这将有助于礼品企业摆脱低端盈利和廉价代工的经营模式。

3. 品牌升级打造核心优势

礼品业作为"中国制造"的代表，在快速前进的道路上也存在着许多弊端，在金融危机的冲击下，转型升级已不仅是实体企业的当务之急，而是囊括了整个产业链。深圳礼品展迄今已举办 17 年，经历过数次转型大考，面对来势汹汹的经济寒冬，其主办方励展华博率先实施了由内而外的升级措施。

针对礼品越来越强调功能性和实用性这一趋势，励展华博整合旗下深圳、北京和成都 3 地的会展资源，推出统一的新标识，确立了以"礼品、家居"为核心的新理念,并在 2008 年秋季展上首次设立礼品业 TOP100 贡献奖,以鼓励企业自主研发贴合市场需求的新产品。

建立多元化市场渠道一向是深圳礼品展的重点任务,除了确保主要买家和集团客户参展采购、搭建交易双方绿色通道、开通大型商超百货零售等传统渠道外;本届展会还展开多项增值服务,利用电子商务平台帮助展商拓展业务,包括举办网上展览会、赠送阿里巴巴网上旺铺、全面营销方式帮助展商在非展期进行推广;全方位展示厂商形象、宣传拥有自主产权的创意新品。

2009 年是礼品行业最难熬的一年,但也是加速企业转型、重塑品牌和拓展市场最关键的一年。从招展情况看,本届深圳礼品展的规模和质量并未因寒冬到来而缩水,展会的场地规模仍达到 8.5 万平方米,按新主题设置的 6 大功能馆,融汇高端、流行、电子、时尚和商务等各式礼品。有近 3000 家海内外参展厂商,逾 12 万人次全球观众,在现场见证代表国际水平的礼品设计及展示盛会。

(来源:中国家纺网)

本章小结

本章就会展危机的特点与类型、会展危机管理的原则以及会展危机管理的基本策略等内容进行了阐述。好的会展危机管理应该建立在预防、控制、识别和报告等概念之上。在会展的最初筹划阶段就需要制定危机管理计划。一般来说,会展危机管理必须要注意的问题有:选择会展场馆的过程中应对其消防和安保进行全面的检查,同时要检查餐饮供应及相关的厨房设施;展示规章制度应重视场馆与会展特有的风险;安全保障应当落实到会展活动的每一环节之中;应雇佣和安排合格的医护、急救人员,密切关注会展现场可能出现危机的动态;要充分认识自然灾害风险、人为灾难和暴力行为危机产生的严重性;为降低展会危机所造成的风险,在建立危机管理时,需要增加适当的保险项目,以确保会展活动的正常运行。

复习思考题

1. 名词解释:会展危机、RCRR 模式。
2. 会展主要特点是什么?
3. 会展危机一般有哪些类型?
4. 简述在会展危机管理中所应遵循的原则。
5. 简述会展危机管理的预警机制。
6. 试述在应对会展经营中的危机方面通常的做法。

7. 试述会展危机管理中保险投入的主要内容。

8. 在全球金融危机形势下，城市会展行业组织应当怎样作为？阅读宁波会展业促进会的会展危机管理案例，谈谈对金融危机形势下城市会展行业组织的角色作用的理解。

金融危机形势下城市会展行业组织的角色作用

1. 当创新变革的开拓者，有效发挥行业引领作用

在美国大选中，奥巴马赢得了美国人的心。因为在他的数次演讲中，"改变"大约是出现频率最高的关键词。改变意味着又能带来更强的竞争力，改变是新繁荣的开始。金融危机下的经济看似危机四伏，实则深藏着机遇，如果可以把握好这个时期进行新一轮的创新改革，这些创新变革将成为城市会展业在经济回暖时期发展的新引擎。因此在金融危机形势下，城市会展行业组织可以针对会展业发展需求，开拓思路，大胆变革，通过创新变革，引领行业走上全面发展的轨道。宁波市会展业促进会针对宁波市会展业缺乏必要的会展中介服务机构，而会展主体乃至整个行业，在引进、培育会展活动工作中亟需中介机构提供相应服务的情况，及时转变观念，大胆创新，面向市场谋发展，投资成立了宁波市会展业服务中心，在搞好服务，不影响、不损害、不干扰成员单位经营和利益的前提下，开展纯市场化的经营业务活动。对推动宁波市会展经济结构调整，提高会展服务水平，优化城市会展业发展环境，带动城市会展业创新变革起到重要作用。

2. 当保增促调的先行者，有效发挥行业主导作用

宁波市会展业促进会2009年初，向全市会展行业发出了"保增促调，会展先行"倡议书，倡议广大会展企业及相关单位树立发展信心，大胆转型变革，强化合作，整合资源，健康发展。同时积极发挥行业的代表职能，加强调研，争取政府对会展业更大的政策支持；组织会展企业组成联合舰队，开展城市会展业对外宣传推介和招展招商引机构活动；实施以质取胜战略，推动行业建立会展品牌培育、发展和保护机制，引导会展企业树立品牌意识，促进会展活动品牌化发展、优质化提高；指导会展企业创办新展，把办展重心转移到消费类展会上来，以进一步增强会展企业的核心竞争力和发展后劲。

3. 当尽心尽责的服务者，有效发挥行业保障作用

宁波市会展业促进会为会展企业搭建5个服务平台。一是信息服务平台。在宁波会展网、宁波会展报、宁波会展号码百事通专线"三维一体"会展信息服务平台基础上，建成宁波市会展信息移动服务平台和宁波会展业招展招商信息资料库。二是交流服务平台。承办第三届2010上海世博会与长三角城市合作发展论坛、甬港会展经济合作会展论坛等活动，推广使用宁波会展业促进会网络办公系统等。三是合作服务平台。实行开放办协会，开门办协会，进一步加大与港澳及内地有关城市会展友好协会的合作力度，组织开展合作项目对接洽谈活动，努力扩大合作成果。四是培训服务平台。成立宁波市会展业培训中心，采用专业化、规范化、市场化运作，建立起良好的培训体制和人才引进机制。五是研发服务平台。成立宁波市会展业研发中心，深化会展产业研究，促进会展业研究成果转化，为会展企业开发新项目提供支撑。

4. 当公正公平的协调者，有效发挥行业自律作用

城市会展行业组织是城市会展行业的自律性组织，具有行业"协调、自律"职能，对协调规范会展市场责无旁贷。城市会展行业组织可以通过制订行业规章、强化协调服务等方式，及时消除矛盾、减少摩擦、解决问题，推动公正公平、科学合理的城市会展市场秩序的建立，以及团结和谐、富有生机活力的行业建设，在城市会展业健康发展中发挥重要作用。宁波市会展业促进会认真履行"协调、自律"的基本职能，一手抓规范，一手抓促进，进一步修改完善行规行约，通过开展展会审批备案一站式服务，督促成员单位自觉遵章守规，在把好展会准入关的同时，变事前监管为全程监管，还建立了会展黑名单通报制度，对有骗展、恶性竞争等不良行为的单位列入黑名单公布，借以规范市场秩序。对出现的重复办展、主题类同展会问题，则通过参与制定并执行政府展会资金补助政策加以引导，还将通过组织公开、公平、公正的城市会展业年度大奖的评选活动，形成会展行业争先创优的环境氛围，推动宁波市会展业朝着打造国际会展之都目标，实现持续健康快速发展。

(作者：陈忆戎)

第 16 章　会展服务管理中的信息技术

本章导读

随着信息技术的快速发展和网络经济的到来,如何保持和发展自己独有的竞争优势,成为企业不可回避的问题。会展信息的本质属性体现在其来源是描述会展活动的数据,是对会展数据加工处理的结果,数据经过加工处理后才能形成信息,才能对会展组织的决策和管理目标的实现具有参考价值。会展服务管理中信息化的应用,不仅包括会展信息的实时采集和发布,还包括会展的战略管理、营销管理、服务管理、风险管理、智能交通管理以及安全管理等多方面的信息化应用。现代化信息技术手段在会展服务管理中的作用越来越大。

知识要点

- 会展信息的来源与种类
- 会展服务管理中信息的作用
- 会展服务管理信息系统的功能
- 会展信息服务管理中的技术
- 会展信息化服务管理的开发应用

16.1　会展服务管理信息系统概述

16.1.1　会展信息的概念

1. 信息与信息系统

随着人类社会的发展和技术进步速度的加快,社会生产与交流交易活动空间空前扩大,收集、存储、加工处理信息工作,在企业经营管理中越来越重要。信息在企业经营决策中占有举足轻重的地位。

从信息所承担的功能角度分析,信息是人们进行决策的基础和依据,信息是对人们决策有用的消息或知识,也可以说,信息是使不确定因素减少的有用的知识。

从数据与信息的关系角度来分析,数据是对单个事物的直接记录和现象描述,而信息则是对事物的实质及互相之间逻辑关系的说明。数据不仅限于数值记录,同时还包括非数值的数据,例如声音、各种特殊符号、图像、表格、文字等。数据只有经过加工处理后才能形成信息,才能对组织的管理决策和管理目标的实现具有参考价值。

因此可以说，信息是客观存在的一切事物通过物质载体所发生的消息、情报、指令、数据和信号等所包含的可传递、可交换、有用的知识内容。

通常，对信息进行收集、处理、存储、管理、检索和传输，必要时并能向人们提供有用信息的一个整体，称为信息系统。现代服务企业特别强调对信息系统的管理。

2. 会展信息的来源

会展信息是一种在会展活动中产生，既有市场性也有适用性、展示性的经济交换形式。其来源主要有参展企业、竞争者以及会展企业内部等方面。

1) 参展企业信息

参展企业的主要信息有参展企业所属区域、参展目标、展出效果、接待客户数、展览满意程度、展览期望、有效推广媒体调查等。参展企业的信息一般是根据对参展企业的调查获得。

2) 竞争者的信息

参展企业是竞争者信息的重要来源。竞争者本身同样也可以提供大量的信息。如从年度报告中可以获得竞争者财务方面的信息；从广告印刷品中可了解其项目信息；从公司新闻信件等方面可了解其新项目和销售方面的信息。除此之外，获取竞争者的信息渠道还有以下几种。

(1) 参观竞争对手的贸易展览会，可以获取竞争对手的新产品新项目信息。

(2) 会议可以直接与竞争者接触，从而获取竞争对手在会议上所提供的，通常是第一手的最新信息。

(3) 出访考察，可以获取竞争者的销售信息和有关产业信息。

(4) 专业咨询公司可提供有关竞争者的销售、财务、技术信息。

(5) 新闻媒介可以向人们提供大量的信息。

(6) 来自于竞争企业的流动员工可以带来竞争者的相关信息等。

3) 会展企业内部的信息

企业内部信息是企业营销决策的重要依据。一般的会展企业都在企业内部建有信息网，它是会展企业内部信息收集和发布系统，具有严格的网络安全保障机制，同时又具有良好的开放性，从而有效地解决系统内部信息的共享和交流问题。会展企业内部的信息主要有以下几点。

(1) 会展产品的基本信息，如会展主题、时间、地点、参展产品、目标参展商、目标专业卖家、相关活动、服务等。

(2) 会展产品的价格信息。

(3) 会展产品的销售渠道信息。

(4) 会展产品促销方面的信息等。

3. 会展信息的种类

会展是信息密集型的活动。具有前期准备时间长、实施时间短的特点。在整个会展期间，尤其是展会临近的时间段，会涌现大量的、高密度的信息。

1) 市场信息

包括有关本行业经济整体运行态势、前景、宏观控制力度及采取的战略性措施；有关国内外市场供求趋势和价格行情；新技术、领军企业的最新发展动态，以及公开报道的实施战略与规划的行动方案等。这些信息不仅可以有助于参展企业把握企业发展动向，作为经营的重要参考，还可以节约企业战略成本。

2) 参展信息

会展组织者应充分利用公共信息查询系统，发布有关展会的信息，如会展场馆地址、乘车路线、行车路线、展会时间、联络方式等；还要在展会现场做好线路指引、问题咨询、参展须知等一系列方便参展者和参观者的信息服务，提升展会形象。

3) 产业信息

展会组织者应该为参展商之间、参展商与观众之间、参展商、参观者和相关部门、科研机构之间建立沟通咨询的服务平台。会展更多的内容是展示与交流，产业信息平台的搭建，可以为生产经营提供产业发展的市场导向，提供供求渠道，架设交流的桥梁。

4) 其他信息

(1) 市场开发方面的信息，如会展市场的现状及发展趋势、同类展会的经营状况、展会的市场占有率、潜在竞争者的数量和规模等。

(2) 会展技术方面的信息，如会展设计搭建方面的技术、新的布展概念与工艺、更先进的会展设备、其他相关技术等。

(3) 专业客户方面的信息，如参展商和与会者的基本情况，忠诚客户的动态，参加展会的目的，对展会项目、服务、价格要求、建议和意见等。

此外，如果从管理的角度出发，会展信息还可以划分为：会展财务信息、人员信息、物流信息、会议报告信息、展品展出信息、接待信息等。划分角度不同，会展信息的分类情况也有所不同。

16.1.2 会展服务管理中信息的作用

会展服务产品的提供过程是一个了解顾客需求、设计服务内容、制定服务标准、提供服务、考核服务效果，并将会展服务效果与服务标准进行比较、寻找差距，控制会展服务活动，使之更好的满足顾客需要的过程。这也是一个不断修正、不断缩小服务产品与顾客需求之间距离，实现顾客满意的循环往复过程。

会展服务管理是以确定的目标对服务活动进行计划、组织、指挥、协调和控制的过程，如图 16.1 所示。

在会展服务管理中存在着两个过程，即会展服务流程和会展信息流程。会展服务流程有会展服务企业最基本的服务活动组成，如招展招商服务中的咨询、邀请、接待、谈判等活动；会展服务管理中的会展信息流程其作用表现在以下几点。

(1) 运用会展活动的信息流可以对会展服务流程中各项活动的开展进行规划和调节，使它们按照一定的规则有序地进行。

(2) 会展活动的信息流可以动态反映会展服务流程中各项活动的运行状态以及服务活动的最终结果。

会展服务管理

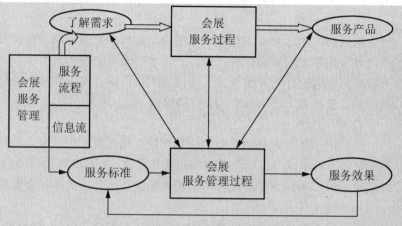

图 16.1 会展服务管理中的服务流程和信息流

由图 16.1 可以看出，伴随着会展服务活动的开展，会展服务系统中信息流程具有双向性的特征：一是引导会展服务活动正常开展的正向信息流程，二是反映会展服务活动状态的反馈信息流程。虽然会展服务管理的主要对象是服务流程和服务效果，但管理的手段和依据却是信息。信息在会展服务管理中发挥着不可替代的作用。可以说会展服务管理实际上就是通过会展信息管理来实现会展活动的有序化，进而满足服务对象的需要，获得会展服务企业利润最大化的过程。因此，服务信息管理是会展服务管理的核心内容之一，会展服务效率的高低决定于会展信息管理效率的高低。

16.1.3 会展服务管理信息系统的功能

会展信息管理系统是运用系统管理的理论方法，以计算机网络和现代通信技术为工具和手段，具有对会展信息进行加工处理、存储和传递等功能，同时具有预测、控制、组织和决策等能力的人机系统。系统的一般结构如图 16.2 所示。

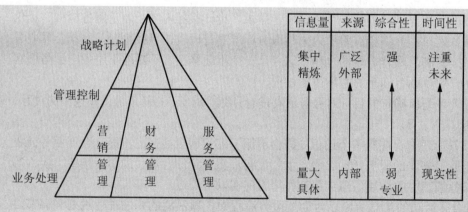

图 16.2 会展管理信息系统的一般结构

会展管理信息系统服务并服从于会展企业管理的需要，因此，与企业的管理层次、管理职能和对信息处理的深度密切相关，形成纵横交错的网状结构。系统纵向按管理层次划分为战略管理层、管理控制层和业务处理层 3 个层次；横向按会展企业管理的职能划分为市场营销、财务、服务、技术等部门。

按照管理活动的层次不同，系统中的信息可以划分为战略管理信息、管理控制信息和业务管理信息 3 类。不同管理层对信息的处理有一定的差距，主要表现在：从处理的信息量上分析，管理层次越高则所需处理的数据量越小，相对比较精炼，管理层次越低，则数据处理量相对大一些；从信息的来源分析，高层管理者更多的关注来自企业外部的信息，如市场变化、竞争对手的动向等，而业务处理层主要处理的是企业内部的信息；从信息的综合性分析，管理层次越高，则所处理的信息综合性越强，层次越低专业性越强；从时间性分析，高层管理更多的关注与未来有关的信息，而中下层的管理者主要处理的是实时信息。会展信息管理系统涵盖了现代会展企业信息化所涉及的诸多方面，具有多种功能。

1. 战略管理功能

随着市场竞争的不断加剧，开发战略管理信息系统已成为现代会展管理信息系统发展的基本方向。战略管理信息系统是指运用信息技术来支持或体现企业竞争战略，以使企业获得或维持竞争优势、削弱对手的竞争优势为核心的信息系统。战略管理信息系统更关心创造性地开展业务活动和增加利润的方法，包括决策支持系统、战略信息系统、经理或主管信息系统、专家系统等。战略管理信息系统最显著的特征是从企业如何赢得竞争优势的角度进行信息系统建设，而不再单纯从业务需要或者计算机化的角度进行信息系统建设。注重依靠信息技术来创造竞争优势，为客户提供更加满意的服务，从而赢得客户，赢得市场。

2. 管理控制功能

管理控制功能是将战略转化为各职能部门的工作计划并实施监控，运用定量化的方法对计划执行进行考核评价、对会展服务活动进行监控，找出偏差和产生偏差的原因，提出纠正偏差的措施，保证各项会展服务活动高质量的完成，实现企业的战略目标。如会展服务流程的时间控制、会展项目管理等，这些都需要在收集大量信息的基础上，运用计算机信息系统才能实现。

3. 业务处理功能

会展管理信息系统的业务处理功能是为了提高会展企业运营各个环节工作效率服务的，其突出特点是执行性、程序性、数据量大且对数据质量要求高。

4. 客户关系管理功能

会展客户关系管理是以客户为中心，以信息技术为手段，通过相关业务功能进行重新设计、对相关工作流程进行重组，以达到留住老客户、吸引新客户、提高利润率的目的。其突出特点是能将多种客户交流渠道融为一体，按照客户喜好的渠道与沟通方式进行交流，从根本上提高员工与客户或潜在客户进行交流的有效性。

16.2 会展信息服务管理中的技术

16.2.1 会展信息服务管理中的计算机技术

1. 计算机网络技术的基本概念

计算机互联网技术诞生于 20 世纪 60 年代末，随着互联网技术的迅速发展，世界各国纷纷加入到互联网的行列，目前，互联网已成为全球性的网络。计算机网络是指将分布在不同地域，具有独立处理能力的计算机与通信设备，通过通信线路与通信介质链接起来所组成的系统，具有对共享数据资源集中处理及管理和维护的能力。计算机网络是一个非常复杂的系统。它综合了当代计算机技术和通信技术，又涉及其他应用领域的知识和技术。其基本概念有以下几点。

(1) IP 地址：因特网地址的俗称，为了使信息可以在因特网上正确地传送到目的地，连接在因特网上的每台计算机必须拥有一个唯一的地址，即 IP 地址。它相当于现实生活中的门牌号码，由小数点分隔的 4 段数字构成，如：202.122.168.8。

(2) 域名：通过一个有意义或者容易解释的名字代表难于记忆的 IP 地址。

(3) 远程登录(Telnet)：是因特网的一个工具，用于把一台电脑与另一台电脑作为远程终端的计算机连接起来，从而可以使用远程计算机的资源执行远程计算机的程序。

(4) DDN(数字数据网)：它是利用光纤(数字微波和卫星)数字传输通道和数字交叉复用节点组成的数字数据传输网，可以为用户提供各种速率的高质量数字专用线路和其他新业务，以满足用户多媒体通信和组建中高速计算机通信网的需要。

(5) LSDN(综合业务数据网)：世界各国联合建立的一个完全数字化的电路交换电话系统，提供用户之间的数字服务，由数字电话和数据传输服务两部分组成，一般由区域性电话局提供，可以在其上传输声音、数据、文本、图形、音乐、视频及其他信息资源。

(6) PSTN(公用电话交换网)：基于电话的语音传输网络，也是现在网络重要组成部分。

(7) ATM(异步传输模式)：在电路交换和分组交换基础上发展起来的一种全新的通信技术。

(8) 带宽：指传输信息流容量的能力。

(9) Windows NT：美国微软公司设计的局域网络操作系统，它提供了一个功能强大、容易使用、高效率、集中管理、保密措施完善、自动修复、不断电系统、Internet 等网络操作系统所必备的环境。

(10) Unix 多任务、多用户的操作系统，相关操作系统及其应用程序工具、编译程序的总称，功能丰富的可扩展、开放的计算环境。

(11) 路由器(Router)：是一种网络层设备，可互连局域网和广域网，并且当网络上两端点间存在好几条通路时，路由器还可提供交通控制和筛选功能选择通路。

(12) 交换机(Switch)：可处理与高带宽应用相关协议的多层设备，具有转发、过滤等功能。

会展服务管理中的信息技术　第 16 章

(13) 服务器：高性能计算机，用于网络管理、运行应用程序、处理各网络工作站成员的信息请示等，并可连接一些外部设备如打印机、CD-ROM、调制解调器等。根据其作用的不同分为文件服务器，应用程序服务器和数据库服务器等。

(14) 工作站：由服务器进行管理和提供服务的、连入网络的任何计算机都属于工作站，其性能一般低于服务器。个人计算机接入因特网后，在获取因特网的服务的同时，其本身就成为一台因特网上的工作站。

(15) ASP(Active Server Pages)：是一种未经编译的、开放的应用软件，它使用户能够利用 HTML 和 ActiveX 强有力的功能创建功能强大的、与平台无关的 Web 应用系统。

(16) BBS 电子公告牌：一个布告栏系统，它向互联网用户提供了一种在网上留言或者进行讨论和交流的途径。参加 BBS 的用户可以在 BBS 服务器上就自己感兴趣的话题进行讨论，发表自己的看法和意见。

(17) 浏览器(Browser)：一种可在因特网上任何地方查找和访问文件的程序，如网景公司(Netscape)所推出的 Netscape Navigator 或微软公司(Microsoft)的 Microsoft Explorer。

(18) 页面(Page)：从用户的角度看，因特网由庞大的、世界范围的文档集合而成，每一页面可以包含到世界上任何地方的其他相关页面的链接。

(19) 主页(Homepage)：指因特网上提供信息的一系列链接页面的首页。

(20) 信息高速公路：一个能给用户随时提供大容量信息的，由通信网络、计算机、数据库以及日用电子产品组成的完备的网络系统，它能使所有人享用信息，并在任何地点和时间，通过声音、数据、图像和影像相互传递信息。

2. 计算机技术在会展管理中的作用

计算机技术的发展，有力地推动了会展的信息化管理步伐，计算机技术在会展管理中的主要作用有以下几点。

(1) 随着展会规模的不断扩大，人们对展会的服务质量要求越来越高。许多会展场馆都配有智能化程度很高的网络系统，如观众登录系统、电脑查询系统等。

(2) 会展市场竞争的加剧，使得展会的主办机构已经不再满足吸引本地区、本国家的参与者，而是力争提高会展的国际化程度。互联网的普及使展会的举办机构可以直接面对全球市场，为展会的管理者在世界范围内寻找参展商与观众。

(3) 运用互联网技术的优势可以以最廉价的方式，将 Intranet 成熟的技术融入会展企业内部，建立起企业内部的信息网或管理信息系统，同时实现企业内联网与国际互联网的无缝链接，使公司内部网成为全球信息网络的一个组成部分。企业的信息内容可以发布、存放在网络服务器上，提供给员工使用。扩展的内部网络可以实现企业与顾客之间的沟通与提供个性化服务。

(4) 电子商务的应用使得网上虚拟展览悄然兴起。网上展会开拓了展会的无限空间，也为展会信息管理提出了新的问题与挑战(参见相关链接 16-1)。

相关链接 16-1：

"网上制博会"亮相阿里巴巴展会频道

2008年4月28日，中国国际装备制造业博览会(以下简称：制博会)的承办单位沈阳振兴国际展览有限公司，与阿里巴巴(中国)网络技术有限公司签订就开通"网上制博会"进行电子商务合作的协议。合作双方将充分发挥各自资源优势，通过将线上电子商务平台与线下展览会平台有效对接，帮助制博会的参展企业充分利用电子商务及展览会平台获得更多的贸易机会，为参展企业提供更全面、更有价值的贸易服务和增值服务。

根据Alexa客户访问量的排名，阿里巴巴是世界上排名第一的国际贸易和中国本土贸易网络交易市场。截至2007年6月30日，其中英文网站共有来自200多个国家和地区的超过2400万企业会员。同时截至2007年6月30日，阿里巴巴的销售渠道遍布中国30个区域。

"网上制博会"将充分利用阿里巴巴的网站资源和销售渠道，对制博会及其参展企业进行广泛推广和宣传，并吸引阿里巴巴的会员积极参与制博会、关注制博会。这是传统行业形态的展览会与电子商务行业龙头的一次创新合作，将使制博会在宣传的广度和深度，以及传统展会发展创新等方面产生一次新的飞跃，制博会由此迈入了电子商务时代。

16.2.2 会展信息服务管理中的多媒体技术

1. 多媒体技术的基本概念

20世纪90年代以来，世界向着信息化社会发展的速度明显加快，而多媒体技术的应用在这一发展过程中发挥了极其重要的作用。多媒体改善了人类信息的交流，缩短了人类传递信息的路径。多媒体技术是20世纪90年代计算机应用的时代特征，也是计算机的又一次革命。

媒体(Medium)在计算机领域有两种含义：一是指存储信息的实体，如磁盘、光盘、磁带、半导体存储器等，中文常译为媒质；二是指传递信息的载体，如数字、文字、声音、图形和图像等，中文译作媒介，多媒体技术中的媒体是指后者。

所谓多媒体技术是指以计算机技术为基础，与现代通信技术、大众传媒技术等融为一体，具有交互处理、传输和管理文本、图像、动画和声音等信息的一种技术组合。多媒体技术把电视式的视听信息传播能力与计算机交互控制功能结合起来，创造出集文、图、声、像于一体的新型信息处理模型，使计算机具有数字化全动态、全视频的播放、编辑和创作多媒体信息功能，具有控制和传输多媒体电子邮件、电视会议等视频传输功能。

多媒体计算机技术的特性可分为下列几点。

1) 集成性

多媒体计算机技术是结合文字、图形、影像、声音、动画等各种媒体的一种应用，并且是建立在数字化处理的基础上的。它不同于一般传统文件，是一个利用电脑技术的应用来整合各种媒体的系统。媒体依其属性的不同可分成文字、音频及视频；其中，文字可分为文字及数字，音频(Audio)可分为音乐及语音，视频(Video)可分为静止图像、动画及影片等；其中包含的技术非常广，大致有电脑技术、超文本技术、光盘储存技术及影像绘图技术等。而计算机多媒体的应用领域也比传统多媒体更加广阔，如CAI、有声图书、商情咨询等，都是计算机多媒体的应用范围。

另外，具有多种技术的系统集成性，基本上可以说是包含了当今计算机领域内最新的硬件技术和软件技术。

2) 交互性

交互性是多媒体计算机技术的特色之一，就是可与使用者作交互性沟通(Interactive Communication)的特性，这也正是它和传统媒体最大的不同。这种改变，除了提供使用者按照自己的意愿来解决问题外，更可借助这种交谈式的沟通来帮助学习、思考，做有系统的查询或统计，以达到增进知识及解决问题的目的。

3) 非循序性

一般而言，使用者对非循序性的信息存取需求要比对循序性存取大得多。过去，在查询信息时，用了大部分的时间在寻找资料及接收重复信息上。多媒体系统克服了这个缺点，使得以往人们依照章、节、页阶梯式的结构，循序渐进地获取知识的方式得以改善，再借助"超文本"的观念来呈现一种新的风貌。所谓"超文本"，简单地说就是非循序性文字，它可以简化使用者查询资料的过程，这也是多媒体强调的功能之一。

4) 非纸张输出形式

多媒体系统应用有别于传统的出版模式。传统的出版模式是以纸张为输出载体，通过记录在纸张上的文字及图形来传递和保存知识，但此种方式受限于纸张，无法将有关的影像及声音记录下来，所以读者往往需要再去翻阅其他方面的资料才能得到一系列完整的内容。多媒体系统的出版模式中强调的是无纸输出形式，以光盘(CD-ROM)为主要的输出载体。这不但使存储容量大增，而且提高了它保存的方便性，由此可见光盘在未来信息传递及资料保存上，将拥有更加重要的地位。

多媒体技术的产生标志着计算机将不仅仅作为办公室和实验室的专用品，而将进入家庭、商业、旅游、会展、娱乐、教育乃至艺术等几乎所有的社会与生活领域；同时，它也将使计算机朝着人类最理想的方式发展，即视听一体化，彻底淡化人机界面的概念。

2. 多媒体技术在会展管理中的作用

与国外同行业相比，我国会展总体的管理与技术水平还存在着很大差距。会展业的发展必然要吸收新技术，多媒体技术的日趋成熟为新技术融入会展成为可能。多媒体技术在会展中的运用，提高了会展的效益，最终目的则是为了达到更好的交流与传播效果。

会展行业对高科技的需求非常旺盛，多媒体技术将被更多地运用到会展活动中，与传统展会方式有机结合，发挥各自优势。会展多媒体技术，包括音频视频设备，多媒体讲解技术，听觉、触觉、视觉多媒体技术和多媒体设计技术等，将会越来越多地在会展组织、会展现场控制、展台表现与管理等会展活动的服务与管理中使用。

16.2.3 会展信息服务管理中的数据库技术

1. 数据库技术的基本概念

数据是进行服务管理的基础，是联系管理活动的纽带，也是管理信息系统的核心。但是数据只有被有序地组织起来才便于对数据进行有效的处理和利用。因此，数据存储和管理是数据库设计的重要课题。

1) 数据库

数据库是长期存储在计算机内、有组织的、统一管理的相关数据的集合。数据库能为各种用户共享，具有较小冗余度、数据间联系紧密而又有较高的数据独立性。

数据库中的数据集合具有如下特点：尽可能不重复，以最优方式为某个特定组织的多种应用服务，其数据结构独立于使用它的应用程序，对数据的增、删、改和检索由统一软件进行管理和控制。从发展的历史看，数据库是数据管理的高级阶段，它是由文件管理系统发展起来的。

2) 数据库管理

数据库管理(Database Administration)是有关建立、存储、修改和存取数据库中信息的技术，是指为保证数据库系统的正常运行和服务质量，有关人员须进行的技术管理工作。负责这些技术管理工作的个人或集体称为数据库管理员。

数据库管理的主要内容有：数据库的建立、数据库的调整、数据库的重组、数据库的重构、数据库的安全控制、数据的完整性控制和对用户提供技术支持等。

数据库系统是实现有组织地、动态地存储大量关联数据、方便多用户访问的计算机硬软件和数据资源组成的系统，即它是采用数据库技术的计算机系统。

3) 数据模型

模型是对现实世界的抽象。在数据库技术中，可以用模型的概念描述数据库的结构与语义，对现实世界进行抽象。

数据模型是能表示实体类型及实体间联系的模型。数据模型的种类很多，目前被广泛使用的有以下两种类型。

一种是独立于计算机系统的数据模型，完全不涉及信息在计算机中的表示，只是用来描述某个特定组织所关心的信息结构，这类模型称为"概念数据模型"。概念模型是按用户的观点对数据建模，强调其语义表达能力，概念应该简单、清晰、易于用户理解，它是对现实世界的第一层抽象，是用户和数据库设计人员之间进行交流的工具。这一类模型中最著名的是"实体联系模型"。

另一种数据模型是直接面向数据库的逻辑结构，它是对现实世界的第二层抽象。这类模型直接与数据库管理系统有关，称为"逻辑数据模型"，一般又称为"结构数据模型"。

例如层次、网状、关系、面向对象等模型。这类模型有严格的形式化定义，以便于在计算机系统中实现。它通常有一组严格定义的无二义性语法和语义的数据库语言，人们可以用这种语言来定义、管理数据库中的数据。

2. 数据库技术在会展管理中的作用

在会展服务管理中，运用数据库技术可以清晰地描述会展活动的运行规律，以达到对会展活动进行管理和控制的目的。以简化的会展管理为例,建立会展活动的实体模型。其中包括会展项目、参展公司、展位等实体。实体及属性如下。

(1) 会展项目,包括展会编号、展会名称、举办地点、举办时间、主办单位等。

(2) 参展公司,包括公司编号、公司名称、地址、邮政编码、电话、法人姓名、联系人等。

(3) 展位,包括展位编号、位置、面积、租金等。

(4) 参展,包括展会编号、公司编号、展位编号、展品信息等。

实体间的联系如下。

会展项目与参展公司之间是一对多联系,即一个展会可以由多个参展公司同时参展,每个公司都要租用一个或一个以上的展位。

展位与会展项目之间成多对多联系,对于每个会展项目可以提供多个展位,即一个会展项目对应多个展位。而对于会展公司而言,可以管理多个会展项目,因此,展位要通过会展项目编号建立联系。

参展公司和展位是一对多关系,即每个公司至少要承租一个展位,有的公司要求连号承租,即同时租用多个相邻的展位构成较大的展出空间。

根据上述分析,可以建立参展与其他实体的联系模型,如图16.3所示。

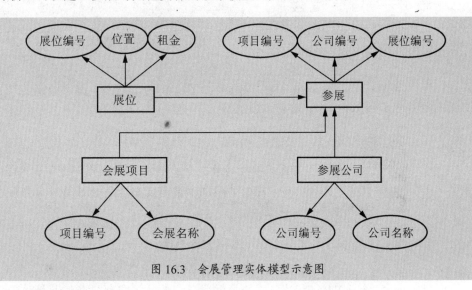

图 16.3 会展管理实体模型示意图

16.3 会展信息化服务管理的开发应用

16.3.1 会展服务管理中计算机技术的开发应用

在会展服务管理中,计算机技术主要用于会展企业数据中心及应用系统、会展场馆经营、展会运营、展会服务等的信息化管理平台建设。

会展服务管理

1. 信息数据中心及应用系统平台

企业的信息数据中心汇集着会展行业信息、场馆信息、专业展会信息、参展商和厂商信息、展会观众信息以及展会服务商信息等，是展会的知识库和数字图书馆。该平台作为企业内部各部门、各子公司的信息交流与共享平台，支持企业各部门掌握市场动向、拓展业务。

系统作为企业与外界交流的窗口，可以为参展商、观众、展会合作伙伴提供深入的展会信息服务，包括观众网上登记、参展商网上参展、网上展览服务申请、委托、管理等服务项目。

2. 展会服务管理信息系统

利用信息平台，展会服务部门可以挖掘更多的主办商用户和参展商用户，拓展展会服务业务。利用信息化手段可以规范展会服务工作，提高会展管理质量，增强企业自身的市场竞争力。还可以利用相关软件系统进行规范管理为客户提供服务与信息管理(参见相关链接16-2)。

相关链接16-2：

上海优品会展管理软件

上海优品计算机科技有限公司自主研发的、针对会展行业的计算机应用软件系统解决方案，作为会展产业信息化管理的平台级产品，在每个细分领域内，方案都能全面覆盖。

1. 展览管理软件

整合了CRM模块的展览会管理软件，协助企业和展览会品牌取得持续增长。优品展览管理软件解决方案高度贴合展会预算与业务需求，实施快捷、操作友好、快速获益。

2. 出国参览组织管理软件系统

满足出国参展组织者需求的优品出国展览组织管理软件解决方案，集成会展CRM模块、集成通信手段，为快速实现销售增长提供管理利器。

3. 商务会议管理软件

商务会议管理软件集成会展CRM管理模块，从登记到现场接待，协助实现商务会议的有序组织与细致分工，实现观众参与最佳体验。

4. 会议展览中心管理软件

会展中心管理软件协助将租售效益最大化和更有序协作，集成CRM管理模块、租售排期、展会排期、现场服务等关键模块，适合不同规模的会展中心的业务需求。

会展服务管理中的信息技术　第 16 章

5. 政府主导的会展节事

集成 CRM 管理模块的会展软件帮助组办者，将庞杂的运营协调工作进行有效的工作分解(WBS)，统筹协调、精细执行，达到高效严密组织、所有参与者满意的效果。

6. 现场服务管理

涵盖展览会现场管理、商务会议现场管理两大部分，核心目标是提升参与者的现场体验，并帮助组办者有效处理事务、收集整理信息，取得最佳的现场效果与效益。

7. 会展在线登记管理软件

为提升会展的服务水平，软件鼓励会展参与者自助在线完成大量的登记工作，将现场的工作压力分解到日常登记工作中，并将更好的服务传递给参与会展的客户，提升客户满意度。

3. 会展管理信息系统的开发与维护

会展管理信息系统是一个非常复杂的系统。开发工作是一个细致而复杂的工作，必须遵循系统工程的理论和方法，认真对待开发过程中的每一环节，掌握它的规律。系统开发有多种形式，目前主要采取的形式有生命周期法、原型法、面向对象法和计算机辅助开发方法等。运用合适的系统开发方法，是开发人员必须首先考虑的因素。在选定了开发方法后，还必须在开发过程中能控制工程的进度和质量，在不同的环节上运用不同的控制手段，保证开发任务的顺利完成。

以生命周期法为例，按照系统工程的观点，把管理信息系统看做一种软件产品，任何一种产品都存在使用的生命周期。管理信息系统的生命周期，始于建立管理系统项目任务的提出，经历可行性分析、系统开发、测试与交付用户运行及维护等一系列过程。

通常，可以把生命周期法分为 3 个阶段，即系统分析、系统设计和系统实施，如图 16.4 所示。

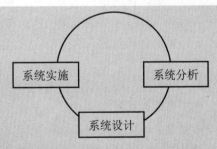

图 16.4　生命周期法的 3 个开发阶段

生命周期法的 3 个阶段构成管理信息系统开发的一个整体，当原有的管理信息系统不适应新形势的管理要求时，应及时开发新的系统。周而复始，系统升级，信息管理也迈上了一个新的台阶。

在实际开发过程中,生命周期法的每一个阶段都有不同的任务与要求,在此不再赘述。

会展管理信息系统经过系统测试,正式投入运行之后,就进入了使用期,为了保证整个系统的运行效率和工作效果,需要进行各种系统的维护工作。

会展管理信息系统的维护范围包括硬件系统、软件系统。主要维护工作有以下几点。

(1) 操作员的管理。在系统中就是操作用户管理,为每个系统用户定义操作员的用户名、密码、操作权限。系统对操作员是通过用户名和密码识别的,尤其要管理好超级用户的密码。

(2) 数据库备份与恢复。对于服务器上存放的数据库数据应每天做一次备份,每周做一次完全备份。一旦服务器硬件和系统发生崩溃现象,更换服务器和重新安装软件之后,将备份的数据复制到系统,可以将损失降低到最低程度。

(3) 应对措施。为了防止系统突然崩溃,应制定应急处理的措施,将系统恢复的时间控制在最短的时间内。计算机维护人员应具有极强的事故判断和应对能力。

(4) 适应性维护。系统经过长期使用,随着管理体制的变化,系统内部信息的设定、代码的扩充,新的管理模块的加入,使之能适应新的管理体制和模式的变化。要注意使用先进的软件开发功能,使维护工作快速高效。

16.3.2　会展服务管理中多媒体技术的开发应用

有研究表明,一段时间之后,人们可记住阅读文字材料的 10%;可记住听到内容的 20%;看电视可记住内容的 30%;同时听和看可记住内容的 50%;如在听和看的同时"做",则可以记住 90%。在会展服务管理中,多媒体技术的应用声像图文并茂,可以大大地提高服务与管理的效率。

1. 会展多媒体技术的应用

1) 多媒体的使用

会展多媒体运用的目的是利用计算机对各类媒体的强劲处理能力来传递、表现各种会展信息,这些信息大量的表现为图片、声音、视频等。

例如,在房地产展会上,当传统的沙盘作业式的实物模型显得简陋、粗糙和乏味时,运用多媒体技术中的三维动态影像则效果不同。三维动态影像可以模拟从大门穿过小区景观、乘坐电梯到进入房间的全过程,使客户能身临其境般的体验自己的未来生活,极强的互动性将给客户带来全新的感受。在多媒体技术基础上建立的三维动态虚拟模型,可以让客户从任何角度来欣赏楼盘的每个细节,从高空到地面全方位、自由地观赏小区建筑,客户在展台计算机前坐下,只需轻轻一按,即可欣赏到多款模拟实景形象,包括多角度、多比例的小区景观图和多款的卧房、客厅等三维设计图,极具现代感。

为了给前来会展中心参观的人们提供方便,会展中心可以把触摸查询机分别放在展馆门厅及会议中心门厅,人们来参观时可随时查询一些关于会展中心的相关信息,例如会展中心的简介、功能、会议日程、楼层分布以及城市信息等(参见相关链接16-3)。

相关链接 16-3：

会展中心的多媒体查询系统

1. 硬件系统

(1) 液晶型触控一体机(如下图所示)。

液晶系列体积小巧、造型美观，用于为客户提供比较专业的查询服务如专门用于大厅、和营业网点使用。

(2) 网络拓扑结构(略)。

2. 软件系统

(1) 系统开发平台在 Windows 2000，采用树型拓扑结构设计。

(2) 开发工具采用 Macromedia Authorware、Flash、Adobe Photoshop、3ds max、Microsoft Visual Basic 等。

系统运行环境在 Windows98/me/2000/XP 以上，具有良好的可移植性。系统所有文本及部分图片以开放的外挂形式，可以通过本地或网络方便维护系统内容。并且可以通过网络实现实时监控系统运行状况。

(3) 根据会展中心的特点，编制符合会展中心特点的专用软件方案如下。

首页由动画、背景图和菜单按钮3部分构成。以会展中心标致性建筑图片制作动画，体现会展中心的现代气息和服务功能，给人以明确、深刻的印象，并在相关的动态中让查询者不断加深这一印象。首页构图以图书馆标致性图片交错合成图为背景图。

进入首界面，首先展示在查询者面前的有以下几个基本模块按钮：会展中心简介、楼层分布、管理公司、业务导航、服务信息。

> 会展中心的主要目的就是给参展商提供一个可以展现他们公司产品、服务的一个平台，因此，展厅的介绍显得尤为重要。主要包括以下几个次级模块：展厅设施、展厅介绍、展会预告、展会报告等。
>
> 服务信息模块将为查询者提供关于会展中心的一些相关的配套信息，例如会展中心的地理位置、交通状况、市区交通图等，方便查询者了解关于会展中心的各项信息。主要包括以下次级模块：地理位置、市区交通图、市区常用电话、旅游景点等。

2) 多媒体网络建设

会展多媒体的运用建立在网络信息流通的基础之上，但是，当这些信息以数字的方式在网络上交换时，会大量地挤占带宽，尤其是当网络技术、设备落后，带宽不可设定时，往往会使网络拥塞，现场表现就是视频延迟、声音断续、刷新缓慢，会展效果会降低。这就要求会展管理在场馆的多媒体建设环节，要运用先进的网络布线技术和交换设备。

在多媒体技术的管理中，多媒体网络建设是一项施工繁重、技术要求高、投资大的工程，网络布线方式、设备选型、拓扑结构划分都直接关系到最终应用的成败和发挥作用的大小。所以，一般实施结构化综合布线系统，这样网络不仅可以同时承载数字、语音信号，同时，也可以随时根据需求的变化来增减网络设备、划分网络结构。

3) 会展多媒体的开发工具

会展多媒体的开发工具是多媒体应用系统开发的基础，随着多媒体应用系统需求的日益增长，会展多媒体的开发工具越来越受到重视，许多公司集中力量进行开发，使得会展多媒体的开发工具迅速发展。每一种会展多媒体的开发工具都提供了各自的开发环境，都具有自身的功能和特点以适用于不同的应用范围。一般来说，会展多媒体的开发工具的主要类型有以下几种。

(1) 着眼于时间的多媒体创作工具。
(2) 着眼于页或卡片的多媒体创作工具。
(3) 着眼于传统程序语言的多媒体创作工具。
(4) 着眼于图标的多媒体创作工具等。

每一种类型的会展多媒体的开发工具，其创作方法、处理元素和结构特点也有所不同。

3. 会展多媒体应用系统的特点

在会展多媒体中，硬件是基础，软件是硬件发挥作用的根本。而会展多媒体体系则是连接两者之间的桥梁。会展多媒体应用系统的主要特点如图 16.5 所示。

在会展多媒体应用系统的特点中，触摸屏技术以及手写输入技术的发展使得交互更加直观和方便，大大地缩短了人机之间的距离；为了提高多媒体技术的开发效率，必须要先确定相关的标准，如 JPEG 标准、MPEG 标准、MCI 多媒体控制接口标准等；多媒体技术涉及声音、视频、图像、信息压缩与还原、网络等多各领域，每个领域都是该领域的尖端技术；在多媒体软件方面，有许多集成环境和工具，用来辅助完成会展多媒体应用系统的开发，如 CD-ROM 等。

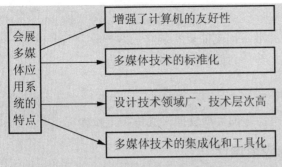

图 16.5 会展多媒体应用系统的主要特点

3. 会展多媒体应用系统的开发

会展多媒体应用系统的开发过程，如图 16.6 所示。

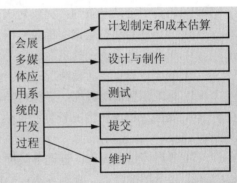

图 16.6 会展多媒体应用系统的开发过程

1) 计划制定和成本估算

会展多媒体应用系统的开发首先从计划开始。以软件开发为例，从一个想法或需要的提出，经过问题定义、可行性研究，到最后落实通过签订合同而成为一个应用系统，这就是应用系统的开发阶段。应用系统的开发成本包括制作成本、测算成本和销售成本等。

2) 设计和制作

设计和制作就是执行计划的每个任务，创造出多媒体产品。根据应用系统的范围和开发组的规模与风格，可以使用两种方法来完成交互式多媒体的设计。

一是把主要力量花在脚本上或详细描述应用系统的图形化大纲上。对每个屏幕图像、声音、流程走向、特定的颜色与浓淡、正文内容、属性与字体、按钮形状、风格、响应、音调变化等，都用文字与草图来明确说明。

二是使用脚本来作为大致的纲要引导，把更多的精力放在工作站上去描述产品。

3) 测试

测试是在软件投入运行之前，对软件需求分析、设计规格说明和编码的最终复审。会展多媒体应用系统必须通过测试与评审，以保证无差错，满足客户的要求。

测试方法有静态分析和动态测试。从软件测试的策略上来说有单元测试、组装测试、确认测试、系统测试和人工测试等。对测试发现的问题要及时进行分析、处理或修正。

4) 提交

如果完成了一个会展多媒体应用系统，并准备提交需要安装它的客户时，需要把文件准备好，使客户很容易把文件从提供的介质上转移到他们自己的平台上去。

5) 维护

会展多媒体应用系统交付使用以后便进入了正常运行阶段，此时也就进入了维护阶段。一般的小型会展多媒体应用系统软件不需要维护，但大型软件，其维护工作就很重要。

16.3.3 会展服务管理中数据库技术的应用设计

1. 会展数据库的综合业务信息查询

会展企业的信息平台在后台表现为数据库管理中心，通过应用表现层调用数据库中心数据，企业内部表现为内部网站各功能模块，对外表现为外部网站各功能模块。在信息平台的数据库中，可以方便地查询到各类业务信息数据。

(1) 国内展会动态查询：提供对国内其他地区、会展企业办展情况和动态的查询功能。

(2) 国外展会动态查询：提供对国展会、博览会情况和动态的查询功能。

(3) 展会计划查询：提供对展会筹划、立项、计划安排等信息的查询功能。

(4) 展会日程重要活动情况查询：提供对展会重要和重大活动安排的查询功能。

(5) 场馆销售情况查询：提供对场馆预定和销售情况的查询功能。

(6) 展会工程项目情况查询：提供对展会工程投标、签约、施工等情况的动态信息和查询功能。

(7) 参展商情况查询：查询各类展会的参展商统计数字、参展商名录和参展商资料。

(8) 观众情况查询：查询各类展会的观众统计数字及其他资料。

(9) 公司人力资源信息查询：提供对公司人力资源情况的查询功能。

(10) 公司各业务部门情况查询：提供对公司各业务部门动态业务信息查询功能。

(11) 项目资金回收情况查询：提供对会展和会展工程合同资金回收情况的查询功能。

(12) 项目资金收支情况查询：提供对特定会展项目和会展工程合同资金收支情况的查询功能。

(13) 公司财务数据查询：提供对公司财务信息的查询功能。

(14) 公司财务报表查询：提供对公司财务部门的日结算报表、月(季、年)结算报表、损益表、资产负债表等常规会计核算报表，以及财务分析数据的查询功能。

2. 会展数据库管理系统

数据库管理系统(Database Management System，DBMS)是数据库系统的核心，用于数据库的管理，是一种系统软件，为数据库的各类使用人员提供一个操作数据库的平台，利用其提供的应用环境，提供组织和管理数据库服务。

各类数据库的功能差异很大，大型会展系统数据库的功能较强而且齐全，小型系统的功能较弱。一般来说，应具备以下功能。

(1) 数据库定义功能：包括全局数据结构(模式)定义、局部逻辑数据结构定义、存储结构定义、会展数据安全定义以及会展信息格式定义。

(2) 数据库管理功能：包括系统控制、会展数据存取及更新管理、会展数据完整性、

会展服务管理中的信息技术　第16章

安全性控制和并发控制等。

(3) 数据库建立和维护功能：包括会展数据库的建立、会展数据库更新、数据库再组织、数据库结构维护、数据库备份与恢复以及性能监视等。

(4) 数据库与计算机系统文件处理的接口，与应用程序开发工具的接口等。

会展数据库管理系统利用计算机操作系统的管理功能，将计算机系统进程管理、作业管理、存储管理、设备管理和文件管理交计算机操作系统去完成，将此部分功能从 DBMS 中划分出来，减轻了 DBMS 的任务负担。当计算机硬件发生变化，不必修改数据库结构和相应程序。这样，DBMS 需要操作系统的支持和服务，并且在计算机操作系统的控制下运行。

3. 会展数据库的设计

数据库设计是研制数据库及其应用系统的技术，它是指对于一个给定的应用环境，构造最优的数据库模式，建立数据库及其应用系统，使之能够有效地存储数据，满足各种用户的应用需求。数据库设计通常是在一个通用的 DBMS 支持下进行的，即以现成的 DBMS 为基础。

在数据库的规范设计法中，新奥尔良(New Orleans)法是最具代表性的。它将数据库设计分为需求分析(分析用户要求)、概念(信息分析和定义)、逻辑设计(设计实现)和物理设计(物理数据库设计)等 4 个阶段。按照规范设计的方法，一般可以将会展数据库设计分为以下 6 个阶段。

(1) 会展数据库需求分析。

(2) 会展数据库概念结构设计。

(3) 会展数据库逻辑结构设计。

(4) 会展数据库物理设计。

(5) 会展数据库实施。

(6) 会展数据库运用和维护。

会展数据库的设计步骤是从数据库应用系统设计和开发的全过程来考察数据库设计的，因此，它既是数据库也是应用系统的设计过程。在设计过程中努力把数据库设计和系统设计其他成分的设计紧密结合，把数据和处理的需求收集、分析、抽象、设计、实现在各个阶段同时进行、互相参照、互相补充，以完善两方面的设计。

典型案例

广东会展业信息技术使用现状调查问卷

因进行"信息技术在广东会展业中技术水平的作用分析"的课题研究，需要了解目前广东会展业的信息技术使用情况，在此设计调查问卷征集您的意见，为下一步广东会展业信息技术使用的再设计做好准备。谢谢！

1. 问卷填写人来自于哪里？_____(单选)

　　A. 组展公司　　　　B. 场馆企业　　　　C. 参展商
　　D. 会展行业协会　　E. 会展行业专家　　F. 参展观众
　　G. 其他_____

2. 问卷填写人所属企业涉及哪些会展项目？_____(可多选)
    A. 展览策划   B. 会议展览策划   C. 现场布置
    D. 后期市场调查   E. 展示设计   F. 宣传推介
    G. 其他_____

第一部分：(供会展企业人员填写)

(一) 会展企业信息技术使用基本情况

3. 请对贵公司目前的信息技术水平进行一个总体性评价是_____。(单选)
    A. 无
    B. 初级水平：涵盖业务窄、系统不统一、孤立化
    C. 中级水平：涵盖50%以上领域、部分集成
    D. 高级水平：涵盖全部领域、集成、统一

4. 贵公司现有信息化硬件装备(不包括废旧淘汰设备)主要有_____。(可多选)
    A. 服务器   B. 台式PC机   C. 笔记本电脑
    D. 其他网络设备 E. 移动通信设备 F. 多媒体设备
    G. 其他设备(请注明)_____

5. 贵公司当前已应用的信息技术有_____。(可多选)
(1) 互联网应用类
    A. 企业网站   B. 电子商务/网络营销
    C. 移动商务/协同商务
(2) 业务管理类
    D. 财务管理   E. 办公自动化协同(即OA)
    F. 客户关系管理(即CRM) G. 人力资源管理(EHR)
(3) 信息资源管理
    H. 行业专用数据库资源建设 I. 知识管理(KM)/项目管理(PM)
    J. 决策支持系统(DSS)   K. 数据仓库(Date Warehouse)
    L. 数据挖掘(Data Mining)/商业智能(BI)
(4) 信息化评估及其他类
    M. 安全解决方案/信息安全评估与审计
    N. 信息化能力与绩效评估
    O. 其他_____(请注明)

6. 贵公司信息技术使用的总体规划情况如何？_____(单选)
    A. 已制订 B. 正在制订 C. 计划制订 D. 无计划

(二) 会展企业网络信息应用现状

7. 贵企业互联网技术及电子商务技术应用现状。
(1) 企业互联网技术有哪些应用？_____(多选)
    A. 信息搜索与信息发布 B. 网上洽谈/采购/销售/订单
    C. 与会展相关企业沟通信息 D. 在线支付
    E. 企业邮件系统   F. 电子邮件应用

G. 其他_____(请注明)

(2) 是否通过互联网开展会展商务活动？_____(单选)：A. 是　B. 否

(3) 通过哪种平台(方式)开展会展商务活动？_____(多选)
  A. 自建企业商务网站　　　　B. 行业电子商务平台
  C. 第三方平台　　　　　　　D. 其他_____(请注明)

(4) 网上贸易额(包括通过网上信息获取的贸易机会)占企业贸易额的比重是_____。(单选)
  A. 10%以下　　B. 10%~20%　　C. 20%~30%
  D. 30%~40%　　E. 40%~50%　　F. 50%以上

(5) 开展电子商务后总营业额的变化如何？_____(单选)
  A. 变化不大(在10%以下)　　B. 变化较大(10%~30%)
  C. 变化很大(30%以上)

(三) 会展企业信息技术应用的未来打算

8. 贵公司未来信息技术使用设计方案如何？_____(可多选)
  A. 网上会展　　　　　　　　　　B. 会展企业管理信息系统
  C. 实物会展与网上会展相结合　　D. 会展电子商务
  E. 会展企业网站　　　　　　　　F. 其他_____

第二部分：

9. 您对广东会展业信息技术使用的总体评价是_____。(单选)
  A. 使用程度高　　　　B. 使用程度较高
  C. 使用一般　　　　　D. 使用较差

10. 您对所参加的会展的信息技术使用所带来的成效的评价是_____。(单选)
  A. 满意　　B. 较满意　　C. 一般　　D. 较差

11. 您认为广东会展网络平台搭建是否完善？_____(单选)：
  A. 是　　　B. 否
您认为应如何改进？_____

12. 您认为广东发展"网上会展"时机是否成熟？_____(单选)：
  A. 是　　　B. 否
请说明原因。_____

13. 您认为阻碍广东发展"网上会展"的障碍有哪些？_____(可多选)
  A. 行业整体技术水平不高
  B. 网络安全威胁
  C. 技术环境的脆弱性，包括会展信息系统技术上和管理上的缺陷
  D. 会展企业人才技术水平参差不齐，对网络安全技术的应用存在差距
  E. 技术或人力因素限制了电子商务网站的规划、应用及管理
  F. 配套基础设施投资成本过大，超出企业负荷
  G. 客户的商务习惯一时难以改变

H. 行业信任成本过高

I. 其他＿＿＿＿＿＿＿＿＿＿＿＿＿＿＿＿＿＿＿＿＿(请注明)

感谢您的合作！

(来源：深圳会展协会)

本章小结

　　信息技术的应用一方面提高了会展业的运作效率，另一方面又催生了新的会展服务项目的诞生。对会展服务管理中信息技术的开发利用，本章主要从计算机技术、多媒体技术和数据库技术等几个方面进行阐述。会展服务管理中的计算机技术，对会展场馆信息管理系统、主办商业务与客户关系管理系统、会展职能部门管理信息系统、会展财务管理系统以及会展信息数据库中心应用系统平台等的建设都能提供有力的支持；会展多媒体技术的应用更是掀起了一场会展业的革命；会展数据库的构建，对于会展服务管理的意义在于它能提高会展工作效率，缩短工作流程，减少工作失误，降低会展成本，从而为会展业整体提高竞争力，提升会展组织服务管理水平奠定坚实的基础。

复习思考题

1. 名词解释：信息系统、DBMS。
2. 会展信息的主要来源有哪些？
3. 会展服务管理中信息的作用是什么？
4. 简述会展服务管理信息系统的主要功能。
5. 简述会展信息服务管理中的主要技术手段。
6. 就会展服务管理中计算机技术的开发问题，谈谈你的观点。
7. 会展多媒体应用系统有什么特点？试述会展多媒体应用系统的开发过程。
8. 阅读下列材料，谈谈数据库技术在会展服务管理中的应用问题。

　　会展企业如何及时准确地处理在短暂时间段内出现的大量高密度信息，如何把分散在各个阶段的信息有效地整合在一起，有效的应对措施就是建设数据库。数据库的建设和利用的程度是体现会展企业的核心竞争力。

　　数据库建设分为两步骤。

　　第一步骤是建立数据库。会展企业数据库主要是核心客户资源，分为参展商数据库和专业观众数据库。参展商数据库由历届自办展会参展商数据和相关行业潜在参展企业数据建立而成；专业观众数据库来源于历届自办展会专业观众数据、相关行业展会专业观众信息、相关行业外贸公司数据、相关行业产销集聚地采购商信息、相关合作单位采购商数据等。

第二步骤是更新数据库。数据库的建设只是信息化的开始，参展商和专业观众的信息是在不断地更新变化的，对数据库的定期更新维护才是信息化的核心。在数据库的建设和维护中，会展企业可以全面搜集客户资料，可以记录与客户的一切商务关系，全视角管理客户资源；同时，会展企业在数据库中通过条件检索，瞬间可以找到所需信息，实现信息管理的高效化。

在建设数据库的同时，应充分利用数据库资源，积极开拓多样化的服务，提升参展商和专业观众的忠诚度。如根据数据库中的信息进行商业配对，增加现有参展商和专业观众的满意度。对参展商，根据其参展实际情况实施合理的等级制度及优惠措施；对专业观众，建立完善的积分制度，做好跟踪客服工作，及时提供各种附加配套服务。

(资料来源：商场现代化)

参 考 文 献

[1] 马勇，王春雷．会展管理的理论、方法与案例[M]．北京：高等教育出版社，2003．
[2] 马勇，冯玮．会展管理[M]．北京：机械工业出版社，2006．
[3] 刘大可．会展营销教程[M]．北京：高等教育出版社，2006．
[4] 刘大可，王起静．会展活动概论[M]．北京：清华大学出版社，2004．
[5] 刘松萍．会展服务与管理[M]．北京：科学出版社，2009．
[6] 华谦生．会展策划与营销[M]．广州：广东经济出版社，2004．
[7] 华谦生．会展管理[M]．广州：广东经济出版社，2004．
[8] 许传宏．会展服务与现场管理[M]．北京：中国人民大学出版社，2008．
[9] 许传宏．会展策划[M]．上海：复旦大学出版社，2005．
[10] 丁萍萍．会展营销与服务[M]．北京：高等教育出版社，2006．
[11] 程淑丽，赵贵廷．会展公司规范化管理操作范本[M]．北京：人民邮电出版社，2007．
[12] 王保伦．会展经营与管理[M]．北京：北京大学出版社，2006．
[13] [美]朱迪·艾伦．活动策划完全手册[M]．北京：旅游教育出版社，2006．
[14] [美]Milton T.Astroff, James R.Abbey．会展管理与服务[M]．宿荣江，译．北京：中国旅游出版社，2002．
[15] 柴小青．服务管理教程[M]．北京：中国人民大学出版社，2003．
[16] 唐少清，魏士洲．会展运营管理[M]．北京：机械工业出版社，2007．
[17] 牟红．会展服务管理[M]．北京：机械工业出版社，2007．
[18] 汪永太．现代服务业管理[M]．大连：东北财经大学出版社，2008．
[19] [美]Leonard Nadler．成功的会议管理——从策划到评估[M]．刘祥亚，译．北京：机械工业出版社，2003．
[20] [美]Robinson,A．会议与活动策划专家[M]．沈志强，译．北京：中国水利水电出版社，2004．
[21] [美]Arnold,M,K．展会形象策划专家[M]．周新，译．北京：中国水利水电出版社，2004．
[22] [美]JeAnna Abbott，Agnes DeFranco，王向宁．会展管理[M]．北京：清华大学出版社，2004．
[23] 刘松萍，郭牧，毛大奔．参展商实务[M]．北京：机械工业出版社，2005．
[24] 冯丹．展览现场管理[M]．北京：中国劳动社会保障出版社，2007．
[25] [美]Deborah Robbe．如何进行成功的会展管理[M]．张黎，译．北京：高等教育出版社，2004．
[26] 胡平．会展管理[M]．北京：高等教育出版社，2004．
[27] 向国敏．会展实务[M]．上海：上海财经大学出版社，2005．
[28] [美]瓦拉瑞尔·A·泽丝曼尔．服务营销[M]．张金成，白长虹，译．北京：机械工业出版社，2005．
[29] 张以琼．会展场馆管理与服务[M]．广州：广东经济出版社，2007．
[30] 刘爱珍．现代服务学概论[M]．上海：上海财经大学出版社，2008．
[31] 吴亚生，覃旭瑞．会展空间设计与搭建[M]．重庆：重庆大学出版社，2007．
[32] 向洪．会展资本[M]．北京：中国水利水电出版社，2003．
[33] 魏中龙．我为会展狂[M]．北京：机械工业出版社，2002．
[34] 陈文蕾．会展多媒体实务[M]．北京：对外经济贸易大学出版社，2007．

[35] 杨顺勇，李晓玲．会展信息技术应用[M]．北京：中国人民大学出版社，2007．

[36] 陆永庆，阮益中．现代会务服务[M]．上海：上海交通大学出版社，2005．

[37] 邓玲．会展旅游实务[M]．北京：中国劳动社会保障出版社，2006．

[38] 贺刚，金蓓．会展管理信息系统[M]．北京：中国商务出版社，2004．

[39] 卢晓．节事活动策划与管理[M]．上海：上海人民出版社，2006．

[40] 黄向，李正欢．会展管理——原理、案例[M]．广州：暨南大学出版社，2009．

[41] 王斌．会展礼仪实训教程[M]．重庆：重庆大学出版社，2007．

[42] 孙有恒．服务营销实战[M]．郑州：郑州大学出版社，2004．

[43] [荷兰]戴丝瑞·奥瓦内尔．会展：一门特殊的艺术[M]．吴燕莛，译．上海：上海教育出版社，2004．

[44] 薛晨皓．会展企业客户服务[M]．北京：电子工业出版社，2007．

[45] 任国岩，骆小欢．会展组织与管理[M]．北京：高等教育出版社，2004．

[46] 马青．会展设计与布局[M]．北京：高等教育出版社，2004．

[47] 李莉．会展服务礼仪规范[M]．长沙：湖南科学技术出版社，2005．

[48] 张策．会展业务流程[M]．北京：高等教育出版社，2008．

[49] 郑彬．会展物流[M]．北京：电子工业出版社，2007．

[50] [法]理查德·诺曼．服务管理[M]．范秀成，卢丽，译．北京：中国人民大学出版社，2006．

[51] 刘勇．会展服务与管理[M]．北京：化学工业出版社，2008．